清代婦女傳記辭典

總編纂 蕭虹
副總主編 陳玉冰

主編 劉詠聰

本辭典以中英文分別出版。英文版名為 *Biographical Dictionary of Chinese Women*，由蕭虹（Lily Xiao Hong Lee）、A. D. Stefanowska 擔任主編。其中清代卷 *The Qing Period, 1644–1911* 之編者為劉詠聰（Clara Wing–Chung Ho），該卷於 1998 年由紐約 M.E. Sharpe Inc. 出版。

蘭臺出版社

目　　錄

英文版前言

　　早於二十世紀八十年代中期，澳洲悉尼大學亞洲研究學院的一些同仁已有意編製一套《中國婦女傳記辭典》，分卷發行。本卷為該套辭典最早面世的一冊。《中國婦女傳記辭典》旨在補足前人翰墨所未及者。西方出版的權威中國人物傳記辭典如《宋代名人傳》（*Sung Biographies*; Herbert Franke〔福赫伯〕編，Wiesbaden: Franz Steiner Verlag GmbH，1976）、《明代名人傳》（*Dictionary of Ming Biography*（*1368–1644*）; L. Carrington Goodrich〔富路特〕及房兆楹〔Chaoying Fang〕編，New York: Columbia University Press，1976）、《清代名人傳略》（*Eminent Chinese of the Ch'ing Period*（*1644–1912*）; Arthur W. Hummel〔恆慕義〕編，Washington: U.S. Government Printing Office, 1943）及《民國名人傳》（*Biographical Dictionary of Republican China*; Howard L. Boorman 及 Richard C. Howard 編，New York: Columbia University Press，1967）等，對婦女的生平，大都不予關注。就以 *Eminent Chinese of the Ch'ing Period, 1644–1912* 為例，所錄的八百零九名人物中，只有九名是女性；至於 *Biographical Dictionary of Republican China*，所錄的六百多名人物中，女性僅佔二十三名。從二十世紀八十年代開始，中國出版了數種婦女傳記辭典，但所錄傳記比較簡短，傳主事跡只能略見梗概。為此，《中國婦女傳記辭典》希望能盡收古往今來具代表性的中國婦女事跡，為她們立專傳。以資料而言，較之近年來出版的綜合辭書，應更見詳備。

　　清代卷編輯劉詠聰廣邀學有專長人士供稿，稿件來自世界各地，包括加拿大、中國、香港、日本、荷蘭、台灣及美國，參與的學者及翻譯人員凡八十多人，實屬國際合作盛事。

　　本卷所收除三數虛實參半者外，餘皆歷史人物，大都與我們原來選取標準相符。當時所定標準為：立傳婦女，必須在某個學術、專業、技能領域有卓越成就，或是對當代以至後代有特殊影響者。雖然從多種零星記載可以找到了不少引人入勝但又鮮為人知的各階層婦女，然而本辭典所收婦女，仍以大家閨

秀，或具文學藝術天分的婦女為多，這也是意料中事。

　　婦女被選入宮，封為后妃，成了特權階級，過的生活非比尋常百姓。本卷所錄后妃，部分藉其地位，參預政事；少數一生享盡榮華，受人景仰；有些死後才獲封；但很多因特權所累，在危機重重的宮廷政治中，悲慘早殀。

　　清代書香門第屢出女性學者。她們有的編撰婦女詩文集，不遺餘力；有的就占史、經籍、明詩、戲劇、地理等著書立說，作品極具價值。在傳統社會，精通文墨的婦女多兼通書畫。當中不乏成功例子：有被封官且成為慈禧太后繪畫老師的，亦有以作品而聞名於當時世界的。

　　本卷婦女來自漢、滿、蒙各民族；亦來自包括農民在內的各階層。這些婦女寫詩填詞以外，也創作戲曲、彈詞等通俗文學。志同道合的女作家有結社之風，遂有蕉園五子、蕉園七子的出現。她們又會通過精神或實際的組合，拜同一知名男性文士如袁枚、毛奇齡、陳文述等為師。此後婦女問世的作品漸多，她們的作品通常由男性親人安排出版，有時竟是在違反作者明確的遺願下出版的。

　　另有幾位婦女從事醫藥工作，她們大多學習西方醫術，回國後設立醫院或診療所，為當地人提供服務。晚清推行維新期間，包括改革者妻女在內的一群婦女，對推動婦女解放，起著重要作用。她們設立中國人管理的女子學校、組織女學生會、辦報、參加反纏足運動。當中有少數更積極參與革命，投身暗殺、製造炸彈、殉國行列，毫不畏縮。這情況在農民中也比較普遍，因這一群體在走投無路的情況下，挺身而出，勇於革命。有幾位婦女帶領種種武裝起事行動。其中一位婦女竟是海盜。

　　婦女從事的文化活動範圍極廣，有刺繡、製硯、剪紙、彈詞、雜技及武術。有些婦女成為新聞人物，名噪一時，人們述說關於她們的故事常常強調傳奇性的一面，故得以輾轉相傳。清代還有艷名遠播的名妓，本卷所錄者，不但有廣泛流傳的愛情故事，且以其從事慈善、文學及愛國活動而名留青史。在義和團運動期間，一位名妓影響一個外國軍官，使他的決策偏向袒護中國，因而得到讚許。

　　本卷收錄接近二百名婦女的傳記，這些婦女有的來自滿洲、蒙古及其他少數民族；有的來自台灣、香港；有的遠離故土，大半生在國外生活。她們都是不同領域的先驅，成為中國婦女中首次從事某種活動的人。

　　本卷所錄婦女，乃生活在清代，或在清代完成一生主要工作者。所以，某

些活躍於改朝換代之際的婦女，並沒有被納入本卷，以免和明代或二十世紀卷有所重複。此外，因種種原因，特別是在資料不足的情況下，本辭典對某些婦女不得不割愛，這似乎是編纂傳記辭典者常有的遺憾，為此之故，本卷主編劉詠聰希望他日可再有續編面世。

　　清代婦女的生平事跡、才幹、天分、貢獻均呈現多元化，反映出有清一代形形色色而又別具一格的精神面貌。清代婦女在不同程度上參與政治、文化、社會、經濟活動，最後得到學者和歷史學家的青睞，在過去數十年，寫下了大量有關清代婦女的專著及論文，其中不少甚具開創性。這個領域相對年青，不過發展前景美好，學者應際此時機，攜手出版相關的資料典籍及參考工具書。我們謹以本卷，為此目標盡傾綿薄。

蕭虹

A.D. Stefanowska

劉詠聰

中文版編者的話

　　本辭典的文體和版式，與「英文版前言」所提及的中國著名人物傳記辭典大致相同。

　　本卷傳主按姓氏的漢語拼音排序，以傳統的先姓後名方式列出。本卷附有「清朝歷代皇帝年表」及「按背景或所屬領域劃分的人名索引」。該索引根據婦女最著名的研究範疇、專業、技能分類；所以，部分婦女會同時出現於不同類別。另附「人名筆畫索引」及「傳主異名錄」，以便查閱。

　　對於本卷，辭典總編輯力求文體一致，取材均衡。有些傳記不得不略加刪減，有些則須請撰傳者多添細節，少數則因資料不全而被迫割愛。無論如何努力，有欠均衡及前後不一致的情況在所難免。

　　本卷所錄婦女當中，有若干位大半生定居海外，且以英文名字為人所熟知，但我們決定以其中文名字立傳，至於三數中文名字無從查考者，則用音譯名字。至於傳記中提及的國外人物、地方、機構等，若屬廣為人知者，在中譯之後便不另加原來的外文名字。

　　傳記後附的書目，僅供參考探討之用，實非詳盡無遺。由於接獲的稿件所引用書目詳簡各異，雖力圖統一，恐仍未能做到完全平衡。此等書目分中文、外文、網址三類依次列出，個別書目則以出版年份先後排序。其他附件如「撰傳者名錄」及「譯者名錄」，均依據姓氏的漢語拼音及英文字母為撰傳者、譯者排序。

　　本辭典婦女的年齡，一般依中國傳統方式計算。不過，生命延續至民國年間的婦女，其年齡則或按現代（西方）標準計算。

鳴　謝

　　多年來，本辭典編纂計劃承蒙悉尼大學給予部分經濟支持，清代卷並得該大學語言文化學院贊助，辭典總編輯謹此致謝。

　　清代卷主編對香港浸會大學 Faculty Research Grant 的研究撥款，深表感激。編纂期間，幸獲周佳榮、杜婉言、何齡修、陸鏡光、J. Barton Starr（史百川）、王春瑜、王宏志、葉顯恩及 Harriet T. Zurndorfer（宋漢理）多位教授不吝賜教、鼎力玉成，特表謝忱。清代卷得以付梓，Christine Moore、陳志明、潘淑華、黃毓棟及鄭莉莉諸位研究助理亦勞苦功高。中文稿的整理，盧嘉琪君貢獻良多，謹此一併致謝。

撰傳者名錄

◈ 鮑家麟，Department of East Asian Studies, University of Arizona
◈ 常建華，南開大學歷史學院
◈ 陳金陵，中國人民大學歷史系
◈ 陳善偉，香港中文大學翻譯系
◈ 陳生璽，南開大學歷史學院
◈ 陳志明，香港大學中文學院
◈ 馮爾康，南開大學歷史學院
◈ 馮瑞龍，香港大學教育學院
◈ 高彥頤，Barnard College, Columbia University
◈ 龔維玲，《社會科學家》雜誌社
◈ Guisso, Richard W.L., Department of East Asian Studies, University of Toronto
◈ 郭松義，中國社會科學院歷史研究所
◈ 郭延禮，山東大學中文系
◈ 何冠彪，香港大學中文學院
◈ 何冠驥，香港大學專業進修學院
◈ 何齡修，中國社會科學院歷史研究所
◈ Hershatter, Gail, Department of History, University of California, Santa Cruz
◈ Hoe, Susanna, 香港大學亞洲研究中心
◈ 黃嫣梨，香港浸會大學歷史系
◈ 來新夏，南開大學圖書館情報學系
◈ 李金強，香港浸會大學歷史系
◈ 李培德，香港大學亞洲研究中心
◈ 李尚英，中國社會科學院研究生院
◈ 李又寧，Institute of Asian Studies, St. John's University
◈ 梁其姿，中央研究院歷史語言研究所；香港中文大學歷史系

◈ 廖秀真，成功大學歷史系

◈ 林啟彥，香港浸會大學歷史系

◈ 林學忠，香港城市大學中國文化中心

◈ 劉鳳雲，中國人民大學清史研究所

◈ 劉詠聰，香港浸會大學歷史系

◈ 馬洪林，上海師範大學歷史系

◈ Mann, Susan（曼素恩）, Department of History, University of California, Davis

◈ 茅家琦，南京大學歷史研究所

◈ Murray, Dian（穆黛安）, College of Arts and Letters, University of Notre Dame

◈ 區志堅，香港理工大學香港專上學院

◈ 秦家德，香港中文大學歷史系

◈ Ropp, Paul S.（羅洛溥）, Department of History, Clark University

◈ 宋秀雯，Department of Foreign Languages, United States Military Academy

◈ Struve, Lynn A.（司徒琳）, History Department, Indiana University

◈ 蘇同炳，中央研究院歷史語言研究所

◈ 孫國群，上海師範大學歷史系

◈ Waltner, Ann, Department of History, University of Minnesota

◈ 萬獻初，湖北咸寧高等師範專科學校中文系

◈ 王冬芳，遼寧社會科學院歷史所

◈ 王鍾翰，中央民族學院歷史系

◈ 吳伯婭，中國社會科學院歷史研究所

◈ 謝慧賢，Department of History and Classics, University of Alberta

◈ 謝正光，Department of History, Grinnell College

◈ 楊碧芳，American Studies, University of California, Santa Cruz

◈ 楊啟樵，姬路獨協大學

◈ 楊珍，中國社會科學院歷史研究所

◈ 殷偉，《安徽日報》

◈ 于善浦，遵化燕山塔陵有限公司

◈ 雲峰，中央民族學院少數民族文學藝術研究所

◈ 張菊玲，中央民族學院漢語系

◈ 張曉虎，中國藏學研究中心《中國藏學》編輯部

◈ 張小林，中國社會科學院近代史研究所
◈ 鄭克晟，南開大學歷史學院
◈ 鍾慧玲，東海大學中文系
◈ 周漢光，香港中文大學教育學院
◈ 周佳榮，香港浸會大學歷史系
◈ 宗德生，江西宜春地區行政公署衛生局
◈ Zurndorfer, Harriet T. （宋漢理）, Sinological Institute, Leiden University

譯者名錄

　　本書英文版列出譯者共有二十一人，其中大部分負責英譯稿。故此，中文版只錄下列負責中譯稿五人。

◈ 陳永明，香港大學中文學院
◈ 陳志明，香港大學中文學院
◈ 黃毓棟，香港城市大學專上學院
◈ 潘美珠，Department of History, University of British Columbia
◈ 張中光，明報（加拿大）有限公司

清朝歷代皇帝年表

本名	生卒年份	廟號	年號	在位年份
努爾哈赤	1559–1626	太祖	天命	1616–1626
皇太極	1592–1643	太宗	天聰、崇德	1626–1643
福臨	1638–1661	世祖	順治	1643–1661
玄燁	1654–1722	聖祖	康熙	1661–1722
胤禛	1678–1735	世宗	雍正	1722–1735
弘曆	1711–1799	高宗	乾隆	1735–1796
顒琰	1760–1820	仁宗	嘉慶	1796–1820
旻寧	1782–1850	宣宗	道光	1820–1850
奕詝	1831–1861	文宗	咸豐	1850–1861
載淳	1856–1875	穆宗	同治	1861–1875
載湉	1871–1908	德宗	光緒	1875–1908
溥儀	1906–1967		宣統	1909–1912

按背景或所屬領域劃分的人名索引

本索引的傳主若有通常使用的英文名字，均列於其中文名字之後。

▥ 表演藝術

彈　　詞　　王青翰 (活躍於十八世紀)
　　　　　　王小玉 (活躍於十九世紀末期)
　　　　　　袁雲仙 (活躍於十九世紀末二十世紀初)
　　　　　　朱素蘭 (活躍於十九世紀末期)
舞　　蹈　　裕容齡 (1884 ？－ 1973)
雜　　技　　李賽兒 (生卒年不詳)
　　　　　　林黑兒 (活躍於十九世紀末二十世紀初)
　　　　　　王聰兒 (1777 － 1798)

▥ 道德典範

　　　　　　郭筠 (1846 － 1916)
　　　　　　李晚芳 (1692 － 1767)
　　　　　　林普晴 (1821 － 1877)
　　　　　　汪嫈 (1784 － 1842)
　　　　　　惲珠 (1771 － 1833)
　　　　　　曾紀芬 (1852 － 1942)
　　　　　　鄭淑卿 (1789 － 1848)

▥ 改革者／革命家

　　　　　　陳擷芬 (1883 － 1923)
　　　　　　方君瑛 (1884 － 1923)

傅善祥 (約 1830 —?)

郭筠 (1846 — 1916)

黃謹娛 (1869 — 1936)

慧仙 (活躍於二十世紀初期)

惠興 (1871 — 1905)

江漱芳 (1867 — 1928)

李蕙仙 (1868 — 1924)

李閏 (1866 — 1925)

林普晴 (1821 — 1877)

劉青霞 (1872 — 1922)

秋瑾 (1875 或 1877 — 1907)

裘毓芳 (活躍於十九世紀末期)

單士釐 (1856 — 1943)

吳芝瑛 (1867 — 1934)

徐自華 (1873 — 1935)

燕斌 (1869 —?)

張漢英 (1872 — 1915)

張秀容 (活躍於十九世紀末期)

張竹君 (1879 —?)

▪ 宮廷后妃

博爾濟吉特氏，世祖 (順治) 廢后 (活躍於十七世紀中期)

博爾濟吉特氏，太宗 (皇太極) 孝端文皇后 (1599 — 1649)

博爾濟吉特 本布泰，太宗 (皇太極) 孝莊文皇后 (1613 — 1688)

博爾濟吉特 海蘭珠，太宗 (皇太極) 敏惠恭和元妃 (1609 — 1641)

棟鄂氏，世祖 (順治) 孝獻皇后 (1639 — 1660)

富察氏，高宗 (乾隆) 孝賢純皇后 (1712 — 1748)

富察 袞代，太祖 (努爾哈赤) 繼妃 (1620 卒)

郭布羅 婉容，宣統皇后 (1906 — 1946)

和卓氏，高宗 (乾隆) 容妃 (1735 — 1788)

納喇氏，世宗 (雍正) 孝敬憲皇后 (約 1675 — 1731)

納喇 阿巴亥，太祖 (努爾哈赤) 大妃 (1590 — 1626)

納喇 孟古姐姐，太祖 (努爾哈赤) 孝慈高皇后 (1575 — 1603)

鈕祜祿氏，世宗 (雍正) 孝聖憲皇后 (1692 － 1777)
鈕祜祿氏，文宗 (咸豐) 孝貞顯皇后 (慈安太后，1837 － 1881)
他他拉氏，德宗 (光緒) 瑾妃 (1874 － 1924)
他他拉氏，德宗 (光緒) 珍妃 (1876 － 1900)
佟佳氏，世祖 (順治) 孝康章皇后 (1640 － 1663)
王氏，明末皇太后 (約 1598 － 1651)
烏喇那拉氏，高宗 (乾隆) 皇后 (1718 － 1766)
烏雅氏，聖祖 (康熙) 孝恭仁皇后 (1660 － 1723)
葉赫那拉氏，德宗 (光緒) 孝定景皇后 (1868 － 1913)
葉赫那拉氏，文宗 (咸豐) 孝欽顯皇后 (慈禧太后，1835 － 1908)

海外華人

比米斯 波利 (Polly Bemis，1853 － 1933)
霍慶棠 (Fok Hing Tong，1872 － 1957)
孔棣香 (Kong Tai Heong，1875 － 1951)
梁亞娣 (Tye Leung Schulze，1887 － 1972)
梅亞芳 (Moy Afong，活躍於十九世紀中期)
龐瑪麗 (Mary Bong，1880 － 1958)
塞西 瑪麗 (Maria Seise，活躍於十九世紀中期)
吳阿嬌 (Ng Akew，活躍於 1850 － 1880)
亞彩 (Ah Toy，1829 － 1928)
趙洽夫人 (Mary Tape，1857 － 1928)

教育

陳擷芬 (1883 － 1923)
方君瑛 (1884 － 1923)
黃謹娛 (1869 － 1936)
慧仙 (活躍於二十世紀初期)
惠興 (1871 － 1905)
江漱芳 (1867 － 1928)
李蕙仙 (1868 － 1924)
李閏 (1866 － 1925)

劉青霞 (1872 － 1922)

秋瑾 (1875 或 1877 － 1907)

吳芝瑛 (1867 － 1934)

徐自華 (1873 － 1935)

燕斌 (1869 －?)

張漢英 (1872 － 1915)

張靜蓉 (1875 － 1938)

街談巷議的人物

畢秀姑 (1855 － 1930)

劉三秀 (活躍於十七世紀中期)

張宛玉 (活躍於十八世紀初期)

名妓

陳圓圓 (約 1625 － 1681)

董小宛 (1624 － 1651)

顧媚 (1619 － 1664)

胡寶玉 (1853 －約 1920)

金小寶 (1878 －?)

李蘋香 (活躍於十九世紀末二十世紀初)

李巧玲 (活躍於十九世紀中期)

李三三 (活躍於十九世紀末期)

林黛玉 (?－ 1921)

柳是 (1618 － 1664)

陸蘭芬 (?－ 1900)

賽金花 (1874 － 1936)

張書玉 (活躍於十九世紀末期)

張玉喬 (1625 － 1648)

農業

麥秀英 (1865 － 1944)

▥ 起事領袖

傅善祥 (約 1830 － ?)
洪宣嬌 (活躍於十九世紀中期)
胡九妹 (約 1830 － 1856)
林黑兒 (活躍於十九世紀末二十世紀初)
邱二嫂 (約 1822 － 1853)
蘇三娘 (約 1830 －約 1854)
王聰兒 (1777 － 1798)
王囊仙 (1778 － 1797)
張秀容 (活躍於十九世紀末期)
鄭一嫂 (1775 － 1844)
周秀英 (? － 1855)

▥ 商業

霍慶棠 (1872 － 1957)
吳阿嬌 (活躍於 1850 － 1880)

▥ 手工藝

刺　　繡　胡蓮仙 (1832 － 1899)
柳是 (1618 － 1664)
盧元素 (活躍於十八世紀末期)
沈壽 (1874 － 1921)
剪　　紙　姚鳳翽 (活躍於十七世紀)
染製畫草花　左錫嘉 (1830 － 1894)
製　　硯　顧二娘 (活躍於十八世紀初期)

▥ 文學

蕉園詩社　柴靜儀 (活躍於十七世紀中期)
馮嫻 (活躍於十七世紀末期)
林以寧 (1655 －約 1730)

錢鳳綸（活躍於十八世紀末期）

徐燦（活躍於十七世紀中期）

散　文 李晚芳（1692 － 1767）

梁端（? － 1825）

柳是（1618 － 1664）

錢鳳綸（活躍於十八世紀末期）

沈善寶（活躍於十九世紀上半期）

薛紹徽（1866 － 1911）

裕德齡（1885 ? － 1944 ?）

袁機（1720 － 1795）

曾彥（1857 － 1890）

曾懿（活躍於十九世紀末期）

張紈英（1799/1805 生，活躍於十九世紀五十年代）

詩　詞 包韞珍（? － 1854）

蔡琬（1695 － 1755）

柴靜儀（活躍於十七世紀中期）

陳端生（1751 － 1796）

戴韞玉（1736 － 1795）

丁瑜（詩人，生卒年不詳）

馮嫻（活躍於十七世紀末期）

高芳雲（1783 － 1860）

高景芳（活躍於十七世紀末十八世紀初）

顧媚（1619 － 1664）

顧太清（1799 － 1877）

郭筠（1846 － 1916）

賀雙卿（約 1712 － ?）

侯芝（約 1760 － 約 1829）

黃媛介（活躍於十七世紀）

金逸（1770 － 1794）

孔昭蕙（活躍於十八世紀末十九世紀初）

冷玉娟（約 1657 － ?）

李長霞（活躍於十九世紀中期）

李蘋香（活躍於十九世紀末二十世紀初）

李清輝（生卒年不詳）

李因（1610？－1685）

梁德繩（1771－1847）

梁瑛（活躍於十八世紀中期）

林以寧（1655－約1730）

劉清韻（1841－1900後）

柳是（1618－1664）

劉文如（1777－1847）

毛國姬（活躍於十九世紀）

那遜蘭保（1801－1873）

倪瑞璿（1702－1732）

潘素心（活躍於十八世紀末十九世紀初）

錢鳳綸（活躍於十八世紀末期）

邱心如（約1805－約1873）

沈善寶（活躍於十九世紀上半期）

宋鳴瓊（1750/52－1802）

陶貞懷（活躍於十七世紀四十年代）

汪端（1793－1839）

王端淑（1621－1706？）

王蘭修（活躍於十九世紀初期）

汪嫈（1784－1842）

王筠（約1752－1802後）

王貞儀（1769－1797）

吳琪（活躍於十七世紀中期）

吳藻（1799－1862）

席佩蘭（活躍於十八世紀末期）

夏伊蘭（1812－1826）

蕭道管（1855－1907）

辛絲（活躍於十九世紀初期）

杏芬（1874－1897）

徐燦（活躍於十七世紀中期）

徐昭華（活躍於十七世紀末期）

徐自華（1873－1935）

薛紹徽（1866－1911）

袁嘉（1793？－1853）

袁綬 (1795 －?)

袁棠 (1734 － 1771)

袁杼 (1727/28 ?－ 1776/77 ?)

惲珠 (1771 － 1833)

曾彥 (1857 － 1890)

曾懿 (活躍於十九世紀末期)

張䌌英 (1795-1824，見張綯英傳)

張令儀 (活躍於十七世紀末十八世紀初)

張綸英 (1798 － 1868 後)

張綯英 (1792 －?)

張紈英 (1799/1805 生，活躍於十九世紀五十年代)

張宛玉 (活躍於十八世紀初期)

張月桂 (約 1821 －約 1860)

張玉珍 (1759 － 1796 後)

趙我佩 (?－ 1867)

莊盤珠 (活躍於十八世紀末十九世紀初)

左錫嘉 (1830 － 1894)

左錫璇 (活躍於十九世紀)

戲曲、彈詞　陳端生 (1751 － 1796)

程蕙英 (1859 前 － 1899 後)

侯芝 (約 1760 －約 1829)

梁德繩 (1771 － 1847)

劉清韻 (1841 － 1900 後)

邱心如 (約 1805 －約 1873)

陶貞懷 (活躍於十七世紀四十年代)

王筠 (約 1752 － 1802 後)

吳藻 (1799 － 1862)

張令儀 (活躍於十七世紀末十八世紀初)

▪ 武術

洪宣嬌 (活躍於十九世紀中期)

林黑兒 (活躍於十九世紀末二十世紀初)

蘇三娘 (約 1830 －約 1854)

王聰兒（1777 — 1798）

周秀英（？— 1855）

▥ 新聞工作

陳擷芬（1883 — 1923）

劉靑霞（1872 — 1922）

秋瑾（1875 或 1877 — 1907）

裘毓芳（活躍於十九世紀末期）

燕斌（1869 —？）

張漢英（1872 — 1915）

▥ 學者

典籍編纂　侯芝（約 1760 —約 1829）

梁德繩（1771 — 1847）

毛國姬（活躍於十九世紀）

錢宜（1617 —？）

沈善寶（活躍於十九世紀上半期）

汪端（1793 — 1839）

王端淑（1621 — 1706 ?）

王蘭修（活躍於十九世紀初期）

蕭道管（1855 — 1907）

徐範（活躍於十七世紀）

薛紹徽（1866 — 1911）

惲珠（1771 — 1833）

光　　學　黃履（活躍於 1769 — 1829）

歷　　史　李晚芳（1692 — 1767）

梁端（？— 1825）

劉文如（1777 — 1847）

王照圓（1763 — 1851）

蕭道管（1855 — 1907）

杏芬（1874 — 1897）

惲珠（1771 — 1833）

數　學	王貞儀（1769 － 1797）
天 文 學	江蕙（1839 － 1880 後）

⫶ 藝術

繪　畫	蔡含（1647 － 1686）
	曹貞秀（1762 －？）
	柴靜儀（活躍於十七世紀中期）
	陳書（1660 － 1736）
	丁晏（生卒年不詳）
	丁瑜（畫家，活躍於十八世紀中十九世紀初）
	方婉儀（1732 － 1779）
	馮嫻（活躍於十七世紀末期）
	顧媚（1619 － 1664）
	金玥（活躍於十七世紀末期）
	淨蓮（活躍於十九世紀上半期）
	居慶（活躍於十九世紀中期）
	李因（1610 ？－ 1685）
	柳是（1618 － 1664）
	劉文如（1777 － 1847）
	盧元素（活躍於十八世紀末期）
	駱綺蘭（活躍於十八世紀末期）
	馬荃（活躍於十八世紀初期）
	繆嘉蕙（活躍於十九世紀末二十世紀初）
	錢聚瀛（活躍於十九世紀中期）
	任霞（1876 ？－ 1920）
	唐素（活躍於十八世紀）
	吳琪（活躍於十七世紀中期）
	吳淑娟（1853 － 1930）
	項絪章（活躍於十九世紀上半期）
	姚鳳翽（活躍於十七世紀）
	葉婉儀（生卒年不詳）
	惲冰（活躍於十八世紀）
	惲懷英（活躍於十七世紀末十八世紀初）

張姍英（1795 — 1824，見張綗英傳）
張令儀（活躍於十七世紀末十八世紀初）
張綗英（1792 —?）
張納英（1799/1805 生，活躍於十九世紀五十年代）
趙我佩（?— 1867）
朱美瑤（活躍於十九世紀）
左錫嘉（1830 — 1894）

書　　法　曹貞秀（1762 —?）
孔昭蕙（活躍於十八世紀末十九世紀初）
柳是（1618 — 1664）
王照圓（1763 — 1851）
吳芝瑛（1867 — 1934）
徐範（活躍於十七世紀）
姚鳳翽（活躍於十七世紀）
張綸英（1798 — 1868 後）
左錫嘉（1830 — 1894）

⁗ 醫藥

西　醫　學　何金英（Hü King Eng，1865 — 1919）
金雅妹（Y. May King，1864 — 1934）
康成（Ida Kaln，1873 — 1930）
孔棣香（Kong Tai Heong，1875 — 1951）
石美玉（Mary Stone，1873 — 1954）
張竹君（1879 —?）

中　醫　學　曾懿（活躍於十九世紀末期）

⁗ 政治

博爾濟吉特 本布泰，太宗（皇太極）孝莊文皇后（1613 — 1688）
顧媚（1619 — 1664）
孔四貞（約 1641 —?）
鈕祜祿氏，文宗（咸豐）孝貞顯皇后（慈安太后，1837 — 1881）
賽金花（1874 — 1936）

蘇麻喇姑 (約 1616 — 1705)
王氏，明末皇太后 (約 1598 — 1651)
葉赫那拉氏，德宗 (光緒) 孝定景皇后 (1868 — 1913)
葉赫那拉氏，文宗 (咸豐) 孝欽顯皇后 (慈禧太后，1835 — 1908)
張玉喬 (1625 — 1648)

▥ 宗教

淨蓮 (活躍於十九世紀上半期)
駱綺蘭 (活躍於十八世紀末期)
汪端 (1793 — 1839)
吳琪 (活躍於十七世紀中期)
吳藻 (1799 — 1862)
徐燦 (活躍於十七世紀中期)
袁杼 (1727/28 ？— 1776/77 ？)
張靜蓉 (1875 — 1938)

傳主名錄

傳主按本名的拼音排序，先姓後名。中文名字旁列漢語拼音，以便查閱。

01 包韞珍 Bao Yunzhen

包韞珍（?–1854），字亭玉，號菊籬，浙江錢塘人。父親為孝廉包厚慶。

包韞珍十四歲即能寫詩，可是父親並不鼓勵她，還訓誡她說：「女子無才便是德，古之福慧兼修者幾人哉？」父親的觀念影響了她的寫作態度，她戒慎韜晦，不敢太露鋒芒，但是，仍然不能忘情於翰墨。後來她得到外叔祖父朱秋垞的指導，進步很快，詩作益佳。可惜不久家道中落，父親客死京邸，於是以己力奉養寡母。嫁秀水莊丙照，由於婚姻不諧，鬱鬱不得志，後仍與母親相依為命，生活十分窮苦。

包韞珍著有《淨綠軒詩存》二卷，《補遺詩》一卷，徐乃昌編《小檀欒室彙刻百家閨秀詞》收錄其《淨綠軒詞》三首。包韞珍遭逢家變，婚姻又不幸福，生趣寥落，她自序詩稿說：「中年始更憂患，人事有不可言者」，又說：「焚棄筆硯，頂禮空王，發生生世世永不識字之願。」父親當年的言論似乎對她仍具有影響力，才華並未帶給她快樂，反而讓她更懷憂抱恨，這種悲苦絕望的論調，事實上也正道盡了古來才華受壓抑的女性心聲。包韞珍最後抑鬱以終，留下來的詩篇充滿了愁苦之音，令人同情感歎！

鍾慧玲

◇ 徐乃昌編：《閨秀詞鈔》（宣統元年〔1909〕小檀欒室刊本），卷15，頁20下–21下。
◇ 單士釐輯：《國朝閨秀正始再續集》（歸安錢氏排印本，1911年），初編之4下，頁63下–64上。
◇ 胡文楷：《歷代婦女著作考》（增訂本；上海：上海古籍出版社，1985年），卷8，〈清代〉2，頁262。
◇ 施淑儀輯：《清代閨閣詩人徵略》（周駿富輯《清代傳記叢刊》本；台北：明文書局，1985年），卷8，頁458–459。

02 畢秀姑 Bi Xiugu

畢秀姑（1855–1930），浙江省餘杭縣人，出身貧家，本無籍籍之名，其能以貧女子而成為家喻戶曉之傳奇人物，應拜戲劇及小說之傳播功效。清代末年，政治腐敗而司法黑暗，當時有所謂「楊乃武與小白菜」一案，即清末著名冤獄之一，畢秀姑即案中之女主角也。緣畢秀姑雖出身貧家而姿色秀麗，喜著綠色衣服，繫白圍裙，因有「小白菜」之外號，在未結婚以前，已頗著艷名，可知其素行不謹之一斑。同治十一年（一八七二年），秀姑十八歲，嫁同縣人葛品蓮（?–1873）為妻。葛亦寠人子，業豆腐店傭工，因工作忙碌而不能經常

回家。秀姑貌美，久為一群不逞之徒所矚目，其本人又不知重視名節，以致面首甚多，人以《金瓶梅》故事中之潘金蓮擬之，戲稱之為「畢金蓮」。眾多面首之中，秀才而兼工刀筆之楊乃武（1841–1914）最稱翹楚；其餘到縣令劉錫彤之子某、縣中糧書何春芳、捕役阮德等。因爭風妒情之故，劉、何、阮諸人咸視楊乃武如仇寇。

同治十二年（一八七三年），楊乃武中舉人，秀姑欲嫁為楊妾，諸人益忿。適葛品蓮之流火舊疾復發，委頓床褥，畢秀姑請楊乃武看視。楊伺機以內藏生鴉片煙之桂圓肉交畢，紿之曰食此即瘥。葛食桂圓肉後心中難受，旋即斃命，其屍體有口鼻流出黑水之異狀。葛母見狀，疑係毒死，稟縣請驗。縣官劉錫彤相驗及應詢於署中醫生陳某及糧書、捕役等人，又命其子私訪。諸人皆楊乃武之怨家，群謂葛之死由於楊乃武畢秀姑下砒毒，劉錫彤平時本不嗛於楊，至是乃欲圖報復而將二人下獄，控以砒毒投人之罪，又令驗屍之仵作改填屍格，將「口鼻流出黑水」改作「七竅流血」，以符砒毒殺人之狀。又迫令愛仁堂藥肆作偽證，證明楊乃武曾至愛仁堂買砒霜。人證物證俱備，而楊畢二人之冤獄以成。案經餘杭縣初步審結後逐浙上轉，由杭州府、按察司而至浙江巡撫，悉無異議，楊妻楊妹不服上告劉以發刑迫令楊、畢二人誣服。案情既外竊，人漸知劉錫彤發刑迫供及偽證羅織之狀，於是輿論大譁，浙籍士紳及浙籍京官紛紛仗義執言，刑部侍郎翁同龢（1830–1904）、夏同善更從中為之主持，朝旨命將全案犯證提解京師，交刑部會同都察院、大理寺秉為審訊，期無冤濫。光緒二年十二月（一八七七年一月），犯證及葛品蓮棺柩送至京師，三法司會審，在海會寺開棺檢驗，驗明葛蓮並非死於砒毒，愛仁堂藥肆中人亦供出縣官脅迫偽證之狀，於是人證物證皆虛，案情急轉直下。翌年正月，朝旨平反此獄，楊乃武畢秀姑皆無罪開釋，造成冤獄之一干承審官員均予重懲，輿情大快。

獲釋之後，畢秀姑回至餘杭，自感身世淒涼，獄中所受諸種酷刑尤極痛楚，由此看破紅塵，在餘杭南門外石門塘之準提庵削髮為尼，以修行懺悔終其餘生。民國十九年（一九三零年）壽終，其遺骨本葬於餘杭東門外文昌閣旁之墳塔，但已於一九五八年被毀。

蘇同炳

◈ 胡曲：〈記楊乃武與小白菜一案之內幕〉，《古今文史半月刊》，52期（1944年8月），頁128–131。

◇ 祝善詒：〈餘杭大獄記〉，見許晏駢，蘇同炳編：《花隨人聖盒摭憶全編》（台北：聯經出版事業公司，1979 年），頁 873–876。
◇ 楊濬：〈我的父親楊乃武〉，《大陸雜誌》，128 期（1984 年 7 月），頁 31–38。
◇ ——：〈楊乃武與小白菜的最後結局〉，《大成雜誌》，203 期（1990 年 10 月），頁 36。
◇ 〈楊乃武與小白菜案〉，《歷史月刊》，64 期（1993 年 5 月），頁 37–43。

ⅲ 03 比米斯 波利 Bimisi Boli

比米斯 波利 （Polly Bemis, 1853–1933），本名 Lalu Nathoy，生於中國北部，近內蒙古邊境，自少在貧苦中長大。幼年時，她便被賣給土匪以換取兩袋大豆種子，後再被運往美國為奴隸，最後又以二千五百美元被拍賣給在愛達荷礦區一所中國旅館任管理員的康興（Hong King）。

她在一八七二年七月八日到達愛達荷沃倫市（Idaho, Warren），在康興工作的旅館任舞場侍應，一直至康興在撲克賭局中把她輸掉給查爾斯·比米斯（Charlie Bemis）。查爾斯亦是旅館管理員；雖然他是從賭局中把波利贏回來，查爾斯卻能帶給波利自由。一八九零年在一場撲克賭局中，查爾斯頭部中槍，於是波利便小心地照顧他。波利用剃刀剔去查爾斯頭骨上的子彈，又用鉤針清洗傷口，再用中藥及其他藥物治理查爾斯的槍傷，直至他完全康復。癒後，查爾斯和波利便於一八九四年八月十三日結婚，居於愛達荷三文魚河沿岸二十畝土地上。

波利漸漸精於農務，除了種植水果、粟米和煙草外，同時亦飼養雞、鴨和牛之類的禽畜。另外，波利又懂得捕魚和狩獵；還有利用她的礦工朋友帶給她的金碎來製造珠寶首飾。波利又向區內的礦工及鄰居銷售獵物、農產品及首飾，從此她和查爾斯的生活也比前舒適。可惜好境不常，一九二二年悲劇終於發生。波利和查爾斯的屋著了火，雖然波利把丈夫拖出火海，但查爾斯終因嚴重燒傷而不治，死時七十歲。

在朋友的幫助下，波利重建牧場，並且在牧場繼續生活至病重被送往格蘭傑維爾（Grangeville）的醫院。

一九三三年波利終與世長辭，但她仍以親切待人和慷慨大方的態度，以及護理技能而聞名。葬禮舉行時，格蘭傑維爾市政廳成員為她扶靈；而沿她過往牧場流經的溪也被名為波利溪，以誌紀念。

楊碧芳

潘美珠譯

◈ Cheney, Louise, "China Polly Was a Pioneer," *Golden West: True Stories of the Old West* 1, no. 6（September, 1965）, 38–39, 51–52.
◈ Elsensohn, Sister M. Alfreda, *Idaho County's Most Romantic Character: Polly Bemis*（Cottonwood, Idaho: Idaho Corporation of Benedictine Sisters, 1979）.
◈ McCunn, Ruthanne Lum, *Thousand Pieces of Gold*（San Francisco: Design Enterprises, 1981）.

■ 04 博爾濟吉特氏，世祖（順治）廢后
Boerjijite shi, Shizu Feihou

廢后，十七世紀中葉在世，初為順治帝（1638–1661；1643–1661 在位）皇后，後降為靜妃。

廢后，博爾濟吉特氏，為順治帝生母孝莊文皇后（參見博爾濟吉特 本布泰，太宗（皇太極）孝莊文皇后傳）胞兄吳克善之女，既是孝莊文皇后之親侄女，也是順治帝的表妹。順治八年正月十九日（一六五一年），初聘為后，由父親、多位親王及內大臣等送至京，請於二月舉行大婚禮。順治帝認為此時不能舉行大婚吉禮，所奏請不准行。正月二十五日由禮部議定皇太后冠頂及皇后諸妃衣冠制度：皇后冠頂東珠十三顆，衣用黃色，居中宮；西宮大妃冠頂東珠十二顆；東宮妃東珠十一顆，還制定了儀仗等規制。

順治八年八月十三日吳克善女冊立為皇后。這位皇后據說容止佳麗，聰明巧慧，但又非常嫉妒，見容貌稍妍麗的妃子，即憎惡並想處置於死地。對皇帝行動也總猜忌，順治帝氣得單獨居住，不與皇后見面。順治帝生活簡樸，而皇后非常奢侈，她的服飾均以珠玉綺繡綴飾，豪華無度；其所用膳，若有一器皿不是金製，就大發脾氣。帝后之間感情從開始已不融洽。

順治十年八月二十三日（一六五三年）皇帝下令查閱前代廢后之故事，群臣聞訊，百般勸阻。皇帝主意已定，手諭中書皇后「無能」當廢。八月二十六日皇帝諭禮部「朕惟自古帝王必立后以資內助，然皆慎重遴選，使可母儀天下。今后乃睿親王於朕幼沖時，因親定婚，未經選擇。自冊立之始即與朕志意不協，宮闈參商，已歷三載。事上御下，淑善難期，不足仰承宗廟之重，謹於八月二十五日奏聞皇太后降為靜妃，改居側室」，群臣聞訊議論紛紛。

皇后既廢，中宮不能久虛。十月初六諸王會議，「選立皇后作範中宮，敬稽典禮，應在內滿洲官民女子，在外蒙古王，貝勒以下，大臣以上女子中敬慎選擇。」終聘科爾沁圖鎮國公綽爾濟女為妃。皇帝諭禮部：「朕奉聖母皇太后慈諭，冊立科爾沁國復國公綽爾濟之女為皇后。」新皇后是已廢皇后之侄女。

因皇后被降為靜妃，其生年無記載，卒年與葬地均無從查考。

于善浦

◆ 巴泰等：《世祖章皇帝實錄》（《清實錄》本；北京：中華書局，1986 年），卷 52，頁 411–412；卷 59，頁 464；卷 77，頁 612–613；卷 78，頁 614、616；卷 84，頁 656。

◆ 商鴻逵、岑大利：〈順治皇帝的三位皇后〉，載滿學研究會編《清代帝皇后妃傳》（北京：中國華僑出版公司，1989 年），上冊，頁 101–105。

05 博爾濟吉特氏，太宗（皇太極）孝端文皇后 Boerjijite shi, Taizong Xiaoduanwen Huanghou

孝端文皇后（1599–1649），名佚，博爾濟吉特氏，內喀爾喀蒙古五部之一的科爾沁部貝勒莽古思女。科爾沁部逼處建州衛西，建州左衛首領努爾哈赤崛起。科爾沁部貝勒明安（莽古思弟，?–1654）以其不利於己，引為勁敵，但自一五九三年，努爾哈赤大敗九部之師後（九部包括烏拉、哈達、輝發、葉赫、訥殷、朱舍里、卦爾察、錫伯和科爾沁），明安深知努爾哈赤日強，可和而不可與之為敵。次年，明安遣使通問，成為第一個與滿人修好的蒙古人。聯婚是一種政治手段，滿人深深懂得利用聯婚來擴大自己勢力。有清一代，滿蒙宗室王公聯姻最少有八十六次，其中蒙古后妃佔十六人，又以科爾沁部為最多，而且皇太極的五宮（二后三妃）和順治皇帝的四宮（二后二妃），均出自科爾沁部博爾濟吉特氏一門。滿蒙聯姻開始於努爾哈赤，後幾成傳統。一六一二年，即努爾哈赤與明安議和之後的第十八年，努爾哈赤聽說明安女「頗有豐姿」，所以遣使求婚。結果，明安寧願「絕先許之婿，送其女來」與努爾哈赤成婚。過二年，一六一四年（明萬曆四十二年）明安之兄莽古思亦把年方十五的女兒嫁給努爾哈赤第八子皇太極，即是孝端文皇后。再過一年，明安之弟孔果爾（一作洪果爾）又以其女送來與努爾哈赤為妻。

孝端文皇后之侄女為莽古思子寨桑之女，姑侄均嫁與皇太極為妻，寨桑女即孝莊文皇后（參見博爾濟吉特 本布泰，太宗（皇太極）孝莊文皇后傳）。後皇太極兩幼弟：多鐸（1614–1649）聘莽古思之女為妻，多爾袞（1612–1650）又娶莽古思之妹為妻。滿蒙婚嫁不論輩份如此，然蒙古人重世譜氏姓，博爾濟吉特氏為元朝的直系後裔，乃蒙古一大姓，這就是清皇帝之所以多次與其聯姻的原因。而封爵賜賞之頻繁，無與倫比，一六三三至三九年（天聰七年至崇德四年）間，科爾沁后族孝端文、孝莊文的父母兄弟姐妹等來朝，殆無虛歲，賞

賚尤渥。一六三六年（天聰十年），分敍蒙古各部貝勒軍功。一六三七年，又追封莽古思為和碩福親王、莽古思大福金為和碩福妃。清代椒房之盛，莫逾於此。

孝端文皇后生三女：長女封溫莊固倫長公主，名馬喀塔，下嫁察哈爾部林丹汗之子額哲；次女封端靖固倫長公主，名佚，下嫁科爾沁部滿珠習禮之姪祁他特；三女封永安固倫長公主，名佚，下嫁土謝圖汗巴達禮之子巴雅思護朗。

孝端文皇后卒，年五十有一。翌年，葬昭陵（一稱北陵，位於今瀋陽市北十里。）

王鍾翰

◇ 今西春秋譯：《滿洲實錄》（新京：日滿文化協會，1938年），卷8，頁350。
◇ 蔣良騏：《東華錄》（北京：中華書局，1980年），卷11，頁173。
◇ 唐邦治：《清皇室四譜》（周駿富輯《清代傳記叢刊》本；台北：明文書局，1985年），卷48，〈后妃〉，頁44–45。
◇ 張爾田：《清列朝后妃傳稿》（周駿富輯《清代傳記叢刊》本），卷48，頁278–292。
◇ 鄂爾泰等：《清太祖武皇帝實錄》（《清實錄》本；北京：中華書局，1986年），卷1，頁11上；卷2，頁4下–5上。
◇ 姜相順：〈清太宗的崇德五宮后妃及其他〉，載滿學研究會編：《清代帝皇后妃傳》，（北京：中國華僑出版公司，1989年），上冊，頁75–84。
◇ 恆慕義（Arthur W. Hummel）主編：《清代名人傳》（西寧：青海人民出版社，1990年），頁216–218。
◇ 《滿洲實錄》（國學文庫本），卷8，頁204。
◇ Hummel, Authur W., ed., *Eminent Chinese of the Ch'ing Period* (*1644–1912*) (Washington: U.S. Government Printing Office, 1943), vol. 1, 304–5.

▥ 06 博爾濟吉特 本布泰，太宗(皇太極)孝莊文皇后 Boerjijite Benbutai

孝莊文皇后（1613–1688）為清太宗皇太極（1592–1643；1626–1643在位）永福宮妃子。

孝莊文皇后，姓博爾濟吉特氏，名本布泰，或布木布泰，為蒙古科爾沁部貝勒寨桑之女。孝莊文皇后四歲時，她的祖父母將她的姑姑嫁給後金努爾哈赤第八子皇太極。天命十年二月初二日（一六二五年）年僅十三歲的本布泰，即日後的孝莊文皇后，由兄長吳克善台吉伴送，嫁給比她大二十歲的皇太極。十一年後，即崇德元年（一六三六年）皇太極改號稱帝，於七月初十日本布泰被冊封為西永福宮莊妃。孝莊文皇后封妃前，已有三個女兒，封妃之後，

於崇德三年正月三十日（一六三八年）生皇九子福臨（順治帝，1638–1661；1643–1661 在位）。五年後，即崇德八年八月九日（一六四三年）皇太極駕崩，由莊妃六歲的兒子福臨承襲了皇位，莊妃則尊為皇太后，隨後的康熙帝統治期間又尊為太皇太后。

孝莊文皇后經歷了清初三朝，她能在風雲變幻權勢鬥爭中取勝，又輔佐了順治、康熙兩朝少年天子，把國家治理得日趨強盛，充分顯示出她的政治才能，為滿清統一中國的大業，作出卓越貢獻。

早在皇太極執政期間，孝莊文皇后就「贊助內政，越既有年。」「佐太宗文皇帝肇造丕基。」皇太極在一六四三暴亡時，她願以身殉，經諸王貝勒大臣勸阻，即打消念頭。因皇太極死前並無冊立繼承人，政局一度不穩。結果，她的兒子福臨取得皇位。順治元年四月（一六四四年）命多爾袞（1612–1650）率師經略中原，五月清軍直逼燕京，九月把京都自瀋陽遷往燕京，順治皇帝立時即位。雖有多爾袞、濟爾哈朗（1599–1655）輔政，孝莊文皇后也充分發揮了她的才智，有力地鞏固了順治帝的地位。

在順治、康熙兩朝中，孝莊文皇后十分關心朝政。自順治七年（一六五零年）多爾袞死後，順治帝開始親政，在孝莊文皇后的輔助下，利用漢人打擊抗清力量。孝莊文皇后又將自己宮中的金帛拿出犒賞將士；聞知各省有災情，親自拿出錢去賑卹；免去后妃、王、貝勒福晉、公夫人令命婦更番入侍的規定。她經常告誡康熙帝「祖宗騎射開基，武備不可弛，用人行政，務敬承天虛公裁決。」又叮囑康熙帝「古稱為君難，蒼生至眾，天子以一身臨其上，生養撫育，莫不引領。必深思得眾得國之道，使四海咸登康阜，綿歷數於無疆。」這些治國修身之道，康熙帝銘於心，符於行，據此完成祖上未完功業，為清朝得成中國第二大朝代，奠下基石。

康熙從學步能言都得到孝莊文皇后嚴格訓練，祖孫相處三十多年，情深似海。康熙二十四年（一六八五年）夏，康熙出塞避暑至博洛河屯，聞太后不豫，即馳還京師。二十六年（一六八七年）太后疾復作，康熙帝晝夜看視。同年十二月初一日康熙帝詣天壇致祭，為孝莊文皇后祈禱。即使多番祈求，太皇太后一旬以內漸覺沉篤，且夕可慮。康熙二十六年十二月二十五日（一六八八年）孝莊文皇后薨，年七十五歲。

按清朝規制，年內喪事不令踰年。群臣再三進諫不宜踰年，康熙執意不從，言忌諱之說荒誕不足信，規制亦可破除。康熙帝決定於二十七年正月才將

孝莊文皇后梓宮發引出去，孝莊文皇后陵墓在遵化清東陵大紅門外東側。

有人將「太后下嫁」與建陵風水牆外聯繫起來，亦有傳孝莊文皇后曾是攝政王多爾袞的妃子，看來並無確實證據。其實，孝莊文皇后生前已經說過葬地的問題，提醒子孫：「我身後之事，特以囑汝，太宗文皇帝梓宮安奉已久，卑不動尊，此時未便合葬，若另起塋域，未免勞民動眾，究非合葬之義，我心戀汝父子，不忍遠去，務必於遵化安厝，我心無憾矣。」孝莊文皇后葬地是遵照她生前遺囑才葬在東陵的。雍正三年（一七二五年）在原暫安奉殿處建成陵寢，孝莊文皇后入葬，陵名為昭西殿。

于善浦

◈ 彭國棟：《清初兩大疑案考證》（台北：台灣商務印書館，1971 年）。
◈ 商鴻逵：〈清代孝莊孝欽兩太后比評〉，《故宮博物院院刊》，1982 年 3 期（1982 年），頁 23–30。
◈ 唐邦治：《清皇帝四譜》（周駿富輯《清代傳記叢刊》本；台北：明文書局，1985 年），卷 4，〈皇女〉，頁 187–190。
◈ 姜相順：〈略論孝莊文皇后的地位及其作用〉，《社會科學輯刊》，1986 年 1 期（1986 年 1 月），頁 65–69。
◈ ──：〈清太宗的崇德五宮后妃及其他〉，載滿學研究會編：《清代帝皇后妃傳》，（北京：中國華僑出版公司，1989 年），上冊，頁 75–84。
◈ 孟森：〈太后下嫁考實〉，載《清代五大疑案考實》（台北：正中書局，1988 年）頁 1–8。
◈ 陳步峰：〈清初「太后下嫁」疑案〉，《百科知識》，1989 年 12 期（1989 年 12 月），頁 9–11。
◈ 中國第一歷史檔案館、中國社會科學院歷史研究所譯注：《滿文老檔》（北京：中華書局，1990 年），頁 26。
◈ 馮明珠：〈孝莊文皇后與多爾袞〉，《故宮文物月刊》，10 卷 4 期（1992 年 7 月），頁 128–135。
◈ 莊吉發：〈一代皇后布木布泰〉，《故宮文物月刊》，10 卷 5 期（1992 年 8 月），頁 87–95。
◈ 李鴻彬：〈孝莊文皇后〉，清史編委會輯：《清代人物傳稿》（北京：中華書局，出版年份不詳），上編冊一，頁 74–78。
◈ Hummel, Authur W., ed., *Eminent Chinese of the Ch'ing Period*（*1644–1912*）（Washington: U.S. Government Printing Office, 1943），300–1.

▥ 07 博爾濟吉特 海蘭珠，太宗(皇太極)敏惠恭和元妃 Boerjijite Hailanzhu

敏惠恭和元妃（1609–1641）為清太宗皇太極（1592–1643；1626–1643 在位）關雎宮妃子。她姓博爾濟吉特氏，為蒙古科爾沁貝勒寨桑女，孝莊文皇后（參見博爾濟吉特 本布泰，太宗（皇太極）孝莊文皇后傳）之姊。

天聰八年十月十六日（一六三四年）吳克善送妹海蘭珠至皇太極宮，時年二十六歲。崇德元年（一六三六年）封為關雎宮宸妃。崇德二年七月初八日

（一六三七年）宸妃生皇八子，這是崇德五宮中最先出生的皇子，倍受皇太極寵愛。七月十六日皇太極在宮中召集文武群臣，為關雎宮宸妃生皇子慶賀。依照古制：「人君有誕子之慶，必頒赦於國中」，於是舉行了全國大赦。正因為皇太極議定了宸妃所生皇八子為皇嗣，所以各蒙古部落紛紛上表送禮稱賀。可是，崇德三年三月二十八日這位被稱為「皇嗣」的皇八子，連名字還沒來得及起，就早殤了，年僅二歲。

關雎宮宸妃雖失去愛子，她在宮中依然得寵。崇德四年正月初四日（一六三九年）在崇政殿賜大宴，款待科爾沁國和碩福妃、次妃、國舅卓禮克圖親王吳克善、巴圖魯郡王滿珠習禮時，宸妃都居眾妃之首位，可見宸妃在宮中之地位。

崇德六年九月十二日（一六四一年），皇太極正率軍駐松山，指揮圍攻錦州戰事時，盛京（今瀋陽）來人奏報關雎宮宸妃有疾，皇太極急忙返回盛京。十七日駐蹕舊邊，盛京來使奏「宸妃疾篤」，皇太極派人先馳往候問，趕至京城，聞宸妃已薨，急忙返回報喪。皇太極聞報無比悲痛，一切喪殮之禮從厚，陳設儀仗，出盛京五里暫殯，妃年三十有三。宸妃薨，科爾沁部落、外藩各部落陸續前往貢物、弔喪。十月二十七日追封宸妃為元妃，謚曰：敏惠恭和。

在滿、漢、蒙古冊文及祭文中，評價了關雎宮宸妃：「秉德柔嘉，持躬淑慎」、「侍朕多年，克嫻內則，敬助中宮」。崇德八年二月初十日（一六四三年）葬敏惠恭和元妃。

于善浦

◈ 唐邦治：《清皇室四譜》（周駿富輯《清代傳記叢刊》本；台北：明文書局，1985年），卷2，〈后妃〉，頁47–48；卷3，〈皇子〉，頁74。

◈ 鄂爾泰等：《太宗文皇帝實錄》（《清實錄》本；北京：中華書局，1986年），卷20，頁271；卷37，頁487；卷38，頁498；卷40，頁523；卷45，頁591、593；卷57，頁780、782；卷64，頁882。

◈ 姜相順：〈清太宗的崇德五宮后妃及其他〉，載滿學研究會編：《清代帝皇后妃傳》（北京：中國華僑出版公司，1989年），上冊，頁75–84。

◈ 中國第一歷史檔案館、中國社會科學院歷史研究所譯注：《滿文老檔》（北京：中華書局，1990年），頁26。

▥ 08 蔡含 Cai Han

蔡含（1647–1686），字女蘿，江蘇吳縣人。畫家，父蔡孟昭。蔡含生而胎素，性慧順。一六六五年，時年方十八，委身如皋名士冒襄（冒辟疆，

1611–1693）為姬妾。冒襄能文，擅書法，明崇禎年間（1628–1644）副貢生，為名噪一時的「四公子」之一，以書法（其楷書大字，人皆珍藏）、交游廣闊及擁有眾多精通文墨的姬妾見稱。冒襄廣結風雅權貴之士，彼等對冒氏數名姬妾之藝術才華甚表讚賞，蔡含、金玥（參見該傳）為其中佼佼者，時稱「冒氏兩畫史」。冒襄令二姝埋首創作，然後將作品贈予友儕同僚。蔡含藉冒家姬妾身份，得以繼續從事藝術創作，自知機遇難逢，故倍加珍惜。

蔡含善畫山水、花鳥、草禽魚，長於寫生，所繪松樹尤負盛名（參閱 Marsha Weidner 在 *Views From Jade Terrace* 頁 112–113 所輯錄的蔡含〈仿夏昶橫松卷〉），冒襄稱其松樹絕非腕力不逮者所能輕易繪成。對蔡含畫作，有人指出，她過人之處，在於了無閨閣中習氣。有人謂其樂於創作藝術作品，供書畫界翹楚品評，足見自信能勝任之。更有人稱其筆法雄健，墨不予飽而筆下帶勁，且色調比對鮮明。作〈松圖巨障〉，冒襄作長歌題其上，一時名士和之。又有

〈墨鳳圖〉，題者甚眾。朱彝尊（1629–1709）為她的〈疏台寒雀圖〉題有「疏皇幾葉搖晴翠，淺暈出斷霞魚尾」之句，點出「詩中有文，畫中有詩」的境界。其傳世的作品有〈茅亭秋色圖〉、〈仿夏昶橫松卷〉。

陳金陵

◇ 馮金伯、吳晉：《國朝畫識》（雲間文革堂刊本，1831 年），卷 17，頁 5 下。
◇ 鄧秋枚：《神州大觀》（上海：神州國光社，1931 年）。
◇ 湯漱玉：《玉台畫史》（《畫史叢書》本；上海：上海人民美術出版社，1963 年），卷 4，頁 66。
◇ 趙爾巽等：《清史稿》（北京：中華書局，1977 年），卷 501，〈遺逸〉2，頁 13851。
◇ Weidner, Marsha, et al., *Views from Jade Terrace: Chinese Women Artists, 1300–1912*（New York: Indianapolis Museum of Art, 1988），112–14, 177, 227.

▥ 09 蔡琬 Cai Wan

蔡琬（1695–1755），字季玉，祖籍遼陽，即今遼寧省遼陽市。隸屬漢軍正白旗。其父蔡毓榮為綏遠將軍。據載其母曾為吳三桂（1612–1678）之寵姬，有八面觀音之稱，與陳圓圓（參見該傳）並稱國色。吳亡後歸毓榮而生琬。其夫高其倬（1676–1738）官至尚書。

琬自幼濡染家學，及長明艷嫻雅，淹貫群書，博於經史，長於詩詞，又諳政治。一生隨父隨夫赴任遷徙各地，可謂經得多見得廣，「魚軒所至幾半

天下」。其倬名重，琬相伴輔佐丈夫甚為得力，堪稱閨中良友，誥封一品夫人。平日裡，其倬所上奏疏移檄等項，多與琬商酌而後定稿。據袁枚（1716-1798）《隨園詩話》載，其倬撫蘇州時，與總督不和，常為其傾陷而孤立。一日其倬詠〈白燕詩〉中一句「有色何曾相假借」，下面思忖有時而未對。琬應聲提筆而對曰「不群仍恐太分明」，意在規勸之。

　　琬著有《蘊真軒小草》傳世。施淑儀編撰《清代閨閣詩人徵略》卷二選錄其詩〈辰龍關〉等四首，並且易順鼎（1858-1920）在該書序中稱：「蘊真軒之詩才足稱女傑」。鐵保（1752-1824）所輯，清仁宗顒琰（1760-1820；1796-1820在位）為之序的《熙朝雅頌集》，其《餘集》第一卷錄琬詩二十二首。還有沈德潛（1673-1769）纂評的《國朝清詩別裁集》卷三十一〈名媛〉中錄其詩四首，稱曰：「詩集無可覓，於選本中錄取四章，皆擲地有聲者。」其四首為〈辰龍關〉、〈江西坡〉、〈關鎖嶺〉和〈九峰寺〉，皆追懷其父滇南之戰績。其父綏遠將軍平吳後，獲譴咎歸空門以終。

王冬芳

◇ 惲珠編：《國朝閨秀正始集》（道光十一年〔1831〕紅香館藏板），卷5，頁1上–3上。
◇ 蔡殿齊編：《國朝閨閣詩鈔》（道光二十四年〔1844〕娜環別館刊本），冊2，卷1，頁1上–6上。
◇ 黃秩模編：《國朝閨秀詩柳絮集》（咸豐三年〔1853〕蕉陰小棍刊本），卷43，頁7下–11下。
◇ 許慶臣編：《國朝閨秀香咳集》（光緒〔1875–1908〕間申報館做聚珍板印），卷2，頁6下–7下。
◇ 徐乃昌編：《閨秀詞鈔》（宣統元年〔1909〕小檀欒室刊本），卷10，頁5上–7上。
◇ 袁枚：《隨園詩話》（北京：人民文學出版社，1982年），卷1，頁16。
◇ 閔爾昌：《碑傳集補》（周駿富輯《清代傳記叢刊》本；台北：明文書局，1985年），卷59，頁701–702。
◇ 施淑儀輯：《清代閨閣詩人徵略》（周駿富輯《清代傳記叢刊》本），卷2，頁126–127。

▥ 10 曹貞秀 Cao Zhenxiu

　　曹貞秀（1762-?），字墨琴，安徽休寧人。書畫家。父曹銳。二十二歲嫁給王芑孫（1755–1817）為繼室。王芑孫，字念豐，號惕甫，一號鐵夫，又號楞枷山人。乾隆（1736–1795）舉人，官華亭教諭。善書法。著有《淵雅堂詩文集》。貞秀生數子，早死二，存二，皆自撫養。

　　貞秀，少未習詩書，以後攻書，也能作畫。曾隨夫至京師住多年。有人求王芑孫寫字，必兼求曹貞秀書。貞秀工小楷，人稱為海內閨閣第一，所臨十三行石刻，為人所重。

今南京博物院珍藏有她與王芑孫兩人的楷書〈前後赤壁賦〉。她曾以小楷書衛夫人（衛鑠，272–349）〈筆陣圖說〉、管夫人（管道昇，1262–1319）〈墨竹譜〉二種合為一卷。在京師曾為洪亮吉（1746–1809）、法式善（1752–1813）等名士寫字題詩作畫。著有《寫韻軒小稿》二卷。

書畫用印有「貞」、「秀」、「歸太原」、「墨琴」、「曹娥」、「曹貞秀」、「寫韻軒」。

陳金陵

◇ 曹貞秀：《寫韻軒小稿》（《淵雅堂全集》本；1804 年刊本），卷 1，頁 8。
◇ 惲珠編：《國朝閨秀正始集》（道光十一年〔1831〕紅香館藏板），卷 14，頁 4 上–5 上。
◇ 黃秩模編：《國朝閨秀詩柳絮集》（咸豐三年〔1853〕蕉陰小幌刊本），卷 16，頁 27 上–30 上。
◇ 許夔臣編：《國朝閨秀香咳集》（光緒〔1875–1908〕間申報館倣聚珍板印），卷 9，頁 4。
◇ 震鈞：《國朝書人輯略》（光緒戊申〔1908〕金陵刊本），卷 11，頁 9 下。
◇ 竇鎮：《國朝書畫家筆錄》（宣統三年〔1911〕文學山房本），卷 4，頁 47 下。
◇ 李濬之編：《清畫家詩史》（1930 年刊本），癸上，頁 32 下。
◇ 王季遷編：《明清書畫家印鑑》（香港：香港大學出版社，1966 年）。
◇ 中國古代書畫鑒定組編：《中國古代書畫圖目》（北京：文物出版社，1984 年），冊 7。
◇ 施淑儀輯：《清代閨閣詩人徵略》（周駿富輯《清代傳記叢刊》本；台北：明文書局，1985 年），卷 6，頁 351–352。

▥ 11 柴靜儀 Chai Jingyi

柴靜儀（十七世紀中葉在世），字季嫻、寄嫻、季畹，清初浙江錢塘著名閨秀詩人、畫家。自幼受藝術薰陶，其父雲倩一六一八年中舉人，以詩畫名，尤工古琴。長姊柴貞儀為閨閣畫家，尤擅花鳥草蟲。夫沈漢嘉，諸生，以教喻為業。

靜儀所居杭州西湖，世為雅士匯集、詩人結社之輻，閨秀才女亦無例外。時女詩社中尤以蕉園吟社名最顯。蕉園之會始於清初顧玉蕊、其媳林以寧（參見該傳）及柴靜儀均列初結之「蕉園五子」中。吟社幾度聚散，後以「蕉園七子」名於世。靜儀始終為中堅，眾人公推為「女士祭酒」。

靜儀詩作甚豐，收於《凝香閣詩鈔》及《北堂詩草》二集，俱不存。惟前者得到清代多部重要閨秀詩集收錄，得以存世，這些詩集包括：

胡抱一《本朝名媛詩鈔》，卷 1–6；

惲珠《國朝閨秀正始集》，卷 4；

蔡殿齊《國朝閨閣詩鈔》，甲冊；

吳顥《國朝杭郡詩輯》，卷30。

靜儀畫作亦負盛名，工梅竹，時與其姊貞儀合作。其父親授琴譜，故靜儀亦精於此藝，並以之傳其長子用濟。

柴靜儀為二子之母。長子沈用濟，自幼即負詩名，惜效其父，與功名無緣，長年客居外地，遊遍粵、燕，詩藝益進，時人皆以為靜儀訓子有方。次子在沚亦為詩。用濟妻朱柔則（字順成，號道珠），為「蕉園五子」之一。朱曾約用濟妾至河渚觀梅，並載之於詩，讀者知其不妒而慈，許為賢妻。

沈德潛（1673-1769）於《清詩別裁集》中極許柴靜儀詩為閨中正統：「凝香室詩，本乎性情，發乎學術之正，韻語時帶箴銘，不可於風雲月露中求也。」晚清女詩人沈善寶（參見該傳）則於《名媛詩話》中以男子喻柴：「季嫻詩落落大方，無脂粉習氣。」

柴靜儀傳世詩中多與蕉園之友游讌論藝、懷子遠遊，及教勉其媳朱柔則之作。時江南女詩人結社雖極盛，惟姑、婦兩世能詩並不常見。柴、朱二人於詩文、修養均極盡師徒之誼，實非尋常惡姑弱媳關係可比。

高彥頤

◈ 惲珠編：《國朝閨秀正始集》（道光十一年〔1831〕紅香館藏板），卷4，頁3下。
◈ 蔡殿齊輯：《國朝閨閣詩鈔》（道光二十四年〔1844〕娜環別館刊本），卷甲，頁36上。
◈ 黃秋模編：《國朝閨秀詩柳絮集》（咸豐三年〔1853〕蕉陰小幌刊本），卷9，頁25下–29上。
◈ 吳顥輯：《國朝杭郡詩輯》（1874年刊本），卷30，頁10下–11上。
◈ 許慶臣編：《國朝閨秀香咳集》（光緒〔1875–1908〕間申報館倣聚珍板印），卷1，頁1上–2下。
◈ 徐乃昌編：《閨秀詞鈔》（宣統元年〔1909〕小檀欒室刊本），卷6，頁22上–23上。
◈ 《杭州府志》（1922年刊本），卷157，頁33下。
◈ 李濬之編：《清畫家詩史》（1930年刊本），癸上，頁15上。
◈ 沈德潛輯：《清詩別裁集》（北京：中華書局，1975年），卷31，頁7上–9上。
◈ 胡文楷：《歷代婦女著作考》（增訂本；上海：上海古籍出版社，1985年），卷6，〈清代〉6，頁434–435。
◈ 施淑儀輯：《清代閨閣詩人徵略》（周駿富輯《清代傳記叢刊》本；台北：明文書局，1985年），卷25，頁186。
◈ Weidner, Marsha, et al., *Views from Jade Terrace*（New York: Indianapolis Museum of Art, 1988），108–9, 177, 277.

▪ 12 陳端生 Chen Duansheng

陳端生（1751–1796），浙江錢塘人，其祖父陳兆崙（1700–1771）以文人出仕，傳記見於《清史列傳》。端生父玉敦及伯父玉萬皆為乾隆十五年

（一七五零年）舉人。端生有妹慶生及長生。長生為袁枚（1716–1798）弟子，著有詩集《繪聲閣集》，端生詩才更著，有詩集曰《繪影閣集》，可惜失傳。

端生同輩族人陳文述（1771–1848），在其《頤道堂詩外集》有詩〈題從姐秋穀（長生）繪聲閣詩集〉，詩後註曰「長姊端生適范氏婿以累謫戍」。另註云「仲姊慶生早卒」。陳文述在其《西泠閨詠》有詩〈繪影閣詠家□□〉，詩前小序不提端生之名而以□□代之。序云：

　　□□名□□，勾山太僕女孫也，適范氏。婿諸生以科場為人牽累，謫戍因屏謝膏沐，撰再生緣南詞，託名女子酈明堂，男裝應試及弟，為宰相，與夫同朝而不合併，以寄別鳳離鸞之感。曰：婿不歸，此書無完全之日也。婿遇赦歸，未至家而□□死。

同序並提及梁楚生（即梁德繩，參見該傳）和夫婿許周生（即許宗彥，1768–1818）同續《再生緣》。

根據清《高宗皇帝實錄》，於乾隆四十五年（一七八零年），考場發生作弊案，內有范葵者受人牽累，此與陳文述所言者相符，又其罪為發往伊犁，此亦與陳文述所言端生婿之事相合，想此范葵乃端生之婿也。當日陳氏親友，因恐被其牽累，遂不敢提及端生名者，非無因也。范葵於嘉慶元年（一七九六年）赦歸，未至家，而端生死。

端生祖父陳兆崙謂女子亦應讀書受業，發揮所長，著〈才女說〉謂：

　　世之論者，每云女子不可以才名。凡有才名者，往往福薄。余獨謂不然。福本不易得，亦不易全。古來薄福之女，奚啻千萬億？而知名者代不過數人。則正以其才之不可沒故也。又況才福亦常不相妨，嫻文事而享富貴以沒世者，亦復不少。何謂不可以才名也！

可想知，端生之學必在一般女子之上。有趣者，端生祖父鄙視彈詞，而其母卻偏好之，端生更以《再生緣》彈詞揚名於後世。陳寅恪（1890–1969）評《再生緣》，嘗稱其足與古希臘和古印度史詩媲美，而端生之文才更可和唐代詩人李白（701–762）、杜甫（712–770）等相提並論。

陳端生於一七六八年，時年十七，始撰《再生緣》彈詞。到一七七零年暮春已寫完六十四回，不幸是年秋其母病逝，而端生停筆。

　　端生與范氏婚後，夫妻合樂，有一子一女，然不幸其夫於一七八零年因科場弊案，獲罪被逐。是時，《再生緣》稿已傳遍浙江、雲南一帶，因尚未完結，故愛讀者促端生續完，始又於一七八四年提筆，僅撰寫四回，書中酈君玉尚未恢復女裝，而端生卒。約五十年後梁德繩完結《再生緣》。

宋秀雯

◈ 陳兆崙：〈才女說〉，見其《紫竹山房詩文集》（乾嘉間陳柱生刻本），卷7，頁6上下。
◈ 陳寅恪：《論再生緣》（香港：友聯出版社，1959年）。
◈ 張德均：〈陳端生的母親對她在文學成就上的影響〉，《光明日報》，1961年7月25日。
◈ ──：〈關於范葵充軍伊犁的經過〉，載《郭沫若古典文學論文集》，頁941–950。
◈ ──：〈由《里堂詩集》抄本說到『雲貞行』的年代〉，同上，頁974–978。
◈ 陳文述：《西泠閨詠》（丁丙輯《武林掌故叢編》本；台北：華文書局，1967年），卷15，頁10上；卷15，頁10下。
◈ ──：《頤道堂詩外集》（清刊本），卷6，頁14下–15上。
◈ 趙景深、劉崇義編：《再生緣》（鄭州：中州書畫社，1982年）。
◈ 譚正璧：《中國女性文學史話》（天津：百花文藝出版社，1984年），頁388–398。
◈ 郭沫若：〈《再生緣》前十七卷和它的作者陳端生〉，載《郭沫若古典文學論文集》（上海：上海古籍出版社，1985年），頁854–881。
◈ ──：〈再談《再生緣》的作者陳端生〉，同上，頁882–900。
◈ ──：〈陳雲貞《寄外書》之謎〉，同上，頁901–918。
◈ ──：〈關於陳雲貞《寄外書》的一項新資料〉，同上，頁919–928。
◈ ──：〈序《再生緣》前十七卷校訂本〉，同上，頁929–934。
◈ ──：〈陳端生年譜〉，同上，頁935–940。
◈ ──：〈有關陳端生的討論二三事〉，同上，頁951–961。
◈ ──：〈讀了《繪聲閣續稿》與《雕菰樓集》〉，同上，頁962–973。
◈ 慶桂等：《高宗皇帝實錄》（《清實錄》本；北京：中華書局，1985年），卷1114，頁886–896。
◈ 《清史列傳》（北京：中華書局，1986年），卷71，頁44下–45上。
◈ 樂黛雲：〈無名、失語中的女性夢幻──十八世紀中國女作家陳端生和她對女性的看法〉（"Conference on Women and Literature in Ming–Qing China，" 宣讀論文，Yale University, 1993年6月22至26日；又見1994年8月《中國文化》第10期）。
◈ Hummel, Arthur W, ed., *Eminent Chinese of the Ch'ing Period 1644–1912*（Washington: United States Government Printing Office, 1943），vol. 1, 81–82.
◈ Nienhauser, Jr William H., ed. and comp., *The Indiana Companion to Traditional Chinese Literature*（Bloomington: Indiana University Press, 1986），236.
◈ Sung, Marina H., *The Narrative Art of Tsai–sheng–yuan*（Asian Library Series No. 48; San Francisco: Chinese Materials Center, 1994）.

▪ 13 陳書 Chen Shu

　　陳書（1660–1736），號上元弟子，晚號南樓老人，畫家。浙江秀水人，祖籍江西信州，後遷居浙江嘉興府秀水。曾祖父陳憲，明嘉靖十七年

（一五三八年）第二甲第二十四名進士。祖父戀義，縣學生。父堯勳，太學生。其善行聞於鄉里。

陳書幼聰慧。數歲能誦讀《詩》、《禮》。見古代書法碑帖、名畫，常自摹寫、習畫。她的母親大不以為然，認為可能妨礙女紅之活，曾一度阻止她練習書畫。傳說，母親曾夢見神仙相告，其女兒將以翰墨聞名於世。此後，母親不再阻止她習畫，並讓她拜師學畫。經過一年，陳書的書畫大有長進。陳書說，讀古人書，當學做古人。取女史孝傳所記載故事，畫於居室內，早晚觀摩。後因曾祖卒，家道大落，陳書只得做些女工針線活，接濟家用。同里士人錢綸光（1655–1718）以才名，聞陳書之賢，娶為繼室。

人稱陳書善畫花鳥草蟲，筆古老健，風神簡逸。有的稱讚其筆法，有明人陳淳（1483–1544）之風，而遒逸甚或過之。據兒子錢陳群（1686–1774）文章說，母親的畫曾被宮中收藏，皇帝題為「神品」。乾隆三十一年（一七六六年），曾將母親的作品進獻給皇帝，皇帝為之題詞，並以趙孟頫（1254–1322）相比。錢維城（1720–1772）、錢載、張庚都曾以陳書為師，向她學畫。現今傳世作品有一七零三年的〈花蝶圖〉、一七一六年的〈梅鵲圖〉、一七三零年的〈花鳥〉、一七三一年的〈三友圖〉，以及流傳到日本的《花卉圖冊》、《水仙圖》卷等。作畫用印有「閨閣閑情」、「陳」、「錢氏」、「御題澂懷」。能詩，有《復庵詩稿》，以其居室「復庵」而命名。

陳書有三子：長子錢陳群，康熙六十年（一七二一年）進士，入值上書房，官至禮部侍郎；次子錢峰以廩貢生，早逝；三子錢界曾官知縣。

陳金陵

◇ 馮金伯、吳晉：《國朝畫識》（雲間文革堂刊本，1831 年），卷17，頁1下。
◇ 惲珠編：《國朝閨秀正始續集》（道光十六年〔1836〕紅香館藏板），〈補遺〉，頁1。
◇ 徐乃昌編：《閨秀詞鈔》（宣統元年〔1909〕小檀樂室刊本），卷14，頁23下。
◇ 竇鎮：《國朝書畫家筆錄》（宣統三年〔1911〕文學山房本），卷4，頁46上。
◇ 李濬之：《清畫家詩史》（1930年刊本），癸下，頁19下。
◇ 湯漱玉：《玉台畫史》（《畫史叢書》本；上海：上海人民出版社，1963年），卷3，頁49–50。
◇ 王季遷輯：《明清書畫家印鑑》（香港：香港大學出版社，1966年）。
◇ 趙爾巽等：《清史稿》（北京：中華書局，1977年），卷305，〈錢陳群傳〉，頁10507–10510；卷508，〈列女〉1，頁14023–14024。
◇ 鈴木敬：《中國繪畫綜合圖錄》（東京：東京大學出版會，1982年）。
◇ 中國古代書畫鑑定組編：《中國古代書畫圖目》（北京：文物出版社，1984年），冊5。
◇ 李紱：〈錢母陳太淑人墓誌銘〉，收入錢儀吉：《碑傳集》（周駿富輯《清代傳記叢刊》本；台北：明文書局，1985年），卷149，頁335–336。

◈ 施淑儀輯：《清代閨閣詩人徵略》（周駿富輯《清代傳記叢刊》本），卷2，頁141–142。
◈ Weidner, Marsha et al., *Views from Jade Terrace: Chinese Women Artists, 1300–1912*（New York: Indianapolis Museum of Art, 1988），117–20, 177–78, 228.

14 陳擷芬 Chen Xiefen

陳擷芬（1883–1923），筆名楚南女子，原籍湖南衡山，生長於江蘇陽湖（今常州市）。她的父親陳範（字夢坡，1860–1913）本為江西鉛山知縣，因教案落職，移居上海，憤官場腐敗，思以清議救天下，乃於一八九八年（一說一八九九年）承辦《蘇報》，初時力主變法，其後則倡議保皇立憲之論。

一八九九年，年僅十六歲的陳擷芬在上海出版《女報》，這是繼一八九八年中國女學會創辦《女學報》之後另一份早期的婦女刊物，但不久即停刊。一九零二年五月續出，每月一冊，每冊約二十頁；期數重起，上海文明書局活版製造所代印，《蘇報》館代發行，各省各埠寄售處有北京、天津等十處。續出九期後，從一九零三年二月開始，改名《女學報》；由於隨《蘇報》附送，時人稱為「女蘇報」。報館設在上海新馬路華安里，仍由陳擷芬擔任主筆。該報以婦女為主要對象，提倡辦女學、興女權，欄目有論說、演說、女界近史、譯件、尺素、詞翰等，並附插圖，內容、形式都很新穎，一時頗有影響。陳擷芬在《女學報》上發表了〈獨立篇〉、〈元旦問答〉、〈論女子宜講體育〉等文章，成為近代中國最早從事辦報活動的先進女性之一。〈獨立篇〉強調「所謂獨立者，其要在不受男子之維持與干預」，只要女界中有能力獨立、自立者為之提倡，不出十年，「女界中殆無不興之學，亦無不復之權矣。」

一九零一年至零二年間，陳擷芬曾追隨父親參與蔡元培（1868–1940）等人籌辦愛國女學校的會議和活動。一九零三年，她在《女學報》館內創辦自立女學塾。其時《蘇報》的言論已趨於激進，甚至公然主張排滿革命，引起清廷的不滿，遂羅織罪名。同年六月，「蘇報案」發，《蘇報》館被查封，《女學報》僅出至第三期即被迫停刊，陳擷芬轉而資助章士釗（1882–1973）、張繼（1882–1947）等辦《國民日報》（時人稱為《蘇報》第二）。

稍後，與妹陳信芳隨父親流亡日本，一去多年。一九零三年十一月，《女學報》第四期在東京出版，陳擷芬以「楚南女子」的筆名，在報上發表論說〈中國女子之前途〉和傳記文學〈世界十女傑演義〉（未完）等。該報還刊載了〈沈藎死〉、〈章鄒囚〉等詩文，頗有反滿革命的色彩。

　　陳擷芬又加入反清秘密會黨三合會，及積極參與拒俄運動；一九零四年十月，與秋瑾（參見該傳）、林宗素重組留日女學生組織的共愛會，在東京留日學生會館召開大會，將該會改名為「實行共愛會」，被推為會長，秋瑾任招待。這是近代中國的第一個愛國婦女革命團體。一九零五年秋，黃興（1874–1916）等在日本橫濱設立製造炸彈的機關，為武裝起義作準備，由俄國虛無黨人教授有關技術。陳擷芬與喻培倫、熊越山、秋瑾、唐群英、林宗素等，一起參加學習。

　　在日期間，陳擷芬本擬屈從父命，嫁給粵籍商人廖翼朋為妾，引起留日學生界輿論大譁。秋瑾指出其父「逼女作妾，即是亂命，事關女同學全體名譽，非取消不可」，鼓勵陳擷芬反抗家庭專制，最後這件婚事終於作罷。陳擷芬又聽從秋瑾的意見，決心求學以自立，進入橫濱基督教公立女子學校學習。後來，她與四川籍人士楊儁（或作楊鐫）結為夫婦，兩人同赴美國留學。一九一二年回國，參加神州女界協濟社的工作。不久，隨丈夫返四川。此後的活動寂然無聞。

周佳榮

◇ 《中國近代期刊篇目彙錄》（上海：上海圖書館，1965年），卷1，頁1071–1078。
◇ 馮自由：〈陳夢坡事略〉、〈鑑湖女俠秋瑾〉，見氏著《革命逸史》（台北：台灣商務印書館重印本，1969年），集1，頁175–177；集2，頁174–179。
◇ 周佳榮：《蘇報與清末政治思潮》（香港：昭明出版社，1979年），頁10，33。
◇ 匡珊吉：〈《女學報》〉，載丁守和主編：《辛亥革命時期期刊介紹》（北京：人民出版社，1983年），集3，頁75–78。
◇ 藍蘭：〈我國最早婦女刊物的女主編〉，《人物》，1984年3期（1984年5月），頁175。
◇ 董守義：《清代留學運動史》（瀋陽：遼寧人民出版社，1985年），頁226–227。
◇ 劉巨才：《中國近代婦女運動史》（瀋陽：中國婦女出版社，1988年），頁177–179。
◇ 呂美頤、鄭永福：《中國婦女運動：1840–1921》（鄭州：河南人民出版社，1990年），頁210–213。

▥ 15 陳圓圓 Chen Yuanyuan

　　陳圓圓（約1625–1681），名沅，字畹芬，明末江蘇武進人。家境貧寒，父名陳貨郎，父親死後，流落蘇州為妓。當時中原大地已經燃起了起義的烽火，而關外的清兵又屢次深入內地進行騷擾，整個北部中國完全處於戰亂狀態。而江南暫時還是一片昇平景象，尤以南京蘇州為甚，秦淮河畔燈火不絕，虎邱山下歌舞之聲相聞。一時名妓有董小宛（參見該傳）、李香君、卞玉京、陳圓圓等。名花傾城，爭艷鬥技，江南的衣冠之士和達官貴人多沉醉在這種

歌舞昇平之中，苟且度日。當時蘇州很盛行女戲，上至鄉紳士大夫，下至市井屠沽，皆以做戲為榮。陳圓圓為當時梨園的佼佼者，色藝雙絕，許多名士都競相與之來往，嘖嘖稱讚她的演技，最著者有如皋的冒襄（冒辟疆，1611-1693），就是因為看了她的弋腔《紅梅記》，而為之傾倒。冒襄為名噪一時的「四公子」之一，以書法、交游廣闊及擁有眾多精通文墨的姬妾見稱。冒氏廣結風雅權貴之士，彼等對其姬妾之藝術、戲劇及歌唱才華甚表讚賞。眾姬妾藉冒襄之助得以繼續創作，自知機遇難逢，故倍加珍惜。

　　一六四零年，崇禎皇帝寵妃田氏之父田弘遇（?-1643）企圖擄走陳圓圓。同年，冒襄去衡陽省親路經蘇州與陳圓圓相識，並約以八月返回時再會。八月下旬，冒襄從衡陽奉母歸來蘇州，這時陳圓圓驚魂未定，為了迅速擺脫殊色被擄之厄運，便主動提出了要嫁給冒作姜，終身事奉他。冒襄以其父冒起宗調任襄陽，而當時的襄陽已經被張獻忠（1606-1646）攻破，生命朝不保夕，便婉言相拒，經陳圓圓反復懇求後，冒才答應等他奉母返回如皋家庭情況稍安定後，再來迎娶。

　　崇禎十五年（一六四二年）四月，田弘遇的女婿錦衣衛汪起光來到蘇州，用重金將陳圓圓強迫買去。當時陳圓圓與一鄉紳相昵，該鄉紳便糾結同黨名叫宋公子者，集無賴數百人，手持兵器刀杖，白晝進入汪室，將陳圓圓搶出。宋某之父，曾官黃門，他深知田氏方恃椒房之寵，炙手可熱，惶恐萬分，急至汪氏面前，長跪不起，口稱兒子不謹，泣求寬宥，並上許官府，捕無賴數人於獄，復將陳圓圓獻出。陳圓圓自此便成為田府歌妓。此事曾鬧得蘇州雞犬不寧。當時董小宛也寓居蘇州，亦為這些勢要所逼，處於危病之中，當冒襄到蘇州去會陳圓圓時，陳已被搶去十日多了，冒甚為悵惘，便去訪董小苑，小宛亦急於擇人而事，冒便決計納小宛。

　　田妃死後一年，田弘遇寵遇稍衰，但仍廣蓄聲妓，結納勢要。田府歌妓陳圓圓與顧壽，在京中名噪一時。一六四三年，吳三桂到北京，在逗留期間，在田弘遇一次家宴上，見到了陳圓圓。崇禎十六年（一六四三年）冬，田弘遇病死，田府歌妓星散。陳圓圓被吳襄買去，送予兒子吳三桂。當時在寧遠帶兵的吳三桂已返家。

　　一六四四年，明廷下令吳三桂入衛京師，但吳三桂趕抵前，叛軍已佔北京。崇禎皇帝自戕，而明朝官吏大多向叛軍領袖李自成投降，當中包括吳三桂父親。由於歌妓陳圓圓及顧壽下落不明，吳三桂父遭拘押拷問。陳圓圓及楊宛

其後被尋獲，當時楊宛已年過四十，乘機偽裝成乞丐，攜田氏女而逃。吳三桂正擬歸順李自成之際，得知父親遭拷問、陳圓圓被擄走，遂改變初衷，決計聯合清兵對付李自成。一六四四年夏，吳三桂連番追擊，終大敗李自成，且復得陳圓圓。

吳三桂平定雲南後，陳圓圓也隨他到了雲南。吳三桂在雲南，窮奢極欲，廣營宮室，另有寵妾數人。陳圓圓漸已年老色衰，又與吳三桂意見不和。吳三桂妻張氏，長子吳應熊（？-1674）之母，善妒，陳圓圓與之相處，亦不融洽。後來，陳圓圓要求分居別處，禮佛以度餘生。吳三桂遂於城北築安阜園，供她住用。世人認為佛道一家，於是便有陳圓圓最終出家為女道士之說。

吳三桂發動反清叛亂時，陳圓圓曾上書反對，吳三桂不聽。康熙十七年（一六七八年）七月，吳三桂死於湖南衡陽。其孫吳世璠在雲南繼立。康熙二十年（一六八一年）三月清兵圍雲南，十月城破，城中人多餓死。張氏已先死。吳世璠自殺，吳氏宮中從死者甚多。陳圓圓與吳世璠妻郭氏等皆自縊而死。或云陳圓圓不食死，自沉蓮花池死。未死之佳麗多為清軍所得。總之，陳圓圓死於清軍破雲南城中。

後來傳說陳圓圓在城西三聖庵出家，法名寂靜，又號玉庵禪師，一直活到八十歲，恐係好事者的附會，不一定可信。

陳生璽

◇ 《武進陽湖縣志》（清光緒刊本）。
◇ 冒襄：《影梅庵憶語》（《如皋冒氏叢書》本；1903-23年刊本）。
◇ 劉健：《庭聞錄》（胡思敬輯《豫章叢書》本；南昌：豫章叢書編刻局，1915年）。
◇ 徐樹丕：《識小錄》（《涵芬樓秘笈》第一輯本；上海：商務印書館，1916年）。
◇ 吳偉業：《吳詩集覽》（中華書局輯《四部備要》本；上海：中華書局，1936年）。
◇ 黃裳：〈陳圓圓〉，《讀書》，1980年10期（1980年10月），頁133-145。
◇ 李孝友：〈陳圓圓與吳三桂〉，《邊疆文藝》，1980年7期（1980年7月），頁42-46。
◇ 萬揆一：〈況周頤的《陳圓圓事輯》〉，《昆明師院學報》（哲社版），1981年3期（月份缺），頁17-18。
◇ 陳生璽：〈陳圓圓其人其事辨〉，《南開學報》，1981年4期（月份缺），頁32-35。
◇ ——：《〈滄桑艷〉箋釋》（鄭州：中州古籍出版社，1991年）。
◇ ——：〈陳圓圓其人其事考〉，見氏著：《明清易代史獨見》（鄭州：中州古籍出版社，1991年），頁89-106。
◇ ——：〈陳沅〉，載《清代人物傳稿》，上編，卷7（北京：中華書局，1994年），頁243-250。
◇ ——：〈陳圓圓史事軼聞辨誤〉，《文史知識》，1994年11期（1994年11月），頁116-118。
◇ 夏光輔：〈陳圓圓卒於昆明考〉，《中國史研究》，1983年1期（1983年2月），頁17。
◇ 福本雅一：〈陳圓圓〉，載其《明末清初》（京都：株式會社同朋舍，1984年），頁263-278。
◇ 永寬：〈陳圓圓魂歸何處〉，《文匯報》（上海），1985年2月25日，頁4。

◇ 宋科炳：〈絕代名妓陳圓圓葬何方〉，《書林》，1986年12期（1986年12月），頁47。
◇ 李增夫：〈李自成監護陳圓圓新說〉，《求索》，1987年3期（1987年6月），頁109–113。
◇ 陳捷先：〈陳圓圓的死亡與墓地新說〉，《歷史月刊》，59期（1992年12月），頁74–75。
◇ 俞允堯：〈秦淮八艷傳奇之三：陳圓圓〉，《歷史月刊》，66期（1992年12月），頁67–74。

▥ 16 程蕙英 Cheng Huiying

　　程蕙英（1859前–1899後），字苪儔，江蘇武進人。蕙英出生於名門之家，卻自為女塾師，靠教授弟子為生，所謂「恃束脩以給薪米」。她生性豪放，學識淵博，多才多藝。所著《鳳雙飛全傳》是迅速傳世的佳作。據瑞芝室主人（程蕙英筆名）在序文中指出：自宋代始行小說唱本以後，迨至清代，雖然村夫閨閣嗜愛這種文藝，但是文學之士往往鄙不屑視，所以其作品多粗糙。而《鳳雙飛全傳》卻是一部佳作，達到了「筆具鑪錘，胸羅錦繡」的程度，這個意義上說是難能可貴的，即程蕙英所說的「誠戛戛乎難之」。

　　鄧之誠（1887–1960）在《骨董瑣記》卷五〈《鳳雙飛彈詞》〉條中評介說：「全書數十萬言，結構遣詞，遠在《天雨花》、《再生緣》之上。所天有變童之好，故託為果報以警之。」「書中真大雅，即隱以自寓。」

　　《鳳雙飛全傳》一書敘述了明朝憲宗（朱見深，1448–1487；1464–1487在位）時，忠臣逆子之間延續兩代人的鬥爭故事，最後以忠臣安居為官歡聚終世為結局。故事曲折，遣詞生動。自行世以後在極短時間內幾經刊行，流行版本有三，計為怡怡軒石印本、上海江左書林石印本和廣益書局排印本。

　　《鳳雙飛全傳》以外，蕙英還著有詩集《北窗吟稿》傳於世。據譚正璧等編著《彈詞敘錄》卷四〈《鳳雙飛》〉，引證諸書評介蕙英及其著作云：「曾作《鳳雙飛》彈詞，才氣橫溢，紙貴一時。其所為詩，純乎閱世之言，亦非尋常閨秀所能。」

王冬芳

◇ 程蕙英：《鳳雙飛全傳》（光緒二十五年〔1899〕上海書局石印本）。
◇ ──：《鳳雙飛（前傳）》（鄭州：中州古籍出版社，1988年）。
◇ ──：《鳳雙飛（後傳）》（鄭州：中州古籍出版社，1991年）。
◇ 譚正璧：《彈詞敘錄》（上海：上海古籍出版社，1981年），卷42，〈《鳳雙飛》〉，頁72–75。
◇ 張維驤：《清代毗陵名人小傳稿》（周駿富輯《清代傳記叢刊》本；台北：明文書局，1985年），卷11，頁368。
◇ 鄧之誠：《骨董瑣記》（見其《骨董瑣記、續記、三記》；台北：大立出版社，1985年），卷5，〈《鳳雙飛彈詞》〉，頁161–162。

▥ 17 戴韞玉 Dai Yunyu

戴韞玉（1736–1795），字西齋，浙江歸安人。父親為思恩知府戴永椿。

戴韞玉的母親沈氏，因做夢，遇到謝安石（謝安，320–385）遺紫玉半塊，於是生下韞玉，這是她得名的由來。

戴韞玉自幼喜好讀書，二十歲結婚，嫁錢塘陳淞。陳淞科場失利，屢次考試都落第，奇怪的是，每一次落第，必定夭折一子，到後來，孩子竟然全部夭亡。韞玉傷情感逝，痛苦抑鬱，惟有藉文字渲洩出來。後隨著陳淞抵達廣東，踰嶺涉海至潯州，才一個月，韞玉就不幸病故，死時年僅三十歲，而這一年陳淞獲中鄉舉，韞玉已不及分享這份榮耀。

戴韞玉有《西齋遺稿》，初入廣東時，她曾在觀音岩上題句：「已超塵土三千界，漸覺靈明四大空」，第二天，傳至全城，人以為仙人手筆，不久韞玉即去世。韞玉一生坎坷薄命，嘗盡骨肉死別之苦，這首澈悟無常，了生脫死的詩句竟然成了她離棄人世間的讖語。

鍾慧玲

◈ 惲珠編：《國朝閨秀正始集》（道光十一年〔1831〕紅香館藏板），卷12，頁13下。
◈ 黃秩模編：《國朝閨秀詩柳絮集》（咸豐三年〔1853〕蕉陰小榤刊本），卷43，頁15。
◈ 許夔臣編：《國朝閨秀香咳集》（光緒〔1875–1908〕間申報館倣聚珍板印），卷8，頁1下。
◈ 徐乃昌編：《閨秀詞鈔》（宣統元年〔1909〕小檀欒室刊本），〈補遺〉，卷4，頁14。
◈ 胡文楷：《歷代婦女著作考》（增訂本；上海：上海古籍出版社，1985年），卷20，〈清代〉14，頁783。
◈ 施淑儀輯：《清代閨閣詩人徵略》（周駿富輯《清代傳記叢刊》本；台北：明文書局，1985年），卷4，頁242。

▥ 18 丁晏 Ding Yan

清代女畫家。生卒年不詳，字寄生，南江人（今上海市人）。自幼聰慧，喜好詩文翰墨。適松江張且耕室。嫁張氏後，張很敬重她的才藝，特為她購置別墅於焦溪之濱的「晚翠軒」。此後她專心致力於畫藝。工於花草禽蟲，被稱為「秀色入紙，氣韻天成，深得北宋人法。」她有四個女兒，丁晏與四女合成〈聚芳呈瑞圖〉，一時閨秀名媛卓為題詠。她的幾個女兒都善畫，長女筠如，畫藝尤佳，為上海喬香岑室，可惜中年早逝。

龔維玲

◈ 黃秩模編：《國朝閨秀詩柳絮集》（咸豐三年〔1853〕蕉陰小榤刊本），卷31，頁17下–18上。

◇ 俞劍華編：《中國美術家人名大辭典》（上海：上海人民美術出版社，1981年），頁3。
◇ 《中國畫家大辭典》（北京：中國書店，1982年），頁4。
◇ 《華夏婦女名人詞典》（北京：華夏出版社，1988年），頁2。

⑪ 19 丁瑜(詩人) Ding Yu

丁瑜，生卒年不詳，字靜嫻，浙江長興人。早年居住在太湖邊。

丁瑜喜歡吟誦湖光水色，描寫自然，著有詩集《皆綠軒》。丁瑜丈夫進士臧眉錫。丁瑜後來因丈夫外出做官，一度離開家鄉，返回故里後又常有詩作。靜嫻時至孝，以奔姑氏喪，哭泣不食死。

丁瑜的代表詩有〈家居〉：

木石風花結四鄰，寂寥門巷久無人。
昔年燕子今重別，始信交情彌獨真。

本詩選自《清詩別裁集》，此詩創作年代不詳，從內容上看可能是詩人後期的作品。

龔維玲

◇ 惲珠編：《國朝閨秀正始集》（道光十一年〔1831〕紅香館藏板），卷9，頁12上。
◇ 黃秋模編：《國朝閨秀詩柳絮集》（咸豐三年〔1853〕蕉陰小榥刊本），卷31，頁15。
◇ 許慶臣編：《國朝閨秀香咳集》（光緒〔1875–1908〕間申報館做聚珍板印），卷10，頁14。
◇ 徐乃昌編：《閨秀詞鈔》（宣統元年〔1909〕小檀欒室刊本），〈補遺〉，卷6，頁8上–9上。
◇ 鄭光儀主編：《中國歷代才女詩歌鑒賞辭典》（北京：中國工人出版社，1991年），頁1182–1183。

⑪ 20 丁瑜(畫家) Ding Yu

丁瑜，活躍於十八世紀中十九世紀初，字懷瑾，錢塘人（今浙江杭州）。畫家丁允恭之女，張鵬年（1761–1819）室。張鵬年錢塘人，與其妻丁瑜均善畫。丁瑜工寫真，一遵西洋烘染法，她所畫人物被稱為「俯仰轉側之緻極工」。丁瑜與其夫皆以善畫聞名於世。

龔維玲

◇ 惲珠編：《國朝閨秀正始集》（道光十一年〔1831〕紅香館藏板），卷9，頁12上。
◇ 彭蘊璨編，邱步洲重輯：《歷代畫史彙傳》（席威輯《掃葉山房叢鈔》本；上海：掃葉山房，光緒八年〔1882〕刊本）。
◇ 野侯書嵩：《國朝畫識》（上海：中華書局，1923年），卷17。

◇ 俞劍華編：《中國美術家人名大辭典》（上海：上海人民美術出版社，1981年），頁7。
◇ 《中國畫家大辭典》（北京：中國書店，1982年據神州國光社1934年版《中國畫家人名大辭典》複印），頁4。
◇ 《華夏婦女名人詞典》（北京：華夏出版社，1988年），頁3。

▥ 21 董小宛 Dong Xiaowan

董小宛（1624–1651），名白，字小宛，復字青蓮，明末秦淮樂籍名妓。姿質聰慧，容貌美麗，七、八歲時，其母陳氏（?–1642）教以書翰文墨，即能欣然領會。十一、二歲時，神姿艷發，容顏妖冶，在秦淮諸名妓中已出眾不凡。又於針神曲聖、食譜茶經，莫不精曉。其性好靜，每於山水林泉，常留連不去。很厭煩男女麇集都市喧鬧的環境，十三、四歲時隨母遷往蘇州半塘，有時也去金陵秦淮，曾結織了一些名士，如貴池吳應箕（1594–1645）、桐城方以智（1611–1671?）、歸德侯方域（1618–1655）等人。嘗對鏡顧影而歎：「吾姿慧如此，即詘首庸人婦，猶當歎彩鳳隨鴉，況作飄花零葉乎？」哀嘆自己的命運不幸，盼望有朝一日能嫁一個如意郎君，有所歸宿。因為明代法律規定，奴僕、倡優、樂戶屬於賤籍，良賤不能通婚姻，妓女從良，需要有人代為贖身出籍，一般也是供人納妾。

董小宛十六歲時，如皋冒襄（冒辟疆，1611–1693）從時有往還的名士吳應箕、方以智、侯方域處，得知董小宛聰明貌美、才華出眾。這三位名士連同冒襄並稱「四公子」，名噪一時。冒襄多次造訪董小宛未果，最後也只能在遠處相望。那時冒襄和當地名妓如沙九畹、楊漪照等已過從甚密，但自驚鴻一瞥後，便對董小宛念念不忘。冒襄以善於鑑賞藝術著稱，由於廣結風雅權貴之士，他品味不凡之說亦不脛而走。冒襄的一眾姬妾精通文墨，具藝術、戲劇、歌唱才華，世所公認。她們藉冒襄之助，可在同氣相求的氛圍中繼續創作，自知機遇難逢，故倍加珍惜。

當田弘遇（?–1643）多方面掠奪美女，帶回北京（參見陳圓圓傳）時，名妓陳圓圓、顧壽、董小宛等被迫東藏西躲，以期逃脫這種厄運。

崇禎十四年（一六四零年）春，冒襄途經半塘欲尋訪董小宛，因其滯留黃山未歸，沒能見到，便結識了另一梨園名妓陳圓圓，兩人一見鍾情。陳圓圓被擄後，冒襄往訪董小宛，董小宛當時病重，其母已死半月，家境悽涼。一如之前的陳圓圓，董小宛見到冒襄後，便提出願終身委事，冒襄同樣以父親身在危疆未歸為由而推辭，小宛則堅執相求，相隨舟中達二十七日，冒襄多番相辭，

小宛則表示堅以身從。冒襄最後以科考在即，勸服小宛返回家中，等待他考中的消息。

九月，董小宛在桃葉寓館的試場外等候。多位名士有感於董小宛對冒襄一往情深，在桃葉寓館設夜宴加以表揚。就在那時，冒襄接到父親離職的消息，不得不趕回家中。不久榜發，冒襄僅中副榜。董小宛不得已再回蘇州。

董小宛自從母親去世以後，多不接客，所以生活拮据，所欠債務甚多。往返南京，追求冒襄。冒氏乃如皋大族，祖、父歷代為官，家資豐厚，債家見此情況，便想借機勒索，冒襄勸小宛先回蘇州，以阻扼債家的貪心。當時常熟錢謙益（1582–1664）與夫人柳如是（柳是，參見該傳）得知此事後，錢謙益親至蘇州半塘為小宛料理一切債務事宜，三日而畢，前後所費共三千金，並託有關方面為之削籍。謙益另有他事，便買舟送小宛至如皋，給冒襄寫了一封信，言其始末，勸冒納小宛。時為崇禎十五年十二月十五日（一六四三年二月三日）。董小宛到如皋後，冒襄沒有來得及告訴父母，與其妻蘇氏安排小宛居之別室，四月之後才迎至冒家。從此小宛謝絕管弦鉛華，精學女紅，做起一個賢惠的良家婦人來了。小宛為了討得冒家大小的歡心，對冒的母親及妻蘇氏極為孝順恭敬，冒襄也感到心滿意足，有了一個既美麗又賢惠的侍妾，不僅能幫助他料理家事，而且還能協助他從事文墨，討論詩詞，成為難得的閨閣良伴。

崇禎十七年三月十九日（一六四四年四月二十五日），明朝滅亡，四月消息傳到如皋，當時南方形勢極為混亂，冒襄攜全家及小宛一度逃至湖州。五月福王（朱由崧，?–1646；1644–1645在位）即位於南京，形勢稍定，又返回如皋。弘光政權起用冒起宗為山東按察司副使督理七省漕儲道，八月冒襄隨父至南京，當時南京馬士英（約1591–1646）、阮大鋮（約1587–約1646）當政，冒襄因參加崇禎十二年（一六三九年）的留都防亂公揭反抗阮大鋮而幾遭不幸，十二月底回家。不久又攜全家及小宛避居浙江鹽官（今海寧）友人陳梁家。在此期間，董小宛從冒襄所借友人之書中，輯成《奩艷集》一書，內容均係婦女服飾器用以及亭台歌舞諸事。弘光元年（乙酉，一六四五年）五月清兵下南京，閏六月剃髮令下，江浙大亂，冒襄又攜全家及小宛北歸，行至江蘇馬鞍山，遇見清兵，幾為所掠。秋冬寄居泰州。清順治三年（丙戌，一六四六年）春回到如皋。自此，冒襄以明遺民自居，並無仕清之意。中間大病數次，全賴小宛細心扶持，終得痊癒，並協助冒襄抄輯四唐詩。

董小宛隨冒襄九年，多歷坎坷，積勞成疾，近歲每春必病。順治七年

（庚寅，一六五零年）歲末生病，至除夕已經粒米不進，至順治八年元旦（一六五一年一月二十一日），已經氣息奄奄，還要求見冒母一面。二日病逝，終年二十八歲。閏二月十五日葬於冒氏家園之南影梅庵。冒襄痛失小宛，曾撰《影梅庵憶語》與《亡妾董氏小宛哀辭》，述其始末。小宛自嫁冒襄後，始終沒有離開冒家。

後來傳聞說董小宛為清兵所掠，到了北京，被順治（愛新覺羅福臨，1638–1661；1643–1661 在位）納為妃，所謂董鄂妃者云云，純係出於反清意識者的揣測之說，並無事實根據。

陳生璽

◇ 惲珠編：《國朝閨秀正始集》（道光十一年〔1831〕紅香館藏板），〈附錄〉，頁18。
◇ 黃秩模編：《國朝閨秀詩柳絮集》（咸豐三年〔1853〕蕉陰小幌刊本），卷35，頁1上。
◇ 許夔臣編：《國朝閨秀香咳集》（光緒〔1875–1908〕間申報館倣聚珍版印），卷9，頁13上。
◇ 冒廣生：《冒巢民先生年譜》（《如皋冒氏叢書》本，1903–23年刊本）。
◇ 張明弼：〈冒姬董小宛傳〉，收入張潮：《虞初新志》（上海：開明書局，1935年），卷3，頁39–47。
◇ 周法高：〈董妃與董小宛新考〉，《漢學研究》，1卷1期（1983年6月），頁9–25。
◇ 余懷：《板橋雜記》（石家莊：河北人民出版社，1985年）。
◇ 孟森：〈董小宛考〉，《明清史論著集刊續編》（北京：中華書局，1986年），頁188–215。
◇ 周黎庵：〈冒襄與董小宛〉，見其《清詩的春夏》（南京：江蘇古籍出版社；香港：中華書局，1991年），頁125–128。
◇ 顧啟：〈董小宛和她的詩〉，見其《冒襄研究》（江蘇：江蘇文藝出版社，1991年），頁148–157。
◇ ——：〈關於董小宛的結局〉，同上，頁158–168。
◇ ——：〈再談董小宛的結局——與董千里先生商榷〉，同上，頁169–177。
◇ 俞允堯：〈秦淮八艷傳奇之一：董小宛〉，《歷史月刊》，57期（1992年10月），頁13–19。
◇ 冒襄：《影梅庵憶語》（《如皋冒氏叢書》本）。
◇ ——：《亡妾董氏小宛哀辭》（《如皋冒氏叢書》本）。

ⅲ 22 棟鄂氏，世祖（順治）孝獻皇后 Dong'e shi

棟鄂氏（1639–1660）是清初宮史中引起極多爭論的女性，但史冊中的記載卻多有不實之處，乃至其面目失真，史家聚訟。孝獻皇后系以出身之棟鄂部落為名，棟鄂部位於今遼寧省桓仁附近，明萬曆（1573–1620）時隸女真建州部統屬，稱之「東古」或「冬古」，入清後作姓氏時改以漢姓諧音「董」代之，並寫成「董鄂」。可能為此之故，有些小說把她和明末清初名妓董小宛（參見該傳）混為一談。

孝獻皇后董鄂氏出身滿貴族名門，其父是內務府大臣鄂碩（?–1657），隸

正白旗（正黃、鑲黃和正白，稱為上三旗）。《清史稿·孝獻皇后》中稱：「年十八入侍」，實屬隱瞞史實之一大曲筆。清代的后妃仿前明，主要來自選秀，而秀女年齡超過十六歲，則以「逾歲」被視為非正選。實際上，董鄂氏是十六歲選秀入宮，初配為襄昭親王博穆博果爾（1642-1656）福晉，稱之「拴婚」。襄昭親王博穆博果爾是順治皇帝（福臨，1638-1661；1643-1661在位）的同父異母弟，其母親據說是皇太極（1592-1643；1626-1643在位）擄自戰敗的蒙古貴族。顯然，「為尊者諱」的清代官書，欲以「年十八入侍」含混其辭，將這一重大史實遮掩過去。

孝獻皇后董鄂氏與夫君生活了約半年，悲劇便發生了。

不知何時，順治皇帝在后妃入值內宮之際，看上了這位如花似玉的弟媳婦。此時的順治皇帝，正為母后所選的兩個皇后皆不如意而鬱鬱寡歡，與孝獻皇后董鄂氏的邂逅相遇，使這位年輕氣盛的皇帝看到了生活的希望。這件宮中醜聞很快被博穆博果爾親王得知，據當時稔知宮中情況的德國神父湯若望（Father Adam Schall von Bell, 1591/2-1666）回憶：「（博穆博果爾親王）因此申斥他的夫人時，他竟然被得知此事的天子，打了一個極其怪異的耳摑。這位軍人於是乃因怨憤致死，或許竟是自殺而死。皇帝遂而將這位軍人的未亡人收入宮中，封為貴妃。」而官書中記為「順治十三年（一六五三年）八月，立為賢妃。十二月，進皇貴妃，行冊立禮，頒赦。」

順治皇帝親手給弟弟製造了同根相煎的慘劇，卻為自己贏得了甜蜜的婚後生活。他與董鄂氏關係摯篤，而董鄂氏知書達禮，在統治思想上對順治皇帝產生了很大的影響。董鄂氏入宮僅四個月，便從一名普通的賢妃晉封為皇貴妃，其地位僅次於皇后，這在清代的后妃中是少見的。而且，她獨得皇帝專寵，取代皇后也只是時間早晚之事。這種咄咄逼人之勢，引起當時的「無冕之王」——太后孝莊文皇后（參見博爾濟吉特 本布泰，太宗（皇太極）孝莊文皇后傳）的極大恐慌。

清王朝問鼎中原的成功，滿、蒙聯姻是一項極為重要的政策。太后為兒子連娶了兩宮蒙古皇后，其用意就是以此鞏固剛取得的政權。然而，「龍性難攖」的順治皇帝卻把愛情置於國家利益之上，不僅廢掉了第一位皇后（廢后，參見博爾濟吉特氏，世祖（順治）廢后傳），又將第二位皇后擱置冷宮，這就使滿、蒙聯盟發生了動搖。此外，太后本人也是蒙古貴族，兩宮皇后又分別是她的侄女和侄孫女，即使在個人感情上也無法接受兒子的恣意妄為。於是，孝

獻皇后董鄂氏遂成了這場母子爭鬥的犧牲品。

先是，太后見兒子對孔四貞（參見該傳）頗懷好感（她是漢族降將孔有德〔?-1652〕之女），便企圖以「擇立東西兩宮」為折衷方案，既保留蒙古皇后的名份，且能阻止順治佔奪弟媳。然而，順治帝的一意孤行，使得太后的打算落空。至此，為了滿、蒙聯盟和剛取得的政權，太后只能痛下殺手。

順治十四年十月七日（一六五七年），順治帝與孝獻皇后董鄂氏的第一個兒子誕世。此時，太后在南苑稱病，諭各大臣及宮內后妃、親王福晉，一律前往視疾。奇怪的是，這道諭令也送到了孝獻皇后董鄂氏居住的承乾宮，而她正在產褥期。她無法違抗太后懿旨，趕赴南苑視疾，並親侍湯藥，執勞病榻。從此，孝獻皇后董鄂氏一病不起（估計是嚴重的褥熱病）。她死後三個月，兒子也夭殤。為此，順治帝在朝內大發雷霆，埋怨母親害死妻兒，打罵近侍。

順治十七年八月十九日（一六六零年），孝獻皇后董鄂氏在承乾宮薨逝，年僅二十二歲。順治帝大為傷慟，輟朝五日，並又深以愛妃生前未能封后為憾，便追封其為皇后，謚號多達「孝獻莊和至德宣仁溫惠端敬」十二字，大逾后妃封謚常格。四個多月後，順治帝也步愛妃後塵而去。

張曉虎

◈ 魏特（Alfons Väth）著，楊丙辰譯：《湯若望傳》（上海：商務印書館，1949 年）。
◈ 《李朝實錄》（東京：學習院東洋文化研究所，1953–1967 年）。
◈ 趙爾巽等：《清史稿》（北京：中華書局，1977 年），卷214，〈后妃〉，頁 8908–8909。
◈ 巴泰等：《世祖章皇帝實錄》（《清實錄》本；北京：中華書局，1985 年）。
◈ 張曉虎：《順治帝與董鄂妃》（北京：中國人民大學出版社，1989 年）。
◈ Hummel, Arthur W., ed, *Eminent Chinese of the Ch'ing Period（1644–1912）*（Washington: U.S. Government Printing Office, 1943），301–2.

23 方君瑛 Fang Junying

方君瑛（1884–1923），字潤如，福建侯官縣（今福州）人。方氏為地方望族，伯父方家澍，為翁同龢（1830–1904）門生，思想傾向維新，歷任浙江桐鄉及秀水縣縣令。其父家湜，經營運輸貨棧，在漢口設有轉運公司。時常來往北京、廣州各地，思想開朗，對於子女教育，尤為關注。其後又將其子女媳婦先後送赴日本留學，於此可見。家湜共有子四人，女七人，方君瑛為其次女，君瑛之同母弟聲洞（1886–1911）及異母弟聲濤（1885–1934）均為清季著名革命黨人。

君瑛自小即憑在家聽彈詞小說識字，十多歲時，伯父家澍見其聰慧，要她於家塾讀書，開始接受教育，成長後的君瑛，「體健壯，個子不高，圓臉，眉目端秀。」

清廷自甲午戰敗後，鼓吹青年人留學日本，吸納新知，謀求富國強兵之道。一九零一年，君瑛在伯父及父親安排下，與寡嫂曾醒（早逝異母兄聲濂之妻）及孤侄賢俶共赴日本留學，其弟聲濤、聲洞亦於次年相繼來日進修。君瑛在一九一一年二月畢業於東京女子高等師範學校，為國人畢業於此校的第一人。

由於清廷對外失敗，留日學生，身居異國，每多感傷國事，漸趨激進，兼且戊戌政變後康（康有為，1858–1927）梁（梁啟超，1873–1929）維新一派及孫中山（1866–1925）所領導之興中會，群集東京，四出活動，東京遂成海外國人從事反政府言論及活動之大本營，此即留東學界革命風潮之興起。方氏年青一族，置身其間，自受感染，姊弟均「相勗以力學救國」。一九零三年，俄國拒絕撤兵東三省，留日學生起而組織「軍國民教育會」，從事拒俄活動，君萍（君瑛堂姊）、聲濤、聲洞三人相繼加入，為方氏家人參加愛國反帝活動之始。一九零五年，中國同盟會成立於東京，並規定設立本部及各省支部，發展革命。其中福建留日學生遂成立「第十四支部」，由林文（1877–1911）出任支部長，從事革命。方君瑛即與兄嫂曾醒、弟聲濤、聲洞、弟婦鄭萌及王穎一家六口先後加入「十四支部」，成為同盟會會員，參與革命活動。由是被譽為典型之「革命家族。」

加入同盟會後之君瑛，主要參加暗殺及密謀起義之革命活動。一九零七年出掌同盟會暗殺科，參與其事者尚有喻培倫（1886–1911）、黃復生（1883–1948）、黎仲實、吳玉章（1878–1966）、曾醒及陳璧君（1891–1959）等人，並且在橫濱成立製造炸彈的機關。女革命志士秋瑾（參見該傳）、陳擷芬（參見該傳）、林宗素、唐群英、蔡惠及吳木蘭亦參與其事。

一九零八年，汪精衛（1883–1944）在日本與方君瑛諸同志等合組暗殺團，團員七人，策劃暗殺事宜。一九一零年，方君瑛與汪精衛、陳璧君、黃復生、黎仲實等團員在北京策劃暗殺攝政王載灃（1883–1952），結果行動失敗，汪精衛與黃復生失手被擒入獄，陳璧君等三人逃脫返港，與君瑛、曾醒密謀再舉，並計劃劫獄，然均未能成事。

方君瑛與曾醒繼而參與廣州起義準備工作，假扮送葬寡婦，藉此掩護運輸

軍火進入廣州省城。一九一一年四月二十七日（舊曆三月二十九日），廣州之役如期展開，不幸慘遭鎮壓，死難革命義士有七十二人，主要來自廣東、福建及四川三省，史稱「黃花崗七十二烈士」。方君瑛之弟方聲洞即為其中一位犧牲者。君瑛協助聲洞寡妻王穎及孤子賢旭自日本回國安頓。

民國成立後，方君瑛重返福州，出任福建女子師範學校校長，曾醒則任監學，一九一二年方、曾二人取得官費，赴法留學。君瑛此行留法十年，期間除修習法文，並於波多鐸大學攻讀，取得數學碩士。一九一五年，方君瑛回國，奔父喪後，重返法國。一九二二年，汪精衛於廣州籌設執信學校，時邀君瑛回國主持，君瑛接聘，然於返國前夕，竟遭車禍，腦部震盪受損，自始精神即呈現不穩定狀態。

同年返國，適值陳炯明（1875–1933）於廣州發動兵變，被迫滯留上海，華僑教育家陳嘉庚（1874–1961）遂邀聘君瑛到廈門集美學校任教，然終因一九二三年春廣州亂平，且早已允諾赴粵任教，故此並未接聘赴廈。隨即整頓行裝，預備赴廣州，然臨行前夕，君瑛突然服食大量嗎啡，為家人所發覺，將其送院急救，然已回天乏術，於六月十四日與世長辭，享年三十九歲，堪稱英年早逝。君瑛服藥自殺，除因腦部不適外，亦與回國後目睹時艱，不能自已，最後產生厭世之念有關，據其致弟婦鄭萌之遺書中，已有面對社會腐敗，無力改變，惟有一死之遺言。

綜觀君瑛出身世家，留學東、西二洋，憂國傷時，遂投身革命，志切推翻滿清，以弱質女流，竟然從事製彈、暗殺及起事之「鐵血」活動，實為女中豪傑，其於近代中國革命史，當居一席之地位。終其一生，自成長後，不言嫁娶。君瑛年幼時曾立婚約，然終因參加革命而未成婚。其後或謂與汪精衛於一九零九年從事暗殺活動時產生戀情，成為汪精衛「多角戀」之失意者，遂行獨身。而方君瑛的一生也隨著近世中國政治與社會之急劇變遷而以悲劇告終。

李金強

◈ 鄭烈：《黃花崗烈士林大將軍傳》（台北：大中國出版社，1953年）。
◈ 馮自由：《中華民國開國前革命史》（台北：世界書局，1971年）。
◈ 張玉法：《清季的革命團體》（台北：中央研究院近代史研究所，1975年）。
◈ 何遂：〈辛亥革命親歷記實〉，《辛亥革命回憶錄》（北京：文史資料出版社，1981年），集1，頁456–496。
◈ 王穎：〈憶聲洞〉，《辛亥革命回憶錄》（北京：文史資料出版社，1981年），集1，頁619–623。
◈ 李又寧：〈辛亥革命先進方君瑛女士〉，《傳記文學》，38卷5期（1981年5月），頁16–19。

◇ 范啟龍：〈方聲洞〉，《民國人物傳》（北京：中華書局，1984年），卷4，頁7–16。
◇ 林維紅：〈同盟會時代女革命志士的活動（1905–1912）〉，《中國近代現代史論集》（台北：台灣商務印書館，1986年），編17上，頁325–327，355。
◇ 吳玉章：《吳玉章文集》（重慶：重慶出版社，1987年），下冊，頁1004–1008。
◇ 徐如、戴礪：〈方君瑛〉，《福州歷史人物》（福州：中共福州市委宣傳部、福州市社會科學院，1989年），輯2，頁114–120。
◇ 海燕：〈汪精衛多角戀揭秘〉，《世界日報》，1994年2月9日。

▥ 24 方婉儀 Fang Wanyi

　　方婉儀（1732–1779），又名畹儀，字儀子，號白蓮，別署佛弟子、白蓮居士。畫家。安徽歙縣聯墅村人。祖父方願瑛，一七二零年官江西贛南道道員。一七二四年，任廣東惠潮道道員。一七二七年升任廣東省按察使。一七二八年十一月，被解除職務。其緣於廣東省布政使受賄貪贓，而負責審訊的方願瑛，被人指控有從寬銷釋之嫌，驚動了朝廷。雍正皇帝（愛新覺羅胤禛，1678–1735；1722–1735在位）為了整治廣東吏治，免除了方願瑛的職務，此後再未起復。父親方寶儉，是國子監生。他的女婿羅聘（1733–1799）曾在一詩中稱讚婦翁具有「性比泉源潔」的品德。

　　婉儀自幼習詩書，明禮度，兼長於詩畫。一七五二年，她與居住在揚州的羅聘結為夫婦。羅聘也是安徽歙縣人，從師於名家金農（1687–1763）。羅聘、金農均是揚州畫派（或稱八怪）的重要畫家。羅聘與婉儀婚後，十分相愛。他倆常合筆作畫。現今上海博物館藏有他倆畫的〈梅花圖〉（一七六三年作）。一七六八年婉儀作的〈杜鵑花〉圖，受到羅聘的厚愛，把它帶到京師，名士為之題記。

　　方婉儀不僅善待家人，也很敬重師友，很受人尊敬。金農有〈壽女士方婉儀〉詩，讚她「不但能詩詠絮工，能畫能書妍且麗。」鄭燮（1693–1765）也曾畫〈石壁叢蘭〉為她祝壽。婉儀的〈哭姑〉十二詩，在揚州頗為流傳。据記載，方婉儀著有〈忍飢〉、〈白蓮半格詩〉。

　　一七七九年六月十九日，羅聘從揚州去北京，婉儀已染病在身。聘離揚州時有詩：「出門落淚豈無情，君病臥床我遠征。默默兩心誰會得，明知見面是他生。」七月二日，婉儀病故於揚州。九月十二日，羅聘在京從揚州來的友人處方知愛妻已逝，作長詩痛悼，有「執手話床第，泣涕交相垂，枕畔見墨痕，集句成別詩。」翁方綱（1733–1818）應羅聘之請為方婉儀寫了墓誌，銘曰：「萬卷梅花，一卷白蓮，其畫也禪，其詩也仙。吾文冰雪兮，與此石俱。」

方婉儀作畫用印有：「白蓮女史」、「此生多事」、「閨中詩畫」、「佛弟子」。

陳金陵

◇ 金農：〈壽女士方婉儀〉，《冬心續集》（上海：上海人民美術出版社，影印雍正十一年〔1733〕刻本）。

◇ 馮金伯、吳晉：《國朝畫識》（雲間文革堂刊本，1831年），卷17，頁2下。

◇ 惲珠編：《國朝閨秀正始集》（道光十一年〔1831〕紅香館藏板），卷14，頁2下–3上。

◇ 黃秩模編：《國朝閨秀詩柳絮集》（咸豐三年〔1853〕蕉陰小榥刊本），卷26，頁13。

◇ 許夔臣編：《國朝閨秀香咳集》（光緒〔1875–1908〕間申報館倣聚珍板印），卷2，頁14上。

◇ 竇鎮：《國朝書畫家筆錄》（宣統三年〔1911〕文學山房刊本），卷4，頁49上。

◇ 李濬之：《清畫家詩史》（1930年刊本），癸上，頁35下。

◇ 河井荃盧鑑修：《南畫大成》（東京：興文社，1935–36年）。

◇ 羅聘：《香草葉草堂詩存》（南京：江蘇人民出版社，1962年）。

◇ 王季遷輯：《明清畫家印鑑》（香港：香港大學出版社，1966年）。

◇ 陳金陵：《羅兩峰》（上海：上海人民美術出版社，1979年）。

◇ ——〈羅兩峰考實〉，收入薛永年編：《揚州八怪考辨集》（南京：江蘇美術出版社，1992年），頁506–507。

◇ 施淑儀輯：《清代閨閣詩人徵略》（周駿富輯《清代傳記叢刊》本；台北：明文書局，1985年），卷5，頁303–304。

◇ 翁方綱：〈女士方氏墓誌銘〉，收入閔爾昌：《碑傳集補》（周駿富輯《清代傳記叢刊》本；台北：明文書局，1985年），卷59，頁705–707。

◇ 中國古代書畫鑑定組編：《中國古代書畫目錄》（北京：文物出版社，1985年），冊2。

◇ Weidner, Marsha, et al., *Views from Jade Terrace: Chinese Women Artists, 1300–1912*（New York: Indianapolis Museum of Arts, 1988），136–40, 179, 229.

▥ 25 馮嫻 Feng Xian

馮嫻（十七世紀後期在世），字又令，清初浙江錢塘人。詩人、畫家，為馳名杭州的女詩社「蕉園七子」之一。出身書香之家，父仲虞曾任同安令，翁錢震瀧為一六三一年進士出身。夫廷枚為仁和諸生，不仕以詩書自娛。

馮嫻年幼即聰穎異人，有「讀書過目成誦，下筆文如夙構」美譽。時錢廷枚隨母遊馮氏山莊，仲虞與夫人見而奇之，遂以其女字錢。夫婦感情融洽，有《樸園唱和集》聞世，今佚。馮嫻一詩提及「余幼子」一人，惜名號及伯仲不詳。

馮嫻與杭州最負盛名的才女俱有文字交往。幼時即與伯嫂顧長任（字重楣，號霞笈仙姝）為筆研友。長任妹姒（字啟姬）為蕉園七子之一，馮遂與蕉園各女詩人訂交。蕉園七子各人雖有綜錯的姻親及同里關係，惟藉詩文聯誼，在文學之道切磋互勉。從各人詩文集可充分見到她們對文章大業的嚴謹態度。

時人結集，載以友輩的序跋應酬文章，本不為奇。惟蕉園七子之集，除序跋外時有專以褒貶作品的評語。如林以寧（參見該傳）於一六九七年出版的《墨莊詩鈔、詞餘、文鈔》，即題「同里錢馮嫻又令氏、柴靜儀（參見該傳）季嫻氏評」字樣。錢鳳綸（參見該傳）於一七零二年面世的《古香樓集》，亦載有馮等人的評語。

馮嫻著有《和鳴集》及《湘靈集》，俱不存。惟惲珠《國朝閨秀正始集》、蔡殿齊《國朝閨閣詩鈔》及吳顥《國朝杭郡詩輯》錄有其詩數首。

學者兼名臣阮元（1764–1849）曾於《兩浙輶軒錄》讚錢、馮夫婦至孝：「太夫人春秋高，兩人朝夕不離膝下，定省之餘，唱和盈帙。」晚清女詩人沈善寶（參見該傳）則在其《名媛詩話》稱馮「襟懷恬淡，頗得隱居之樂。」雖然馮嫻以家居侍親為事，以其與蕉園各才女之長年文字交觀之，其生涯實不盡為隱居、唱和所局限也。

高彥頤

◇ 惲珠編：《國朝閨秀正始集》（道光十一年〔1831〕紅香館藏板），卷4，頁9上。
◇ 蔡殿齊輯：《國朝閨閣詩鈔》（道光二十四年〔1844〕嫏嬛別館刊本），卷乙，頁15下。
◇ 黃秋模編：《國朝閨秀詩柳絮集》（咸豐三年〔1853〕蕉陰小榥刊本），卷1，頁5上–6上。
◇ 吳顥輯：《國朝杭郡詩輯》（1874年刊本），卷30，頁14上–15上。
◇ 許夔臣編：《國朝閨秀香咳集》（光緒〔1875–1908〕間申報館倣聚珍板印），卷1，頁10上。
◇ 徐乃昌編：《閨秀詞鈔》（宣統元年〔1909〕小檀欒室刊本），〈補遺〉，卷2，頁16下–17下。
◇ 《杭州府志》（杭縣：1922–26年版），卷154，頁44上。
◇ 胡文楷：《歷代婦女著作考》（增訂本；上海：上海古籍出版社，1985年），卷16，〈清代〉10，頁655。
◇ 施淑儀：《清代閨閣詩人徵略》（周駿富輯《清代傳記叢刊》本；台北：明文書局，1985年），卷2，頁134。
◇ 李濬之編：《清畫家詩史》，癸上，頁5下。

▥ 26 傅善祥 Fu Shanxiang

傅善祥（約1830–?），上元人，太平天國女狀元。《天父天兄聖旨》有東王府「內簿書伏善祥」的記載，傅善祥或為伏善祥之誤。

太平天國建都天京以後，曾於一八五三年舉行「女試」，傅善祥中式第一名。吳家楨《金陵紀事雜詠》第十五首有句稱：「棘闈先設女科場，女狀元稱傅善祥。」據現有資料判斷，一八五四年以後，未見有太平天國再開女科之舉，因此，傅善祥是太平天國第一名，也是唯一的一名女狀元。

傅善祥是有名的「金陵才女」，其父曾為上元縣書吏。自應太平天國試中

式後，她被派往東王府任東殿內簿書，替東王楊秀清（約1820–1856）批閱公文，處理軍國大事。據《金陵癸甲紀事略》稱：所有「文書皆歸批判。」

一八五四年三月二日（太平天國甲寅四年正月二十七日，清咸豐四年二月初四日）楊秀清「恐世人防妖太甚，毀盡古書，轉無以為勸懲之助」，命傅善祥書寫「千古英雄不得除，流傳全仗笥中書。」書畢，楊秀清又叫傅善祥解釋這兩句詩。傅善祥云：

> 夫英雄之人，是蒙我天父將一點真靈，授之其身，故生而徇齊，長而敦敏，入則盡孝盡弟，出則真忠報國，至性不移，頂起綱常，維持風化。蓋其生也有自來，其升也有所往，魂歸天堂，名留人間，雖千古萬年不能泯沒，故我天父鴻恩，命將千古流傳之書，不可燬棄。又有聖旨，凡系真心忠臣之臣僚傳述，總要留下也。

楊秀清對她的解說極為讚賞。可見，傅善祥確有才華。

李秀成論及太平天國建都天京後的軍事政治情況說：「東王佐政事，事事嚴整，立法安民」，「故癸丑年間，上下戰功利，民心服。」楊秀清自稱「五歲喪父母，養於伯，失學不識字，兄弟莫笑，但緩讀給我聽，我自懂得。」作為東殿內簿書，受到東王重用的傅善祥，對太平天國前期興旺的軍事政治局面是起了重要作用的。

太平天國早期某些刑律、軍紀十分嚴峻。例如規定不准「吹洋煙」（即抽鴉片煙）、飲酒，「犯者斬首不留」；又規定「要熟讀讚美天條，如過三個禮拜不能熟讀記者，斬首不留」。傅善祥每聞館中有罹罪者，輒傳楊秀清命庇護之。這樣，她保護了不少人。

傅善祥盡心批閱文書，夜以繼日，疲倦之至，逐吸煙草以提神。按太平天國規定，吸食煙草（即吸黃煙）者枷責。為此，傅善祥被監禁。後因病，楊秀清下令釋枷，並使國醫往視。病癒後，傅善祥得隨意往各女館巡視，無所禁。後不知所終，或云離天京而去。

茅家琦

◇ 吳家楨：《金陵紀事雜詠》，載汪堃：《盾鼻隨聞錄》（光緒元年〔1876〕不懼天閟齋刻本）。
◇ 謝介鶴：《金陵癸甲紀事略》（《中國近代史資料叢刊‧太平天國》；上海：上海人民出版社，1952年）。
◇ 王天從：〈太平天國才女傅善祥──中國歷史上唯一女狀元〉，《藝文誌》，117期（1975年5月），頁30–36。
◇ 羅爾綱：《太平天國史》（北京：中華書局，1991年），卷33，頁1288。

▥ 27 富察氏，高宗(乾隆)孝賢純皇后 Fucha shi

孝賢純皇后（1712–1748）為清高宗弘曆（1711–1799；1735–1796在位）之皇后。

孝賢純皇后，富察氏，滿洲鑲黃旗人。為察哈爾總管、乾隆二年（一七三七年）追封承恩公李榮保之女、協辦大學士傅恒的姐姐。雍正五年（一七二七年），弘曆居皇四子位時，奉雍正帝賜冊為皇四子嫡福晉，時年十六歲。雍正六年（一七二八年）生皇長女，此女只活了兩歲就夭亡了。

弘曆即位為高宗的第二年，立孝賢純皇后為皇后，時年二十六歲。后性節儉，平居冠通草線絨花，不御珠翠。歲時進荷苞，惟以鹿羔氍毹為燧囊，仿先世關外之制，寓不忘本意。

乾隆三年（一七三八年），皇二子永璉亡，乾隆十一年（一七四六年）又生皇七子永琮。十二年（一七四七年）永琮出天花夭折。

十三年（一七四八年）乾隆帝奉皇太后率皇后東巡，回鑾，至德州登舟，皇后崩，卒年三十七歲。乾隆扶櫬回京，奉安於長春宮，復移至景山，停靈於觀德殿，又暫安於靜安莊，直至乾隆十七年（一七五二年）才移梓宮至遵化州，安奉於勝水峪地宮。

孝賢純皇后之死，由喪子痛心引起，又微感寒疾，最後落水失足，命喪汪洋，也引起後人種種評說。乾隆帝曾表示有意立孝賢純皇后長子永璉為皇太子，永璉死後，又打算立皇后次子永琮為皇太子，不料永琮又早夭。

皇后接連失去兩個親生皇子，精神上受到了沉重的打擊，又有說皇后於德州死於意外。乾隆皇帝對孝賢純皇后之死耿耿於懷，多次祭奠，並醊酒作詩，字裡行間，都流露出他無限內疚的心情。乾隆三十一年（一七六六年）孝賢皇后死後十八年，乾隆帝醊酒哀悼時，還寫了一首詩。

于善浦

◎ 趙爾巽等：《清史稿》（北京：中華書局，1977年），卷214，〈后妃〉，頁8916；卷221，〈諸王〉，頁9092–9093。

◎ 劉桂林：〈孝賢皇后之死及喪葬餘波〉，《故宮博物館院刊》，1981年4期（1981年）頁24–28。

◎ 唐邦治：《清皇室四譜》（周駿富輯《清代傳記叢刊》本；台北：明文書局，1985年），卷4，〈皇女〉，頁208。

28 富察 袞代，太祖(努爾哈赤)繼妃 Fucha Gundai

繼妃富察氏，一六二零年卒，名袞代，是清太祖努爾哈赤第二個妻子。關於繼妃父母家的情況，幾乎沒有留下什麼記載，只知道父親的名字叫莽塞杜諸祜。

繼妃嫁與努爾哈赤之前，已經結過婚，而且還生過一個兒子，取名昂阿喇。婚後，繼妃在努爾哈赤的家庭中，一直是以繼配身份出現的，稱大福晉。後來官方記載中多作繼妃，是努爾哈赤第一個妻子故世後為其操持家政、統馭婢妾、教養幼小子女的正式配偶。當時，在女真等各北方少數民族中，儘管婦女再嫁極之平常，但努爾哈赤為何指認繼妃為正妻，則不得而知。

繼妃與努爾哈赤生有兩子一女，長曰莽古爾泰，生於一五八七年，在兄弟中排行第五，莽古爾泰為人魯莽，稍長後領兵作戰，常常有勇無謀，建樹平平，並不為父親所寵愛。也許由於母親的地位，莽古爾泰在努爾哈赤創建的八旗軍隊中，仍得獨領一旗，為正藍旗主旗貝勒。一六一六年努爾哈赤建立大金國後，莽古爾泰又與二兄代善（1583–1648）、八弟皇太極、堂哥阿敏授「和碩貝勒」，以齒序統稱三貝勒，成為參與努爾哈赤政權的核心人物。繼妃第二個孩子是女兒莽古濟，一六零一年嫁給哈達部長吳兒代，因稱哈達公主。一六二八年，她又改適蒙古敖漢部的瑣諾木杜稜。幼子德格類，生於一五九六年，是努爾哈赤的第十個兒子，初授台吉，一六二六年晉貝勒。

一六二零年初，繼妃因竊藏金帛事發，被逼令自盡。實際上，努爾哈赤對繼妃所作決定，內心是痛苦矛盾的。他曾說：「大福晉犯的罪是不可饒恕的。但一想到她親生的三個兒女從此就要失去親娘，我實在難以忍受。」可能繼妃也察覺到丈夫的依戀之情，挨延著不願去死，最後還是由她兒子莽古爾泰出面，才將其處死的。莽古爾泰這一不顧後果的做法是很失策的，後來兄弟間因權力分配發生爭鬥，皇太極便借機攻擊他是個殺母以邀父寵的無情無義之徒。

一六二四年中，努爾哈赤將他父祖及亡妻亡子靈柩，由赫圖阿拉原葬處遷往新建都城遼陽東京近郊的楊魯山頂。繼妃的棺槨是以繼娶大福晉的名義被移葬了過來。一六二六年，努爾哈赤去世。三年後，他在瀋陽城東石咀山頭的陵墓落成，繼任者皇太極在安葬他父親時，下令把先前葬於遼陽的生母孝慈高皇后（參見該傳）升格為嫡福晉，遷入靈柩，並排合葬。為免異母兄弟的非議，也搬來了繼妃的棺槨，祔葬於旁。可是，努爾哈赤第十四子睿親王多爾袞（1612–1650），成為順治皇帝的輔政王後，在一六四四年，將繼妃靈柩遷出

山陵，代之以生母大妃（參見納喇 阿巴亥，太祖（努爾哈赤）大妃傳）的棺槨。

繼妃幾個子女的結局也與她本人一樣悲慘。莽古爾泰於一六三一年被皇太極削奪了和碩貝勒的職位，一六三三年突然亡故。德格類在皇太極時期曾授和碩貝勒，不久又掌戶部事，但與皇太極的關係並不融洽，一六三五年又同樣暴亡。一六三六年初，有人告發莽古爾泰、德格類和莽古濟圖謀篡奪事，結果，莽古濟、莽古爾泰子額必倫，以及繼妃前夫子昂阿喇，都遭處決。皇太極還乘機將莽古爾泰所轄正藍旗收歸於己，挖了他們的墳，籍沒了他們的財產，又把他們與子孫們的名字從宗室的簿籍中除掉。一七一六年皇太極的孫子康熙皇帝下令恢復莽古爾泰、德格類一系的族籍，但規定只能當作關係較疏的覺羅看待，繫紅帶子，以區別於繫黃帶子的正式宗室成員。

郭松義

◇ 趙爾巽等：《清史稿》（北京：中華書局，1977年），卷214，〈太祖繼妃富察氏〉，頁8899–8900。
◇ 唐邦治：《清皇室四譜》（周駿富輯《清代傳記叢刊》本；台北：明文書局，1985年），卷2，〈后妃〉，頁41–43。
◇ 張孟劬：《清列朝后妃傳稿》（周駿富輯《清代傳記叢刊》本），卷上。
◇ 巴泰等：《世祖章皇帝實錄》（《清實錄》本；北京：中華書局，1986年），卷3，頁20。
◇ 鄂爾泰等：《太祖武皇帝實錄》（《清實錄》本），卷1，頁10；卷2，頁1；卷5，頁5。
◇ 圖海等：《太宗文皇帝實錄》（《清實錄》本），卷5，頁7；卷9，頁29；卷26，頁5。
◇《清史列傳》（北京：中華書局，1987年），卷3，〈莽古爾泰〉，頁164–166；〈德格類〉，頁166–167。

ⅢⅠ 29 高芳雲 Gao Fangyun

　　高芳雲（1783–1860），字梅閣，晚年自號「荊布老人」，河南項城人，清代民間著名女詩人。高氏出身世家大族，為諸生高玉麟之女。後嫁與張東林為妻，張氏仕途坎坷，家境每下愈況。高芳雲雖然生活艱辛，仍能安貧樂道，守儉樸、典釵釧、操井臼，對丈夫則「冰霜抱一心」（〈詠竹〉），令人敬佩。初生一女二子皆早死，至年四十才再得幼子張安雅，張氏夫婦稱此子為殘年獨子。安雅後來學業有成，有《得所軒文集》存世。

　　高芳雲幼穎悟，少有詩名，品格高雅，出嫁前，已得鄉族稱善，嫁後，雖生活艱苦，但仍不失其雅志，愈為戚友敬重。老人好作詠物詩，尤善以花木立題，梅、菊、牡丹、竹、柳、柳絮等皆在吟詠之列，而尤以詠梅詩為最多。

作者用此以表示她對梅菊等品格的尊慕,從而標示其清逸堅貞的人格,例如:「入畫不宜濃墨寫,欲留真色須白描」(〈白梅〉);「繁華全意外,孤梗負生平」(〈殘梅〉);「既作秋花當應節,炎涼不肯易精誠」(〈菊〉);「生長繁華忘富貴,端持淡泊慎初終」(〈白牡丹〉)等,都是這方面的比喻。

　　高芳雲晚年安享兒孫之福,以書畫自娛,生活比較舒適,乃自集其所作之詩,名為《形短集》,意為不自掩其短的意思。死後由其子孫付梓,於清光緒三年(一八七七年)出版。一九三一年及一九九零年均有再版。一九九零年最新版係由中州古籍出版社排印發行。又據胡文楷《歷代婦女著作考》著錄,高氏另有《訓子語》一書。

黃嫣梨

◇ 胡文楷:《歷代婦女著作考》(增訂本;上海:上海古籍出版社,1985年),卷13,〈清代〉7,頁499。
◇ 高芳雲:《形短集》(鄭州:中州古籍出版社,1990年)。
◇ 凌毅:〈荊布老人詠物詩〉,《南薰文藝》,1990年11月,頁3。

▥ 30 高景芳 Gao Jingfang

　　高景芳,字遠芬,生卒年不詳,約清代康熙(1661–1722)年間在世,陝西人,居江寧(今江蘇省南京市),浙閩總督高琦之女,世襲一等侯江寧張宗仁之妻,誥封侯夫人。《清代閨閣詩人徵略》謂高氏:「工駢體文,兼善詞賦,有集三十六卷。」高景芳除擅以詩詞宣洩其鬱勃之情外,亦好以詩詞吟詠農事,表達她對社會民生的關心。

　　高景芳生活在傳統社會的貴族圈子,她的思想,正好表現了古代名媛的典型,不過,由於她家學淵源,賦性賢慧,再加上她對事物的體察入微,觸角敏銳細膩且感情豐富,所以在她詩詞內表現的思想,比一般傳統貴族婦女所見所聞的廣博得多。高景芳的詩詞中,頗多細密深思之作,如〈小重山‧春晴〉、〈祝英台近‧莫愁湖〉等即是;其〈輸租行〉一詩,運用通俗語言表現民生疾苦,都是難得的婦人詩作,可見其思想及作品的內容都是較廣闊的。沈善寶(參見該傳)《名媛詩話》謂其詩「筆力雄健,巾幗中巨擘也。」康熙五十八年己亥(一七一九年)刊刻的《盛京通志》收錄高景芳《紅雪軒詩文集》六卷(胡文楷:《歷代婦女著作考‧清代七》)。其詩詞於《清詩鐸》及《全清詞鈔》均分別輯錄。

黃嫣梨

◇ 惲珠編：《國朝閨秀正始集》（道光十一年〔1831〕紅香館藏板），卷8，頁11下–14上。
◇ 蔡殿齊輯：《國朝閨閣詩鈔》（道光二十四年〔1844〕娜環別館刊本），冊4，卷10，頁49上–55上。
◇ 張應昌：《清詩鐸》（北京：中華書局，1960年）。
◇ 葉恭焯：《全清詩鈔》（北京：中華書局，1975年）。
◇ 施淑儀輯：《清代閨閣詩人徵略》（周駿富輯《清代傳記叢刊》本；台北：明文書局，1985年），卷3，頁177。
◇ 沈善寶：《名媛詩話》（台北：新民豐出版社，1987年）。

31 顧二娘 Gu Erniang

　　顧二娘（十八世紀初在世），又稱顧親娘（親，或作「青」），本姓鄒，清康熙（1661–1722）後期已是著名琢硯藝人，江蘇吳縣人顧聖之的兒媳。顧聖之字德麟，工於製硯，風格仿古樸雅，其子顧啟明短壽，顧二娘繼承家傳技藝二十餘年，名擅一時。顧二娘認為，硯系一石琢成，必圓活而肥潤，才可以看出鑴琢之妙，如果果呆板瘦硬，乃石之本來面目，還琢磨它什麼呢？福建人黃任嗜硯，購得多方端州佳石，請顧二娘琢硯。顧二娘為其製有「雲月」、「洞天一品」等硯，洞天一品硯存世，今藏北京故宮博物院。據說顧二娘為他人還製有「蕉白」、「井田」、「青花」、「鵝池」等硯。顧二娘還能以腳辨別硯石的好壞，人稱神技。有人評論顧二娘製硯在古雅之中兼能華美，名氣超過公公，一時舉世無雙；也有人認為她過於工巧，似乎不如顧聖之古樸。

　　顧二娘無子，過繼二人，俱得其真傳，然而一人夭折，僅存一子顧公望，號仲呂，原本是她的侄兒。

常建華

◇ 朱象賢：《聞見偶錄》（《昭代叢書》本；道光十三年〔1883〕吳江沈氏世楷堂刊本），〈製硯名手〉，頁40上–41下。
◇ 鄧之誠：《骨董瑣記》（北京：三聯書店，1955年），卷4，〈顧二娘製硯〉，頁140–141。
◇ ——：《骨董三記》（台北：大立出版社，1985年），卷6，〈顧二娘製硯〉，頁610–611。
◇ 阮葵生：《茶餘客話》（北京：中華書局，1959年），卷20，〈技藝名家〉，頁587。
◇ 傅秉全：〈琢硯能手顧二娘〉，《紫禁城》，1982年2期（1982年，月份缺），頁28–29。
◇ 趙弘恩監修：《江南通志》（《四庫全書》本；台北：台灣商務印書館，1983年），卷170，〈人物志·藝術〉，頁868。
◇ 周南泉：〈清初女琢硯高手——顧二娘及其製端石方池硯〉，《故宮文物月刊》，109期（1992年4月），頁16–21。
◇ 習寯等修：《蘇州府志》，卷66，〈藝術〉，頁35下。
◇ 窳翁（徐康）：《前塵夢影錄》（南開大學鈔本）。

■ 32 顧媚 Gu Mei

顧媚（1619-1664），字橫波，號眉生、梅生、眉莊、善特，亦稱顧眉、徐眉，婚後或作徐智珠，江蘇上元（今南京）人。活躍於明清之際的大才詩人及畫家。

崇禎（1628-1644）初年，她尚年幼時，已於南京秦淮河區淪落風塵。憑相傳的絕色及對詩畫的天分，顧氏很快在青樓中艷名大噪，並在士子心目中與柳是（參見該傳）、董小苑（參見該傳）及卜賽（卒於一六六三年）等以美貌、文才及藝術天分見著的名妓齊名。

當時，士人酬唱作樂、吟詠詩文及臧否國是，多喜邀秦淮名妓列席。位於秦淮的顧氏眉樓，亦吸引了不少名士，包括陳梁（卒於一六五八年）、錢陸燦（1612-1698）及冒襄（冒辟疆，1611-1693）等。據時人筆下的描述，眉樓外觀奢華，品味高尚，屋內陳設了稀本書籍及瑤琴錦瑟，作者更著意提到顧廚為訪客特製的美食。在笙樂詩歌、美酒佳餚及女主人的魅力下，置身其中者，每愛將「眉樓」戲稱為「迷樓」。

落入煙花初年，顧媚嘗與諸客之一的劉芳相好，且答允從良下嫁劉某。惟其後顧氏背約，由是引出一段當時頗哄動，劉氏為情自盡的小插曲。顧氏終在一六四三年（時年廿三）脫離青樓，歸龔鼎孳（1615-1673）為妾。龔氏，安徽合肥人，年輕但官運卻異常亨通。他在一六三四年，即十九歲那年高中進士，履湖廣蘄水（今湖北浠水）知縣，在納顧媚前不久，復獲提升為北京給事中。顧、龔這段婚姻一直維持至一六六四年顧氏去世為止。

一六四三年，顧媚於婚後隨夫進京。不久，夫婦兩人在京中見證了明室的覆亡。一六四四年，北京一度陷入李自成手中，龔鼎孳出仕李氏政權為給事中，並兼任故都的直指使。滿清將李自成逐出北京後，龔氏仍任官如故，除給事中外，更獲委其他官職。事實上，雖然仕途曾有挫折，龔氏在清政府中仍算平步青雲。及後三十年，他歷任三部尚書，且兩次出主京試，身後甚至賜諡端毅──雖然此號在一七六九年遭到追奪。

龔鼎孳身事多朝，毫無疑問違反了儒家要求士大夫不仕二姓的原則。因此，時人及後世多非議其操守，將他視作僅知貪戀祿位而鮮廉寡恥之徒。同樣地，顧媚亦因其夫的行徑而遭人責難。清初筆乘每言其事，必謂：或問龔氏為李自成所俘，何不以身殉？嘆曰：「我原欲死，奈小妾不肯何！」

當然，顧媚曾否在此重要抉擇上左右龔鼎孳已無法確證。鑑於傳統中國學者往往將士人變節歸咎於紅顏禍水，現代學者或許不會採納此說。然而，其他證據顯示，顧氏至少在兩件事情上表現十分果斷，而龔氏亦對她相當支持。其一，她曾拯救因抗清而遭清人追緝的著名明遺民閻爾梅（1603–1679）。據說顧媚將閻匿藏在她的北京畫樓中，使之得以逃過大難。另一事例則涉及清初身兼著名學者、詩人及士大夫的朱彝尊（1629–1709）。朱氏窮途潦倒時，顧媚因賞識其文才，嘗以私蓄慷慨相贈。顧氏膽色過人，疏財仗義，並獨具慧眼，凡此種種，皆足以說明她是位甚有個性的女子。考慮到這些性格特點及顧氏性好奢華，即使她主張丈夫在明亡後繼續出仕，似乎亦非絕無可能。

姑勿論顧媚對丈夫在仕途抉擇上有多大影響，龔鼎孳對她的愛戀卻顯然易見。龔氏《定山堂集》中保存了大量詩詞，描述夫婦兩人的婚姻生活及無數歡宴親朋的奢華聚會，尤其是一六四四年至五二年間的事蹟。同時，在錢謙益、曹溶（1613–1685）等龔氏同僚及朋友的文集中，也有不少特為他倆戀愛而作的詩詞。實際而言，龔鼎孳似乎經常公開誇示他對寵妾的憐愛，因此他們夫婦亦很自然地成了清初士林的熱門話題。

時人對他倆相愛的議論最後傳到朝中。一六四七年，龔氏政敵孫昌齡上長疏，劾其以奇珍異寶奉妾，反置父母妻孥於度外。然而，在此次及其後的政治挫折中，龔氏仍能安然渡過。在升任禮部尚書後，他且成功為顧媚乞得朝廷封誥——儘管當時元配童氏尚在，理應比顧氏更具資格受此殊榮。

顧媚曾為龔鼎孳育有一女，惟女兒生年不詳，只知殤於一六五九年。由於渴望得子，顧氏說服丈夫自行興建佛寺（妙光閣），以便夫妻禮佛祈嗣。相傳，在百計求嗣未果下，她復僱巧匠以異香木雕成男童模樣。該木偶據稱狀如活人，四肢俱動，且需保母哺乳，侍候便溺。此一奢靡怪誕之事，為二人帶來不少閒言，但據云龔氏卻無任何異議。

顧氏雖為多產詩人，不過只有很少作品傳世。其詩集《留花閣集》相信已佚亡。僅存的少數詞，散見於《香咳集》、《婦人集》、《閨秀詩鈔》、《清畫家詩史》、《畫徵錄》之類的婦女詩選及人物傳記中。

作為藝術家，顧媚以工畫人像及蘭花擅名，惟畫作亦未傳世。現代學者欲窺其造詣，只能透過尤侗（1618–1704）、朱彝尊、彭孫遹（1631–1700）及陳維崧（1626–1682）等同期人的品評中略知一二。此等清初士人，嘗觀賞顧氏之作，並在詩詞中予以高度評價。

　　至今關於顧媚的研究，最詳盡者，當推孟森（1868-1938）的〈橫波夫人考〉，該文於三十年代首次刊行，近年重印於《明清史論著集刊續編》（北京：中華書局，1986年）中。

謝正光

陳永明譯

◈ 徐乃昌編：《閨秀詞鈔》（宣統元年〔1909〕小檀欒室刊本），〈補遺〉，卷9，頁2上-4上。
◈ 孟森：〈橫波夫人考〉，《明清史論著集刊續編》（北京：中華書局，1986年），頁128-161。

▥ 33 顧太清 Gu Taiqing

　　顧太清（1799-1877），原名西林春，姓西林覺羅氏，名春，字梅仙，號太清，常自署名太清春，晚年也自署太清老人椿。滿洲鑲藍旗人。因系乾隆間大學士鄂爾泰（1677-1745）之侄鄂昌（?-1755）的孫女，而鄂昌為胡中藻（?-1755）詩鈔冤獄得罪賜死，故西林春嫁貝勒奕繪（1799-1838）時，偽報為榮府護衛顧文星之女，以後遂以顧太清名於世。

　　西林一家是罪人之後，居住京郊香山健銳營，生活極其艱難。但其家學淵源深厚，培養出西林春兄妹數人皆嫻文藝，西林春之兄少峰、妹霞仙、弟知微均能詩文。

　　西林春因舊戚誼，結識奕繪，幾經周折方成奕繪側室。奕繪與西林春同歲，奕繪正室妙華夫人長一歲，她於道光十年（一八三一年）逝世，奕繪未另娶，西林春與奕繪共度幸福美滿生活。奕繪的祖父是乾隆皇帝第五子榮純親王永琪、父親是榮恪郡王綿億，他們都擅長文學與書畫，家中藏書極為豐富，榮府子弟與格格們也都有很高的文學修養。

　　奕繪自號太素道人、幻園居士，是清宗室中著名的學者之一。西林春婚後，在此富貴榮華而又篤好風雅的環境中，逐漸加深文學藝術造詣。她與奕繪夫唱婦隨，或一起在府邸吟詩填詞、品畫習書；或聯騎並出，游覽京都名勝古蹟。為與奕繪字號太素相對應，西林春取號太清；她的詞集《東海漁歌》是和奕繪詞集《南谷樵唱》相匹配；她的詩集以自己在府邸居住的天游閣命名為《天游閣集》。

　　西林春共生有三子四女：載釗、載初、載同；孟文、仲文、叔文、以文。道光十八年七月七日（一八三八年八月二十六日）奕繪病逝，嫡長子載鈞襲

爵。十月二十八日家中就發生變故：太夫人命令西林春攜所生子女移居邸外。丈夫盛年早逝，尚餘兩兒兩女未長成，突然又被逐出邸外，接連的打擊使不幸的西林春幾乎痛不欲生。她帶著載釗、載初和叔文、以文無所棲處，只得賣了金鳳釵，於西城養馬營購一住宅暫居。為了將身邊兒女撫養成人，她艱難地維持著生活。關於移出邸外的原因，傳有二說：一說是奕繪嫡長子載鈞橫暴不容；一說是西林春與龔自珍（1792–1841）有一段戀愛故事。據清史學家孟森（1868–1937）詳盡攷辯，以前說為是。

載鈞卒於咸豐七年（一八五七年）。因無出，由載釗長子溥楣為嗣子襲位，年近六十的西林春此時方移居府邸。同治五年（一八六六年）溥楣緣事革退，由載釗第三子溥芸襲位。後再傳至毓敏。榮府傳人，皆西林春之子載釗所出之後。西林春一生經歷嘉慶、道光、咸豐、同治、光緒五朝，享年七十五歲。

西林春能詩、善畫，倚聲填詞尤其名盛當時。雖因貴族婦女閨閣生活所限，所寫題材不外詠花、題畫、贈答、記遊等內容，由於她才華超群，能夠運用不獵奇、不造作、明白流暢的語言，追求一種「為人間最留取真面目」的藝術境界，從而形成獨具特色、天然渾成的風格，具有很強的藝術真實感與動情力，例如〈金縷曲·自題聽雪小照〉、〈江城梅花引·雨中接雲姜信〉、〈紅城子·記夢〉、〈早春怨·春夜〉、〈喝火令〉等佳作，不論是小令，還是長調，正如近代詞學家況周頤（1859–1926）所評：「深穩沉著，不琢不率」、「絕無一毫纖艷涉其筆端」。太清詞在極平常的生活瑣事中，挖掘出無窮的審美情趣，清新豪逸、自然傳神，李清照（1084–約1157）之後，西林春是又一個傑出的女詞人。西林春的詩，擅長五、七言，雖不及詞成績卓著，卻也同樣具有樸實言情、清新自然的風格。

西林春詩與詞的傳世刻本，有《天游閣集》詩五卷（原缺第四卷，冒廣生對風雨樓鉛字排印時，將第五卷拆為四、五兩卷）、《東海漁歌》詞集四卷（一九一四年西泠印社排印本缺第二卷，一九四一年王壽森配齊鉛印出版）。在清代滿族文學史上，西林春與納蘭性德並稱，被後人認為：「八旗論詞，有男中成容若，女中太清春之語。」

張菊玲

◎ 惲珠編：《國朝閨秀正始集》（道光十一年〔1831〕紅香館藏板），卷20，頁1上–2上。
◎ 況周頤：〈《東海漁歌》序〉，《東海漁歌》（1914年西泠印社刊本）。

◇ ──：《蕙風詞話續編》（北京：人民文學出版社，1960年），卷2，頁169。
◇ 蘇雪林：〈清代兩大詞人戀史的研究〉，《文哲季刊》，1卷3期（1930年），頁525–564；1卷4期（1931年），頁715–746。
◇ 金啟孮：〈滿族女詞人顧太清和《東海漁歌》〉，《滿族文學研究》，1982年1期（1982年月份缺），頁4–9。
◇ 孟森：《丁香花》，收入氏著：《心史叢刊》，集3（長沙：岳麓書社，1985年），頁206–219。
◇ 馬諍：〈滿族女詞人顧太清〉，《歷史知識》，1986年4期（1986年7月），頁8。
◇ 萬子霖：〈清代閨秀四家詞述（2）〉，《銘傳學報》，24期（1987年3月），頁193–205。
◇ 張菊玲：〈女詞人西林春（顧太清）〉，見氏著：《清代滿族作家文學概論》（北京：中央民族學院出版社，1990年），頁231–245。
◇ ──：〈以春天命名的滿族女詞人西林春：讀太清詞札記〉，《滿族研究》，1993年3期（1993年9月），頁70–74。
◇ 公望：〈顧太清詩詞略論〉，《社會科學輯刊》，1992年4期（1992年7月），頁121–130。
◇ Nienhauser, William H., ed. and comp., *The Indiana Companion to Traditional Chinese Literature* （Bloomington: Indiana University Press, 1986），236.

▥ 34 郭筠 Guo Yun

郭筠（1847–1916），字誦芬，湖北蘄水人。父郭沛霖（1809–1859），道光十六年（一八三八年）進士，翰林院編修。咸豐三年（一八五三年）任江蘇淮揚道，兼署鹽運使，居清江辦河隄工。是年，太平軍攻下南京，郭沛霖遣家人避難山西太原，又因太原不靖，再返清江。八年（一八五八年），任安徽定遠大營文案，安頓家眷於東台（屬揚州府）。九年（一八五九年）六月，捻軍、太平軍會攻定遠，沛霖督眾嚴守八晝夜，不敵，被難。

避難經歷與父親守城殉職，塑造了郭筠的人格，孫女曾寶蓀（1893–1978）謂「此忠烈事蹟常縈太夫人心緒，故終身以儒家倫理道德為家訓，而避亂兵間，身嘗辛苦，於其所著詩文亦有深刻之影響。」

郭筠年十九與曾紀鴻（1848–1881，曾國藩〔1811–1872〕第三子）結婚，「賓敬相隨，詩書互勉」。育有四子一女，子女之督教，紀鴻頗賴郭筠。紀鴻後得肺病，年方三十三歲即在北京病逝。時郭筠三十四歲，攜子自京回湘，母兼父職，教勉有成。尤其長子廣筠在郭筠督教下，下帷苦讀，二十三歲得中進士。

郭筠長於仕宦之家，寶蓀謂：「在家時已受了相當高的中國教育」（《曾寶蓀回憶錄》），但《十三經注疏》、《御批通鑑》等典籍是在婚後由曾國藩指導閱讀。也喜讀報章雜誌、醫相等書，湘鄉富厚堂的芳記書樓即曾紀鴻與郭筠的藏書樓。郭筠對兒孫的教育始終予以支持、鼓勵。寶蓀感念地說道：「關

於我的祖母我要多說明些，因為沒有祖母，我們孫輩的教育就會毫無成就。」
（同上書）

其間難能可貴的是頗能識得時代潮流的變化，掌握教育的內容與方向，並且無男女之分。四個兒子最年長的孩子男女皆歸她教養。由家塾時期的課程安排可知她「見識高瞻遠矚，不要孫輩學做八股文，考秀才。」而「女孩未習女紅、烹飪，卻要畫畫、讀詩、學做詩。」（同上書）鑑於留日風氣盛行，並且聘有日籍老師教讀日文。此外要讀報、點報，這未嘗不促其關心時局。此皆不分男女。其後「於光緒（1875–1908）末年已知國內政治勢趨鼎革，而學術演進偏重科學。除長孫女早歸姚氏外，其餘三房之男女孫，均令其遠赴英美學習科學。」（《藝芳館詩存》前言）在她的詩作中不乏勉勵孫輩向學之語。「大羅天上育群英，愧爾青少學未精，珍重壯游蒼海闊，歸來應有慰平生。」（《藝芳館詩存》，〈曾孫將有外洋之行詩以勖之〉）對女孫的期許踰越閨閫範圍。「近來教育稱權平，瑤華璀粲比瓊英，會需努力雪國恥，手換銀河洗甲兵。」（同上書，〈木蘭辭〉）認為中日強弱異勢乃在於「日本人人奮勇儲英才，男女同功參奧義。」（同上書，〈湘水謠〉）寶蓀日後終身未婚，創辦女校，培育人才，她有感地說道：「蓋吾等對國家如有貢獻，悉出藝芳老人所賜也。」（《藝方館詩存》前言，郭筠名其所居為藝芳館）

郭筠在晚年手書家訓——〈曾富厚堂日程〉，可以總結為其一貫的教育理念，其六條：

一、男女皆應知習一樣手藝。

二、男女皆應有獨自一人出遠門之才識。

三、男女皆應知儉樸。每月所入必要敷每月所出，人人自己立一帳簿寫算不錯。

四、男女皆應俠義性成；不應行為有虧。

五、男女皆應抱至公無私的心腸，外侮自不能入，而自強不求自至矣。

六、我家行之，一鄉風化，則強國之根基於此矣。

觀其內容著重生活能力的培養，己立而後立人，進而必須具有家國天下的襟懷。不分男女同等看待。日後男女孫遠赴外國求學，可說是郭筠教育理念的實踐。

郭筠一生所處的時代正逢內外多艱。太平天國、庚子、辛亥諸役，個人的避亂經歷讓她深感如無出遠門的才識，不足以應付危機，也以此訓勉後

輩。同時認為個人是無法置身於時局之外的。她平常就喜歡閱讀報章雜誌，談論政治時事，所發議論與處理危機皆具見識。如戊戌政變時，惟恐株連，要兒子盡速前往湖廣會館將有關名冊燒燬。又民初觀察政局演變即預言袁世凱（1859–1916）將要做「伯理璽夫德」（President）。尤其一九一零年三月湘省米糧暴動事件，郭筠的觀察與做法有過於無能的地方大吏者。該事件她認為其實禍機早伏，積怨而成也。因此當發現官署未減少米糧外運以備糧荒時，即「發穀三百石，存於礁坊，為來年食用之需，並囑迪軒鄉穀留備來年減糶，以濟貧者。」（郭筠：〈避難始末記〉）而且將她的見解輾轉達於官府，可惜不被採信。不久即因缺糧，米價日高，民生日艱，釀成暴動，一發不可收拾。

清末民初，女權運動蔚為時潮，郭筠針對當時部分婦女因驚人之奇行受到矚目，深不以為然，認為是世風江河日下。而對於性情婉順、艱忍，勤懇持家，教撫後輩的女性備極稱讚。並為她們受到漠視而抱屈，正面肯定傳統婦女持家的貢獻。（《湘鄉曾氏文獻‧記三姊羅夫人事》）

一九一六年三月十二日，郭筠病逝於湖南湘鄉，遺著有《藝芳館詩鈔》及〈避難始末記〉一文，其詩作細膩中兼具曠達，「不須憐寂寞，江漢可徜徉」（《飲酒率書》）。〈避難始末記〉一文，詳細敘述逃難經過，可視為清末社會史料。《藝芳館詩鈔》原刊於清末，一九七四年，曾寶蓀與曾約農將之名為《藝芳館詩存》與曾廣鈞著的《環天室詩集》合為一冊（台灣學生書局）。

郭筠的四子一女，長子曾廣鈞在一八八九年中進士，授翰林院編修。次子廣鎔，曾任湖北施鶴道、湖北按察使。三子廣銓（曾約農之父），駐英國使館參贊、駐高麗欽使、福建廈門道、雲南鹽運使。四子廣鍾，廕生、剛武軍統制、上海製造局局長。女兒廣珊，與俞明頤結婚，是俞大維、大綱、大綵的母親，亦能詩詞。

廖秀真

◇ 郭筠：《藝芳館詩存》（台北：台灣學生書局，1974年）。
◇ 吳相湘：《湘鄉曾氏文獻》（台北：台灣學生書局，1974年）。
◇ 趙爾巽等：《清史稿》（北京：中華書局，1977年），卷490，〈列傳〉277，〈忠義〉4，頁13535–13537。
◇ 李又寧：《近代中華婦女自敘詩文選》，輯1（台北：聯經出版事業有限公司，1980年）。
◇ 曾寶蓀：《曾寶蓀回憶錄》（台北：龍雲出版社，1989年）。

35 郭布羅 婉容，宣統皇后 Guobuluo Wanrong

婉容（1906-1946），字慕鴻，英文名伊麗莎白，末帝宣統帝（溥儀，1906-1967；1909-1912在位）的原配。嚴格地說，她並非清朝及中國最後的一個皇后，因為結縭時滿清早已滅亡，然而溥儀閉起門來做皇帝，所以一般人仍然以皇后相稱，《清史稿》也列入后妃傳中，稱為「宣統皇后」。《史稿》中對於歷代皇后的描述，原本十分簡略，慈禧太后（參見葉赫那拉氏，文宗（咸豐）孝欽顯皇后傳）的兩千多字是一個例外，可是末后的傳記，僅有二十五個字。即使是末代皇后，也嫌過簡。這和她本身行檢不修，終至精神錯亂，聲名狼藉，不無攸關。

婉容，滿州正白旗郭布羅氏榮源的女兒，原籍黑龍江省龍江縣。曾祖父長順曾任清代吉林將軍，榮源先在那裡管理房地產，以後遷居天津法租界。婉容在歐化薰陶的環境中長大：學英語、彈鋼琴、打網球。

一九二一年，溥儀滿十五歲，太后選婉容為其后，但婉容是溥儀的次選，他的首選是滿州額爾德氏端恭的女兒文繡（1909-1952）。最後決定婉容為后，文繡為妃。一九二二年底，「大婚」典禮開始，極盡鋪張之能事。一連數天舉行納采、大徵、冊封的儀式。一時大街上龍旗、羅傘、鳳輿、鑾駕絡繹不絕；翎頂袍掛的舊臣遺老，和民國制服的官吏、軍警相映成趣。

喝畢合巹酒後，新郎竟讓新娘獨坐在坤寧宮炕上，自己回到養心殿去。在自傳中，溥儀說，當時把什麼皇后、妃子都一股腦兒丟開了，心中想的只是：「恢復祖業」。說來何等冠冕堂皇，其實他有難言之苦：據傳他自幼有斷袖之癖，和太監厮混，不願行周公之禮。

此後，兩者表面上似乎感情融洽，實際上只是掛名夫妻。溥儀偶爾臨睡前來她閨房閒聊，但絕少共宿，讓她空衾獨守，內心的鬱悒不歡，是可以想像的。她沒有也不可能反抗，只好認命。何況另有寄託：閉門皇后的頭銜，奢侈豪華的享受，滿足了她的虛榮心。

一九二四年，她隨著溥儀遷出宮禁，不久在天津定居，生活比宮中自由得多。可是一九三二年，溥儀攜眷潛往東北，不久在長春建立偽滿政權，他們的自由受到了限制。溥儀過著「兒皇帝」的傀儡生活，處處仰人鼻息。在「李頓調查團」（Lytton Commission）來到東北的時候，她派人去見中國代表顧維鈞（1888-1985），希望能協助溥儀脫離偽滿，結果無功而回。

47

　　婉容終於墮落了，私人原因大概有幾點：一、她希望總有一天能過著正常的夫婦生活。二、一九三一年，離天津之前，淑妃文繡突然下堂求去。事後溥儀歸咎於婉容，說她不讓自己接近文繡，造成感情破裂，非分手不可。因文繡出走而遷怒於婉容，這也是兩者漸趨疏遠的一個原因。三、婉容身邊有一個女官崔荇小姐，相處得很好。崔小姐每天教她刺繡、繪畫，也陪她彈琴、下棋，這樣，時間容易打發了。不幸崔荇病死，使婉容失去了良侶，更形寂寞。這三點使她寂寥、怨艾、沮喪，染上了阿芙蓉癖，煙癮很大，宮中檔案說她每天要抽「益壽膏」（大煙）二兩，香煙八十多枝。

　　最後她竟然作出「紅杏出牆」之舉，和溥儀的親信祁繼忠、李體育發生了曖昧關係。當溥儀發現婉容身懷六甲時，怒不可遏，決定「廢后」，由於面子關係而沒有實行，最後採取「打入冷宮」的辦法，不再理睬她。婉容則苦苦哀求讓肚裡的孩子出生，送到哥哥潤良那裡去撫養。溥儀表面上應允了，實際上孩子一下地就焚燒了。婉容一直被蒙在鼓裡，每月支付著撫養費。後來事情拆穿，精神就一下子崩潰了。她消沉、頹靡，最後類似瘋癲。不梳洗、不更衣，時哭時笑，有時亂摔東西，有時自言自語，說皇上不愛她了，說父親榮源為了升官坑了她一生。

　　一九四五年，駐紮在偽滿的日本軍部，獲知大勢已去，打算把溥儀等人送往日本，在瀋陽機場被蘇聯軍逮捕。婉容等女眷，則由偽都長春，輾轉到大栗子溝、臨江，在那裡為八路軍所捕。此後隨軍到通化、長春、吉林、延吉等地。最初婉容還有大煙抽，有人服侍，日子還好過。後來女僕走了，她自己不能處理生活，幸虧溥儀的第四任妻子李玉琴、溥儀弟溥傑的日本妻子嵯峨浩留下照顧她。

　　到了吉林，沒有鴉片煙供應，煙癮發作時在拘留所內大嚷大叫。軍警們更迭而來，爭看這「末代艷后」一眼，好像在觀看動物園中的動物。

　　由吉林到延吉，押在法院的監獄中，這時李玉琴已經釋放，嵯峨浩同監而不同房，無法照料。嵯峨浩請求一位好心腸的八路軍，帶她到婉容的監房，她見到門口放置的食物原封不動，監房地上，盡是大小便，臭氣熏天。經過再三央告，那位八路軍才肯清洗監房。嵯峨浩進去時，婉容凝視著她，命令她說：「把我的巾箱拿來，洗澡水還沒有準備好嗎？」嵯峨浩用侍女的口吻說：「快回駕醇親王府吧，皇帝等著您呢。」婉容忽地笑瞇瞇地說：「快取衣服來，大家也快作準備。」嵯峨浩勸她吃東西，婉容不理會，只是說：「還不快把衣服

拿來！」她真的瘋了！

一九四六年，她被送到圖們去，在那裡，她走到了人生道路的盡頭，這一年剛好是年華四十。

楊啟樵

◇ 愛新覺羅溥儀：《我的前半生》（香港：文通書店，1964年）。
◇ Johnston, Reginald Fleming 著；秦仲龢譯：《紫禁城的黃昏》（香港：春秋出版社，1968年）。
◇ 趙爾巽等：《清史稿》（北京：中華書局，1977年），卷214，〈后妃傳〉，頁8932–8933。
◇ 愛新覺羅浩：《「流轉の王妃」の昭和史》（東京：主婦と生活社，1984年）。
◇ 呂長賦、紀紅民、俞興茂編：《溥儀離開紫禁城以後》（北京：文史資料出版社，1985年）。
◇ 入江曜子：《我が名はエリザベス》（東京：筑摩書房，1988年）。
◇ 武藤富男：《私と滿洲國》（東京：文藝春秋社，1988年）。
◇ 丁燕石：《溥儀和滿清遺老》（台北：世界文物出版社，1989年）。
◇ 舩木繁：《皇弟溥傑の昭和史》（東京：新潮社，1989年）。
◇ 中國人民政治協商會議全國委員會文史資料研究委員會編：《晚清宮廷生活見聞》（北京：文史資料出版社，1989年）。
◇ 孫喆蛙：《愛新覺羅溥儀傳》（北京：華文出版社，1990年）。

▬ 36 何金英 He Jinying

何金英（1865–1919），福建福州人。她是中國早期到美國學醫的女性之一。何氏生長在一個基督教家庭，父親是南中國首批基督徒之一。何金英曾入讀福州女子寄宿學校，後來又到福州婦女醫院學醫。在那裡得到學校負責人的賞識，推薦她到美國繼續學習。何金英得知福州女子寄宿學校的兩名學生也到美國留學後，便同意出國，一八八四年春，她動身到美國。

抵步後，住在自小已在福州故鄉認識的 Dr. Sites 夫婦家中。她努力學習英語，同年秋天，隨 Dr. Sites 夫婦到俄亥俄州，考入衛斯理大學（Wesley College）。畢業後，何金英決定習醫，並在一八八八年秋考入費城女子醫學院。畢業後，在費城理工當醫生助手。一八九五年回到福州行醫。在其一生之中，救活的人無數，而更重要的是，在當醫生之餘，她也是一位傳教士，努力在福州傳播基督教。一八九八年，李鴻章（1823–1901）派遣她到倫敦出席世界婦女協會會議，成為中國最早的女性國際代表之一。何金英回國後，積極從事於醫療和教育工作。

何金英對福州人的貢獻，主要在治病上。一八九五年回國後，何金英立即從事醫學活動。起初，她和利安醫生（Dr. Lyon）在福州婦孺醫院服務。她的工作得到利安醫生的稱讚。稍後，利安醫生返回美國，醫院的事務便由何金英

一人負責。一八九八年，何金英患了重病，不過，不久便痊癒過來。一八九九年，她更主持了福州的馬可愛醫院（Woolston Memorial Hospital）的工作。起初，當地人對她並不接受，他們都喜歡找真正的外國醫生。不過，經過幾個月的努力，福州人對何金英已經刮目相看，求診的人絡繹於道。據估計，經她診治病的人，已從首年的一千八百七十三名增加至一九一零年的二萬四千零九十一名。她忘我的工作換來了很大的回報。從地方官員到士紳或平民，往往都捐贈禮物給醫院。有些經她診治後得以痊癒的人，甚至將刻有她的姓名的神主安放家中供奉，以表示對她的謝意。即使一些中醫，有時候也將自己醫不來的病人轉介到何金英處治理。

除了醫生的工作外，何金英在醫院裡又開設醫學課程，讓一些沒有能力到外國留學的婦女能夠學習西洋醫學常識。在馬可愛醫院工作的初年，她指導過兩名醫學生，其一是她的妹妹何淑英，淑英也是該醫院首位取得畢業文憑的人。一九零二年首屆畢業考試舉行，吸引了不少人來湊熱鬧，他們既有驚訝於女子也能當醫生的事情，也有嚷著要讓女兒將來當大夫的。起初，沒有接受過教會學校教育並取得證書的人，是不能考入醫院學習的，但到了一九零六年，由於兩名非常渴望入讀的女生的請求，何金英決定採用入學考試的形式取錄那些沒有受過教會學校教育的學生。當時參加考試的七名學生之中，有四名獲得取錄。雖然這所地方醫院訓練出來的學生人數不算多，可是她們很多都學有所成。其中一部分畢業後留在醫院裡工作，有些則到外地的醫院工作。

何金英雖然很努力從事醫生的工作，而且重視培訓醫學人材，但由於她太熱衷於診症，往往沒有給其他人多些機會接觸群眾，結果便造成醫院很大程度上倚賴她個人來支撐。雖然在行醫的前幾年，她都沒有停止過應診，可是由於過度的操勞（據記載，她常常在氣溫高達華氏九十多到一百度的夏天裡辛勤工作），終於在一九零七年患上重病，需要靜心休養一段長時間。在這段時間，有人曾建議醫院暫時停開，直到何金英康復為止。可是何淑英不同意，認為醫院應該繼續給病人診治。起初那些病人都不大相信何淑英的能力，因此淑英得花上很大的努力，才漸漸使人相信她的醫術。這情況正好說明當時醫院過於倚重何金英的情況。

何金英在中國的工作，得到美國的朋友和曾經就讀的衛斯理大學的承認，該大學更因此而授予榮譽科學碩士學位。

陳志明

◈ 褚季能：〈甲午戰前四位女留學生〉，《東方雜誌》，31卷11期（1934年6月），頁11–14。
◈ 王惠姬：〈清末民初的女子留學教育〉（台北：政治大學歷史研究所碩士論文，1980年），頁216。
◈ 郭衛東主編：《近代外國在華文化機構綜錄》（上海：上海人民出版社，1993年）。
◈ Burton, Margaret E., *Notable Women of Modern China*（New York: Fleming H. Revell Company, 1912），15–70.

37 賀雙卿 He Shuangqing

賀雙卿（約1712–?），字秋碧，江蘇丹陽縣農婦，是人所公認的清代大詞人之一。曾經有學者懷疑賀雙卿是否有其人，原因是現在僅知的有關她的材料，來自金壇詩畫怪傑史震林在一七三六年寫成的《西青散記》。在該書一七二三至三六年間的零散記載中，史震林紀錄了自己跟文友的遊歷、唱和、文會和討論等活動。他描寫了賀雙卿跟愚昧的丈夫和嚴厲的婆婆過著貧農家庭的悲慘生活。同時又紀錄了一連串他和文友跟賀雙卿的來往。在頗隨筆式的記載中，史震林把雙卿的苦況、她的詩作和為數不少的仰慕者對雙卿才華和苦命的談論交錯呈現出來。

雖然史震林只用了雙卿一名來指代此人，她後來還是被冠以賀姓。嚴迪昌曾指出，雙卿可能是丹陽賀氏的一支，因為這家族在明末清初時曾經出現過幾位著名的女詞人，包括賀棠和她的女兒賀潔（字靚君）、賀祿（字宜君）以及後來出家為尼的賀元英（字赤浦，號舒霞）。

根據史震林的記載，「雙卿生有夙慧，聞書聲，即喜笑。十餘歲習女紅，異巧。其舅為塾師，鄰其至，聽之。以女紅易詩詞誦習之。學小楷，點畫端妍，能於一桂葉寫心經。」

史震林所描述的雙卿極為聰明、美麗、賢慧，可是卻嫁給一個住在四屏山下綃山一條農村的周姓窮樵夫。丈夫和夫家的人看來並不欣賞她的美貌和智慧，常常虐待她。當史震林發現賀雙卿那些非凡的詞作後，便將這些作品抄下來，在友儕間傳誦，其中一些朋友迷上了雙卿，達到茶飯不思的境地。史震林和友儕常常造訪綃山，為的是引起賀的注意和得到她的作品。出於對藝術美的喜愛，雙卿偶爾也會跟這些仰慕者交換一些優美的詩篇，但更多時候，她不理會或避開他們的打擾。此外，儘管丈夫和婆婆無知又粗魯，可是對於他們不斷的要求，她還是尊重和服從的。雙卿曾多次染上瘧疾，有時又因幹田活和家務而弄到疲憊不堪。

　　無可否認，史震林的記載帶有小說的特色。例如他利用想像力，在一個不完美的世界裡創造出完美的事物。雙卿這樣一個在美貌、才智和德性上看來都完美的人，卻察覺到自己被摒棄在不朽之門外面。由於窮得連紙和墨都沒有，加上不想自己的作品留下來，因此她只用粉末把作品寫在花葉上。她引用史震林虛構出來的一位流芳百世的女性的話，說除了史氏《散記》數頁中所載的人外，是注定遇不上才智之士的。無論如何，由於那些具有特殊風格和優秀感染力的作品題上了她的名字，賀雙卿成了清代其中一位廣為人知和備受讚揚的出色詞人。

　　《西青散記》包括了題為雙卿所作的六首詩和十三首詞。這些作品後來收入《雪壓軒詞》刊行，其後又收入徐乃昌編的著名婦女作品合集《小檀欒室彙刻閨秀詞》中。雙卿的一些詞作被認為是清代最好的作品之一。在這些作品中她狀物擬事，透過孤雁、野菊、殘燈等事物的孤寂和容易受傷來反映自己的遭際。

　　她的一些詞作模倣李清照（1084–約1151），運用疊字疊詞，作品帶有一種常被視為女性風格的強大主觀感。不過，她的作品在很多地方還是擁有獨特的個人語調。清代文學批評家陳廷焯（1853–1892）評論雙卿的詞，說她的作品看來沒有模倣前人，「是仙是鬼，莫能名其境矣」。用今人康正果的話來說，雙卿的作品「毫無一般閨秀詩詞的無病呻吟腔，⋯⋯她的詩筆反而突破了詞藻和典故的牢籠，以樸實無華的語言記錄了她在貧困、農活和家務中所受的種種痛苦。」方秀潔曾說雙卿的詞具有「高度的個人感和強烈的呼聲。」「這些詩歌的神秘主觀感和極度的心理層面使之看來像出自一個遺世獨立的女性孤獨的視野。」

　　雙卿是否存在的最有力反證為那些題為她所作的詩詞。史震林的描述，常常顯得有點輕信。無論怎樣，史震林宣稱在農婦中找到如此一位具有詩才的作家在文化上是十分有意義的。史氏這種迷戀女性的美麗和才智的舉動反映出十八世紀的一些文化趨向和張力。晚明浪漫主義和才子佳人的潮流有助於使那種夫婦倆既是學問上的拍檔又是精神上的伙伴的理想婚姻關係傳播開去。史震林和他的朋友都鍾情於這種理想，但在婚姻只要仍然是為了某種目的而非愛情的時代，那是不可能實現的。摒棄了清初反對晚明浪漫主義、十八世紀關於婦女文學的爭論以及嚴格的男女有別的呼聲，史震林的散記顯得像是一個教人反感的故事。最後，史震林迷戀於天分可能出於十八世紀科舉競爭劇烈的原因。

由此看來，雙卿所承受著的，正是她的讚美者所密切認同的痛苦命運——天才橫溢、充滿感性，但卻不為丈夫（當權者）或其他人所知，不受賞識。不過，儘管史氏的散記有不少文人自重的成分，很清楚的一點是，雙卿的詩得到過往女作家沒有得過的「才華過溢」的評價。

羅洛溥（Paul S. Ropp）

陳志明譯

◇ 惲珠編：《國朝閨秀正始集》（道光十一年〔1831〕紅香館藏板），卷17，頁2上–3上。

◇ 賀雙卿：《雪壓軒詞》，載徐乃昌編：《小檀欒室彙刻閨秀詞》（光緒二十四年〔1898〕刊本），集10。

◇ 史震林：《天上人間》（上海：出版合作社，1926年）。

◇ ——：《西青散記》（4卷本；上海：廣智書局影印1737年序刊本，1907年；北京：中國書局，1987年）。

◇ 梁乙真：《清代婦女文學史》（台北：台灣中華書局，1958年），頁42–46。

◇ 胡文楷輯：《歷代婦女著作考》（增訂本；上海：上海古籍出版社，1985年），卷16，〈清代〉6，頁651。

◇ 施淑儀輯：《清代閨閣詩人徵略》（周駿富輯《清代傳記叢刊》本；台北：明文書局，1985年），〈初編〉，卷3，頁196–199。

◇ 康正果：《風騷與艷情》（鄭州：河南人民出版社，1988年），頁336–340。

◇ 蘇者聰：《中國歷代婦女作品選》（上海：上海古籍出版社，1987年），頁408–414。

◇ 嚴迪昌：《清詞史》（杭州：江蘇古籍出版社，1990年），頁553–554。

◇ 鄭光儀：《中國歷代才女詩歌鑑賞辭典》（北京：中國工人出版社，1991年），頁1623–1631。

◇ 杜芳琴：《賀雙卿集》（鄭州：中州古籍出版社，1993年）。

◇ ——：〈邊緣文人的才女情結及其所傳達的詩意——《西青散記》初探〉，《九州學刊》，6卷2期（1994年7月），頁87–104。

◇ 周婉窈：〈綃山傳奇——賀雙卿研究之檢討與展望〉，《新史學》，7卷4期（1996年12月），頁159–197。

◇ Ropp, Paul S., "Shi Zhenlin and the Poetess Shuangqing: Gender, Class, and Literary Talent in an Eighteenth–Century Memoir," presented at the Harvard–Wellesly Conference Engendering China（7–9 February, 1992）.

◇ Fong, Grace S., "De/Constructing a Feminine Ideal: *Random Records of West–Green* and the Story of Shuangqing," in *Writing Women in Late Imperial China*, eds. Ellen Widmer and Kang–i Sun Chang （Stanford: Stanford University Press, 1994）, 264–81.

◇ ——, "Engendering the Lyric: Her Image in Voice and Song," in *Voices of the Song Lyric in China*, ed. Pauline Yu（Berkeley: University of California Press, 1997）, 107–44, esp. 125–33.

▥ 38 和卓氏，高宗(乾隆)容妃 Hezhuo shi

容妃（1735–1788），為乾隆帝（弘曆，1711–1799；1735–1796在位）之妃。

容妃，和卓氏（亦稱霍卓氏），回部台吉和扎賚之女，為秉持回教的始祖

派噶木巴爾之後裔。和卓氏之兄圖爾都因在家鄉南疆平亂有功，獲乾隆帝封為一等台吉，和卓氏隨於一七六零年被選入宮。翌年，封號和貴人，時年二十七歲。乾隆帝又將一名宮中女子送給圖爾都為妻。兩年後，內閣擬呈和貴人晉封嬪字樣，賜漢名「容」。一七六二年中，冊封容嬪，同年容嬪之兄圖爾都因追論南疆平亂之功，而晉為輔國公。乾隆三十年正月十六（一七六五年）至四月二十日乾隆帝第四次南巡，容嬪封妃。現無滿洲朝冠，傳做天鵝絨朝冠一頂。同年十月，命大學士尹繼善及內閣學士邁拉遜，持節冊封為容妃。

乾隆帝十分寵愛容妃，三十九年（一七七四年）提前四個月為容妃慶四十千秋。同年秋天，乾隆帝出外狩獵，隨行妃嬪中，容妃已居第二位，至圍場時，獵得一口野豬、一隻麅子，賞眾多妃子野豬肉一盤，獨賞容妃麅子肉一品。容妃在宮中地位崇高，每有宴會，容妃都排在顯赫座位上。乾隆四十九年（一七八四年）賞容妃五十千秋。

五十三年（一七八八年）容妃薨，時年五十五歲。次日，大學士和珅傳旨，將容妃遺下衣服首飾等物分送內廷各位公主、大格格、丹禪（容妃娘家人）、本宮首領太監、女子。次日按份擺盛安奉三無私殿，皇上覽過後分賞。容妃金棺由西花園奉移靜安莊，九月葬妃衙門（即裕陵妃園寢）。

容妃為乾隆帝唯一的維吾爾族信奉伊斯蘭教的妃子。有說曾有一名體有異香的伊斯蘭教女子，被擄入宮，號為「香妃」。因不屈於乾隆，而被太后賜死，死後用靈轎抬回新疆，葬入喀什噶爾，這也只屬傳聞。

容妃墓於一九七九年十月清理，一九八三年首次對外開放。地宮中清出珍珠、寶石、體骨、髮辮、衣服殘片。棺材上還有阿拉伯文字書寫的「古蘭經」。

于善浦

◇ 趙爾巽等：《清史稿》（北京：中華書局，1977年），卷214，〈后妃〉，頁8920。
◇ 清東陵文物保管所：〈香妃墓不在新疆喀什——考證香妃事蹟實物的新發現〉，《當代》，8期（1981年4月15日），頁13–14。
◇ 蕭之興：〈還香妃原來的歷史形象——香妃史料的新發現及探討〉，《當代》，9期（1981年5月15日），頁7–10。
◇ 劉先照：〈歷史上的容妃與藝術上的香妃〉，《民族研究》，1985年6期（1985年11月），頁62–67。
◇ 慶桂等：《高宗純皇帝實錄》（《清實錄》本；北京：中華書局，1986年），卷820，頁1128。
◇ 孟森：〈香妃考實〉，載氏編：《清代五大疑案考實》（台北：正中書局，1988年），頁137–153。

◈ 姜龍昭：《香妃考證研究續集》（台北：文史哲出版社，1992年）。
◈ 《內廷賞賜例》二、三、四、五（宮中檔簿，3605、4218、4219、3607號）。

▥ 39 洪宣嬌 Hong Xuanjiao

洪宣嬌即楊宣嬌，廣西武宣縣羅淥洞人，太平天國西王蕭朝貴（約1820-1852）之妻。具體生卒年月不詳，約生於一八三零年前後，一八六四年天京淪陷後不知所終。

洪宣嬌與洪秀全（1814-1860）是甚麼關係？歷來有不同的說法。最流行的說法是：洪宣嬌是洪秀全的胞妹。據《天父天兄聖旨》記載，楊宣嬌是蕭朝貴的妻子，她的「肉父」即親生父親，是黃政權。《金陵癸甲紀事略》又記，楊秀清（約1820-1856）假託天父下凡諭眾說：「宣嬌我第六女，秀清同胞妹，當易姓楊。」根據這些材料，我們可以認定，楊宣嬌本姓黃，楊秀清認她為妹妹，所以叫做楊宣嬌，一八五零年一月三十日（清道光二十九年十二月十八日）蕭朝貴假託天兄下凡說：「朝貴是朕天兄妹夫，又是秀全妹夫，又是雲山、秀清妹夫。」這樣，楊宣嬌又成為洪秀全的妹妹，稱做洪宣嬌。

洪宣嬌是一位英武的女將，戰功赫赫。據一九零六年（清光緒三十二年）出版的咀雪廬主人撰寫的《祖國婦女偉人傳》記載：「洪宣嬌者軍中稱蕭王娘是天王妹，西王蕭朝貴妃也。年不滿三十，艷絕一世，驍勇異常，從女兵數百名，善戰，所向有功。蕭王妃及女兵皆廣西產，深奉秀全教，每戰先拜上帝，淡妝出陣，揮雙刀，鋒凜凜若白雪。乘絳馬，鞍腰籠氈毻。長身白皙，衣裙間青皓色。臨風揚素腕，指揮女軍，衫珮聲影雜杳，望之以為天人。女兵皆錦旗銀盾。戰酣，蕭王娘解衣縱馬出入滿清軍，內服裹杏黃綢，刀術妙速，衣色隱幻，一軍駭目。」以上描述容或誇張，洪宣嬌善戰，或是事實。

洪宣嬌不僅是一位巾幗英雄，而且還是一位很有個性的政治家。她對太平天國拜上帝教並不那麼迷信。〈天父詩〉第一零八首記載楊秀清假託天父下凡教導洪宣嬌：「因何無僅稱高強」；第一零九首又說：「天父發令為一女，不遵天言亂言題；若是不遵天命者，任從全清貴杖爾。」一八五六年，清軍江南大營被擊潰，楊秀清飛揚跋扈益甚，洪宣嬌曾請天王洪秀全及早誅楊。洪秀全嘆息曰：「朕及汝皆與彼有素，且曾與共患難，安忍出此？」宣嬌曰：「王不忍人，人將忍王？」可見，洪宣嬌是有政治頭腦的。

茅家琦

◈ 簡又文：《太平天國典制通考》（香港：猛進書屋，1958 年），〈女位考〉，頁 1187–1276。
◈ 〈天父詩〉，載《太平天國印書》（南京：江蘇人民出版社，1979 年），第 108、109 首。
◈ 羅爾綱：〈所傳太平天國女英雄洪宣嬌是怎樣來的〉，《文史》，輯 7（1979 年 12 月），頁 198。
◈ ──：〈重考洪宣嬌從何而來〉，《歷史研究》，1987 年 5 期（1987 年 10 月），頁 132–137。
◈ 鍾文典：〈試說洪宣嬌〉，《廣西師範學院學報》（哲社版），1980 年 1 期（1980 年 3 月），頁 39–45。
◈ ──：〈關於洪宣嬌其人〉，《文匯報》（上海），1981 年 5 月 18 日，「學術」，88 期。
◈ ──：〈洪宣嬌〉，載其《太平天國人物》（南寧：廣西人民出版社，1984 年），頁 452–469。
◈ ──：〈楊宣嬌〉，載《清代人物傳稿》下編，冊 7（北京：中華書局，1993 年），頁 194–196。
◈ 王慶成編注：《天父天兄聖旨》（瀋陽：遼寧人民出版社，1986 年）。

▥ 40 侯芝 Hou Zhi

　　侯芝（約 1760–約 1829），字香葉，別號香葉夫人、香葉閣主人、修月閣主人，江蘇江寧人。善吟詠，以修訂四部著名彈詞作品為世所知。這四部彈詞是《玉釧緣》、《再生緣》、《再造天》和《錦上花》。

　　侯芝的父親侯學詩出身寒微，在一七三五年中舉人，一七七一年舉進士，其後曾在廣東和江西擔任過不同的官職。他工於詩，有《梅花草堂詩》十六卷傳世。侯芝有兩個兄弟，名雲松（一七九八年舉人）和雲石，三人均從父親習經、史、詞章之學。

　　侯芝的丈夫枚沖（舉人），江蘇上元人，有才識，工詩，著述甚豐。他們育有四子一女，兒子名曾亮（一八零零年舉人）、曾憑、曾詔、曾誥（早夭）；女兒淑儀，與眾兄弟並精於詩。兒子中最有成就的是枚曾亮，他是著名學者姚鼐的門生。

　　侯芝修訂的第一部彈詞作品是《玉釧緣》。這部彈詞是由姓名已佚的母女二人在晚明或清初寫成。侯芝編訂的三十二卷本是現存的最早版本。《玉釧緣》是一則愛情故事，主人翁是一對才貌雙全的男女，兩人已訂下終身，因為婚姻遇到波折，男的要喬裝女子，女的卻易穿男服。女主角得志科場，並且「娶」了妻子；男主角則以女子身份選入宮中，後來因為揭發了一項宮廷陰謀，得到恩准與女主角成婚，並獲賜姬妾數人。其後他效力疆場，打敗了幾個勇悍善戰的女真族女將。朝廷為了嘉獎其戰功，把這些女子都送給了他。《玉釧緣》的故事主題和曲折離奇的情節，為後來的一些彈詞所採用和模仿。

　　侯芝修訂的第二部彈詞是著名的《再生緣》，作者是陳端生（參見該傳）

和梁德繩（參見該傳）。侯芝在一八二一年用香葉閣主人別號為《再生緣》作序，提及以十年之力，去修改編訂這四種彈詞作品。在女性所作的彈詞中，《再生緣》是最有名的一部。故事中的男女主人翁，是《玉釧緣》的男主角和他的妻妾之一的後身。女主角孟麗君喬扮男裝，登上宰相之位。到了和未婚夫完婚之期，她拒絕承認自己的女性身份。侯芝顯然不贊成這種激進的態度。在她手訂的版本（經梁德繩續補），女主角終於變得柔順，很樂意地嫁給有好幾個妾侍的未婚夫。

《再造天》有可能完全是侯芝的創作，最少沒有其他人的名字和這部作品有關。而故事本身也突出了侯芝的保守思想。它是《再生緣》的續集，主人翁是孟麗君的女兒皇甫飛龍。她其實是父親以前的敵人，一個朝鮮術士的後身。她是有野心的人，仰慕中國歷史上最有權勢的女性武則天（624–705；690–705在位）。獲選入宮後，她勾結奸臣讒害忠良，又和其他妃嬪勾心鬥角，爭奪皇帝的寵愛，使朝庭陷入一片混亂之中。最後，她退休了的父親皇甫少華東山復出，挽救了朝廷。在某些方面，皇甫飛龍是為他人所害，但她也是本身的虛榮和野心的受害者。她因罪被判死刑，而她的父兄卻備受獎譽。

《錦上花》是由《錦箋緣》和《金冠記》兩個部分組成。在上半部中，一個名叫王曾的官員愛上了一個美貌的女子，但是和她分開了。後來王曾從女真人手中把她救出，和她結婚，同時還娶了一個女真公主為妾。下半部講述王曾的兩個兒子王鐸和王澤的故事。他們循不同的途徑建功立業，並且和漂亮的女子發生愛情，最後克服了種種障礙，娶得了如花美眷。序言的署名是修月閣主人；雖然不能完全肯定那就是侯芝，但一般都認為《錦上花》出自侯芝之手，最少也曾經她修訂。

侯芝是傳統道德觀念的維護者。她認為婦女應該留在閨中，不參加任何的社會生活。在她看來，彈詞主要是一種消閒的東西，供婦女們在育養兒女，操持家務之餘用來消遣。不過，她的工作顯示了在清代中葉，婦女的文化水平正日漸提高。上述四種彈詞作品的最早和最為人知的版本，都是經她手訂的版本。她本人雖然思想保守，但她的工作卻使更多人認識到女性也可以從事嚴肅的藝術創作。

羅洛溥（Paul S. Ropp）

張中光譯

◇〔侯芝〕（修月閣主人）：《繡像錦上花全集》（嘉慶年間刊本；學餘堂 1874 年刊本；上海：

上海共和書局，1915年）。

◇〔——〕（香葉閣）：《再造天》（1828年刊本；丹桂堂1867年刊本；愛日堂1869年刊本；錦章書局，缺年份；上海：大達圖書供應社，1936年；廣益書局，缺年份）。

◇〔——編〕：《玉釧緣全傳》（文成堂1842年刊本；靜觀齋道光年間刊本）。

◇黃秩模編：《國朝閨秀詩柳絮集》（咸豐三年〔1853〕蕉陰小榭刊本），卷33，頁16上。

◇譚正璧：《中國女性的文學生活》（台北：河洛出版社，1977年），頁424–437。

◇譚正璧、譚尋：《彈詞敘錄》（上海：上海古籍出版社，1980年），頁132–134、154–157、298–299。

◇陳端生：《再生緣》（香葉閣主人〔侯芝〕1821年序刊本；鄭州：中州書畫社，1982年）。

◇胡士瑩：《彈詞寶卷書目》（上海：上海古籍出版社，1984年），頁21–22、31–32。

◇——：〈彈詞女作家侯芝小傳〉，《文獻》，15期（1983年3月），頁87–93；收入其《宛春雜著》（杭州：浙江文藝出版社，1984年），頁263–265。

◇胡文楷輯：《歷代婦女著作考》（修訂本；上海：上海古籍出版社，1985年），卷13，〈清代〉6，頁411–412。

◇袁韶瑩、楊槐珍：《中國婦女名人辭典》（吉林：北方婦女兒童出版社，1989年），頁421。

▥ 41 胡寶玉 Hu Baoyu

胡寶玉（1853–約1920），清同治光緒至清末上海首屈一指的名妓。與賽金花（參見該傳）、林黛玉（參見該傳）並稱滬上花界三傑。傳說其父是上海小刀會起義軍領袖之一飛虎將軍潘起亮，外號小鏡子，其母是潘的外室。

初為妓，化名林黛玉，得浙江巨商楊翰齋賞識，納為妾。不久，離楊家，改名胡寶玉，重操舊業。由於她思想活躍，性喜創新，故而聲名大震，竟與當時上海巨商胡光墉（1823–1885），畫家胡公壽（1823–1886）齊名，人稱三胡。當時妓界門戶森嚴，她則打破妓界門戶，結識咸水妹，學習英語，並仿效其打扮。並開創紅木房間，西式房間，以招攬各種等級的嫖客。工權術。所接之客均為高官富商公子王孫。所寓掛牌慶餘堂。北洋水師總領丁汝昌（?–1895）經上海，曾慕名到她寓所張筵擺酒。

年過四旬，便在公共租界漢口路開設妓院慶餘堂，蓄妓數人，自己退為房老，隱名退避。退居房老後常穿男裝，見客時輕裘緩帶，冠綴明珠，手執金質菸管，從容而出，向客一一致敬。遂作茗話，偶及災賑事，議論風發，動中肯綮，精神四屬，不令座客一人向隅，彷彿堂屬相見於公署。《海上花列傳》中的老妓屠明珠，就是暗指她。經她調教的雛妓胡玉梅、胡玉蓮、胡秀林、左芸台等均成滬上名妓。

一九零六年春遣嫁所蓄妓女，自己嫁一陳姓杭州人，帶去資財十萬金，為陳捐官居兩淮，辛亥革命後返滬。一九一九年時居西門內孔家弄關帝廟附近。

孫國群

◇ 吳趼人：《我佛山人筆記》（台北：文海出版有限公司，1972年）。
◇ 孫國群：《舊上海娼妓秘史》（鄭州：河南人民出版社，1988年）。
◇ 漱六山房主人：〈海上青樓沿革記〉，《萬歲》，1卷9期。

42 胡九妹 Hu Jiumei

胡九妹（約1830–1856），廣西桂平縣一帶人。

一八五零年一月十三日（清道光二十九年十二月初一日），蕭朝貴（約1820–1852）假託天兄下凡，號召拜上帝教徒「男人要學馮雲山（約1815–1852），女人要學胡九妹。」可見，在金田起義前，在拜上帝教徒中，胡九妹是一位很出名，很有聲譽的人物。

《天父天兄聖旨》又記，蕭朝貴假托天兄下凡讚揚胡九妹道：「婦人看見胡井水，久記清靜正煲茶。山罕大小樹無賤，紅花一朵在人家。」這首詩把胡九妹比作一泓井水，它泡茶給人們解渴。這首詩又把胡九妹比作一朵紅花，受到大家的歡迎。

胡九妹長期在楊秀清（約1820–1856）東王府內任女官，大約在一八五四年前後，擔任楊秀清的「內簿書」。

茅家琦

◇ 謝介鶴：《金陵癸甲紀事略》（《中國近代史資料叢刊・太平天國》；上海：上海人民出版社，1952年）。
◇ 王慶成編注：《天父天兄聖旨》（瀋陽：遼寧人民出版社，1986年）。
◇ 羅爾綱：《太平天國史》（北京：中華書局，1991年），卷70，〈婦女傳〉，頁2231–2233。

43 胡蓮仙 Hu Lianxian

胡蓮仙（1832–1899），又名彩雲，安徽人，晚清湘繡名家。幼年時隨父官於江蘇，久居蘇州，便學習蘇州著名的刺繡工藝，胡氏又能繪繡圖、剪繡稿，更精於刺繡。

胡蓮仙於二十歲與湖南湘陰人吳健生成婚，胡氏隨夫返回湘陰，後遷居長沙，以刺繡為生。她到長沙後，開設了「繡花吳寓」、「彩霞朝蓮仙女紅」等繡坊，開科授徒，傳以蘇繡針法，培養了湖南不少刺繡人才。她又用亂參（即亂插針）針法，以長短色線交錯重疊，不規則用針，使繡品色調混合生動，又

親自繪製繡稿，並創造多種針法，提高了湖南民間刺繡的藝術水平。

在胡蓮仙的倡導下，湘繡以長沙民間刺繡為基礎，吸收蘇繡、粵繡的優點發展起來，逐步形成了自己的特點。如用絲絨線繡花，劈絲細緻，繡品絨面花型真實感強。又以國畫為繡稿，色彩豐艷，強調顏色的陰陽濃淡，形態生動逼真，風格寫實摹真，曾有「繡花能生香，繡鳥能聽聲，繡虎能奔跑，繡人能傳神」的美譽。至清光緒二十四年（一八九八年），胡蓮仙之子吳漢臣、吳勛臣在長沙開設自繡自銷的「吳彩霞繡坊」，所出繡品精良絕倫，技藝奇巧，稱為上品，傳至各地，引起人們矚目，從此湘繡聞名天下，躋身四大名繡之列。

殷偉

區志堅摘錄

◇ 上海辭書出版社編：《中國美術辭典》（上海：上海辭書出版社，1985 年），頁 473。
◇ 中國工藝美術學院編：《中國工藝美術大辭典》（北京：中國美術學院，1987 年），頁 584。
◇ 殷偉：《中華五千年藝苑才女》（鄭州：中州古籍出版社，1992 年），頁 333–335。

▥ 44 黃謹娛 Huang Jinyu

黃謹娛（1869–1936），廣東省南海縣小瀛州鄉人。出身書香門第，聰敏好學，幼從兄長誦讀詩書，粗通計算，精於女紅，知禮好義，為鄉人所讚許。她立志要做一個反抗「女子無才即是德」舊傳統的人。

一八八六年與康廣仁（1867–1898）結婚，深受維新變法思想的影響。廣仁曾為浙江小吏歲餘，恥於清末官場的卑污，乃棄官追隨其兄康有為（1858–1927）在外從事維新運動。黃謹娛留居南海康家，克盡婦道。她晨興夜寢，侍老撫幼，備嘗艱辛。

黃謹娛從康廣仁的來信中，不斷了解祖國內擾外侮民族興亡的天下事，時時興起救亡圖存的愛國思緒，因而廣泛閱覽《中外紀聞》、《時務報》、《知新報》等維新報刊。一八九七年，積極報名參加梁啟超（1873–1929）、譚嗣同（1865–1898）、汪康年（1860–1911）、康廣仁等創辦的不纏足會，帶頭放足，也不為女兒康同荷（1888–1938）纏足。一八九八年，維新派在上海創立中國第一所自辦女學經正女學堂、女學會和《女學報》，是女子自己的組織。黃謹娛和譚嗣同夫人李閏（參見該傳）是女學會的倡辦董事，她和梁啟超夫人李蕙仙（參見該傳）又是女學堂的倡辦內董事。

戊戌政變時，康廣仁等六君子殉難於北京宣武門外菜市口。黃謹娛急奉

婆母勞蓮枝（1830–1913）避地香港，深恐勞氏年老愛子心切，經不起老年喪子的打擊，她強忍悲痛，隱瞞凶訊，入則吉服，色笑婉婉，退則衰絰，淚下如雨。她在港含茹悲地孝侍婆母三年。

一九零一年，她攜同女兒回到廣州，聯合同鄉姐妹開辦織襪廠兼辦女學。她經常對女同胞們說：「國家興亡，不是匹夫有責，而是人人有責，女人一定要爭氣，生性有本事。」發動女性以實際行動向「女子無才即是德」挑戰。而逢年過節，必至香港拜望婆母，以盡孝道。一九零三年，其女隨堂姊康同薇（1879–1974）、康同璧（1881–1969）赴歐美留學，因故中途滯留日本，她勉勵女兒說：「三軍可奪帥，匹夫不可奪志。」要她「爭氣」、「生性」，要經常背誦〈木蘭詩〉以壯行色。康同荷發憤攻讀，以優異成績獲得獎學金，畢業於東京日本女子大學化學系。

流亡海外的康有為，以黃謹娛孤女寡母獨立謀生不易，曾將第四子康同凝（1909–1978）過繼她為子嗣，並將廣州仙鄰巷的一所房屋撥予使用，她卻將該房屋讓給了更困難的族人居住。黃謹娛在家鄉開廠辦學達十四年之久，堅忍操作，不稍告勞。

晚年，女婿黃元蔚（1883–1929）迎養上海、北京，仍主持家政，教育後輩子女，勤勤懇懇，不自暇逸。她是一位虔誠基督教徒，與世俗女子迥異。一九三六年暮春，因腦溢血在北京逝世。

馬洪林

◎ 梁啟超：〈上海新設中國女學堂章程〉，《時務報》，冊47（1897年12月），頁7–10。
◎ 康同凝、康同荷：〈康母黃太夫人六秩晉一徵文啟〉（上海：出版社缺，1929年2月）。
◎ 黃子京：〈先外祖母康廣仁夫人黃謹娛生平〉（未刊稿，1992年9月7日追記於北京）。

▍ 45 黃履 Huang Lü

黃履（1769–1829在世），號穎卿，浙江仁和人，中國第一位女攝影光學家。

黃履是金華教諭黃超的女兒，女詩人黃巽的胞妹，黃履生活在清嘉慶年間（1796–1829），此時正是西方光學知識大量輸入中國的時候，黃超為地方教諭，也對光學知識甚感興趣，他與清代著名光學家鄭復光（1780–?）甚有交往，黃履生長在這家庭，幼年便通曉天文算學，並已自製了「寒暑表」、「千里鏡」（今天所言的望遠鏡）等光學儀器，又著〈琴譜〉，平日也喜作詩以自

娛。

黃履所製的「千里鏡」是一個用方形的兩塊鏡片組合成的鏡筒，並安裝上反光玻璃，即方匣的鏡筒上安裝了凸凹球面鏡，能使遠處景物清楚地射在反光鏡上，後再反射在方匣的上方，故使遠境，平列在鏡上。這也是一架簡易操作的照相機，只要在方匣的背後安上感光片，便可以拍照。黃履結合了當時製造的望遠鏡和鄭復光製的「取景器」技術合而為一，造成了一台照相機。可惜，黃履製造「千里鏡」的裝置情形和製造的方法至今已失傳。陳文述（1775–1845）有〈天鏡閣詠黃穎卿〉一詩，高度頌揚這位才女為一位「贏得文簫禮繡襦」的「絕世聰明絕世姝」。

殷偉

區志堅摘錄

◇ 陳文述：《西泠閨詠》（碧城仙館刊本，道光七年〔1827〕刊本）。
◇ 徐乃昌編：《閨秀詞鈔》（宣統元年〔1909〕小檀欒室刊本），卷10，頁20下–21上。
◇ 伍素心：《中國攝影史話》（上海：商務印書館，1935年），頁135–136。
◇ 陳申、胡志川：《中國攝影史》（台北：攝影家出版社，1990年），頁24–27。
◇ 殷偉：《中華五千年藝苑才女》（鄭州：中州古籍出版社，1992年），頁326–328。

▥ 46 黃媛介 Huang Yuanjie

黃媛介（十七世紀在世），字皆令，浙江嘉興府秀水縣人，生卒年不詳，是明末清初較為著名的女詩人。

她的家庭據載先世曾有顯者，後雖逐漸中落，但仍不失為書香門第，並十分重視對女子的教育。黃媛介的姐姐黃媛貞，字皆德，就頗有文學才華，著有《臥雲齋詩集》。生長在這樣的環境裡，黃媛介自幼便熱愛學習。聽到兄長朗朗的讀書聲，她欣然請學。見到姐姐雅好文墨，她十分羨慕。經過一番努力。少女時期黃媛介便多通文史，喜好吟詠，善於書畫，在當地頗有名氣。

明末，太倉名士張溥（1602–1641）十分欣賞她的才華，前往求婚。當時張溥方入翰林，聲譽正隆。黃媛介早已許配給同郡的楊世功。而楊氏家境清寒，本人又客居他鄉，尚未歸還。因此，黃媛介的父兄勸其改字。面對這種情況，黃媛介不改初衷。她對父兄說道：「食貧吾命也。」拒絕了張溥的要求，於楊世功回歸之後與其完婚。

婚後，黃媛介安於寒素，與丈夫共勉同心。她親自操持家務，閑暇之時則

作詩繪畫，練習書法，怡然自樂。為此，她頗受人們的尊敬和好評。清初詩人施閏章（1618–1683）稱她「以名家女，寓情毫素，食貧履約，終身無怨言。庶幾哉稱女士矣。」

一六四五年清兵進征江南。黃媛介隨丈夫一道離別家園，避亂他鄉。他們奔波於浙江、江蘇，轉徙多處，備嘗艱辛。對於這段痛苦的經歷，黃媛介曾撰寫詩文，詳盡記述。她的這些詩作，正如後人所評，「多流離悲戚之辭，而溫柔敦厚，怨而不怒，既是觀於性情，且可以考事變。」

顛沛流離之際，酷愛文學的黃媛介不忘尋訪才女，詩文會友。她曾在女詩人吳嚴子家中居留數月，與吳嚴子、卞元文母女談詩論文，相得甚歡。她又時時往來於常熟虞山，與著名才女柳是（參見該傳）為文字交。她還曾奔赴山陰，拜訪文媛商景蘭，並與當地的名門閨秀吟詩唱和。她的作品受到人們的喜愛，得以流傳。文壇領袖錢謙益（1582–1664），吳偉業（1609–1671）都對之頗為讚賞。於是，黃媛介詩名日隆。她的丈夫楊世功因此而得以布衣游於公卿之間。然而，文學上的成就並不能改變黃媛介的貧困生活。清朝初年，她租屋而居，靠賣詩書字畫為生。

生活雖然困苦，黃媛介仍然保持儒家婦女的清高。她賣書畫而活，只要能勉強維持生計，便不肯多作，被人讚為「此閨秀而有林下風者也。」地主汪然明欽佩她的人品，讚賞她的才華，同情她的處境，時常予以周濟。並常常將她邀至家中，與閨秀聚會，飲酒論詩。

吏部侍郎石申慕黃媛介之名，自京城送來書信銀兩，聘她為女兒的教師。黃媛介遂攜子女進京。舟抵天津，其子德麟不幸溺死。第二年，女兒本善又夭亡。黃媛介悲痛之極，帶病南歸。途經江寧，愛好文學的佟夫人憐而相留，黃媛介得以養痾於佟家。半年之後，離開了人間。

黃媛介以詩文擅名，其書畫亦為世所稱賞。她的著作有《離隱詞》、《湖上草》。清代著名學者王士禎（1634–1711）稱她的小賦「頗有魏晉風致」。《嘉興府志》記載，她「書法鍾（鍾繇，151–230）王（王羲之，303–361），人以衛夫人（衛鑠，272–349）目之。畫亦點染有致。」商景蘭則讚揚她：「才華直接班姬（班昭，約48–120）後，風雅平欺左氏（左芬，275在世）餘。八體臨池爭幼婦（蔡邕，133–192），千言作賦擬相如（司馬相如，前179–前117）。今朝把臂憐同調，始信當年女校書。」

吳伯婭

◇ 惲珠編：《國朝閨秀正始集》（道光十一年〔1831〕紅香館藏板），卷1，頁16下–17上。
◇ 黃秩模編：《國朝閨秀詩柳絮集》（咸豐三年〔1853〕蕉陰小榥刊本），卷27，頁27上–28下。
◇ 許慶臣編：《國朝閨秀香咳集》（光緒〔1875–1908〕間申報館倣聚珍板印），卷3，頁16。
◇ 許瑤光等：《嘉興府志》（清光緒五年〔1879〕刊本），卷79，〈才媛〉，頁71下–72上。
◇ 徐乃昌編：《閨秀詞鈔》（宣統元年〔1909〕小檀欒室刊本），卷1，頁7下–10上。
◇ 梁乙真：《清代婦女文學史》（上海：中華書局，1932年），頁9–12。
◇ 蔡冠洛：《清代七百名人傳》（香港：遠東圖書公司，1963年），頁1825。
◇ 施閏章：〈黃氏皆令小傳〉，見閔爾昌：《碑傳集補》（周駿富輯《清代傳記叢刊》本；台北：明文書局，1985年），卷59，頁700–701。
◇ 施淑儀輯：《清代閨閣詩人徵略》（周駿富輯《清代傳記叢刊》本；台北：明文書局，1985年），卷1，頁49–50。

ᴗ 47 慧仙 Huixian

　　額者特氏慧仙（二十世紀早期在世），滿族人，清末工部郎中承厚之夫人也。每與人談及時局艱難，民智不開，自必歎道：「要開民智，必先令教育普及；要教育普及，必先維持學堂。」故早已慷慨自誓，有毀家助學之大志。

　　丙午年（一九零六年），其夫歿後不及百日，杭州惠興（參見該傳）以身殉學之消息傳至北京，慧仙極為悲慟，以致「哀感病發」。臨終時，語其母曰：「我身死，我心不死。我死後，請把所有遺產，用作興辦女學、女工（學校）之經費。」

　　慧仙死後，其母依照其遺言，將其所有家產二萬五千七百兩中提取五百兩，捐助惠興在杭州創辦之貞文女學堂外，餘款用以建女工學一所，附女學兩班，學校命名為「慧仙女工學」。光緒皇帝特賜「育才興學」四字匾額，以嘉獎其勸學之義舉。慧仙女工學校，設在北京後門外，北鑼鼓巷淨土寺胡同，包括高、初兩等課程。時人稱譽慧仙與惠興，乃一北一南積林興學之傑出女士，良有以也。

周漢光

◇ 《順天時報》，光緒三十二年十二月五、六、九、十日（1907年1月18、19、22、23日）。
◇ 〈慧仙女士捐產興學補記〉，載李又寧、張玉法主編：《近代中國女權運動史》（台北：傳記文學社，1975年），下冊，頁1366。
◇ 〈慧仙招生〉，同上，下冊，頁1216。
◇ 何正清：〈清末興學二女士〉，《歷史知識》，1986年2期（1986年3月），頁15。
◇ 呂美頤、鄭永福：《中國婦女運動（1840–1921）》（鄭州：河南人民出版社，1990年）。

ⅲ 48 惠興 Huixing

惠興（或作惠馨，1871–1905），滿族人。杭州駐防參預崑樸之女，後嫁與駐防同營某公之子吉止（?–1889）為妻。惠興十九歲，吉止死，育一遺腹子。惠興克盡母職，撫養教誨，以至成人。辛苦艱難，一言難盡。

惠興自幼博學能文，深明大義。常以「國勢日蹙，非興學無以救亡。乃大感奮，以提倡女學自任。」甲辰年（一九零四年）夏，為創辦女學堂四處奔走呼號，募集資金。得當地熱心官紳之支持，湊集公積銀數百元，於該年秋季在杭州創辦貞文女學校，自任校長。惠興對該校校名之解釋為「貞字取貞潔主義，文字有文明之希望。」實寓有希冀通過教育，使婦女擺脫野蠻之封建束縛，進至文明幸福之深意。

同年秋季，貞文女學校舉行開學典禮，惠興登壇演說，強調我國非興學不能自強。說至激動處，突然拔刀割下胳臂塊肉，屬色道「今日為貞文女學成立之期，妾以此為紀念。如此校中止者，妾必以身殉之。」與會者深為所動紛紛捐獻。

惠興忍痛割肉以表達其興辦女學之決心，蓋欲藉此激發國人之同情與支持，尤其希冀得到清方當局之支持，使貞文女校能有固定之常年經費，得以生存。奈何當時清廷官吏，不為所動。貞文女學校勉強支撐至第二年秋季，由於經費將盡，迫得屢次停課。惠興自知僅靠勸捐，實無法解決常年支出，遂修函予當地副都統，痛陳女學之興衰與女子之利害關係，請求撥款貞文女學以充長年經費。信發出後，惠興即行服毒自盡，以身殉學。留下遺書百餘言，其大意謂「願將一死，感動當局，請撥款，興女學，圖自強。」臨終時且自言自語道：「此稟呈上，有長年經費矣！」卒年三十五歲。

惠興之輕生謝世，雖無法感動腐敗之清廷官吏與地方有司，然最能引起國人之強烈震動。不獨杭州各報，廣為宣傳。其死訊傳至北京，京中女界亦為之震動不已。《北京女報》主筆張筠卿等人在陶然亭為其開會追悼。閏一月後，淑範女學校又為其召開追悼會，藉此廣泛宣傳興女學、圖自強之思想，同時號召廣大婦女繼承惠興之遺志，掀起國人興女學、普及女子教育之思潮。

周漢光

◈ 〈補記杭州貞文女學校校長惠興女傑歷史〉，《順天時報》，1906 年 2 月 8 日。
◈ 〈惠興女士殉學記〉，《東方雜誌》，3 年 5 期（1906 年 6 月），〈教育〉，頁 103；又收入李又寧、張玉法主編：《近代中國女權運動史料》（台北：傳記文學社，1975 年），頁 1090。

◇〈記北京淑範女學校為惠興女傑舉行追悼會禮式〉，李又寧、張玉法主編：《近代中國女權運動史料》（台北：傳記文學社，1975年），頁1446–1448。
◇ 鮑家麟編：《中國婦女史論集》（台北：牧童出版社，1979年）。
◇ 何正清：〈清末興學二女士〉，《歷史知識》，1986年2期（1986年3月），頁15。
◇ 呂美頤、鄭永福：《中國婦女運動（1840–1921）》（鄭州：河南人民出版社，1990年）。

▥ 49 霍慶棠 Huo Qingtang

霍慶棠（1872–1957），廣東順德人，生於香港一個基督教家庭，父親霍靜山是聖公會聖士提反堂牧師，是香港最早期的華人牧師之一。霍靜山牧師有四女，他有一個願望就是讓他的女兒都嫁給基督徒。適時十九世紀八十年代，他認識了三位從澳洲返港之年青華僑，他們都是剛受洗之基督徒，其後他們先後成了霍家女婿。霍家二女霍慶棠嫁給馬應彪（1863–1944），三女霍絮如（1877–1961）嫁給馬永燦（1863–1938），四女霍鳳嬌嫁給郭葵。其中，馬應彪和馬永燦是近代中國新式商業的先驅者。他們均以經營零售業聞名，並且皆來自廣東省香山縣沙涌鄉，有鄉睦之誼，後來於澳洲更成為商業夥伴。一九零零年，他們創辦了第一間香港華資百貨公司——先施公司，隨後迅速將生意延伸至廣州、上海和其他中國主要城市。郭葵與他們有類似的背景，出生於香山縣恆美鄉，後到澳洲謀生。郭葵與其兩位兄長郭樂（1873–1956）和郭泉（1875–1966）從澳返港後，經營與馬家差不多完全相同的行業，成立另一家百貨公司——永安公司，並且於中國迅速擴展業務。因此，霍慶棠有一頗為特別的家庭背景，相信她們三姊妹於聚會時必有不少有趣的話題。

霍慶棠婚後，隨夫婿到澳洲定居，但不久於一八九四年回港。於進入二十世紀前的數年，霍慶棠與馬應彪到街上購物，無意中引發了他們開辦新式百貨公司之念頭。他們都感到要到不同的地方纔能買到不同的東西，實在太不方便了。例如去一間專門鞋店買鞋，買帽則要到另一家商店；做衣服更要先到布店挑選衣料，然後再請裁縫縫製，與澳洲相比，香港的零售業顯得太過落後了。他們遂決定成立東亞首間百貨公司，並以香港為商業基地。這間百貨公司以「不二價」和「環球百貨」為號召，招徠顧客，對當時華人商界來說，無疑是一大創舉。霍慶棠不僅有助於促成開辦先施公司，更勇向現實挑戰而站出第一線，親自擔任本港首位百貨公司女售貨員，帶動社會潮流，這對啟迪當時社會風氣，消除婦女舊式傳統職業觀念，貢獻不少。另一方面，霍慶棠此舉吸引了大批好奇之顧客，他們都欲一睹女售貨員之風采，對開導及刺激公司營業額而

言，產生了不少意外效果。這對於一間剛嘗試開辦的新公司來說，有如打了一支強心針。

霍慶棠不僅是華資商業的開拓者，更是活躍於香港社會公眾事務的運動家。一九一八年，她與霍絮如、胡素貞、蘇佩球等，創辦本港第一個婦女組織——香港基督教女青年會，更由她出任首屆會長，並於一九二零至二八年、一九四八至五七年期間擔任董事。當時從中國逃港之婦女甚眾，她深感這些難民婦女無處棲身之苦，慷慨借出自己的居所作為臨時收容所。此外，她又與霍絮如大力推動香港反對蓄婢運動，她被推選為首任調查委員會主席。

霍慶棠可說是傑出的華人婦女，基督教信仰使她毫不迷信於傳統規範和價值觀，並敢於向傳統挑戰。她是香港，也是中國第一位女售貨員，亦是本港第一位婦女權益鼓吹者，她更是一位受尊敬的妻子和母親。正如其子馬文輝所憶述，霍慶棠一面支持丈夫事業，一面養兒育女，從不言倦；她有時左手抱一個，右手抱一個（一對孿胎），背上一個，甚至腹裡還懷一個。她的一生中，共養育了十三名兒女，但從不僱用工人幫助。霍慶棠將她的智慧、辛勞、一生精力奉獻給她的丈夫、兒女及香港婦女社會。她的自我犧牲精神可以說不僅是源自基督教信仰，更因她具有中國婦女傳統美德之故。

李培德

◇ 麥梅生：《反對蓄婢史略》（香港：香港反對蓄婢會，1933年）。
◇ 霍慶棠：〈香港基督教女青年會的創立與展望〉，載《基督教女青年會創立百週年紀念專刊（1855–1955年）》（香港：香港基督教女青年會，1955年）。
◇ 李志剛：《基督教與近代中國文化論文集》（台北：宇宙光，1989年），頁250。
◇ ——：《香港教會掌故》（香港：三聯書店，1992年），頁117–118。
◇ 香港基督教女青年會：《香港基督教女青年會七十週年紀念特刊（1920–1990）》（香港：香港基督教女青年會，1990年），頁11–15。
◇ 李培德：〈近代中國新式商業研究——香港、廣州及上海（1870–1930）〉（東京大學博士學位論文，1994年）。
◇ 馬文輝：〈勤勞能幹的媽媽霍慶棠〉（手稿）。
◈ Wong Siu–lun, The Chinese Family Firm Revisited--Hidden Dimensions, " paper presented at the Conference on the Rise of Business Corporations in China from Ming to the Present, University of Hong Kong, July 1996.
◈ Hoe, Susanna, "Mrs. Ma Ying Piu" （manuscript）.
◈ Smith, Carl T., "Mrs. Ma Ying Piu" （manuscript）.

▥ 50 江蕙 Jiang Hui

江蕙（1839–1880以後），字次蘭，四川江津人，星圖繪製者。父江含春

（字海平），廩生。咸豐（1851–1861）初年，朝廷徵舉隱逸，含春被徵，但他推辭不就。生平喜好金丹、天文及詩賦之學，又留心時務，著作甚豐，傳世的有《楞園仙書》九種。

江蕙喜愛觀測星象，就是受到他的影響。大約在江蕙十歲的時候，江含春便教授女兒《步天歌》。《步天歌》是隋代（581–618）丹元子（按：丹元子姓名不詳，《新唐書・天文志》誤以為即唐人王希明。）的天文著作。其書以太微、紫微、天市分上中下三垣宮，而仍以四方之星分屬二十八宿。此書備受推崇，日後成為初研究天文學者的入門讀物。江含春著有《步天歌圖註》一卷，收入《楞園仙書》中。

此外，江含春在參橫斗移的晚上，指導江蕙觀察天上的星，又給她古代的星圖來對照當時的星象。這樣，江蕙便發覺星的位置，古今並不吻合。到了十二、三歲，她親自繪製星圖，命名為《天文扇》。論者認為，這個名稱反映星圖是繪畫在扇面之上。江含春本來想為女兒刊印《天文扇》，可是，江蕙卻不敢以它示人。

咸豐四年（一八五四年），江蕙跟隨父親隱居於江津龍簪砦。她在那裡購得《中星圖考》鈔本一冊。此書祇有一卷，沒有作者姓名，亦沒有序跋凡例，而且不見錄於歷代文獻。江蕙很喜觀此書，但發現書中的星圖與當時的天象不符，於是決心修訂此書。這樣，經過一年多的時間，並且數十次改易其稿，終於使到書上的星圖符合天象的實況。此書修訂後仍為一卷，改名為《中星圖注》。又因為在全書二十六幅星圖中，有二十四幅是按一年中二十四節氣畫的，所以又名為《二十四氣中星圖考》。江蕙為此書作跋，題咸豐五年（一八五五年）作。不過，與《天文扇》一樣，江蕙亦認為此書「謹藏閨闈，未敢示人」。

不久江蕙出嫁宋栩（字松存，川東人）為妻。婚後，江蕙已不研究天文。同治十三年（一八七四年）宋栩將《中星圖注》向著名學者姚覲元（字彥侍，一字裕萬，一八四三年舉人）請教，大為姚氏讚賞，並且為此書寫題辭。此書因而受到世人注意，更有不少人為它題辭和題詩。

光緒六年（一八八零年）春，宋栩攜眷前往白下（今南京）任官。任內曾赴北京，江蕙隨行。宋栩友人羅雲樵看到《中星圖注》後，不但十分欣賞此書，而且慫恿二人把它刊刻行世。於是此書就在這一年出版，命名為《心香閣考定中星圖》，又作《心香閣考定二十四氣中星圖》，題次蘭女史江蕙撰。江

蕙此後的事蹟不傳，卒年亦不可考。

何冠彪

◇ 聶述文等：《江津縣志》（民國十三年〔1924〕劉澤嘉督刊本），卷7之3，〈文學·江含春〉，頁11上－16下。
◇ 馮澂：〈算學考初編補注·曆法類〉，載於丁福保、周雲青合編：《四部總錄天文編》（上海：商務印書館，1956年），頁83上。
◇ 陳遵媯·《中國天文學史》，冊1（上海：上海人民出版社，1980年），頁257 258。
◇ 中國天文學史整理研究小組：《中國天文學史》（北京：科學出版社，1981年），頁236。
◇ 上海圖書館：《中國叢書綜錄》，冊1（上海：上海古籍出版社，1982年），頁819；1092–1093。
◇ 武作成：《清史稿藝文志補編》（《清史稿藝文志及補編》本；北京：中華書局，1982年），〈子部·天文算法類〉，頁533。
◇ 胡文楷：《歷代婦女著作考》（增訂本；上海：上海古籍出版社，1985年），頁289。
◇ 李迪：〈江蕙——撰寫天文著作的閨閣少女〉，見英文《中國婦女》編：《古今著名婦女人物》（石家莊：河北人民出版社，1986年），上冊，頁332–334。
◇ 中國科學院北京天文台主編：《中國天文史料彙編》，卷1（北京：科學出版社，1989年），頁241。
◇ 劉鐸原：〈若水齋古今算學書錄補注〉，載入《四部總錄天文編》，頁86上。
◇ Needham, Joseph, and Ling Wang, *Science and Civilization in China*（Cambridge: Cambridge University Press, 1959），vol. 3, 201.

⸗ 51 江漱芳 Jiang Shufang

　　江漱芳（1867–1928），一名江蘭陵，江蘇吳縣人。系出名門，前清太史江標之族侄女。父江仲熊，秉性端方，不苟予取，遭洪楊之亂，進身於商界。母朱氏，亦名門之後，嫻雅成性，克己待人，為鄉黨所稱譽。江氏自幼深受母教，以四德三從為主，禮義廉恥自維，等閒不出中門。

　　七歲時，挈弟康侯，從稚雲母舅游。十歲退學，遵古禮法不出於外。雖性喜翰墨，奈無名師指導，不能深通文墨，引為畢生憾事。輟學以後，母命勤習女紅及烹飪。年十五，暇與康侯、吉士兩弟研究詩文，學作絕句，優游自得，樂在其中。

　　年十九，嫁徐有石為妻，謹守婦道，必敬必戒，為親族所稱道。二十歲生長子徐荄，二十一歲生次子徐芑。二十四歲生第三子，其夫該年赴京考取功名，家道艱難，適值隆冬氣候，小孩難耐寒冷，致遭殤亡。二十六歲生四兒徐譔，此年其夫游幕滇中，家道艱澀異常。江氏上奉姑嫜，下給兒輩，日於繡具之旁，教長次二兒讀書。烹飪灑掃，製衣縫裳，家事集於一身，異常勞苦，致使身體日漸羸弱。癸巳年（一八九三年）三月，其夫自滇返里，從此賦閒在

家，荏苒七載，以至債台高築。江氏則日夜勤勞女紅，以度日支。三十一歲（一八九八年）產一女孩，七朝即殤。三十三歲（一九零零年），六兒巧元生，後亦遭殀殤。

當時歐風東漸，文化日新，有志之士，提倡女學與女子放足，以開風氣。江氏深感我國女界沉淪於黑暗中數千年，今日正須振興女學，使女子能知書達禮，有自立之志，無庸仰賴他人。遂決意興女學，提倡吳中教化。經費無所措籌，惟有典賣釵珥，以為開辦之資。丁酉年（一八九七年）正月，在蘇州開設女學，名曰「蘭陵」，以委治家政、改良母教為立校宗旨。是時吳中風氣，尚未開通，女子鮮有入學者。江氏特備獎品，招女童會考以提倡之，具見其興辦女學之苦心。初次考試，應試者只得十二人；越年考試，報到考生已增至三十名。而女子來校讀書，亦由最初之三四人，增至七八十人。其後蘇杭、振華諸女校，聞風而起，吳中女界不乏讀書之人。江氏提倡女學之初衷，亦因得以實現。丁未年（一九零七年）冬，為蘭陵女校高小學生第一次畢業之期，江氏意欲獎掖學生，發揮其所長，於授憑之日，特開遊藝大會，俾學生輩當眾演藝。男女來賓八百餘人，交相稱許。

興學之外，江氏復感於當時女子纏足之風尚盛，貽誤非淺。雖有清太后懿旨放足，然千年陋習，豈能除於一旦？遂於戊戌之歲（一八九八年）先自行放足，以為表率。復集合王謝長達、胡蔡振懦諸同志，特開放足大會，不憚苦口演說，以勸導女子不當纏足，即已纏者，亦須解放。

己酉年（一九零九年）冬，為長子荄完婚，娶蘭陵女校畢業生孫錫琛為妻，助理校務。蘭陵女校之初小課程，乃由畢業生擔任，江氏平日則為彼等補習國文，並隨時指點教授之法。此舉既可節省部分薪金，亦可預聞校政，一舉兩得。至英文、音樂等功課，則由其侄徐印若主理。江氏生性耿介，不苟予取。雖熱心學務，不肯請求官款。日憂經費之不充，亦未募一文之捐助。白手成校，歷十二年，殊非易事。己未年（一九一九年）因兒媳夫婦意見不合，累及蘭陵女校名譽，枉費江氏十二載白手經營之苦心。江氏於痛心之餘，遂往上海暫住。庚辛年（一九二零年）正月，其侄印若請其四度蟬聯校董。終以江氏離蘇數月，學生寥若晨星，乃於該年暑假，宣告停辦。學生輩皆痛哭流涕以握別。

蘭陵女學停辦後，江氏即行束裝赴滬；重行設學，訂定章程，名曰「復蘭」。蓋有恢復蘭陵女學之深意。初開辦時，學生亦僅四五人，未及兩月，已

濟濟一堂。以一椽之舍，太覺擁擠，遂遷徙於昌壽里，房屋較大，課室得以擴充。是年為其四子徐謨完婚，娶蘭陵女學畢業生許兆敏為婦。許氏與江氏自小相親，情如母女，蘭陵之後，復畢業於蘇州省立第二女子師範學校，並擔任該校附屬小學校務。辭職來歸，足資臂助。

己未年（一九一九年）九月，外交部招考外交官，徐謨應考，名列最優等第一名，派往美國公使館實習。庚申（一九二零年）四月放洋。自徐謨放洋實習，江氏憂思過度，加上經濟日困，輾轉成疾。病後不能勞心學務，復蘭校務無人代庖，只得宣告停辦。壬戌（一九二二年）七月，徐謨於美公使館學習期滿，並在喬治‧華盛頓大學就讀完畢，獲法學碩士學位，回國後任天津南開大學政治系教授，嗣後按月津貼家用，江氏得以不再勞心於經費。

壬戌年（一九二二年）之歲，行年五十五，閑居無聊，誌述生平經歷之事，以作兒孫紀念，並有遺囑數條，供後人參考。戊辰（一九二八年）二月，江氏發病，延至八月病逝，享年六十一歲。其壬戌八月所作《述懷俚言八絕》，最能表現江氏生平之遭遇與志向。

趙世洵跋其自傳，謂江氏之淑德懿行，與湘鄉崇德老人（曾國藩之李女聶曾紀芬，參見該傳）之言行每多類似，「諸凡賦性仁厚，心氣和平，恪遵婦道，節儉惜物，濟貧施眾，克己寬人，心存無我……等優良之品質，不僅為今日女界立身處世之寶箴，即對吾輩男性，亦屬良好之修身楷模。」

周漢光

◇ 徐許兆敏：〈我國早期的女教育家：先姑徐母江太夫人自傳〉，《大成》，34期（1967年9月），頁21–25。
◇ 徐友春主編：《民國人物大辭典》（石家莊：河北人民出版社，1991年），〈徐謨〉，頁703。

52 金小寶 Jin Xiaobao

金小寶（1878–?），名粟，號閲經館主，蘇州七里山塘人。清末民初上海名妓四大金剛之一。

金小寶原為蘇州下塘燈船聲妓，一八九六年至滬掛牌為詞史。一八九七年《游戲報》開花榜，以才藝勝，名列第二，不久又列名花界四大金剛之一。一八九八年前後，花界四大金剛發起捐資建造青樓姐妹墓地「群芳義塚」，她為發起人之一。該「義塚」，自踏勘買地，議價成交，直至一八九九年建成，所有事務，均由其一手主辦。

一九零六年，金小寶入上海城東女學讀書，她白天儼然一規矩好學，穿著樸素的女學生，晚上出堂差，直至一日被該校教師在餐館識破才不得已輟學。

她與該校教師，青浦名士陸達權關係很好，並資助其赴日留學，使陸成為留學日本的一位高材生。辛亥革命後，與學成歸國的陸結為伉儷。陸先後任上海地方審廳廳長、軍署秘書。

她身材矮小，容貌清秀，為人豪爽慷慨，樂於助人。通翰墨，工繪畫，尤善畫蘭花：「凡含露舒葩，臨風布葉，各態仿摹儘致。」曾展筆作畫出賣，所得全作賑災資金。

孫國群

◇ 老上海：《老上海三十年見聞》（上海：大東書局，1928 年）。
◇ 徐珂：《清稗類鈔》（北京：中華書局，1986 年），〈娼妓類〉，〈金小寶有吳娘本色〉，頁 5227。
◇ 孫國群：《舊上海娼妓秘史》（鄭州：河南人民出版社，1988 年）。

▥ 53 金雅妹 Jin Yamei

金雅妹（Y. May King, 1864-1934），一作金韻梅，浙江寧波府鄞縣人，父親是當地教會的牧師。她兩歲半（一說四歲）的時候，父母因得傳染病相繼去世，她又無兄弟姊妹，寄養在一處親戚人家。當時適有美國長老會（Board of Foreign Missions of the Presbyterian Church）的傳教士醫師麥卡迪（Divie Bethune McCartee）夫婦路過寧波，得悉她的孤苦情狀，收她為養女，於一八六九年帶她赴美，當時她只有五歲。次年，又回到寧波、上海。

其後麥卡迪因受日本政府之聘，擔任東京開成學校（該校於一八七七年與東京醫學院合併而成東京大學）教習，又帶著金雅妹前赴日本，居留五年。一說麥卡迪赴日後，到中國公使館裏辦外交事務。按：中國首任駐日公使何如璋（1838-1891）率團抵日本是在一八七七年，若由一八八一年金雅妹返美向上推算五年，恰在一八七七年，則其事亦有可能。金雅妹日夕與麥氏夫婦相處，熟習英文；又曾在日居留，因此亦通曉日本語文。

一八八一年，金雅妹隨麥卡迪返美，入紐約女醫學院（Women's Medical College of the New York Infirmary），研習醫學，一八八五年五月畢業，並且名列前茅，這是第一個獲得大學畢業證書的中國女性。旋又入婦嬰病院，繼續她的研究和實習，年餘後轉入費城（Philadelphia）女醫院，又曾擔任一所位於

佛朗山（Mt. Vernon）的中國人精神病院的住院醫生。她對顯微鏡的研究有特殊心得，曾在美國首都華盛頓舉辦的大型博覽會中，以研究照像術和顯微鏡術而聲名大著。一八八七年在《紐約醫學雜誌》（*New York Medical Journal*）上發表題為〈顯微鏡照像機能的研究〉（"The Photomicrography of Histological Subjects"）的論文，頗引起醫學界人士的注意。

一八八八年，金雅妹在歸正會（Dutch Reformed Church）婦女委員會的贊助下，回到中國，在福建廈門女病院行醫，一時遠近知名。次年因感染瘴氣，到日本神戶養病一年多，癒後復居留兩年，在監理會人士（Southern Methodists）的聯繫下工作；其間，邂逅西班牙、葡萄牙混血的英國人須五番（de Silva），一八九四年於橫濱英國領事館舉行婚禮，遷至東京本鄉區居住。一八九六年，金雅妹誕下一子。夫婦二人曾同往南美洲等地遊歷。須五番為音樂家，又精通法、德等國語言，組織學堂，後又擴充校舍以推廣教育，但志願未成，因病身故。一說金雅妹的婚姻不甚美滿，一九零四年與丈夫離婚。

金雅妹自傷薄命，此後投身社會，到各處演說，鼓吹女子有天賦的權利，及致力於女醫學。她歷遊北美洲各大都會，曾在波斯頓婦女會上伸張女權，美國婦女會從此發達，金雅妹亦有功勞。美國總統羅斯福（Theodore Roosevelt, 1858–1919）曾待為上賓，以作表揚；得知她要返回中國，貢獻生平的學問，特別厚助資費，並致書駐華大使柔克義（William Woodville Rockhill），一切須優禮相待。

一九零五年，金雅妹前赴四川成都；一九零六年秋天到北京，住在安定門內二條胡同美國長老會館內。次年，得直隸總督袁世凱（1859–1916）的幫助，運用袁氏所捐的款項二萬兩，在天津設立醫科學校，訓練護士。一九一五年以宣傳人員身份，前往美國。一說她也去了南美洲。回國後定居北京，獻身於社會及慈善事業，例如興建孤兒院及醫療研究實驗中心等等。

一九三四年四月三日，金雅妹在北京去世。金雅妹一生致力於醫學，宣傳女權，被譽為「中國的下田歌子」。（按：下田歌子（1854–1936）是近代日本著名的女教育家，貢獻良多。）

周佳榮

◇〈女醫士金韻梅紀略〉，原載光緒三十二年九月十日（1906年10月27日）《順天時報》，收入李又寧、張玉法主編：《近代中國女權運動史料》（台北：傳記文學社，1975年），下冊，頁1386–1388。
◇ 褚季能：〈甲午戰爭前四位女留學生〉，《東方雜誌》，31卷11號（1934年6月），頁10–

11。

◆ 戚世皓：〈辛亥革命與知識婦女〉，載李又寧、張玉法主編：《中國婦女史論文集》第二輯（台北：台灣商務印書館，1988年），頁563，575。
◆ Wong, K. Chimin（王吉民）& Wu Lien-teh（伍連德），*History of Chinese Medicine: Being a Chronicle of Medical Happenings in China from Ancient Times to the Present Period*（Shanghai: National Quarantine Service, 1936; repr., New York: AMS Press, 1973），488–89; 557–58.

▥ 54 金逸 Jin Yi

金逸（1770–1794），字纖纖，江蘇長洲人。

金逸自幼聰敏，愛好讀書寫詩。她的容貌姣美，可惜體弱多病。十五歲時結婚，嫁諸生陳基。花燭之夕，特別派遣小婢持花箋向新郎索詩，幸好新郎平素習詩，得以即刻應命揮毫。婚後，夫婦吟詠唱和，形影相隨。金逸事奉長輩極為孝謹，從不敢以文翰自矜，家務事也常親自操持。

金逸對袁枚（1716–1798）的詩文十分仰慕，曾得到袁枚《小倉山房集》，誦讀四晝夜，立刻寄信給袁枚，表達她的崇敬之心，並要求收她為女弟子。袁枚到蘇州，曾邀集女弟子，金逸因病未能赴會，還寄詩表示遺憾。後袁枚出遊東南，過訪金逸，正式行師生之禮，可惜不久金逸即病歿。

蘇州一地，當時多閨媛才女，如江碧珠、汪玉軫、沈蕙蓀等人都善於吟詠，眾人一致推金逸為首領。

金逸著有《瘦吟樓詩稿》四卷，袁枚編《隨園女弟子詩選》，也收錄了她的詩。她的作品中有許多與丈夫的和作，可以看出閨房吟唱，夫妻繾綣的深情。金逸身體羸弱，藥鐺病榻的生活，使她意緒寥落，多愁善感，因此，有關弱病的描寫很多，詩中往往籠罩著悲愁感傷的情懷，呈現出纏綿飄渺的意境。

金逸顯然是袁枚性靈說的信仰者，她才思敏捷，吐語不俗，袁枚稱讚她：「落筆如駿馬在御，蹀躞不能自止」。她喜歡以口語入詩，用白描的手法直接鋪陳，感情的流露真切自然，但是，有時不免流於直率淺露，這也是她作品的一個弱點。

鍾慧玲

◆ 惲珠編：《國朝閨秀正始集》（道光十一年〔1831〕紅香館藏板），卷14，頁19上–20下。
◆ 蔡殿齊輯：《國朝閨閣詩鈔》（道光二十四年〔1844〕娟環別館刊本），冊2，卷5，頁23–29。
◆ 黃秩模編：《國朝閨秀詩柳絮集》（咸豐三年〔1853〕蕉陰小榄刊本），卷34，頁10上–14下。
◆ 許夔臣編：《國朝閨秀香咳集》（光緒〔1875–1908〕間申報館倣聚珍板印），卷2，頁9下–13

下。

◈ 袁枚：《隨園女弟子詩選》（香港：廣智書局，1980年）。
◈ 鍾慧玲：〈清代女詩人研究〉（台北：政治大學博士論文，1981年），頁316。
◈ 胡文楷輯：《歷代婦女著作考》（增訂本；上海：上海古籍出版社，1985年），卷11，〈清代〉5，頁407。
◈ 施淑儀輯：《清代閨閣詩人徵略》（周駿富輯《清代傳記叢刊》本；台北：明文書局，1985年），〈初編〉，卷6，頁320–321。
◈ 王英志：〈隨園「閨中三大知己」論略〉，《文學遺產》，1995年4期（月份缺），頁101–112。

▥ 55 金玥 Jin Yue

　　金玥，十七世紀後期在世，字曉珠、圓玉。江蘇崑山人，善畫。

　　一六六七年，金玥委身如皋名士冒襄（冒辟疆，1611–1693）為姬妾。冒襄能文，擅書法，明崇禎年間（1628–1644）副貢生，為名噪一時的「四公子」之一，以書法（其楷書大字，人皆珍藏）、交游廣闊及擁有眾多精通文墨的姬妾見稱。冒氏廣結風雅權貴之士，彼等對其數名姬妾之藝術才華甚表讚賞，蔡含（參見該傳）、金玥為其中佼佼者，時稱「冒氏兩畫史」。冒襄「命」二妹埋首創作，然後將作品贈予友儕同僚。兩人經常受命臨摹世人所喜名畫，且似時有合作，〈紅梅玉茗〉便是兩人作品之一。此等作品皆蓋上小印，上刻「書中有女，畫中有詩」。

　　金玥的〈百花圖卷〉著色細緻，描繪精確，絹上花枝，自然生姿，不見斧痕，繁花似錦，美不勝收。金玥的現存作品有花鳥畫。她亦工山水，得元代畫家高克恭（1248–1310）氣韻。王士禎（1634–1711）曾在她的畫題有「雪後空庭氣蕭瑟，千頭紆竹尚嬋娟。畏寒凍雀不飲啄，斜日蹋枝相對眠。」（〈疏篁寒雀圖〉）冒襄很喜歡她畫的〈水墨秋葵〉，寫有「余不能飲，日看畫此花，亦飲醇酒意也。」厲鶚也有題。

陳金陵

◈ 馮金伯、吳晉：《國朝畫識》（雲間文革堂刊本，1831年），卷17，頁16下。
◈ 湯漱玉：《玉台畫史》（《畫史叢書》本；上海：上海人民美術出版社，1963年），卷4，頁66–67。
◈ Weidner, Marsha, et al., *Views from Jade Terrace: Chinese Women Artists, 1300–1912*（New York: Indianapolis Museum of Art, 1988），114–15, 180, 227.

■ 56 淨蓮 Jinglian

淨蓮，十九世紀上半葉在世。本名王蓮，字韻香，號清微道人、玉井道人，江蘇無錫人。女道士、畫家。

淨蓮中年出家，削髮為尼，居福慧雙修庵。解琴理、喜吟詠、善書畫，書小楷尤精。畫蘭竹多小幅，娟靜流朗，別具風格。畫蘭曾自題：「十分珍重護芳叢，意在忘言澹蕩中，塵外天然見標格，肯隨桃李嫁東風。」淨蓮的現存作品技巧大膽，筆力雄健，筆法了無拘束，墨酣多變，似屬應酬之際隨意急就之作。

傳說淨蓮與名士交好，時有往還，且不顧禮節，與彼等一道吟詩、說笑、飲酒。所作《空山聽雨圖冊》，一時名俊題幾遍。

淨蓮後為輕薄少年所侮，忿恨自縊而死，聞者莫不惜之。

陳金陵

◇ 蔣寶齡：《墨林今話》（周駿富輯《清代傳記叢刊》本；台北：明文書局，1985 年），卷 11，頁 315–316。
◇ Weidner, Marsha, et al., *Views from Jade Terrace: Chinese Women Artists, 1300–1912*（New York: Indianapolis Museum of Art, 1988），144, 180.

■ 57 居慶 Ju Qing

居慶，十九世紀中葉在世，字玉徵。廣東番禺（今廣州）人，畫家。叔父居巢（1811–1865），字梅生，號梅巢，善畫。另一叔居廉（1828–1904），字古泉，號隔山老人。擅畫花鳥、草蟲，師法惲壽平（1633–1690）而能變，自成面目。

居慶作畫，亦效法惲壽平，能詩詞，著有《宜春閣吟草》，她自題緋桃便面云：「點染緋雲寫折枝，絳妃淺步立瑤池；水濱風日春如海，似品司空綺麗詩。」

居慶嫁入于家，生子于式枚（于晦若，1865–1915）。光緒六年（一八八零年）進士。任郵傳部右侍郎。光緒三十三年（一九零七年）于式枚奉命赴德國考察憲政。後任學部右侍郎，修訂法律大臣。

居慶之妹，居瑛，字佩徵，亦工詩畫。與同縣林國贊訂婚，未婚而卒。

陳金陵

◈ 徐乃昌編:《閨秀詞鈔》（宣統元年〔1909〕小檀欒室刊本），卷14，頁17。
◈ 梁鼎芬等:《番禺縣續志》（台北:學生書局，1968年影印1931年刊本），卷25，〈列女〉，頁29上。
◈ 汪兆鏞:《嶺南畫徵錄》（周駿富輯《清代傳記叢刊》本；台北:明文書局，1985年），卷12，頁322。

▥ 58 康成 Kang Cheng

康成（1873–1930），又名康愛德，洋名Ida Kaln，江西省九江人，是晚清時期最早出國學習西洋醫學的女性之一。

她出生時，家中已經有五名姊姊，因此她的誕生並沒有為渴望獲得麟兒的父母帶來喜悅。出世後，父母請人為她推算八字，得到的結果是，假如不把她殺死或拋棄，就不能得到兒子。因此，她的父母立即將她許配給隔鄰的一戶人家為童養媳。可是由於八字不合，婚事也告吹了。正在這時候，衛理會的傳教士昊格矩小姐（Miss Hoag）和侯蕙小姐（Miss Howe）得悉此事，表示願意收留僅兩個月的康成。

當時，衛理會在九江設了一所專門教導女子的學校。康成被收養後，也在這所學校就讀。九歲那年，侯蕙小姐返回美國，順道帶同康成到美國去。抵步後，她安排康成入讀三藩市一所為華籍女子而設的學校。在那裡，康成學到一口流利的英語。不久，侯蕙小姐回到中國，康成又跟隨回來。這次她們的任務，是到四川省重慶展開傳教活動。在重慶的兩年中，康成得到侯蕙小姐和衛娜小姐（Miss Wheeler）的教導。後來由於發生了教案，她們不得不離開重慶，返回九江。

一八九二年，侯蕙小姐趁休假回國的機會，帶同三男二女到美國學習，其中兩名女子分別是康成和石美玉（參見該傳）。康成再踏足美國後，考入密茲根大學醫學院，並且以優異成績畢業。稍後，她和石美玉一起回到九江繼續傳教和行醫。當時的中國，留學外國的女醫生是絕無僅有的，因此她們回到九江時，引起了很大的哄動。

康成很快便取得當地人士的信任，不久便建立起一所診症處了。她們的成就引起了省政府的注意。適逢當時朝廷下詔要求地方大吏推薦當時曾經留學外國的人，南昌的官員便想推薦她們。與此同時，張之洞（1837–1909）也曾派員跟侯蕙小姐商談，希望她們能夠到上海成立一所新式的學校，但侯蕙小姐和康成最後還是認為留在九江比較好，於是婉拒了張的請求。

　　她們在九江行醫的幾年間，教會的新式醫院取得很大的成就。在返回九江行醫的第二年，她們醫院已經為數千名病人診治。隨著接受診治的人數激增，她們獲得的損贈也日益多起來。一八九九年，康成更代表中國婦女界出席在倫敦舉行的世界婦女協會會議。

　　可是好境不常，當她們在九江的事業如日中天的時候，中國爆發了義和團運動。這不但破壞了她們在九江的事業，更逼使她們離開九江到日本暫避，翌年始能回國。此後，她們利用丹福醫生（Dr. Isaac Newton Danforth）在一八九八年籌得的基金建立了仁德醫院（Elizabeth Skelton Danforth Memorial Hospital）。

　　在行醫期間，康成曾經治好南昌一名高官妻子的病。稍後，南昌地區的其他富家也開始找她治病。她的聲名在南昌響起來了。一九零三年，她答應當地人士的請求，前往南昌建立一所現代化的醫院。由於當地人士熱心解囊，教會很快便籌得興建醫院的經費。一九零五年，一間診所率先建成，而醫院的選址也底定了。到了一九零七年，超過八千人得到她們醫院的醫治。

　　一九零八年，康成再次負笈美國。這次她到美國西北大學芝加哥分校修讀文學課程。她用了兩年時間完成了三年的課程。一九一零年春，她到德國柏林出席女青年會的世界年會。會後，她到英國倫敦的熱病學院進行為期六個月的學習。在這次旅途中，她完成了文學課程，並於一九一一年一月取得西北大學學士學位。

　　一九一一年，她返回南昌繼續行醫。辛亥革命時，南昌醫院正落成。這所擁有四十張病床的新式醫院，在革命期間，仍然為傷病者提供服務。不過，由於醫院對貧苦的病者不收診金，因此不久便陷入財政危機。康成此時不得不到天津接受一份薪金優厚的工作，以償還醫院的債務。三年後，債務清還完畢，她回到南昌。此時，江西省政府為表揚醫院提供的服務，特別給與兩份資助，後來又定期提供津貼，使醫院得以正常運作。

　　二十世紀二十年代，國民黨北伐，南昌醫院為傷兵提供醫療服務，但得到的卻只是一些形同廢紙的鈔票。這時已經心力交瘁的康成，不得不變賣自己財物來支持醫院的經費。稍後，她到上海，不久就逝世了。

陳志明

◇ 褚季能：〈甲午戰前四位女留學生〉，《東方雜誌》，31卷11期（1934年6月），頁11–14。
◇ 王惠姬：〈清末民初的女子留學教育〉（台北：政治大學歷史研究所碩士論文，1980年），頁

216。

◇ Burton, Margaret E., *Notable Women of Modern China*（New York: Fleming H. Revell Company, 1912），15–70.

◇ Boorman, Howard L, ed., *Biographical Dictionary of Republican China*（New York & London: Columbia University Press, 1967），225–26.

▥ 59 孔棣香 Kong Dixiang

孔棣香（江棣香，1875–1951）生於廣東省惠州。孔棣香是首位於夏威夷從事西方醫學的華籍女性。當她還是嬰兒時，她客家籍父母便把她棄於香港Berlin Mission Foundling House的階梯上。自始孔棣香便在那兒長大和受教育。十四歲那年，她奪得一獎學金到廣州醫院醫學院供讀；在醫學院內並且結識了丈夫李啟輝。一八九六年六月三日他們一起畢業，並在同日結婚；跟著二人決定去夏威夷謀生。

兩位醫生盡力照顧所有求診的病人，一齊對抗當時華人常染上的淋巴腺鼠疾和鴉片毒癮，但他們甘願收取任何東西作報酬——例如：米、鹽、香蕉、雞蛋，或者是金錢。他們亦創辦《新中國報》和明倫中文學校（Mun Lun Chinese School）；一直是夏威夷支持中國改革運動的活躍份子。孔醫生當產婦科醫生養活他們一家九個子女。

從醫五十五年，她接生了六千名嬰兒，這使她成為接生率最高的一個私家醫生。連一九四六年羅伯特·里普利（Robert Ripley）向報界同時發出的專欄中也寫上「信不信由你」。

身兼母親及醫生的職責，孔棣香實是十分忙碌，時間表時常排得密密，但她仍抽時間幫助成立the First Chinese Church of Christ，又成為Chinese Church's Women's Society和the Honolulu Chinese Orphanage Society的總監；又出任美國紅十字會中國委員會和American United Welfare Society的主席，亦是the First Chinese Church's Yau Mun School的委員會成員。孔棣香被視為夏威夷傑出的華籍女性，她更被選出席泛太平洋婦女會議。

她於七十六歲時因心臟病去逝，三年後她的丈夫亦與世長辭。

楊碧芳

潘美珠譯

◇ Li Ling-ai, "They Practised Medicine Together Over Fifty Golden Years!" *Paradise of the Pacific*（April 1956），12–13, 28.

◈ ——, *Life is for a Long Time: A Chinese Hawaiian Memoir*（New York: Hastings House, 1972）.
◈ McCunn, Ruthanne Lum, *Chinese American Portraits*（San Francisco: Chronicle Books, 1988）, 68–75.

▀ 60 孔四貞 Kong Sizhen

孔四貞（約1641–?）郡主，遼東人。據說她先世為孔子後裔，直到其父才從山東移居遼東。

她從清廷處獲得郡主的封號是因為清政府要表揚其父孔有德（一六五二年卒）的忠烈事蹟。孔有德於一六三三年出仕清太宗，其後屢獲封贈，先為恭順王（一六三六年），繼後又因協助平定湖南明軍有功，封為定南王。隨著旗軍編制擴展到漢人，孔有德獲編入正紅旗。一六五二年，孔有德被反清將領李定國（一六六二年卒）圍於桂林，兵敗自殺。

兩年後，李定國之役中孔家唯一的倖存者孔四貞被送到北京，獲得封贈，以表揚其父的忠貞。

一六六零年，孔四貞跟年幼時已經訂婚的孫延齡（一六七七年卒）結合。延齡為孔四貞父親的正紅旗軍中屬員孫龍之子。結婚時，清廷賜給孔四貞屬於皇族血統的「和碩格格」稱號，又給她遙攝其父在廣西部隊的權力。

孫延齡也獲得和碩額駙的封號，成為議政王大臣會議的一員，以及世襲一等男爵。朝廷更賜宅於西華門。

一六六六年，孔四貞上書陳情，請求准許她一家回廣西居住。與此同時，負責孔四貞部隊的將領線國安（一六七六年卒）以年老為由請辭。孔四貞獲准返回廣西，其夫獲得廣西總督的職銜，而她也獲封一品夫人。

由於孫延齡年輕和沒有經驗，做不好廣西最高首長這個新職位，一六七二年更受到彈劾，指他效法曾為孔有德部下、當時封為平西王的吳三桂的陋習，隨意除授軍中官職。次年，他再次被參——這次出自他部下都統王永年——縱屬殃民。經朝廷查證後，孫延齡被查出有罪，但得到寬免，仍留原職。

一六七三年，吳三桂叛變，孫延齡乘亂殺死都統王永年。之後他歸附吳三桂，開始稱王。一六七六年，孫延齡部下兵變，迫使孫接受其妻的統轄。孔四貞因而得以控制軍中事務，但她看來仍對清廷給予的王族利益感到滿意，使吳三桂對孫氏的忠心起疑，於是在一六七七年將他殺死。

孫延齡死後，據說孔四貞歸降滿清，返\回北京。

本傳主要取材於 Arthur W. Hummel 所編 *Eminent Chinese of the Ch'ing Period*（*1644–1912*）內孫延齡傳。

秦家德

陳志明譯

◈ 未齊：〈清朝漢族公主──孔四貞〉，《紫禁城》，22 期（1983 年，月份缺），頁 46。

◈ 殷英、達人：〈清代唯一的漢族公主孔四貞〉，《歷史大觀園》，1986 年 9 期（1986 年 9 月），頁 12–13。

◈ 《清史列傳》（北京：中華書局，1987 年），卷 78，〈貳臣傳甲〉，頁 6414；卷 80，〈逆臣傳〉，頁 6676。

◈ 吳伯婭：〈孔四貞〉，載《清代人物傳稿》（北京：中華書局，1994 年），頁 251–263。

◈ Hummel, Arthur W., ed. *Eminent Chinese of the Ch'ing Period, 1644–1912*（Washington: United States Government Printing Office, 1943），435–36, 683.

▥ 61 孔昭蕙 Kong Zhaohui

孔昭蕙，字樹香，浙江桐鄉人。清代女詩人、詞人、書法家，活躍於清代乾嘉時期（十八世紀末至十九世紀初）。

孔昭蕙生長和受教育於書香世家，父親是貢生孔廣南。清代嚴辰等纂修之《浙江省桐鄉縣志》有「孔廣南，字笙陔，雍正庚戌（一七三零年）恩貢」一條；惟許瑤光等修，吳仰賢等纂《浙江省嘉興府志》則有「乾隆十五年庚午（一七五零年）貢生桐鄉孔廣南」一條。今以其外孫為道光己丑（一八二九年）進士，孔廣南似應為乾隆時人。正如《續樵李詩繫》所說：「孔氏世居烏鎮，代出名媛，姊妹風雅萃於一門，足補妝台佳話。可見孔家諸女在文藝方面都有所長，足可名列中國婦女文學史而無愧。」

孔昭蕙身為長女，在傳統的中國家庭中，自然要當弟妹的好榜樣。而且她出身於書香世家，因此自幼就受教《閨範》、《列女傳》諸書。幸而父母輩皆通詩詞，是以除了攻經典之學以外，也讓她學習作詩填詞，日後驕人的才學表現，其實在此已打下堅實的基礎。據《桐鄉縣志》所云，「（孔昭蕙）秉性嫻雅，貞靜事父母，友愛諸姊妹及從兄弟。自以無兄弟，迎養父母於家，侍奉終身，生養死葬，不貽憂於嗣弟。」以上的話，分別對她的高尚的人格道德、和平仁愛的品性等，都有極高的評價。

孔昭蕙的婚姻生活可以說是愉快的，夫婦二人均有才情，可以日夕相對，共享琴瑟之樂。她的兒子朱其鎮是進士，官至翰林甘肅鞏秦階道觀察之職。有

子如此傑出，可見孔昭蕙對子女的教育非常注意，而且下了很多功夫。

孔昭蕙不但夫榮子貴，她的妹妹孔明蟾（字月亭）、昭燕（字玳梁）、從妹昭瑩（字明珠）三人從她學詩，都各有詩名，正是名師出高徒。〈贈公有和大女詩〉中有自云「合教三妹為高弟，可得名師帶笑看」之句，此乃記實，並無虛言。

孔昭蕙是清代女詩人、詞人，作品有：《桐華書屋詩鈔》詩四卷，詞一卷。此外，時人謂孔昭蕙書法亦佳。由於孔昭蕙教子有方，朱其鎮亦工書法。

《兩浙輶軒續錄》及《浙江省桐鄉縣志》都引述吳澹川和顧樊桐的讚美，推重她為閨秀之冠。《浙江省桐鄉縣志》更把她列為〈列女才媛〉來記載（見卷十八）；她的詩詞作品又入選《晚晴簃詩匯》、《清代女詩人選集》等等，於此可見其地位。

馮瑞龍

◇ 許瑤光等修、吳仰賢等纂：《嘉興府志》（光緒五年〔1879〕刊本；台北：成文出版社，1970年），卷47，〈選舉〉4，頁1211、1231。
◇ 嚴辰等纂修：《桐鄉縣志》（光緒十三年〔1887〕刊本；台北：成文出版社，1970年），卷11，〈選舉〉，頁413；卷18，〈列女才媛〉，頁671。
◇ 梁乙真：《清代婦女文學史》（台北：台灣中華書局，1958年），頁333。
◇ 陳香編：《清代女詩人選集》（台北：台灣商務印書館，1977年），上集，頁35。
◇ 譚正璧：《中國女詞人故事》（台北：莊嚴出版社，1983年），頁52–55。
◇ 胡文楷：《歷代婦女著作考》（增訂本；上海：上海古籍出版社，1985年），卷7，〈清代〉1，頁218。
◇ 施淑儀輯：《清代閨閣詩人徵略》（周駿富輯《清代傳記叢刊》本；台北：明文書局，1985年），卷4，頁244–245。
◇ 錢仲聯等編：《清詩紀事》（南京：江蘇古籍出版社，1989年），〈列女卷〉，頁15898–15900。
◇ 徐世昌輯：《晚晴簃詩匯》（北京：中國書店，1989年），卷184，頁558。

▥ 62 冷玉娟 Leng Yujuan

冷玉娟（約1657–?），字珊珊，自署人間業者，山東萊陽人。根據康熙十五年（一六七六年）「及笄」的記載推知，其應生於公元一六五七年（即清順治十四年），卒年不詳。

據其詩集〈自序〉所述，玉娟出身微寒，自童年被周正收為婢女，命名玉娟。周正夫妻喜歡她的聰慧，所以不令她灑掃之役，卻教她識字讀書。而另書記載她為周正家女樂。隨著年齡增長，學識愈厚，又教她學詩，於花晨月夕命

題吟和。不惜筆墨之費前後三年有餘，積詩稿於簏中達千餘首。又請張華平、趙泰器、劉殷卿三位先生為之裁削修改。

一六七六年（即康熙十五年），冷玉娟約二十歲，許吳川知縣宋世遠為妾。原主人周正將她的新舊詩稿二百五十首抄繕刊刻成冊。名為《硯爐閣詩集》五卷，於一六七八年（康熙十七年）刊行。玉娟有自序，在序中自稱人間業者、冷氏女。同書還有張重潤、宋璡、孫熙序，周正題詞和張、趙、劉三先生鑒定。後有李壺公、陸懸圃、王景州評語，和周正跋語。

鄧之誠（1887–1960）《清詩紀事初編》謂玉娟詩學七子，頗有筆力。時方貴宋，而玉娟獨不趨風。尤為稱讚其作〈和秋興〉八首，認為「頗有寄託。不意於閨襜得之。」

據胡文楷編著《歷代婦女著作考》記載，《硯爐閣詩集》於《山東通志》、《正始集》均有著錄。並稱兩書同時著錄玉娟的另一著作《珂月集》。

王冬芳

◇ 冷玉娟：《硯爐閣詩集》（康熙十七年〔1678〕刊本）。
◇ 惲珠編：《國朝閨秀正始集》（道光十一年〔1831〕紅香館藏板），卷3，頁22上–23上。
◇ 許夔臣編：《國朝閨秀香咳集》（光緒間申報館倣聚珍板印），卷8，頁3下–4下。
◇ 鄧之誠：《清詩紀事初編》（香港：中華書局，1976年），卷6，頁672。
◇ 胡文楷：《歷代婦女著作考》（上海：上海古籍出版社，1985年增訂版），卷9，〈清代〉3，頁296–297。

▥ 63 李長霞 Li Changxia

李長霞，十九世紀中期在世，字德霄，號錡齋，山東掖縣人。嫁膠州諸生柯衡，子女也以文章名世。

李長霞所處的時代正值清代後期，國勢阽危，民生凋敝。咸豐、同治年間，捻匪猖獗，為禍日深，咸豐十一年（一八六一年），捻匪東竄，山東一帶，烽火所至，焚劫殺戮，城破屋毀，百姓流離失所，李長霞扶著老病的婆婆和年幼的孩子逃難，一路上飽嘗顛沛驚嚇之苦。賊氛稍靖，返回家園，卻又盡是殘垣敗壁，景況淒涼。長霞的婆婆不堪風波，竟致病歿，長霞與孩子也都染疾臥床，而這年十月，又匆忙奔往濰縣避亂。局勢仍然動盪不安，此種刻骨銘心的經歷，長霞都一一寫入詩中，〈辛酉紀事一百韻〉即以長篇體制詳盡的記錄此事。此外，〈赴濰縣〉、〈圍城中作〉、〈述事五百字寄吉侯弟〉、〈避寇海上〉等詩，也都反映了戰爭的殘酷和逃難的心情；同時，她也注意到農村

的問題,為百姓鳴冤呼籲,流露出一般閨閣婦女所少見的社會關懷。

李長霞自幼秉承父親李圖的教導,工於吟詠,著有《錡齋詩集》。《山東通志》還著錄有《錡齋日記》、《校文選李注》。《清詩匯》收錄她的詩達八十首之多。

李長霞的作品中,除了反映時事外,還有許多思家懷人以及山水紀行的詩篇,她的詩沈鬱雅贍,思致深遠,內容風格取法於杜甫,有濃厚的寫實精神。李長霞的身世可查的資料雖然不多,但是,她的作品卻使她在清代閨閣詩壇上擁有不可忽視的地位。

鍾慧玲

◆ 鍾慧玲:〈清代女詩人研究〉(台北:政治大學博士論文,1981年),頁390。
◆ 徐世昌:《晚晴簃詩匯》(北京:中國書店影印1928年退耕堂版,1988年),冊4,頁735。

▥ 64 李蕙仙 Li Huixian

李蕙仙(1868-1924),貴築京兆李朝儀之季女,梁啟超(1873-1929)之夫人。累代清門,家學邵茂。光緒己丑年(一八八九年),梁啟超中廣東御試第八名舉人,鄉試主考侍郎李端棻賞識梁氏之才華,托副主考王任堪為媒,將其妹蕙仙許配梁氏。

李氏嫁入梁門時,梁之親母已死六年,其繼母長於李氏兩歲。李氏愉愉色養,大得母歡。

戊戌年(一八九八年),經元善(1841-1903)在上海桂墅里創辦經正女塾(一稱經氏女學)。此校為我國近代第一所國人創辦之女學堂。其特色為舉凡校內之行政、管理人員、提調、幫辦與內董事,均由婦女擔任。除一名西文教師乃外國女士外,其餘教習全為中國婦女,開我國近代婦女聯合辦學之先例。經正女塾之內董事諸人,又組織女學會、創辦《官話女學報》,對女學之提倡,不遺餘力。當時女塾之主要組織者,康同薇(1879-1974,康有為〔1858-1927〕之女兒)、經元善夫人之外,厥為李蕙仙女士。彼等實為當時女權運動及女學運動之表表者。

戊戌(一八九八年)之難,梁啟超亡命海外,李氏奉翁姑攜弱女避難澳門。後曾一度隨梁氏留寓日本。梁氏一生為國奔走轉徙,不恆厥居,惟以著述所入給朝夕。實有賴李氏含辛茹苦以操家政,使仰事俯畜無飢寒。李氏自奉刻

苦而常撙節所餘以待賓客，及資助學子之困乏者。

十餘年間，李氏心力交瘁。其厚於同情心而意志堅強；富於常識，而遇事果斷。相夫教子，克盡婦道。平日操持內政，則條理整肅，使梁氏不以家事攖心，得專其力於所當務，其貢獻不可謂不大。

民國四年（一九一五年），李氏忽患乳癌，曾兩度延醫割治，至民國十三年（一九二四年）九月十三日病逝，葬於北京香山臥佛寺之東。

周漢光

◇〈中國女學擬增設報館告白〉，《知新報》，光緒二十八年（1902年4月21日）。
◇ 丁文江：《梁任公先生年譜長編初稿》（台北：世界書局，1972年），頁1020–1022。
◇ 朱傳譽主編：《梁啟超傳記資料》（台北：天一出版社，1979年），頁21–22。
◇ 何靖：〈尊重公權割私愛，須將身做後人師──梁啟超的愛情故事〉，《歷史大觀園》，1986年2期（1986年2月），頁6–7。
◇ 楊世平：〈中國近代女學的先聲〉，《歷史知識》，1989年1/2期合刊（1989年2月），頁31。

▥ 65 李蘋香 Li Pingxiang

李蘋香，活躍於十九世紀末、二十世紀初，人稱詩妓，是二十世紀初上海地區以學識才藝著稱的妓女。她本名黃靜儀，約生於十九世紀八十年代。有記載說她生於嘉興或松江，但也有記載說她祖籍安徽。據說她是蘇州一名稅吏的女兒。由於她父親是儒生，因此能教導她讀書作詩。據說她父親經常向人炫耀女兒的才華，稱她為家中的不櫛進士。

十四歲那年，黃靜儀被許配給劉子仁，但在過門之前，黃靜儀的父親就謝世了，家中的重擔落到了她母親肩上。當時住在黃家隔壁的潘家，有一名為潘青園的兒子，與黃靜儀同齡，而且與她屬青梅竹馬的好友。據說潘青園雖然身無分文，但相貌出眾，黃靜儀跟他早已有染，因此很不願意嫁到劉家，她說服母親讓她繼續與潘往來。可是，她又嫁予劉子仁。結婚不足三月，黃靜儀就帶同母親，藉參神為名，與潘青園一起溜到杭州。當這對私奔戀人定居在杭州一所廟宇時，靜儀的母親寫信給劉子仁，訛稱靜儀突染急病逝世，劉派人到杭州接回她的靈柩，並且安葬在天馬山。至於靜儀，則與青園繼續住在杭州，照顧母親。

很不幸地，潘青園除了相貌堂堂之外，就乏善足陳。他毫無謀生技能。後來，她們三人漂泊到蘇州。在那裡，靜儀以售賣扇上題字維持生計。一九零一年春，她們到了上海，就在這裡，靜儀投身妓女行列，在一所名為老王記（一

說雙富堂）的么二妓院賣藝，改藝名李金蓮。（有記載只說她被騙子誘騙到上海，隱瞞了她和戀人潘青園私奔的事，稍後另有記載說是潘青園把她賣到妓院的。）不用多久，慕名而來的客人替她安排轉到長三院——一種較高級的妓院，在那裡，她正式改名李蘋香。不少客人知道蘋香會作詩，而她也以善作對聯而名聞花界。此外，她也以書法聞名。她的知音甚至安排文明書局為她出版詩集《天韻閣詩》，這部作品在上海的尋芳客中廣泛傳誦，城中俊傑更爭相希望得到她的垂青，更有人以她比作宋朝女詞人李清照。

據記載，蘋香只喜歡跟文人墨客交往，對於那些俗不可耐的客人，總是不屑一顧。然而，由於盛名所累，她至少受過一次即使最有才華的妓女也會碰到的羞辱。據說蘋香得到一位老人的迷戀，可這老人的兒子甚至孫兒也同樣與蘋香有來往。他的孫兒經常探訪蘋香，事情最終為家裡的人所知，蘋香被該戶人家的長老（實際是誰，各記載紛紜不一）帶到家中，並被罰跪了很久的時間。在極痛苦的情況下，蘋香訴說她身為妓女，只有接待每個來訪的客人，這個家庭有人嫖妓，她是沒有責任的，更何況她根本沒可能稽查每個客人的三代家世。這個故事被人當成笑話般到處談論，而她的名聲好像受到了一些影響。

與此同時，倚靠她生活的愛人潘青園，聽到有一位客人欲納蘋香為妾。（有記載說潘此時已染上了鴉片煙癮）為怕失去搖錢樹，他冒充是蘋香的父親（或叔伯）向官府提出訴訟（告發蘋香還是告發她的客人就不大清楚）。最後，官府判蘋香不能再當妓女。（另有記載說潘找到李蘋香的首任丈夫劉子仁，告訴他蘋香根本沒有死，而且她已經當娼，更說服他跟自己一起告官，以榨取蘋香的金錢。接辦此案的官員同情蘋香，對她處處維護。該官員禁止蘋香再當娼，將潘處以廷杖，又把劉打發了。）

蘋香後來移居到寧波，但日子過得不大愜意，最後還是回到上海，卜居於汕頭路一號。在那裡，她開設了一所專賣字畫的店子，取名謝文漪，販賣她的書畫作品以維生。不少文人如夢月生、汪淵若、李雲書、王一亭等，都是她的顧客。一九零六年，她嫁給當時的觀察黃秀伯，之後據說住在馬立師。

Gail Hershatter

陳志明譯

◇ 棲霞、澹如編：《海上花影錄》（修訂本；上海：中國圖書館，1917年）。
◇ 汪了翁：《上海六十年花界史》（上海：時新書局，1922年）。
◇ 陳容光：《老上海》（上海：泰東圖書局，1924年）。
◇ 吳趼人：《我佛山人筆記》（上海：大南書局，1934年）。

◇ 張恂九：《上海歷史演義》（上海：大南書局，1934年）。
◇ 陳定山：《春申舊聞》（台北：晨光月刊社，1967年）。

⫶ 66 李巧玲 Li Qiaoling

　　李巧玲，十九世紀中期上海名妓。太平軍將領李長壽聞其名，攜巨款特走上海訪之。以金試之，不為所動，並以同姓不為婚作藉口卻之。後與伶人黃月山同居。繼而從某甲，並盡出其資，開留春茶園，然遭破產而搆訟入獄，後不知所終。

孫國群

◇ 吳趼人：《我佛山人筆記》（上海：大南書局，1934年）。
◇ 徐珂：《清稗類鈔》（北京：中華書局，1986年），冊11，〈娼妓類〉，頁5149–5246。
◇ 孫國群：《舊上海娼妓秘史》（鄭州：河南人民出版社，1988年）。

⫶ 67 李清輝 Li Qinghui

　　李清輝，安徽阜陽人，貢生李春林之妹，生員寧氏的妻子，清代詩人。寧氏缺乏才幹，家產蕩盡，清輝靠紡織、刺繡等維持生活。公婆去世後，清輝積累數年錢財，將他們下葬。清輝生有一女，女兒婚後不久便死去丈夫，於是回娘家居住，與清輝一起生活，清輝還自己教育幼孫學習。清輝著有《蕙草堂雜詠》（或記載為《蕙風草堂雜詠》）。

常建華

◇ 胡文楷：《歷代婦女著作考》（增訂本；上海：上海古籍出版社，1985年），卷9，〈清代〉8，頁335。
◇ 施淑儀輯：《清代閨閣詩人徵略》（周駿富輯《清代傳記叢刊》本；台北：明文書局，1985年），卷8，頁492。

⫶ 68 李閏 Li Run

　　李閏（1866–1925），字嫺則、韻卿，晚號臾生，為中國近代傑出之女性。李氏於同治五年（一八六六年）生於湖南，母親姓劉，為清進士安徽道台李壽蓉（號篁仙）之長女，自幼博閱群書，學識豐富。

　　光緒九年四月初三日（一八八三年），李閏年方十八，與十九歲之譚嗣同（1865–1898）共諧連理。譚嗣同雖然一生短暫，但在著作中行動上極力為中

國婦女爭取解放、男女平等、婚姻自由，要去除中國傳統社會對婦女的壓迫與束縛，而視重男輕女之習俗為「至暴亂無禮之法」。

夫人李閏深受丈夫感染，積極參與維新運動。光緒二十年（一八九四年），譚嗣同與友人籌設女學堂，夫人李閏全力支持，既出任中國女子學堂倡辦董事，亦捐金贊助。其後譚嗣同、黃遵憲（1848–1905）、唐才常（1867–1900）等成立不纏足會，反對女子纏足陋習，李閏亦在財政上加以支持。

譚氏夫婦全力投入於改革事業，感情亦有增無已。戊戌（一八九八年）譚嗣同奉命赴京，作有〈戊戌北上留別內子〉一詩以別夫人，前言中有「生生世世，同住蓮花」和「自度度人，雙修福慧」之語，可見二人十五年來的濃情，此與歐陽予倩（1889–1962）在《譚嗣同書簡‧序》中謂譚氏「婚姻也不滿意」之說可謂大相逕庭。

八月十三日，戊戌變起，譚嗣同等六君子同遭棄市之戮。夫人李閏得知噩耗，慟不欲生，據梁啟超（1873–1929）之〈譚烈婦傳〉所言，譚夫人求躍河自盡不果後，復於撫署殉夫。

以上各節，李閏孫兒譚訓聰認為是出於流言，純屬傳聞，與事實不符。其實，李閏對於烈婦之見解，可見於其編著之《歷朝烈女傳》，書中論列古來烈女的事蹟，其中對楊椒山（楊繼盛，1516–1555）夫人張氏代夫死事的評論，尤其精到：

> 楊夫人欲白其夫之冤，疏雖十上必不能達，為夫人計，惟有以疏結諸髮際，懷匕首，詣宮門自裁，以代夫死，或可感悟皇上。

李閏在譚嗣同死後，悲傷絕望，決意虔依佛法，渡其餘生，並更其字曰「臾生」。民國成立初期，李閏本著去除文盲、促進女性教育的目的，在湖南創辦瀏陽公立女子學校，並在一九一三年至一九二二年間出任女校之董事。一九二三年，在各公法團體的推薦下，五十八歲的李閏勉為其難，出任校長一職半年，其行誼為民國政府賞識，頒發銀質褒獎及「巾幗完人」匾額一方。民國十四年九月初七日（一九二五年）申時，李閏卒於湖南瀏陽故第，享年六十歲。

陳善偉

◇ 梁啟超：〈譚烈婦傳〉，載《清議報》，10卷（1899年4月），頁4。
◇ 歐陽予倩：《譚嗣同書簡》（上海：文化供應社，1948年）。

◈ 譚訓聰：〈譚嗣同夫人事略〉，《藝文誌》，30期（1968年3月），頁21–22。
◈ ──：〈先祖母（譚嗣同夫人）家傳〉，《湖南文獻》，6、7期（1972年10月），頁122。
◈ 譚嗣同：《譚嗣同全集》（北京：中華書局，1981年）。
◈ Kwong, L. S. K., "Whatever Happened to Tan Sitong's Wife? A Footnote in Modern Chinese History," *Journal of the Royal Asiatic Society*, vol. 5, pt. 3（November 1995），175–84.

69 李賽兒 Li Sai'er

李賽兒（生卒不詳），民間雜技馳名女藝人，擅長馬術、走索，尤精於表演魔術九連環。「九連環」是民間雜技，以九個連環或鐵環，合併成為各種圖案。歐洲各國認為「九連環」是東方魔術的典型，通稱為 "Chinese Linking Rings"，即「中國九連環」。

李賽兒的父母均以表演雜技為生，她自少與姐姐從父學雜藝，其姊擅長蹬壇、翻桌等技藝，後嫁予磁州弄拳棒的李甲為妻，不再賣藝，而以督耕為活。因逢旱災及父母相繼死去，李賽兒遂投靠姐夫李甲。又藉饑餓，李甲夫婦便與李賽兒再往河南鄭州以表演雜技。於鄭州表演時，當地有些商人還送她數匹綾帛作演出服裝。此時，李賽兒亦以善於表演馬術花色，而揚名於河南。

日後，李賽兒聽說南方富家子弟好奇尚新，又藉福建富家子弟以重金邀請表演，李賽兒便自河南遷往福建的建寧縣。李賽兒於表演時，更一邊唱小曲「囉歌子」，一邊表演「九連環」。李賽兒又與邀請表演的富家子弟互相比試拳術，二人不分高下，而富家子弟也因傾慕李賽兒的雜技和武術，遂向李賽兒求親，終於李賽兒與這位富家子弟成婚。

殷偉

區志堅摘錄

◈ 徐珂編：《清稗類鈔》（北京：中華書局，1986年），冊6，〈技勇類‧李賽兒弄九連環〉，頁2868–2870。
◈ 殷偉：《中華五千年藝苑才女》（鄭州：中州古籍出版社，1992年），頁329–332。

70 李三三 Li Sansan

李三三，十九世紀八十年代上海名妓。本姓金，浙江人。出身官宦，其祖父曾在江蘇為官，其父為某科翰林。

父亡，其母冷寂無依，便攜女游船設宴，招妓侑酒。三三自小耳聞目染，吹彈、歌唱皆能。後隨母至滬，其母喜結妓女為友，待女稍長，便迫為妓。

李三三因工彈唱，芳聲大著，得倉山舊主錢塘人袁祖志，《申報》總編輯錢征、李芋仙、高昌寒食生等一批上海文人名士的賞識，作詩吹捧，得三三詞六十首，從而身價倍增，名滿上海。一八八二年壬午花朝艷榜得第二名。署永嘉令石子山明府以六千金為其脫籍，作小妾。後又被轉賣於人，不得已削髮為尼。

孫國群

⊛ 老上海：《老上海三十年見聞》（上海：大東書局，1928 年）。
⊛ 吳研人：《我佛山人筆記》（上海：大南書局，1934 年）。
⊛ 徐珂編：《清稗類鈔》（北京：中華書局，1986 年），冊 11，〈娼妓類・李三三美而艷〉，頁 5224–5225。
⊛ 孫國群：《舊上海娼妓秘史》（鄭州：河南人民出版社，1988 年）。

ᴵᴵᴵ 71 李晚芳 Li Wanfang

李晚芳（1692–1767），所居園曰菉猗，號菉猗女史，廣東順德龍津人。宋人李昂英（1201–1257）第十七世孫。李昂英官至龍圖閣侍制、吏部侍郎，諡號忠簡公，著有《文溪集》、《文溪詞》存世。父李心月（字興松），篤學不仕，以善醫名當世。兄長五人，皆業儒。從兄李蒼民為增城縣儒學。姊為碧江蘇門貞婦，未嫁而夫卒，遂前往奔喪，終身守節。

晚芳六歲起即受學於姊，遍讀群經及大家之文，尤樂書史。據晚芳自述，她在織紝之餘，往往追隨兄長稽古習史。日常處事，謹循禮法，事親尤謹。

晚芳二十歲出閣，丈夫梁永登（字遠略），碧江人，自幼即患足疾，不暇業儒，遂業岐黃，婚後數年僑居清邑。

晚芳事父母舅姑至孝。父卒，三日不食，悲痛不已。母卒亦然。姑事佛，晚芳雖不信禪道，亦曲意承順。姑患癰發背，晚芳搔撫無倦容。癰潰，血濃被體，晚芳亦一一拭抹。醫者希望有人願意以舌頭喁去餘毒才下藥，晚芳於是撫背吸喁。家翁患脾洩，日夜失禁，晚芳除不厭其煩地為家翁更換衣服外，更親自洗滌便器。家翁臨終時感激晚芳照料之勤，並祝願她「他日娶媳，事汝一如汝事我者」。

晚芳婚後，竭力女工，暫擱詩書。父母兄姊聽聞她力作過苦，遣人探問。晚芳以豐食款待來者，顯示寬裕有餘，以安父母兄姊之心。晚芳與女兒合力從事藝紙之業，幫補家計。兒子梁煒十一歲時，亦命出市就販，所獲可補家用。

梁永登喪父後，自清邑遷回本家，足疾愈劇，手足攣曲，一臥七年，晚芳善事猶如舅姑。永登臨終時稱晚芳為「一家全賴者」，並督促兒子「努力為人，以報其勞」。

夫歿後逾年，姑亦去世。晚芳以「丈夫志在四方」勸勉兒子煒努力從商，或有所得以報祖宗。梁煒經營十餘年，家計漸豐。晚芳六十歲壽辰時，兒子打算開筵慶祝，卻被晚芳以「不必虛文費事」為理由而拒絕。晚芳命兒子「移此上壽之貲」為嫡姪某某完娶納聘，使有室家之樂，則孝思更大。

梁煒又承母命，出資興建梁氏宗祠。晚芳指出梁家本是江南無錫巨族，自元代遷入廣東，經歷四百年，始終沒有祠堂供奉先靈，於是命兒子建祠。梁永登臥病時，經常念及本支昆弟貧窘散失，輒誦「敬宗收族」二語，晚芳亦常示兒以「莫辭本份內事，要為名教中人」，故梁煒畢生未忘對宗族事之捐獻。

宗祠建成後，晚芳認為大事已畢，於是重開書篋，課子學業，日夕講解。又命兒子師事堂兄梁景璋，進德修業。

晚芳胞姊因受過朝廷旌表，去世前曾命晚芳待自己氣絕後，即親扶入棺，蓋定後方可受各弔，不能損朝廷旌婦清譽。晚芳奉命而行。

晚芳兄長家連遭大喪，表兄某又幾近破家，晚芳均命兒子前往接濟。

晚芳七十歲壽辰，兒子重提開筵事，晚芳堅拒不許舖張，反而命兒子盡力接濟伯叔弟姪，勿使有一不得其所，或凍餒至死。於是實行分田以厚宗族。五服之內的兄弟及功服昆弟各分若干畝，至於五服之外，則置一二百畝以為祭祖之用費、教育子弟、濟窮乏、養孤寡，及備荒歉之用。此善舉甚得時人賞識。

晚芳有子一人，即煒，女二人，長適王洪進，次適李福。王、李均為國學生。晚芳卒於乾隆丁亥十月（一七六七年），乾隆甲辰（一七八四年）遷葬於番禺鍾村鄉黎屋岡。

晚芳著有《女學言行纂》及《讀史管見》。前者宏揚女教，後者流傳及於國外，版本更多。

《女學言行纂》及《讀史管見》均初刊於乾隆五十二年（一七八七年），有謐園刊本。據梁景璋乾隆乙巳（一七八五年）序文所云，乾隆四十一年（一七七六年），因為「回祿降災」，所以「諸經悉歸灰燼」。於是命堂弟梁煒將晚芳所存著作付梓。梁煒認為付梓非母本意，而且亡母臨終前還囑誡他不要讓她的著作流傳到外界去。然而梁景璋告以「子以不沒親善為孝」，於是梁煒受命。《女學言行纂》及《讀史管見》之謐園刊本亦均於一九三七年由周氏

師古堂重印，並寄售北平琉璃廠直隸書局。至於《讀史管見》則另有日本安政三年（一八五六年）秋京攝五書堂翻刻本及明治年間（1868–1912）印本。

《女學言行纂》分為三卷。上卷闡明夫私、敦禮、讀書、治事之要及事父母、舅姑之道；中卷言事夫子之道；下卷言教子女之道，並附〈四德篇〉（然婦容、婦功部分闕）。卷首書叔李履中、姪梁景璋校訂，男梁煒敬梓。據一九三七年重印本，卷首有宗聖垣所繪小像及像讚、許乃濟〈梁震科先生傳〉、王勳臣〈《李菉猗女史全書》序〉、陸溶、梁景璋、蘇獻琛、李履中序文。卷末附蘇珥〈梁母孺人八十開一壽序〉、梁煒〈先慈行跡錄〉、梁景璋〈叔母李孺人墓誌銘〉及諸縉紳先生評語、贈言。

《女學言行纂》一書，甚受時人推崇，或曰「足與《女誡》、《女孝經》、《女論語》并傳不朽」（陸溶序文）；或曰「足與漳浦藍氏鼎元（1675–1733）《女學》并行」（許乃濟傳文）；甚或有謂「不獨綠窗女子當切奉行，即鬚眉丈夫亦當置之座右而後脩齊有本」（李履中序文）。

《讀史管見》初名《讀史孩見》，謚園刊本葉上書名仍書舊名，蓋自謙之辭。全書共三卷，選錄《史記》三紀、四表、二書、一世家、十六列傳及〈報任少卿書〉，詳加評點眉批。卷前有〈讀史摘微〉一篇，評司馬遷（前145 或前135–前87？）「靈台未淨，則繫累偏僻之私，往往吐露於字裡行間，而不自檢」，其書「肆而不純，諧而多怨」。晚芳以為史遷之失，「失在自是」，「罪實由己，於人何尤？」又指史遷「君不狗其請則懟君，人不如其意則忿人」、「全無一言反己內咎，操是心而修國史，大本已失」。論說大膽，力排眾議。

據謚園刊本，《讀史管見》卷首有乾隆丙午（一七八六年）謝方端女史序、嘉慶丁丑（一八一七年）伍鼎臣序、乾隆乙巳（一七八五年）梁景璋識、康熙庚寅（一七一零年）李晚芳自識，末附李履中跋。至於安政間刻本則在諸序之前冠以校訂人如射書院王府侍讀池內奉時（號陶所，1813–1863）敘文。

綜合有關《讀史管見》之評論，一般認為李晚芳「獨出己見」（李履中跋）、「巾幗而鬚眉者」（池內奉時敘）、「出於閨幃手著，斯亦奇矣」（謝方端序）、「即老師宿儒畢生窮經稽古，亦展卷而驚，望為河漢」（梁景璋序）、「以視吟弄風月、專工詞華之閨彥異矣」（許乃濟傳文）、「有名士宿儒所不能見及者，為千古是非得失之定評」（王勳臣序）。可見是書不但在國內得好評，即在日本亦受推許。

又梁煒嘗親記其母捐產以奉祭祀贍族鄰諸事，都為一冊，曰《分田錄》。

據林為熙題贈梁煒〈先慈行跡錄〉所云，其友何振凡（字鋙蘭）嘗得《分田錄》一冊見示。此外彭㵆亦有〈書《分田錄》後〉一篇，附於〈先慈行跡錄〉後。可知當時《分田錄》確曾印行、流傳過。後人嘉許慈母賢子敬宗收族分田之舉，謂有「范氏（仲淹，989–1052）義田遺風」（王勳臣序）。

劉詠聰

◇ 李晚芳：《讀史管見》（乾隆五十二年〔1787〕謚園刊本）。
◇ ──：《讀史管見》（池內奉時校訂；日本安政三年〔1856〕秋京攝五書堂翻刻本）。
◇ ──：《女學言行纂》（周氏師古堂重印謚園刊本，1937年）。
◇ 郭汝誠修、馮奉初纂：《順德縣志》（咸豐六年〔1856〕刻本），卷29，〈列傳〉9，〈列女〉2，頁16下–17上。
◇ 阮元：《廣東通志》（上海：商務印書館影印同治三年〔1864〕重刊本，1934年），卷190，〈藝文略〉2，頁3474及卷194，〈藝文略〉6，頁3540。
◇ 冼玉清：《廣東女子藝文考》（上海：商務印書館，1941年）。
◇ 黃蔭普編：《廣東文獻書目知見錄》（修訂本；香港：大東圖書公司，1978年），頁84。
◇ 胡文楷：《歷代婦女著作考》（增訂本；上海：上海古籍出版社，1985年），卷9，〈清代〉3，頁337。
◇ 王寶平：《中國館藏和刻本漢籍書目》（杭州：杭州大學出版社，1995年），頁180。

ⅲ 72 李因 Li Yin

李因（1610?–1685），字今生，號是菴，又自號龕山女史，浙江會稽（今紹興）人。（關於李因的出生年份，各處資料說法不一，有兩處稱是一六一零年，另有兩處稱是一六一一年，有一處則稱是一六一六年。）李因天姿聰慧，自幼勤學，工水墨畫，長於近體詩。

李因的文藝成就來之不易，家境貧寒，常「積苔為紙，掃棉為書，帷螢為燈。」苦學苦練。一次海寧人葛徵奇（一六四五年卒）見到李因的詩句：「一枝留待晚春開」，大加讚賞，遂聘為妾。據說兩人關係密切，一起繪畫及練習書法，葛徵奇對李因的藝術成就深以為榮。

李因隨夫任所遷徙，沿長江、黃河到過許多地方，以所見所聞，隨時吟誦詩篇。在前後達十五年的游宦中，李因輯成《竹笑軒吟草》、《續竹笑軒吟草》各一卷，長短詩計二百六十首。李因的花鳥畫師陳淳，亦寫山水。葛徵奇說：「人曰山水，姬不如我，花卉我不如姬。」也有人說，李因畫花鳥，葉大年授以筆法。後來的評論家也推許她的畫作，其中一位認為她是最優秀的女畫家，並撰文盛讚她筆力千鈞，絕非其他女子所能及。李因漸以寫畫聞名，畫作為人渴求，由是冒名之作湧現，仿畫之徒大不乏人。也以因鷹相類，遂傳以為

專長畫鷹，故假名覘利之徒，多作鷹松為圖，殊可笑也。

葛徵奇去世後，李因一直孀居，以筆墨自給，詩句有〈長安秋日〉：「高樹秋聲入夢渾，夜來風雨簟涼時，季鷹自解歸來好，縱乏尊鱸也動思。」等多首。

李因的不少作品如今還珍藏在故宮博物館，如花鳥、松鷹圖、柳鵲圖、八哥石榴圖、荷花鴛鴦圖、花卉等。著名思想家黃宗羲（1610–1695）曾為她作傳。

龔維玲

◇ 惲珠編：《國朝閨秀正始集》（道光十一年〔1831〕紅香館藏板），卷1，頁18下。
◇ 黃秩模編：《國朝閨秀詩柳絮集》（咸豐三年〔1853〕蕉陰小榥刊本），卷35，頁23下–24下。
◇ 許慶臣編：《國朝閨秀香咳集》（光緒〔1875–1908〕間申報館倣聚珍板印），卷1，頁14。
◇ 徐乃昌編：《閨秀詞鈔》（宣統元年〔1909〕小檀欒室刊本），〈補遺〉，卷1，頁1。
◇ 臧勵龢等編：《中國人名大辭典》（上海：中華書局，1921年）。
◇ 李濬之輯：《清畫家詩史》（北京：中國書店複印1930年刊本，1983年）。
◇ 郭味蕖編：《宋元明清書畫家年表》（北京：人民美術出版社，1980年）。
◇ 俞劍華編：《中國美術家人名大辭典》（上海：上海人民美術出版社，1981年），頁356。
◇ 《中國畫家大辭典》（北京：中國書店，1982年據神州國光社1934年版《中國畫家人名大辭典》複印），頁201。
◇ 中國古代書畫鑒定組編：《中國古代書畫圖目》（北京：文物出版社，1985年），冊2。
◇ 《華夏婦女名人詞典》編委會編：《華夏婦女名人詞典》（北京：華夏出版社，1988年），頁360。
◇ 婦女詞典編寫組：《婦女詞典》（北京：求實出版社，1990年），頁364。
◇ Weidner, Marsha, et al., *Views from Jade Terrace: Chinese Women Artists, 1300–1912*（New York: Indianapolis Museum of Arts, 1988），102–5, 181, 226–27.

▥ 73 梁德繩 Liang Desheng

梁德繩（1771–1847），字楚生，浙江錢塘人。生於士宦之家，祖父及父均出仕，自幼隨宦，足行萬里，其夫婿許宗彥（1768–1818）亦為名士，德繩自身亦以詩名，著有《古春軒詩鈔》二卷，《古春軒詞》一卷傳於世。

德繩雖出身貴族，而不驕不侈，以禮法自持，是為賢而有才者。生有二子三女，長女早殤，幼女為阮元（1764–1849）子媳。其夫宗彥有側室三人，其中一人早卒，德繩撫其遺孤如己之生者。其夫共有六子，皆仕。夫先卒，其詩詞遺著，皆由德繩手定之，所著有《鑑止水齋文集》十一卷，詩八卷，詞一卷；另《鑑止水齋藏書目》四卷。

德繩姊瑤繩適汪氏，早卒，遺一女，德繩撫其孤，授以詩文，後其女甥汪

端（參見該傳）亦能詩，更以通俗小說名於世。陳端生（參見該傳）撰寫《再生緣》，未完而逝，德繩有感欲完結之。據陳文述（1771–1848）言，德繩與夫婿許周生共續之。不過，根據卷二十首尾所言，續修期間，其夫去世，結局遂由德繩單獨續完。陳端生未完的《再生緣》描述一名女子假扮男子，通過重重考試，終晉身宰相一職，與其夫共事於朝廷。陳端生停筆之處，女主角仍是女扮男裝。梁德繩續上的結局，安排女主角屏棄男服，使能下嫁未婚夫婿，而斯人當時已納妾數名。

　　梁德繩與陳端生個性不同，觀點亦異，尤其是有關婦女論者。端生筆下之女子，皆有才有智，強勝於男子。而德繩較保守，謹遵古訓，認為女子應卑屈於夫婿，對夫納有三妾，亦不發一言。由是，德繩為《再生緣》撰寫的結局，應與端生原來的構思大異其趣。

宋秀雯

◇ 惲珠編：《國朝閨秀正始集》（道光十一年〔1831〕紅香館藏板），卷15，頁17上。
◇ 黃秩模編：《國朝閨秀詩柳絮集》（咸豐三年〔1853〕蕉陰小幌刊本），卷27，頁7上。
◇ 梁德繩：《古春軒詞》，載徐乃昌編：《小檀欒室彙刻閨秀詞》（光緒二十四年〔1898〕刊本），集1，頁1–6。
◇ ——：《古春軒詩稿》，見《杭州府志》，卷94。
◇ ——：《古春軒詞》，見《杭州府志》，卷95。
◇ 單士釐輯：《國朝閨秀正始再續集》（歸安錢氏排印本，1911年），初編之2，頁4上–12下。
◇ 陳寅恪：《論再生緣》（香港：友聯出版社，1959年）。
◇ 陳文述：《西泠閨詠》（丁丙輯《武林掌故叢編》本；台北：華文書局，1967年），卷15，頁10上。
◇ 葉德均：〈《再生緣》續作者許彥梁德繩夫婦年譜〉，《戲曲小說叢考》（北京：中華書局，1979年），頁696–742。
◇ 譚正璧：《中國女性文學史話》（天津：百花文藝出版社，1984年）。

⊪ 74 梁端 Liang Duan

　　梁端（?–1825），字無非，浙江錢塘人。內閣中書汪遠孫（1794–1836）妻。以所著《列女傳校注》留名。

　　梁端幼育於祖父梁玉繩（1745–1819）家，聰慧好學。時顧之逵重刊《列女傳》，梁玉繩以當地名儒應邀為之審定。以故，梁端得以臚《列女傳》之異同，隨時記錄。梁玉繩以其有班昭（生約44–51，卒約114–120）之志不時為其參酌修改。

　　一八一一年，梁端嫁汪遠孫，汪家世代書香，錢塘大姓，自祖輩以來即

鑽研經學。因而,梁端多得汪遠孫與之切磋,每獲一義,即與汪共同商榷。汪亦時舉所聞為其折衷損益。家政之餘,仍恒手是編,久之,遂有志於為《列女傳》校注。夫妻感情甚篤。不料,書將成,梁端卻因用力過勤,氣血沖耗,於分娩時卒。汪遠孫為之感傷不已,致不忍復睹其遺作殘編,卻慮其所作不得傳世,故在十年後,將《列女傳校注》整理完稿。汪遠孫為其書序云:「余與端倡隨十有五載,回憶燒燭檢書、篝香、校帖,閨房之樂仿佛靜治堂故事。忽焉中徂。喪此佳偶,形單影隻,能勿傷神!」

梁端終生研究《列女傳》,受其影響頗深,平素事上待下,皆循禮法,奉侍公婆備至,家人皆讚其賢,有「女宗」之稱譽。

劉鳳雲

◇ 趙爾巽等:《清史稿》(北京:中華書局,1977年),卷508,〈列女〉1,頁14052。
◇ 施淑儀輯:《清代閨閣詩人徵略》(周駿富輯《清代傳記叢刊》本;台北:明文書局,1985年),卷8,頁452–454。

▥ 75 梁亞娣 Liang Yadi

梁亞娣(Tye Leung Schulze,1887–1972)在加州三藩市出生,父親為鞋匠,母親經營旅館,兩人育有八名子女,均在當地出生。

十四歲那年,幸得長老會傳教之家(Presbyterian Mission Home)的唐納典娜·卡梅倫(Donaldina Cameron)幫助,梁亞娣逃避了一段盲婚,追求者是來自蒙塔那州比尤特(Butte, Montana)的男子。在傳教之家中,亞娣學習英語和基督教教理,並且充當卡梅倫的翻譯員去幫助、拯救其他華籍被奴役的婦女。一九一零年亞娣被聘為首位華籍公務員,被派往天使島移民局(Angel Island Immigration Station)任局長助理。那裡是專門扣留及處理到美的中國移民作身體檢查及問話的地方。工作期間,亞娣結識了移民督察查爾斯·舒爾策(Charles Schulze),兩人亦戀愛起來。

但礙於加州政府不批准華人與白人通婚,要成為合法夫婦,亞娣和舒爾策便先去溫哥華,後再轉往華盛頓結婚。因為種族歧視的關係,婚後二人皆辭退在移民局的工作。舒爾策便轉到南太平洋(Southern Pacific)公司任技工;而亞娣則在唐人街當晚間的電話接線員,賴此他們得以維持四個子女的生活。

一九一二年亞娣再一次創造歷史;成為首位參加初級選舉(primary election)的中國女性,致力獻身於服務華人,多年來梁亞娣不斷為居於三藩

市華埠的市民提供翻譯及其他社會服務。

楊碧芳

潘美珠譯

◇ "S. F. Has Only Chinese Woman Voter in History," *San Francisco Examiner*, 15 May 1912.
◇ Wong, Ken, "Tye Leung Schulze: A Heroine Among Bay Area Women," S*an Francisco Examiner*, 2 April 1980, A–2.
◇ Yung, Judy, *Chinese Women of America: A Pictorial History*（Seattle: University of Washington Press, 1986）, 54.
◇ Schulze, Tye Leung, "Tiny"（unpublished essay）.

▥ 76 梁瑛 Liang Ying

　　梁瑛，十八世紀中期在世，字梅君，號穀梁氏，浙江錢塘人，乾嘉時期以詩有名，梁瑛出身於書香門第，父梁師燧以讀書為職，隱居鄉里，未曾出仕。夫黃樹谷亦同邑文人世家子，工詩文、通書畫、小篆、隸書皆精，擅繪蘭竹，女詩人顧和知夫人乃其五世祖母。

　　梁瑛性情賢惠，婚後侍奉兩代婆母，孝順備至，得老人歡心，教子則恩勤鞠育，每日課之誦讀，使之書識萬卷。而其自身更為勤勉，常常秉燭伏案達旦。

　　梁瑛善詩，好吟詠，尤工集句，因性喜梅花，所居設有梅花詩屋，屋中四壁書有古今名人集古梅花詩千餘首。黃樹谷客居揚州時，梁瑛書梅花集句一帙寄之，堪稱佳絕，故友見之，咸贊而閣筆。著有詩集《字字香》，凡七言絕句一百八首，乃集唐宋元人梅花詩句，雍正八年（一七三零年）精刊本，其中有林以寧（參見該傳）序，稱其詩「細意熨貼，如梅花衲」，故以「字字香」名之，是書《杭州府志》題《梅花字字香》，下題《黃梅君夫人集》。此外，梁瑛還有〈寄外梅花集句〉百餘首，一時為人傳誦。晚年，以其子易官濟寧同知，隨遷就養。年八十九歲卒。

劉鳳雲

◇ 惲珠編：《國朝閨秀正始集》（道光十一年〔1831〕紅香館藏板），卷12，頁16下。
◇ 黃秋模編：《國朝閨秀詩柳絮集》（咸豐三年〔1853〕蕉陰小幌刊本），卷26，頁30。
◇ 吳德旋：《初月樓續聞見錄》（周駿富輯《清代傳記叢刊》本；台北：明文書局，1985年），卷5，頁242。
◇ 施淑儀輯：《清代閨閣詩人徵略》（周駿富輯《清代傳記叢刊》本），卷4，頁240–241。

■ 77 林黛玉 Lin Daiyu

林黛玉（？–1921），清末民初上海妓界四大金剛之一。本姓陸，名金寶，小字犟卿，松江章練塘人。八歲時作童養媳，十歲左右與婆母到上海為傭。被人騙賣為妓，從師習藝一年，取名小金鈴。因敬慕名妓胡寶玉（參見該傳），便更名林黛玉（黛玉及寶玉乃著名小說《紅樓夢》的兩位主角）。

林黛玉善於應酬談論，妙語詼諧，風流放誕。歌唱頗有功底，昆曲、梆子戲、髦兒戲樣樣都行，先後在群仙茶園、丹桂園、漢口怡園唱戲。亦娼亦優。

一八九七年李伯元在《游戲報》稱林黛玉、陸蘭芬（參見該傳）、金小寶（參見該傳）、張書玉（參見該傳）為花界四大金剛，其名更是婦孺皆知。一八九八年以她為首的四大金剛作號召發起募捐，建造「群芳義塚」。先後被南匯縣令汪蘅舫、南潯巨富邱某、上海顏料大王薛寶潤納為妾。一生嫁人、下堂達十七次，稱嫁人為沐浴，即負債累累之一身，以所嫁之人為其清債，如同一身污垢，一浴而淨。一九二零年冬和人合資開妓院，第二年一病不起。

孫國群

◈ 汪了翁：《上海六十年花界史》（上海：時新書局，1922 年）。
◈ 老上海：《老上海三十年見聞》（上海：大東書局，1928 年）。
◈ 孫國群：《舊上海娼妓秘史》（鄭州：河南人民出版社，1988 年）。

■ 78 林黑兒 Lin Hei'er

林黑兒，十九世紀末、二十世紀初在世。天津侯家後船家女。幼年學習家傳雜技繩技，喜拳棒，善劇藝，跟隨父親過著流浪藝人的生活。成年後嫁給船戶李有的長子為妻，在運河上漂泊，以船為家。一九零零年（光緒二十六年）春，李有因觸犯洋人被捕入獄，她因此對外國侵略者產生了仇恨情緒。

天津義和團崛起後，城廂內外成群少女演習紅燈照，她時年三十歲左右，也參加習練。她們每出行，數十為群，身著紅色衣履，右手持紅扇，左手持紅帕，焚香念咒語練法，擋街舞蹈，著跪秧歌狀。晚間人們登高遠望，但見空際有紅燈一盞，漸多至數盞，忽上忽下，其光明亮。民間多家竟相懸掛紅燈以迎紅燈照。

她在義和團著名首領張德成（1846–1900）支持下，準備在楊柳青設立紅燈照壇口，遭地主石元士反對未成。但林黑兒武藝高強，被推為紅燈照首領。

其小姑人稱「黃三姑」，是她的得力助手。

　　一九零零年六月，她接受張德成的邀請，自天津西郊運河邊上的楊柳青（今天津市西郊區）乘船到津，停泊在熱鬧的南運河邊上的侯家後歸賈胡同口（今天津市紅橋區歸賈胡同口），對岸不遠處便是有名的三條石大街。她乘坐的大船，四周用紅綢裹纏，船桅杆上懸掛一面紅色大旗，上書「黃蓮聖母」四個大字。兩岸群眾奉若神明，紛紛焚香朝拜跪接。她聲稱能以符水治病癒傷，並以此團聚群眾，眾果信之，千里投拜者，不絕於途。近年天津南部發現一塊反映當年紅燈照反對外國侵略和追求美好生活願望的石碑。

　　黃蓮聖母的壇口設立在天津侯家後老君堂內，是紅燈照著名的壇口，天津周圍拳民爭相拜壇，尤其深受天津婦女的崇敬。林黑兒每次外出必乘大轎，有義和團民為其開道。直隸總督裕祿（1844–1900）請求她入總督衙門保護，其赴署時，乘坐之人轎，前有大旗一對，上書「黃蓮聖母保護團」七字。裕祿大開中門，將她迎入督署後，穿著清朝官服向她九拜。她在署內與裕祿平起平坐，分庭抗禮，互稱「爾」「汝」，並為義和團索要軍械糧米等軍需品。黃蓮聖母在天津的活動，加強了義和團和紅燈照的聲勢。

　　八國聯軍進攻天津，她率領群眾在津衛街巷游行，宣傳滅洋。她還率領團眾參加老龍頭車站和紫竹林等地的戰鬥，為義和團供應軍需和救護傷員。在聯軍槍砲齊射下，他們揮舞大刀長矛，高喊「義和拳！紅燈照！」向車站前進。天津城陷後，她被聯軍逮捕，囚禁於都統衙門，屢被鞫訊，沉默無語，後不知所終。

馬洪林

◇ 艾聲：《拳匪紀略》（《中國近代史資料叢刊・義和團》本；上海：神州國光社與新知識出版社，1951年），頁449、451、452。
◇ 管鶴：《拳匪聞見錄》（《中國近代史資料叢刊・義和團》本），頁487、488。
◇ 劉孟揚：《天津拳匪變亂紀事》（《中國近代史資料叢刊・義和團》本），頁9、36、37。
◇ 王其榘、楊濟安：《有關義和團人物簡表》（《中國近代史資料叢刊・義和團》本），頁512。
◇ 林鶴年：〈《紅燈照樂府》序〉，載阿英：《庚子事變文學集》（北京：中華書局，1959年），下冊，頁1150。
◇ 中國社會科學院近代史研究所編：《義和團史料》（北京：中國科學出版社，1982年），上冊，頁34。
◇ 廖一中、李德征、張璇如：《義和團運動史》（北京：人民出版社，1986年），頁162、166。
◇ 梁義群：〈林黑兒：「紅燈照」大師姐〉，載英文《中國婦女》編：《古今著名婦女人物》上冊，（石家莊：河北人民出版社，1986年），頁360–364。
◇ ──：〈反帝愛國的女英雄林黑兒〉，《中州古今》，1987年4期（1987年8月），頁20–23。
◇ 廖一中：〈林黑兒〉，《清代人物傳稿》下編，冊3（北京：中華書局，1987年），頁98–

101。
◇ 天津市地方史志編修委員會總編輯室：《天津近代人物錄》（天津：天津市地方史志編修委員會總編輯室，1987年），頁244-245。

▥ 79 林普晴 Lin Puqing

林普晴（1821-1877），字敬紉，號餞蘭，福建侯官（今福州）人，是清中葉著名大臣林則徐（1785-1850）的女兒、沈葆楨（1820-1879）的妻子。林則徐在華南一帶掃蕩鴉片買賣，雷厲風行，因而聞名於世。沈葆楨是首批負責組建中國現代海軍的大臣之一，這支海軍隊伍在清朝的最後數十年成立。據記載，她出生時月明如晝，因此取名普晴。林的童年是與母親及鄉里同住，並沒有隨父親到處出差。當時表兄沈葆楨也住在她們家附近，因此兩人自小便相識。據說有一次諸小女兒縱談戚里弟子的優劣時，林直言在諸人之中，以沈為最賢，可見自小便對沈另眼相看。

年幼時，林普晴很勤力學習。據說有時候她母親見她聰明可愛，便常要她跟自己下棋，可是每當有空，她總是在讀書寫字和學習女紅。由是她寫得一手好字，又能作詩，陳香編的《清代女詩人選集》便收錄了她的詩作。她不但完全沒有官宦之家女兒的勢態，而且養成了喜勤惡逸的性格，這對她後來能夠與丈夫沈葆楨過了多年同甘共苦的生活不無關係。

一八三九年，林普晴跟沈葆楨結婚。由於夫家並不富裕，加上沈葆楨還沒有考取功名，因此婚後生活過得不太好。面對這種情況，林普晴不但沒有埋怨，反而用自己的嫁妝來買肴作菜，還親自下廚。她在家事奉翁姑，沒有發過半點怨言。後來，沈葆楨中了舉人，須赴京參加會試，但家中金錢有限，沒有能力辦得上京的路費，林又將自己的金鐲子出售，為丈夫籌措旅費。沈氏赴京後，屢試禮部不第，而其間長女、長子先後出世，使家裡的生計日形短絀，幸賴林氏百般補苴，才不至有所匱乏。一八四三年，沈葆楨會試中式，入翰林院讀書，並且攜眷北上。翰林院生活清苦，甚至比未及第時還要窘迫。然而在這種清苦的生活期間，林並沒有向父親求助，只是自己默默承受一切，辛勞持家。

據沈葆楨的記載，林普晴不但持家有道，在貧困時沒有半點怨言。即使後來沈成為朝廷大員，家中環境改善之後，她仍然維持著勤儉的美德，即令斷線殘紙，也都捨不得棄掉。衣服補了又補，還繼續穿著。可這並不是說林普晴十

分沾薔，對於貧窮的親戚，她經常加以接濟。

　　林普晴除了表現出一般官宦女兒沒有的刻苦勤勞之外，也具備過人的膽色。最為人稱道的兩件事，一為一八五六年沈葆楨出任九江知府的時候。當時江西一帶為太平軍佔領，清廷所據有的，僅南昌、廣信、饒州等五郡。當時沈氏一家住在廣信，有一次，沈葆楨率部到附近勸諭人民輸餉助軍，太平軍逾萬突然掩至廣信，當時府城內的守兵僅得四百餘人，聞風潰走，府中僕役亦相繼離去，僅得七人留下。他們預備了船隻讓林普晴逃到城外，可是林氏並沒有這樣做。在危急關頭下，林氏不但沒有一點懼怕，反而顯示出她調度有方的本領。她親自刺血作書，向駐紮在玉山的總兵饒廷選求援。時沈葆楨亦知道廣信被圍，於是率部邅夜馳歸，與夫人共同守城。不久，饒部軍隊抵廣信，與沈氏部下一同奮戰，林夫人更親為軍士煮粥。幾經苦戰之後，沈、饒二部的軍隊終於擊退了太平軍的進攻，廣信之圍得以解除。後來沈的外孫李畬率軍駐紮廣信，曾修建誓井堂以誌其事。

　　另一件表現她膽量的事發生於一八五七年，當時沈葆楨奉命治理弋陽一帶的盜匪，盡出所部，以致官署內守備不足。有一晚，林聞得窗外格格有聲，於是起來查看，忽見有賊推窗而入，便欲擒之，但為其逃脫，僅得賊人留下的一對鞋子。從這兩事可以看出林夫人的膽色實有過人之處。

　　後來，沈葆楨因為平亂有功，得到朝廷賞識，歷任中外大員。而林普晴在公務上也給丈夫襄助不少。據記載，太平天國運動期間，沈葆楨的軍事文書，也多賴林氏幫助處理。至於在江西巡撫任內的所有密摺，據說也是出自林普晴繕抄的。

　　一八六五年，沈母病危，林普晴回家省看，其間憂心操勞過度。林普晴在一八六九年更大病一場，後來雖然漸漸康復過來，但她的身體已經不再如前。自此以後，沈葆楨在公務上雖有甚麼疑難之處，也不再讓她知道，免她勞心傷神。一八七七年夏，她再次得病。農曆八月十五日，日間還在家中調度送錢到親戚家中度節的事宜，不料到晚上亥時（與她出生的時辰一樣的時刻）便溘然逝去。

陳志明

◈ 王藩庭：《中華歷代婦女》（台北：台灣商務印書館，1966 年），頁 165–169。
◈ 陳香輯：《清代女詩人選集》（台北：台灣商務印書館，1977 年），上冊，頁 125–126。
◈ 趙振宇：〈林則徐先生及其女的忠烈事蹟〉，《銘傳學報》，20 期（1983 年 3 月），頁 325–336。

◇ 施淑儀輯：《清代閨閣詩人徵略》（周駿富輯《清人筆記叢刊》本；台北：明文書局，1985年，卷10，頁585–587。
◇ 林崇墉：《沈葆楨與福州船政》（台北：聯經出版事業公司，1987年），頁29–39、59–84。
◇ Hummel, Arthur W., ed., *Eminent Chinese of the Ch'ing Period*（*1644–1912*）（Washington: United States Government Printing Office, 1943），642–44.

▥ 80 林以寧 Lin Yining

　　林以寧（1655–約1730），字亞清，浙江錢塘江人。進士林綸之女，監察御史錢肇修之室，是清代有名的「蕉園五子」之一。

　　蕉園五子是以寧姑顧玉蕊集合當地能詩女子，組織蕉園詩社，當時所謂蕉園五子即指以寧及徐燦（參見該傳）、柴靜儀（參見該傳）、朱柔則（參見柴靜儀傳）、錢雲儀（錢鳳綸，參見該傳）五人，以寧于歸後，繼續姑志，重組蕉園七子社，七子包括林以寧、柴靜儀、錢雲儀、張槎雲、毛安芳、馮又令、顧啟姬，當時七子之名，頗蜚聲於西子湖濱。

　　以寧自幼天姿聰敏，能詩能文，又善畫，尤長墨竹。她和戲曲家兼監察使錢肇修結婚後，夫婦之間互敬互愛，同住洛陽期間，日夕酬唱，輯成《風簫樓集》。在她七十六歲時還為錢塘才女梁瑛的《字字香》作序。

　　以寧生平著作除《風簫樓集》外，還有《墨莊詩抄》、《墨莊文抄》、《墨莊詞餘》等，統稱《墨莊詩文集》收錄於《杭州府志》。除外，她還作曲，雜劇《芙蓉峽》（曲錄）已失散，僅存〈題芙蓉峽傳奇〉一曲而已。

　　關於林以寧生卒年有不同說法。《中國文學家大辭典》（根據光明書局1934年版複印，譚正璧編，上海書店印行，1981年3月版）中記錄的是生卒年不詳，（約公元一六九二年前後在世即清聖祖康熙中前後在世。）《華夏婦女名人詞典》（華夏出版社出版發行，1988年3月北京第一次版）中則指她生於一六五五年，約卒於一七三零年。本文採用後一種說法。

龔維玲

◇ 惲珠編：《國朝閨秀正始集》（道光十一年〔1831〕紅香館藏板），卷4，頁1。
◇ 蔡殿齊編：《國朝閨閣詩鈔》（道光二十四年〔1844〕娜環別館刊本），冊2，卷6，頁27–31。
◇ 黃秩模編：《國朝閨秀詩柳絮集》（咸豐三年〔1853〕蕉陰小榥刊本），卷33，頁22上–23下。
◇ 許夔臣編：《國朝閨秀香咳集》（光緒〔1875–1908〕間申報館倣聚珍板印），卷1，頁4下–6上。
◇ 譚正璧主編：《中國文學家大辭典》（上海：上海書店，1981年據光明書局1934年版複印），頁5123。

◈ 《華夏婦女名人詞典》編委會編：《華夏婦女名人詞典》（北京：華夏出版社，1988年），頁656。

ⅢⅠ 81 劉青霞 Liu Qingxia

劉青霞（1872–1922），河南省彰德府（今安陽縣）人，原姓馬，從夫姓劉。父馬丕瑤，同治年間進士，歷任山西按察使、布政使及兩廣巡撫之職，次兄馬吉樟亦為翰林院出身，官至湖北按察使、布政使。由於官宦家庭出身的關係，青霞從小得到吟詠詩書的機會。

一八九四年，青霞以十八歲之齡，嫁與河南省尉氏縣巨富之子劉耀德為妻。劉家號稱「劉半縣」，是當時河南省第一富戶，擁有廣大的田產、錢莊和當舖，號稱「七十二茂、八十二盛」，青霞的丈夫劉耀德擁有劉氏全部財產的五分之一，係劉氏族中的首富。但耀德是典型的紈袴子弟，不學無術，揮霍無度，竟於一九零一年，即青霞二十五歲之時，因中鴉片之毒病逝。青霞從此成為劉氏家業的主人。

丈夫死後，青霞除了管理劉家的產業外，更捐出巨資，熱心舉辦家鄉的公益福利事業，為劉氏家族辦義學「師古堂」，讓劉氏子弟可免費就讀；又辦義莊，收養饑民，賑濟孤老。此外，她又捐款資助興辦河南地區的教育事業，計有省城開封小學堂、尉氏縣高等學堂、北京豫學堂等，成績卓著，因而獲得閭里好評，清政府也因其樂善好施，授與「一品命婦」之銜。

一九零八年，青霞隨次兄馬吉樟到日本考察學務。青霞留日期間雖不過半年，但這半載的經歷對青霞日後一生的事業卻有深遠的作用。期間她與河南籍留日學生張鍾端、燕斌（參見該傳）等人來往甚密，深受他們的革命思想和女權思想的影響，加入同盟會成為革命派的成員。且出資資助《河南》雜誌和參與創辦《中國新女界雜誌》，此兩誌均為留日學界乃至中國內地宣傳革命和女權思想的重要刊物。青霞又捐巨款經營開封的「大河書社」，作為同盟會在河南地區宣傳革命的機關。歸國後，她又積極支持同盟會在河南地區的革命活動。至辛亥革命前夕，青霞更以巨款資助革命黨人張鍾端在河南開封策動革命起義。河南省革命活動之得以推動，青霞在金錢方面的大力支持，實屬重要。民國建立後，河南省革命黨人創辦《自由報》，青霞以巨款資助出版，且為該報題祝賀詞，表達對參與社會活動及自由思想所抱理念。

青霞不但極力支持革命事業，也對中國的女子教育，推動不遺餘力。她歸

國後，先後在河南省及其他地方資助倡辦女校，以培育婦女人才，計有：華英女校、中州女學堂（後改稱河南開封女子師範學堂）、京師女子師範學校、北京女子法政學校等。辛亥革命後，她被聘為北京女子法政學校校長，北京女子學務維持會會長，北京女子參政同盟會會長，為推動中國早期的女子教育，作出了貢獻。由於她在河南各地出錢出力，舉辦了無數的社會公益事業，因而享有很高的威望。一九一二年更被河南各界推選為「河南省國民捐總理」。

青霞雖然對革命和社會公益事業，貢獻良多，但劉氏族人卻對她這些義舉毫不了解，也不支持，且屢次興訟，要與青霞爭奪劉氏家產，又攻擊青霞不守婦道，使青霞十分憤慨。青霞乃於報章上刊文予以駁斥，說：「青霞自游學以來，常與學界接洽，其有出類拔萃之士，甚至引為同志，歡若平生。況以男女之界限不除，坐養二萬萬死人，社會之活動無望也。」又說：「青霞豈漫無知識者！天賦人權，自由平等，共和肇建，應變方針。退讓主義一變而為競爭主義；家族主義一變而為社會主義。」她以堅決不屈的態度，表明對傳統社會壓抑女性的陋習的反抗，也宣示要放棄服從家族權威而要謀求社會大眾的公義與福祉的決心。

青霞因族人謀奪家產，連年爭訟不休，使其內心十分痛苦，並視財產為禍端。一九一三年，她親赴上海，兩次晉見孫中山（1866–1925）先生，願將全部財產捐獻給國家，以作為修建鐵路之用。（其事可見於孫中山〈致梁士詒（1869–1933）告中國鐵路總公司收到股款情形電〉，該電文收錄於《國父全集》，冊4，頁272）。但適逢二次革命發生，南北政府鬧分裂，捐獻之事無法落實。一九二一年，馮玉祥（1882–1948）出任河南督軍，青霞為了避免繼續糾纏於劉氏族產的爭訟中，毅然將全部財產交給河南地方政府。而馮玉祥乃將這筆巨款的大部分用在河南省的教育事業上，讓劉青霞一生熱心推動社會福利和教育事業的宏願得以實現。一九二二年，青霞在回抵自己的故鄉彰德府時病逝，享年五十歲。

林啟彥

編者按：河南開封現在還有劉青霞的故居，開放供人參觀憑弔。

◈ 馮自由：《革命逸史》（台北：台灣商務印書館，1969年），集3。
◈ 賀升平等：〈辛亥革命時期的劉青霞〉，《河南文史資料》，輯6（1981年），頁121–124。
◈ 王天獎、鄧亦兵：《辛亥革命在河南》（鄭州：河南人民出版社，1981年）。
◈ 于中華：〈劉青霞〉，《中州今古》，1984年2期（1984年3月），頁35–37。

◇ 劉茹：〈劉青霞：河南「國民捐總理」〉，載英文《中國婦女》編：《古今著名婦女人物》（石家莊：河北人民出版社，1986年），下冊，頁447–450。
◇ 王曉華：〈河南早期留日學生的辦刊活動〉，《中州今古》，1988年4期（1988年8月），頁35–37。
◇ 孫文：《國父全集》（台北：近代中國出版社，1989年），冊4。
◇ 呂美頤、鄭永福：《中國婦女運動1840–1921》（鄭州：河南人民出版社，1990年）。
◇ 王天興、王興亞、王宗虞編：《河南歷代名人辭典》（鄭州：中州古籍出版社，1991年）。

▥ 82 劉清韻 Liu Qingyun

劉清韻（1841–1900後），字古香，乳名觀音，海州東海（今連雲港）人，清代女傳奇作家和詩人，是海州富商劉蘊堂跟妻王氏的女兒。劉蘊堂晚年得子，清韻出生時，他已年過五十，因而十分溺愛她。據清韻的塾師周丹原所說，清韻出生前，其母曾夢見觀音贈予梅花，因而給她起了「觀音」這個乳名。清韻還有兩個妹妹。

周丹原又說，清韻四歲便會辨四聲，其父嘗戲之以上聯，她即能工整地對出下句，使其父大為吃驚。六歲時，其父延師教她，啟蒙師為王翊，繼之者即為周丹原，二人後來都為清韻的作品寫過序。據周氏所說，清韻當時既習子史，又工於詩畫。

十八歲時，清韻嫁海州沭陽大戶錢梅坡。錢氏也工詩文，但據周丹原所述，其才學不遞於劉氏。婚後，夫婦倆常吟詩作畫。劉氏無出，三十歲前以繼娣姒耿逸卿之女敏才為繼女，她又以嫁妝為錢氏置妾。四十八歲那年，妾侍吳氏喜誕麟兒，取名希肇，清韻為此更寫詩誌慶。

一八九七年，沭陽遇洪水，錢氏家財散盡，而清韻的著作亦散佚大半，所為二十四齣傳奇只遺其十。事緣前此海州府尹張西渠曾將劉氏十齣傳奇寄予當時著名學者俞樾（1821–1907），俞氏曾經為不少才媛的詩集作序，包括劉氏。他曾請劉氏把傳奇寄他閱覽，正因如此，劉氏的十齣傳奇才幸免於洪水之災。災後，錢家頓入困境，八十高齡的俞樾不但支持他們的生計，更幫助清韻刊刻尚存的傳奇。錢梅坡將這些作品集合起來，一九零零年以《小蓬萊仙館傳奇》之名出版，錢又請得俞樾為之作序。這篇序文成為研究劉清韻的重要資料，序文現存於俞樾的《春在堂全書》中。《小蓬萊仙館傳奇》有一版本存於台灣大學研究院圖書館。

劉氏的傳奇的特點在於重視描述主角日常生活和社會狀況，不少讀者發現

她所寫的不遇之士和腐敗官員背後隱含著社會批判。更有學者認為以她這樣有才藝的人,大抵會對傳奇中所寫的不遇之士的身世感同身受。俞樾認為她的傳奇雖寫舊事物,但卻寓有新意。這些作品,其中三齣取材十七世紀作家蒲松齡(1640–1715)的《聊齋誌異》,例如《丹青副》取材自〈田七郎〉;《天鳳引》取材自〈羅剎海市〉;《飛虹嘯》取材自〈庚娘〉。她大部分作品都以對不遇之士之作的認同作結。

劉氏也寫過詩、詞和散曲。其師周丹原曾編訂過她三種手稿,分別為《詩抄》一卷(一百首)、《瓣香閣詞》一卷(一百闋)和《曲稿》(五闋)。這些作品寫於一八九一年劉氏五十歲之後。其父編訂了詩稿部分,而其師王翊在編集過程中也幫過忙。這些稿本刊登於一九零六至零八年間出版的文學雜誌《著作林》中,該雜誌在杭州出版,雖然內容有些政治評論,但一般被認為是守舊的雜誌。

俞樾曾將劉氏的傳奇跟清初大師李漁(1611–1680)的作品對比,指出雖然劉氏沒有李漁的作品般才華橫溢,但卻較他精練。俞氏又指出她的傳奇中的詩歌不施脂粉,以自然取勝,有點元詩的品味。

劉清韻自幼便得到父親的鼓勵以及延師教導,塾師又成為她日後長期創作生涯的支持者,而且丈夫也支持她寫作。據說她身傍的女性親戚也在支持著她,有女學士之稱的娣姒曾將女兒過繼給她。此外,地方官亦宣傳她的作品,她更得到大學者俞樾和詩人楊古醞的垂青。

關於劉氏的卒年,各種材料有所出入。大部分材料都說她卒於一九零零年之後,但梁淑安的《中國文學大字典》卻指出她卒於一九一六年。對於她的生平,也有過一些爭議。有學者懷疑她到底有沒有十四齣散佚的傳奇,不過最近的研究大都接受俞樾有關這些作品散佚的說法。

Ann Waltner
陳志明譯

◇ 俞樾:《春在堂全書》(光緒二十三年〔1897〕據同治十年〔1871〕刊本影印),〈雜文〉編6、7,頁36下–37下;〈雜文〉編6、9,頁27上–28上。
◇ 《著作林》,5–11期(1907年7月–1908年1月)、16期(1908年6月)。
◇ 蘇之德:〈女戲劇家劉清韻〉,載氏著:《中國婦女文學史話》(香港:上海書局,1963年),頁92–95。
◇ 姚柯夫:〈女作家劉清韻生平考略〉,《文獻》,18期(1983年12月),頁30–39。
◇ 譚正璧:《中國女性文學史話》(天津:新華書店,1984年),頁362–367。
◇ 梁淑安:〈劉清韻〉及〈小蓬萊仙館傳奇〉,收入馬良春、李福田編:《中國文學大字典》(天

津：天津人民出版社，1991 年），頁 2236。

◈ Hua, Wei, "The Lament of Frustrated Talents: An Analysis of Three Women's Plays in Late Imperial China," *Ming Studies*, 32（April 1994）, 28–42 .

▥ 83 劉三秀 Liu Sanxiu

劉三秀可能是個虛構或半虛構人物。據說，接近一六五零年時，她已年屆三十五。劉氏的生平載於《過墟志感》（〈序〉，一六七六年）。序文謂，資料來自一名曾為其乳母、陪媵及老婢女，人稱「張媼」的婦人。張媼的敘述顯然經過某位男性親屬的闡釋和潤飾。對於張氏這位親屬，我們只知他別號「墅西逸叟」。該文在清代以抄本流傳，似乎直至一八七八年在《紀載彙編》中出現時才有印本。

據《過墟志感》所載，劉三秀出身常熟縣（在今江蘇省內）任陽某書香世代的小康之家，生性異常可愛聰敏：

> 雖處女而摒擋家政宛如健夫持門戶也。性高抗，不肯作忺忺倪倪態。遇難事，一言立斷，動中情理。兩兄亦善視之。甫垂髫，嬌艷驚人：面容方正，潔白如羊脂，微紅勻暈，如含露桃花，鳳目曼耳，眉疏秀而長，額光可鑑，脣方頷微橢，通體長短停勻。襪履不盈四寸，蹀躞容與，真國色也。

劉氏自幼喪親，在兩位兄長及嫂嫂照顧下成長。十五歲那年，儘管有違其守正不阿長兄的意願，但在嗜利二哥的詭計下，通過近乎買賣的安排，她被許配予年逾四十的鰥夫黃亮功為妻。黃某是任陽最財雄勢大而又最鮮廉寡恥之黃氏家族的家主，為人極之吝嗇。劉氏婚後無子，只育有一女，名珍，深為她所疼愛。

黃亮功在清人征服江南，及黃珍嫁予直塘附近某富裕望族後不久去世。守寡的劉氏雖然持家有道，但很快卻受到曾追求黃珍而遭唾棄之邪惡侄兒的陷害。這名注定倒霉的侄兒，引來一班隸屬聲名狼藉的長江三角州征服者李成棟（?–1649）的軍人，強行查抄黃家的家產。劉氏遭受拘禁，但因生得美貌動人，而被安置在李成棟松江的府邸中。當時，李成棟正在廣東繼續為清人征戰。

劉三秀被押至松江後不久，李成棟放棄與清朝聯盟，改投遠在南方的明永曆帝（朱由榔，1623–1662；1646–1661 在位）。因為這個緣故，李氏在松江

107

的所有家眷，包括大批他本人和手下在那裡徵集的婦女，均被籍沒，轉解南京（時稱江寧）分予駐守當地的旗主。（考諸史實，李氏在一六四八年五月〔陰曆四月份〕倒戈，而同年十一月〔陰曆十月〕初撤走家眷。）劉三秀被選進某一以南京作為基地、負責指揮清軍進一步南征的滿洲「親王」的後宮，其女婿錢沈塈欲贖回岳母的努力終告徒勞無功。

面對被貶為奴、失節、以及有生之年不能母女重逢的命運，劉三秀決心自尋短見。然而，黃珍和家人的來信，滿洲親王對她情有獨鍾的真心追求，以及親王之元妃去世，劉氏若能替他得子，大有可能成為正室等各種環境因素，重燃了她的求生意志。終於，她答應若是按禮正娶，便下嫁親王。

不久，親王奉召回北京，劉三秀給他帶來了首個兒子，並正式被冊封為繼妃。最後，劉氏成功替女婿在北京謀得職位，又為他們夫婦在附近覓得居所，使自己可以如願以償地探視女兒。似乎命中注定劉氏要放棄守節而改嫁滿洲貴族，過往她亟欲為黃亮功延續香燈而苦無所出，但在年近四十，卻又為親王再添男丁。

十九世紀以來，劉三秀的故事即以節錄形式在毛祥麟（《墨餘錄》，1870年）、徐珂（《清稗類鈔》，1917年），及裘毓（《清代軼聞》，1941–42年）等通俗作家筆下的野史稗乘中廣泛流傳，並構成署名「泖東一蟹」所作的中篇小說《鶼鰈姻緣》的故事骨幹，在《小說月報》（5卷5期〔1914〕及6卷4期）以兩期連載。著名小說家高陽亦曾將故事編寫成歷史小說（《劉三秀》，1979年）。諸家描述這位女性在分裂時代飽歷榮辱得失的遭遇時，多推斷故事中的親王為博洛（?–1652）或勒克德渾（?–1652）。惟考諸有關兩人生平的各種史實，此等論斷均難以成立。尤其是，假若故事所言不虛，當一六四八至四九年劉三秀被押至南京時，上述兩人都並不活躍於江南或其鄰近地區。再者，《過墟志感》中有關所謂「滿洲親王」的資料，亦與當時所有滿洲親王的生平不吻合。而至今除李成棟外，尚未有任何故事中點名提及的人物，可在史料中得到確證。

要不是大部分的描述均以簡單、非小說性的文體出現，而所述又恰與已知的事故和情況相符：如籍沒李成棟的家眷、李氏性好徵集民女，在清兵征服江南期間，於南京設立大營安置成千上萬擄劫而來的婦女，又如滿洲顯貴之間畜養漢女之風日盛，這個故事大可視作子虛烏有。假若我們接受劉三秀的故事大體上是真有其事，那麼，我們有必要考慮一下，她的親王或者實際上是不具皇

族血統、地位較遜而稍有權勢的滿洲人。如果我們認為整個故事大部分是出於杜撰，縱使部分內容是建基於某些人的真實經歷，那麼，故事的靈感大抵是來自一六四八年滿洲人明確獲准納旗外漢女為妻一事。該年公佈的寬限，稍後受到各種規條的修訂，目標主要是針對皇族（愛新覺羅裔）及駐守京師的旗人，而持公職者在嫁娶問題上，若涉及旗人與非旗人通婚者，亦須經正式申請批准。顯然這些規定導致了廣泛的錯覺，以為清代滿漢是嚴禁通婚的。

司徒琳（Lynn A.Struve）

陳永明譯

◇ 《過墟志感》，收入丁祖蔭編：《虞陽說苑》（出版者不詳，1917 年），甲編。
◇ 鄭天挺：《清史探微》（台北：大立出版社，1983 年），頁 28–30。
◇ 《吳城日記》（南京：江蘇古籍出版社，1985 年），頁 230–231。
◇ 馮年臻：〈勒克德渾〉，載於清史編委會編：《清代人物傳稿》，上編（北京：中華書局，1986 年），卷 2，頁 90–94。
◇ 王思治：〈譚泰〉，載於清史編委會編：《清代人物傳稿》，上編，卷 3，頁 78–88。
◇ 楊餘練：〈博洛〉，載於清史編委會編：《清代人物傳稿》，上編，卷 2，頁 40–48。
◇ Struve, Lynn A., *The Southern Ming, 1644–1662*（New Haven: Yale University Press, 1984），122–24, 128–29.
◇ ——, *Voices from the Ming–Qing Cataclysm: China in Tigers' Jaws*（New Haven: Yale University Press, 1993），ch. 6.

▥ 84 柳是 Liu Shi

　　柳是（1618–1664）又名隱、隱雯，字蘼蕪、如是，號河東君、我聞居士，浙江嘉興人。本姓楊，名雲、朝、愛、朝雲，號影憐、嬋娟、美人、雲娟。

　　柳是身材嬌小，容貌婉媚，性情機警，作風俠烈。她的家世不詳，可能出身書香門第。她年幼時穎慧絕倫，但很不幸，因家庭破落或壞人拐賣，淪為吳江盛澤鎮名妓徐佛的婢女。後來她又被轉賣到吳江周家，為大學士周道登（?–1633）老母侍婢。一六二九年春，周道登致仕家居，見而憐愛，納為小妾，教以文藝。一六三一年她因遭周道登其他姬妾的排擠、陷害，被周家賣往盛澤鎮妓館為娼。

　　不久，她贖身為船妓，扁舟一葉，浪游湖山間，結交高才文士。當時，松江名士夏允彝（1596–1645）、徐孚遠（1599–1665）等發起組織的幾社，由於嚴肅擇友、切實治學而聲震文壇，也為柳是所矚目。一六三二年，她停駐松江佘山，曾晉謁名士陳繼儒（1558–1639），與幾社勝流李待問、宋徵輿

（1618–1667）、陳子龍（1608–1647）等游處。她渴望在風流跌宕、裘馬翩翩的幾社諸子中擇一夫婿，先後與李待問、宋徵輿相戀，都沒有成功。一六三五年春，她因與陳子龍熱烈相愛，一度同居。在此期間，她積極參加幾社的活動，可算得幾社的一名女社員。經過幾社名士政論的薰習，她平日關於天下興亡大義的觀念就在這時成熟。她的詩歌最初師承明代前後七子的宗派，宗法漢唐，鄙棄趙宋，也是受幾社諸子的影響。

柳是游歷吳越間，廣交文人學士，目的是繼續學習詩文書畫，充實自己，並乘機尋找如意郎君，覓一歸宿。與程嘉燧（1565–1644）、錢謙益（1582–1664）等嘉定諸老交游，大大改變了她的文學思想，以及對書畫的興趣。一六四零年冬，柳是男裝到常熟，訪晤謙益。一六四一年夏，兩人結為夫婦，當時錢年五十九，柳年二十四。謙益衝破傳統，在元配夫人健在的情況下，尊柳是為繼室。婚後，柳是揮毫潑墨，習書作畫，與丈夫和詩聯句，考異訂訛，窮搜博討，爭奇鬥勝。

一六四五年，清軍下南京滅南明弘光政權時，柳是勸擔任弘光朝廷禮部尚書的丈夫錢謙益自殺，以取義全節。謙益貪生惜命之際，柳是已奮身投池水準備自殺，被丈夫拽住。她雖然沒有死，但明顯反對丈夫出仕清朝，毅然拒絕做降官夫人隨謙益同赴北京。一六四六年錢謙益官場失意，借病請求辭官回家。從此，夫妻同心，積極投身復明運動，直至一六六四年去世方休。柳是性喜談兵，以抗金女英雄梁紅玉自比，謙益賦詩以梁比柳的更多。一六五四年，柳是曾經短時間追隨明遺民部隊，夫婦倆與海師於松江、嘉定等處遺民亦經常有聯絡。他們在長江口岸巨鎮常熟白茆構築芙蓉莊（碧梧紅豆莊），兩年後自城內移居此地，以便利與海上和江南遺民的聯絡往還。其後，謙益遷往常熟，柳是仍留在白茆，注視復明運動。一六六四年，謙益在常熟病逝。

謙益晚年家無餘資，靠賣文度日。死後，族人就想鯨吞他的遺產，用都察院封條告示查封芙蓉莊房屋。然後登堂入室，逼勒銀器，夐取田契，柳是深感只有以死喚起社會公正，懲辦惡勢力，免使全家陷於危難。她在遺書中囑弱女同嫡子為她報仇後，便從容自縊。親屬和謙益友好、門生發出揭帖，揭露該等罪行，並要求討回公道。迫害基本上停止，但遺產始終沒有追回。

作為文學家、藝術家，柳是高才博藝，造詣卓絕。她擅長書畫，書能狂草、楷體、行書，筆勢險勁，不循常格。畫工山水、仕女、花鳥，清疏淡雅，奇趣天然。歌舞是當時名妓的長技、必修課。柳是最精此道，吹簫度曲，歌舞

婆娑，冠絕一時。

不只如此，她慧心巧手，在刺繡、園藝等領域，也有最出色的創造。她曾製一繡衣，上繡二十四孝故事，人物鬚眉畢現，啼笑逼真，樹木花葉陰陽明暗非常分明，四面看去，顏色都不同，被歎為「針神」。園藝上令人驚異的，是她利用相同節候不同植物花葉的不同顏色構成圖案的技術。她在芙蓉莊畫地為「壽」字，大約一畝，在壽字地面上播撒菜子，壽字筆畫空隙處和周圍種麥，到次年春，菜花盛開成一大壽字，嵌在連畦的綠麥中，彷彿碧玉鑲著黃金，賞心悅目，兼寓吉祥。她在文學上的成就，即她的詩詞、散文的成就是更傑出的。她的詩詞遣詞莊雅，用典適切，閒情淡緻，蹊徑獨闢，構思最精當感人的地方具有一種雷鳴電閃、石破天驚的氣勢。其七律〈次韻奉答（誰家樂府唱無愁）〉及詞〈金明池（詠寒柳）〉堪稱明末最佳詩詞。大體說來，她的詩後期比前期、七言比五言更勝，而詞則比詩也更勝。散文的佳妙在她給汪汝謙的尺牘中得到了盡情的體現。這些尺牘格調高雅，詞翰清麗，感情深摯，文采風流。

她的作品結集傳世的有《戊寅草》、《湖上草》、《柳如是尺牘》，以及一些選本，附在錢謙益遺集和散在其他著作中的詩文，還有《鴛鴦樓詞》、《紅豆莊雜錄》、《柳如是家信稿》等，存否待查。

何齡修

◇ 惲珠編：《國朝閨秀正始集》（道光十一年〔1831〕紅香館藏板），附錄，頁15上–16上。
◇ 黃秩模編：《國朝閨秀詩柳絮集》（咸豐三年〔1853〕蕉陰小幌刊本），卷40，頁18下–19下。
◇ 許纕臣編：《國朝閨秀香咳集》（光緒〔1875–1908〕間申報館仿聚珍版印），卷4，頁5。
◇ 徐乃昌編：《閨秀詞鈔》（宣統元年〔1909〕小檀欒室刊本），卷9，頁5上–6上。
◇ 胡文楷：〈柳如是年譜〉，《東方雜誌》，43卷3期（1974年2月），頁37–47。
◇ 周法高：《柳如是事考》（台北：自印本，1978年）。
◇ 陳寅恪：《柳如是別傳》（上海：上海古籍出版社，1980年）。
◇ 徐兆瑋編：〈河東君遺事摘錄〉，見《明史資料叢刊》，輯5（1986年9月），頁205–251。
◇ ──：〈牧齋遺事摘錄〉，見《明史資料叢刊》，輯5（1986年9月），頁163–204。
◇ 周采泉：《柳如是雜論》（南京：江蘇古籍出版社，1986年）。
◇ 何齡修：〈《柳如是別傳》讀後〉，載紀念陳寅恪教授國際學術討論會秘書組編：《紀念陳寅恪教授國際學術討論會文集》（廣州：中山大學出版社，1989年），頁618–658。
◇ 王鍾翰：〈柳如是與錢謙益降清問題〉，《紀念陳寅恪教授國際學術討論會文集》，頁337–347。
◇ 劉夢溪：〈以詩證史，借傳修史，史蘊詩心──陳寅恪撰寫《柳如是別傳》的學術精神和文化意蘊及文體意義〉，《中國文化》，3期（1990年12月），頁99–111。
◇ 赫治清：〈柳如是〉，載《清代人物傳稿》，上編（北京：中華書局，1991年），卷6，頁225–232。
◇ 周黎庵：〈柳如是的詩才與志氣〉，載《清詩的春夏》（南京：江蘇古籍出版社；香港：中華

書局，1991 年），頁 63–68。

◇ 孫康宜著，李爽學譯：《陳子龍柳如是詩詞情緣》（台北：允實文化實業股份有限公司，1992
年）。

◇ 俞允堯：〈秦淮八艷傳奇之二：柳如是〉，《歷史月刊》，58 期（1992 年 11 月），頁 64–70。

◇ Hummel, Arthur, W. ed., *Eminent Chinese of the Ch'ing Period*（*1644–1912*）（Washington: United
States Government Printing Office, 1943），529–30.

◇ Weidner, Marsha, et al., *Views from Jade Terrace: Chinese Women Artists, 1300–1912*（New York:
Indianapolis Museum of Art, 1988），99–102, 182, 226.

◇ Chang, Kang–i Sun, *The Late Ming Poet Ch'en Tzu–lung: Crises of Love and Loyalism*（New Haven:
Yale University Press, 1991）.

◇ ——, "Liu Shih and Hsü Ts'an: Feminine or Feminist?" in *Voices of the Song Lyric in China*, ed.
Pauline Yu（Berkeley: University of California Press,1994），169–87.

▥ 85 劉文如 Liu Wenru

劉文如（1777–1847），字書之。有關她的記載很少，只知道她是揚州人，為清乾嘉時期著名官員阮元（1764–1849）的妾侍。據記載，劉文如的詩寫得不錯，而且擅長繪畫。阮元曾經為她畫的〈靜春居圖卷〉題過詩。

據阮元的記述，劉文如對歷史有濃厚興趣，經常閱讀史書，對於古代史事，大至重要人物的世系譜牒，小如諸人的姻親關係，都瞭然於胸。後來有一次，她向阮元問及如何研習歷史，阮元於是給她閱讀錢大昕（1728–1804）的《疑年錄》一書，並教她為錢書作補充。她從《史記》、《漢書》以來的史著，上起秦漢，下迄兩晉，鉤稽出諸人物的生卒年歲，得數百人，著成《四史疑年錄》七卷。

《四史疑年錄》在考證古人年歲上有很大貢獻，弄清了一些史籍上的錯誤。例如劉氏根據《後漢書·曹大家傳》推知《文選·東征賦》中「永初有七」一語應為「永元有七」之訛。不過，是書也有不足之處，因為劉氏考訂諸人的生卒年歲，基本上只根據正史的材料，而忽略了其他史籍的記載。

劉文如的詩也寫得不錯，雖然她的作品傳世的不多，但近人對其詩才頗為推崇，認為她的詩能夠「體會入微」。今所見劉文如的作品如〈題石室藏書圖〉、〈題養蠶圖〉、〈詠漢金釭〉等，或因見圖卷而賦詠，或睹遺物而起吟，往往細緻傳神。像〈題養蠶圖〉寫養蠶之事，劉文如以平實的詩句，把養蠶技術傳入淮揚之地的經過，以及農家養蠶的細節鉅細無遺的記錄下來，教人如親睹其事，親歷其境，言辭樸實而意味雋永。

陳志明

◇ 黃秩模編：《國朝閨秀詩柳絮集》（咸豐三年〔1909〕蕉陰小榾刊本），卷32，頁1上－2下。
◇ 劉文如：《四史疑年錄》（宣統元年〔1909〕刊本）。
◇ 李濬之輯：《清畫家詩史》（周駿富輯《清代傳記叢刊》本；台北：明文書局，1985年），癸上，頁665。
◇ 錢仲聯編：《清詩紀事》（南京：江蘇古籍出版社，1989年），〈列女卷〉，頁15758–15759。
◇ 阮元：〈《四史疑年錄》序〉，《揅經室集》（北京：中華書局，1993年），《二集》，卷7，頁558。
◇ ——〈題靜春居圖卷〉，《揅經室集》，《四集》，卷9，頁911–912。
◇ 施淑儀輯：《清代閨閣詩人徵略》（周駿富輯《清代傳記叢刊》本），卷5，頁311。

86 陸蘭芬 Lu Lanfen

　　陸蘭芬（?–1900），清末上海妓界林、陸、金、張四大金剛中居二。本姓趙，蘇州人。初為妓時花名胡月娥。因同時與上海本地人朱渭夫、伶人趙小廉兩人相好，導致朱趙爭風對仗，以至會審公廨出面干涉，胡名聲大受影響，便改名陸蘭芬。

　　陸蘭芬性情靜穆，容貌俊美，外國人曾攝取她的倩影寄回本國作雜誌封面，稱為支那美女。應酬功夫頗深，語言詼諧，能使席上生風。擅長唱青，時人稱餘音裊裊，可三日繞樑。

　　其生活西化，在上海妓女中第一個住洋房，開居所稱「寓」之風。一八九八年搬遷福州路西胡家宅西式房屋時，雇巡捕守門，前往賀客都穿禮服。後嫁王姓者。一九零零年病死，死後王為其發喪，訃文、喪牌都署「先室陸宜人」。

孫國群

◇ 汪了翁：《上海六十年花界史》（上海：時新書局，1922年）。
◇ 徐珂：《清稗類鈔》（北京：中華書局，1986年），冊11，〈娼妓類・陸蘭芬之榮哀〉，頁5228–5229。
◇ 孫國群：《舊上海娼妓秘史》（鄭州：河南人民出版社，1988年）。

87 盧元素 Lu Yuansu

　　盧元素，十八世紀後期在世，字淨香，又字鷳雲，號淑蓮，又號靜香居士。江蘇揚州人，滿族。畫家，善繡。

　　其先人祖居東三省長白山人，滿族。後隨父遷居揚州。錢東之妻。錢東，字東皋，號袖海，又號玉魚生。工詩，善畫，為畫家錢杜（1764–1844）之堂

兄。元素，原為錢東之側室，後繼以正室。

元素善畫梅、蘭，又寫山水。更善繡，作人物、草蟲，紅綠翠縷，與丹青渲染競發。一七九五年（乾隆六十年），曾燠（1759–1830）在兩淮鹽政任時，請錢東畫〈芍藥三朵花圖〉，元素繡於後。數年後，元素病逝。元素與駱佩香詩畫齊名，有女盧（盧照鄰〔約635–約689〕）駱（駱賓王〔約640–？〕）之稱。

陳金陵

◇ 馮金伯：《墨香居畫識》（南匯馮氏家刻本），卷9，頁22下。
◇ 惲珠編：《國朝閨秀正始集》（道光十一年〔1831〕紅香館藏板），卷14，頁17上。
◇ 黃秩模編：《國朝閨秀詩柳絮集》（咸豐三年〔1853〕蕉陰小幌刊本），卷9，頁2下–3下。
◇ 許夔臣編：《國朝閨秀香咳集》（光緒〔1875–1908〕間申報館倣聚珍板印），卷10，頁17下–18上。
◇ 李濬之：《清畫家詩史》（1930年刊本），癸，頁42下。
◇ 施淑儀輯：《清代閨閣詩人徵略》（周駿富輯《清代傳記叢刊》本：台北：明文書局，1985年），卷6，頁325–326。

▥ 88 駱綺蘭 Luo Qilan

駱綺蘭，十八世紀晚期在世，字佩香，號秋亭。江蘇勾容人，畫家。

夫龔世治，早卒。綺蘭未再婚，寡居無子，教撫嗣女以自娛。舊居揚州，厭其喧雜，徙居丹徒，食貧清守。

綺蘭博通經籍，幼習書畫，工沒骨花卉，頗得惲壽平（1633–1690）畫風，尤長畫蘭。曾畫〈秋鐙課女圖〉，曾賓谷（名燠，1759–1830，曾官兩淮鹽政）為之題詠。能詩，袁枚（1716–1797）、王文治（1730–1802）以其為女弟子，詩益工。她的〈立夏前三日余方小病聱靜閨中過左畹鄉夫人聞揚州芍藥盛開招游〉一詩云：「久臥深閨思寂寥，渡江偶赴左芬招。揚州破浪心雖怯，扶病看花興轉饒。邗水離家無日里，春風待我只三朝。無端振觸當年事，愁緒悠揚柳其搖。」其詩反映了她的某些生活經歷與思緒。她畫的〈佩蘭〉圖，題有「孤清看畫本騷怨」之句。著有《聽秋軒詩集》。

中年以後，綺蘭歸心淨業，深行禪理，詩畫不苟作矣。

駱綺蘭與同期的盧元素（參見該傳）以詩畫齊名，並稱「女盧駱」，盧即盧照鄰（約635–約689），駱即駱賓王（約640–？），均為初唐詩人。

陳金陵

◇ 馮金伯：《墨香居畫識》（南匯馮氏家刻本），卷9，頁22上。
◇ 惲珠編：《國朝閨秀正始集》（道光十一年〔1831〕紅香館藏板），卷14，頁15上。
◇ 蔡殿齊輯：《國朝閨閣詩鈔》（道光二十四年〔1844〕娜環別館刊本），冊7，頁35–40。
◇ 黃秋模編：《國朝閨秀詩柳絮集》（咸豐三年〔1853〕蕉陰小幌刊本），卷48，頁16–28上。
◇ 許夔臣編：《國朝閨秀香咳集》（光緒〔1875–1908〕間申報館倣聚珍板印），卷3，頁15上–16上。
◇ 李濬之：《清畫家詩史》（1930年刊本），癸上，頁41。
◇ 蔣寶齡：《墨林今話》（周駿富輯《清代傳記叢刊》本；台北：明文書局，1985年），卷6，頁325。
◇ 施淑儀輯：《清代閨閣詩人徵略》（周駿富輯《清代傳記叢刊》本；台北：明文書局，1985年），卷6，頁325。
◇ Weidner, Marsha et al., *Views from Jade Terrace: Chinese Women Artists, 1300–1912*（New York: Indianapolis Museum of Art, 1988），140–41, 182, 229.

▥ 89 馬荃 Ma Quan

馬荃，十八世紀早期在世。字江香，江蘇常熟人，畫家。

祖父馬眉，字子白，善寫生，蘆雁入神品。父馬元馭（1669–1722），作沒骨法，久而不脫，兄馬逸，丈夫龔充和均能畫。

馬荃工寫意花卉，妙得家法，設色妍雅，恣色靜逸，絕無點塵。其筆端饒香艷，款為端楷，尤有逸緻。時武進惲冰（參見該傳）以沒骨法名，荃以勾染名，江南人謂之「雙絕」。

荃家貧，曾與夫同至京師，賣畫為生。後因夫病故歸里，染翰作畫，飲冰茹茶，世重其節操。晚年，名益高，四方以縑金求畫者益眾，常帶婢女數人，悉令調鉛殺粉，當地貴游士女，常求教於她。馬荃晚年失明，但畫作需求甚殷，遂找來兩名女畫工捉刀。另有女子臨摹她部分畫作，摹本渾然不著痕跡，幾可亂真。

傳世作品有南京博物院藏的〈牡丹桃花圖〉（一七三六年作）、〈花蝶圖〉（一七六零年作）、無錫市博物館的〈桃柳集禽圖〉（一七四四年作），以及流傳日本的〈夜花圖〉、〈游魚圖〉、〈牡丹游描圖〉等。作畫用印有「馬荃」、「江香」、「絲窗學畫」、「馬荃氏」。

陳金陵

◇ 王錦等纂：《常昭合志》（1793年刊本），卷9，頁145。
◇ 田島志一編：《支那名畫選集》（東京：支那畫研究會，1907年）。
◇ 神州國光社輯：《神州國光集》（上海：神州國光社，1908年）。
◇ 馬荃：《馬江香女士花鳥冊》（上海：文明書局，1929年）。

◇ ——：《馬江香女士草蟲畫冊》（上海：文明書局，1929年）。
◇ 河井荃廬監修：《南畫大成》（東京：興文社，1935–36年），冊6。
◇ 湯漱玉：《玉台畫史》（《畫史叢書》本；上海：上海人民出版社，1963年），冊5，頁51。
◇ 王季遷輯：《明清書畫家印鑑》（香港：香港大學出版社，1966年）。
◇ 中國古代書畫鑒定組編：《中國古代書畫圖目》（北京：文物出版社，1984年），冊6、7。
◇ 施淑儀輯：《清代閨閣詩人徵略》（周駿富輯《清代傳記叢刊》本；台北：明文書局，1985年），卷3，頁184–185。
◇ Weidner, Marsha, et al., *Views from Jade Terrace: Chinese Women Artists, 1300–1912*（New York: Indianapolis Museum of Art, 1988），130–37, 182–83, 228–29.

▥ 90 麥秀英 Mai Xiuying

麥秀英（Ho Tung Margaret, 1865–1944），一九一五年後又稱何東夫人、麥女士、瑪嘉烈女士等，是大慈善家和實驗農業家，生於香港，母親為華人麥吳氏，蘇格蘭裔父親麥理顏（Hector Coll MacLean）任職怡和公司。麥秀英一八八一年嫁給供職怡和買辦，後來成為大金融家和慈善家的何東（啟東，1862–1956；一九一五年獲封爵士）。由於麥秀英膝下無兒，因此慫恿何東另娶一妻，詳見張靜蓉傳。

麥秀英求學時期入讀一所由一名華籍老師教授的學校，當時男生和女生各坐一邊，中間以布簾間隔。同樣為歐亞混血兒的何東是其中一名男生。在學校裡她學到很多中文實用知識，讓她能夠寫家書和記錄後來她興趣上需要的資料。

在何東接近新界上水的土地上，麥秀英興建了一所農莊——東英學圃。一九一零年鐵路通車後，農業顯得愈來愈重要了。農莊裡的農作物包括花生、水稻、甘蔗、煙草和茶葉。她們也從事養豬和養魚，及培殖不同品種的植物，特別是荔枝。

麥秀英最感興趣的，卻是養蠶和種植一些能夠站在地上就可採摘的小形桑樹。一批專家從著名的產絲地順德請來。當蠶生長到成蟲階段，麥秀英通常都到農場監督。一九二四年，當她的丈夫出任溫布萊展覽會香港區的代表時，麥秀英在香港政府的邀請下，帶領她的養蠶工人到英國示範造絲工藝。這次示範非常受歡迎，而且還得到女皇駕臨觀賞。那些工人（其後在一九二五年再次到溫布萊示範）主要來自陪同麥秀英參觀農莊的喬包（音譯）的鄉里。

喬包又向麥秀英介紹了中國的傳統習俗，特別是順德地區的。（一九一零年農場建立後，新界在習俗上仍然是中國的一部分；新界已經在一八九八年

作為香港殖民地的一部分租借給英國。）麥秀英其中一位密友是區成璋，區死後葬在麥秀英的墓前。麥秀英過著深居簡出的生活，雖然她也曾隨同丈夫出外遊歷，又可以在一些與像蕭伯納般的偉人在紅屋會晤的照片中看到她。紅屋是何東在香港島的物業，該處自一八九九年起即成為麥秀英的家；自一九零六年起，何氏的另一位妻子和女兒別居他處。

何家通常在紅屋慶祝節日。紅屋是麥秀英和過繼兒子世榮的居所。妾侍周綺文的女兒純姿在親母去世後也搬往該處。無論是中式或西式的節日，他們都很認真的慶祝。

紅屋有一個雅致的花園，由麥秀英打理，那裡的產品會以何東夫人的名義，代表港島區參加一年一度的農藝展，而張靜蓉的展品則以何東爵士的名義代表山頂區參賽。

一九三一年，麥秀英和丈夫慶祝金婚紀念，何東爵士給了兩位妻子各港幣十萬元。麥秀英將自己的錢捐給政府，條件是要在錦田何東農場附近的一條村落裡興建一所診所。她又將一萬元捐給收容那些剛由中國大陸南來的或是被拐騙少女的保良局。後來，一幅麥秀英母親的畫像掛在其中一所大宅裡。一九四一年十二月，夫婦二人慶祝了鑽婚紀念。那時候，何東已屆八十高齡，雖然麥秀英比他年輕三年，但他倆聯合舉行了八十大壽的慶典。

戰後，何東爵士捐錢興建了何東夫人紀念堂，那是一所香港大學女本科生急切需要的宿舍。不過，麥秀英應該視為新界農業發展的先驅者而紀念的。香港政府定期向她徵詢有關引進新植物的意見。事實上，香港政府常常請她協助在東英學圃種植試驗性質的植物。她後來更因為對香港農業的貢獻而獲得勛章。

雖然年歲日增迫使她放下工作，她的工作卻由嘉道理爵士發揚光大，嘉氏的名字現在更與新界的實驗農業有密切關係。

Susanna Hoe

陳志明譯

⊗ Cheng, Irene, *Clara Ho Tung: A Hong Kong Lady, Her Family and Her Times*（Hong Kong: Chinese University of Hong Kong Press, 1976）.

⊗ 其他資料來自何奇姿博士，何文姿，Peter Hall, 何世禮將軍，許羅佩堅及Carl T. Smith（施其樂）。

▪ 91 毛國姬 Mao Guoji

　　毛國姬，十九世紀在世，字孟瑤，號素蘭女史、長沙女史，湖南長沙人。清代女詩人及編輯。

　　毛國姬早年生平不詳，《長沙縣志》並無關於毛國姬之記載，可以確定的是毛國姬有弟弟名毛國翰，而且姊弟二人感情甚佳，這一點可以從唱和詩及贈詩的數量和內容可見。

　　毛國姬應該是出身於傳統的士人家庭，幼受庭訓。在經史之學以外，也必然花了不少心力學習作詩填詞，日後才能在詩詞方面一展所長。然而，毛國姬也有為女性鳴不平的心理，以及悲觀的人生觀，凡此種種，必然與她的心理發展和成長過程有關，可惜資料所限，難以確定來源了。

　　毛國姬成年後，嫁給武陵人楊孝彪。楊孝彪的生平不載於府志或縣志，因此不詳。根據毛國姬的弟弟毛國翰在《湖南女士詩鈔所見初集八卷》中特別為國姬所寫的序言所說，毛國姬的丈夫楊孝彪英年早逝。毛國姬驟然喪夫，深感生活孤苦伶仃，人世無常，原來已經消極的人生觀變得更加悲觀，感觸之下，憤而將以往所作的詩稿全部焚毀，並且決心以後封筆不再從事創作。

　　不幸之中之大幸，毛國翰偶然翻檢家中舊物，發現殘餘的毛國姬舊作十首，於是把這批詩附於毛國姬所編輯其他清代女作家的詩集之後，此即《湖南女士詩鈔所見初集》八卷。因此，今日的讀者才能略見出毛國姬敏妙的詩才和特出的文學見識。

　　毛國姬的貢獻是多方面的，但無疑最重要的就是編成《湖南女士詩鈔所見初集》八卷（道光十四年甲午〔1834〕刊本），前有毛國姬弁言及凡例，首題鄞縣沈栗仲先生閱，凡選七十四人，國姬詩十首附於末。十首詩中，不少以〈寄青垣弟〉或〈寄青垣〉為題，詞中流露淒苦的意境，用詞方面，幾乎每首皆有「寂寞」、「淒涼」、「淒迷」等詞語。

　　毛國姬最特出的文學理論，就是為古代和當時的女作家抱不平，力主她們的重要性上承《詩經》三百篇，只因後來的編者少予注意，才令閨閣之才與草木同腐。所以她「第取近日湖湘士女集，精選而編輯之，冀傳於後」，由此可見其特出的女性文學史觀及用心之勤。

　　毛國姬花費極大心力編成《湖南女士詩鈔所見初集》八卷，搜羅女詩人達七十四人之多，其有功於當世及後世之女性文學研究，自不待言。

馮瑞龍

◈ 毛國姬編：《湖南女士詩鈔所見初集》（道光十四年〔1834〕刊本），卷8。
◈ 黃秩模編：《國朝閨秀詩柳絮集》（咸豐三年〔1853〕蕉陰小榥刊本），卷17，頁19上–20上。
◈ 呂肅高修，張雄圖纂：《長沙府志》（乾隆十二年〔1747〕序刊本；台北：成文出版社，1976年），卷25，〈選舉〉，頁653；卷26，〈選舉〉，頁665。
◈ 趙文在等修，易文基等纂：《長沙縣志》（嘉慶二十二年〔1817〕增補本；台北：成文出版社，1976年），頁1727。
◈ 胡文楷：《歷代婦女著作考》（上海：上海古籍出版社，1985年增訂本），卷7，〈清代〉1，頁228–229。

▥ 92 梅亞芳 Mei Yafang

　　梅亞芳（Moy Afong），在中美歷史上梅亞芳扮演著十分重要的角色，因為她是首位到美國的華籍婦女，時為一八三四年。十九世紀初，她被視為一件富於異國情調的陳列品，被帶到紐約去滿足那些沈迷於中國事物的美國人的好奇心。紐約一報刊曾載：這中國女子「穿著傳統服式，她能展示給紐約仕女們在那遙遠及隔絕的地方的不同婦女。」

　　一八三五年紐約里素與布朗公司（Risso and Browne）更刊出「梅亞芳」的相片，題為「中國小姐」。該照片攝於一八四八年加州金礦潮中國人移民美國之前。相片中，梅亞芳坐在房間中，而這房間就是佈滿當時流行的，具中國藝術風味物品。自這幀相片刊登後，再沒有人提及梅亞芳，以後她的生活如何也無人曉得。

楊碧芳

潘美珠譯

◈ La Fargue, Thomas, "Some Early Chinese Visitors to the United States," *T'ien Hsia Monthly*, 11, no. 2（10 November, 1940）,128–39.
◈ Fessler, Loren W., ed., *Chinese in America: Stereotyped Past, Changing Present*（New York: Vantage Press, 1983）, 6–7.

▥ 93 繆嘉蕙 Miao Jiahui

　　繆嘉蕙，十九世紀晚期至二十世紀早期在世。字素筠，雲南昆明人。畫家。夫陳瑞在四川為官。嘉蕙隨夫入川。夫死早孀，工寫翎毛、花卉，賣畫為生，撫養幼子。

　　光緒時，孝欽太后即慈禧太后（參見該傳）詔令，各地如閨秀之精於書

畫者，有司資送入京。四川地方官將繆嘉蕙選送朝廷，受到孝欽太后的賞識，任為福昌殿供奉，給予三品冠服，月銀二百兩。嘉蕙畫秀逸清雅，除供宮廷用外，餘力所作，京師人士重金爭買，因以自給。卒年七十六歲。人稱繆姑太。

Marsha Weidner 引述美國人 Issac T. Headland 稱，繆嘉蕙是慈禧太后多年的美術老師；她並暗示慈禧署名的花卉畫作，絕大多數出自繆氏手筆。

陳金陵

◇ 方樹梅：《滇南書畫錄》（《盤龍山人叢書》本，1926年），卷4，頁6。
◇ 趙爾巽等：《清史稿》（北京：中華書局，1977年），卷508，〈列女〉1，頁14054–14055。
◇ 張鳴珂：《寒松閣談藝瑣錄》（周駿富輯《清代傳記叢刊》本：台北；明文書局，1985年），卷6，頁211。
◇ 周熙：〈西太后與女畫家繆嘉蕙〉，載俞丙坤等著《西太后》（北京：紫禁城出版社，1987年），頁156–157。
◇ Weidner, Marsha et al., *Views from Jade Terrace: Chinese Women Artists, 1300–1912*（New York: Indianapolis Museum of Art, 1988），164–66, 183–84, 231.

▥ 94 納喇氏，世宗（雍正）孝敬憲皇后 Nala shi

孝敬憲皇后（約1675–1731），姓納喇氏，滿洲正黃旗步軍統領、內大臣費揚古之女。雍正元年（一七二三年）追封費揚古為一等侯，其後追晉費揚古為一等承恩公。孝敬憲皇后之祖布查克、曾祖透納巴圖魯亦封一等承恩公，子孫世襲。

按滿洲貴族習慣，孝敬憲皇后當於十三歲即康熙二十六年（一六八七年）選入胤禛皇子府邸。三十七年（一六九八年）胤禛受封為多羅貝勒，四十八年（一七零九年）晉封和碩雍親王。於此同時，康熙皇帝賜冊立孝敬憲皇后為雍親王嫡妃。

康熙三十六年（一六九七年），孝敬憲皇后生皇長子弘暉，八歲而卒。雍正元年（一七二三年）胤禛奉太后旨冊孝敬憲皇后為皇后。冊文贊曰：「溫惠秉心，柔嘉表度、六行悉備，久昭淑德於宮中，四教弘宣允合母儀於天下。」兩年後，即雍正三年（一七二五年）十月慶賀禮。

孝敬憲皇后德行典範深得雍正帝、康熙帝與孝恭仁皇后（參見烏雅氏，聖祖（康熙）孝恭仁皇后傳）稱讚。她領六宮佐內廷倍受雍正帝稱贊：「佐朕內政經四十載……朕旰食宵衣，勵精圖治，睠茲宮壺，良資贊襄。」

雍正九年（一七三一年），孝敬憲皇后病重，移駐暢春園，逝於此園。

雍正帝聞其喪，痛悼不已，欲親臨含殮，惟雍正帝於孝敬憲皇后逝前大病初癒，諸王大臣懇請節哀，停止親往含殮，雍正帝勉強從請。輟朝五日，在京諸王以下及文武各官，公主王妃以下及旗下二品命婦，俱齊集暢春園舉哀，服喪二十七日。是年冊諡為孝敬皇后，梓宮安於田村蘆殿。乾隆二年（一七三七年）與雍正帝合葬於泰陵。

一七三七年，乾隆皇帝登極，上尊諡曰：孝敬恭和懿順昭惠佐天翊聖憲皇后。嘉慶四年（一七九九年）嘉慶帝加上尊諡曰「莊肅」二字。嘉慶二十五年（一八二零年）道光皇帝繼位，再加尊諡曰：「安康」。

王冬芳

◇ 趙爾巽等：《清史稿》（北京：中華書局，1977年），卷167，〈外戚表〉，頁5317–5319；卷214，〈后妃〉，頁8914。
◇ 鄂爾泰等：《世宗憲皇帝實錄》（《清實錄》本；北京：中華書局，1985–87年），卷14，252；卷37；頁548；卷111，頁472；卷113，頁505–506。
◇ 慶桂等：《高宗純皇帝實錄》（《清實錄》本），卷7，頁281。
◇ 文慶等：《宣宗成皇帝實錄》（《清實錄》本），卷10，頁208。

▪ 95 納喇 阿巴亥，太祖（努爾哈赤）大妃 Nala Abahai

努爾哈赤大妃納喇氏（1590–1626），名阿巴亥，為扈倫四部（明人作海西四部）之一的烏拉部貝勒滿太女。

父死後五年，大妃年方十一，於一六零一年（明萬曆二十九年），由其叔布占泰送與清太祖努爾哈赤作妃。滿州舊俗同蒙古，立少不立長，少子最為父所鍾愛。大妃生有三子：長子名阿濟格，一六零五年（明萬曆三十三年）生，在清太祖諸子中排行第十二；次子名多爾袞，一六一二年（明萬曆四十年）生，排行第十四，號墨爾根岱青；三子名多鐸，一六一四年（明萬曆四十二年）生，排行第十五，號額爾克楚虎爾。

清太祖有三位皇后：第一為元妃（一作福金），名哈哈納扎青，佟佳氏，系塔本巴彥女；第二位為繼妃（參見該傳），名袞代，富察氏，系莽塞杜諸祜女；第三位即大妃，備受清太祖寵愛，只因後來清太祖第八子皇太極（1592–1643；1626–1643在位）繼承了汗位。其生母孟古姐姐，本非皇后，母以子貴，被追封為孝慈高皇后（參見該傳），反而成了名列最前的第一位皇后。而原本已晉封為皇后的元妃、繼妃和大妃三位皇后均遭貶抑而降為諸妃了。

關於大妃之死，是自盡以殉夫還是被迫而殞身，自來眾說紛紜，莫衷一

是，迄今尚無定論。從當時歷史實際考察，一六二六年（明天啟六年），清太祖因患病往清河湯泉療養。逾月，病情加劇，急欲回京（今瀋陽舊城），坐船順太子河（今渾河）而下，立召大妃往迎，相遇於離瀋陽舊城四十里的靉雞堡。一六二六年，清太祖病卒。從而可以看出，兩人感情真摯，老夫少妻（相差三十歲），臨終留言，雖不知所囑云何，卻很難想像恩愛夫妻發生有強迫愛妻自盡之事！

考之奉天舊檔，一六二零年（清天命五年），繼妃獲罪，清太祖說她「罪無可逭」，但仍念及她有三子一女，無人照顧，終免其一死。同樣情況，大妃所生二幼子：多爾袞十四歲和多鐸十二歲，亦均需人照顧，安有既能免繼妃之死罪，而反逼令愛妻大妃殉己而不念及所鍾愛的兩個幼子之理？舊檔又載，一六五零年（清順治七年）追諡大妃詔有云：「皇祖妃皇后（即大妃）光贊太祖，成開辟之豐功；默佑先皇（太宗皇太極），擴續承之大業。篤生皇父攝政王（多爾袞），性成聖哲，扶翊眇躬，臨御萬邦，重闡之厚德；救寧百姓，遵京室之遺謀；慶澤洪於後昆，禮制必隆於廟祀。」此則歌頌大妃輔佐開國之功，或不免誇大其詞，然身受太祖寵愛，親密無間，參預機謀，決非等閑之女流，當是事實。則太祖遺命大妃自盡以殉己，似絕無其事。

既知大妃之死非出自盡，則被迫而死之說，自屬可信。先是，清太祖生前雖創立八王共治之制，但並未明確指定繼承人為誰。逝世後「宗室諸王，人人覬覦，有援立叔父（多爾袞）之謀」，而皇太極手握兩白旗，又得兩紅旗（代善，1583–1648）和兩藍旗（莽古爾泰，1587–1633）的支持，則只據有兩黃旗的多爾袞自不能與皇太極相抗衡。然則皇太極為確保多爾袞之生母此後不再干預國事，聯合諸王逼令自盡以絕後患，當是當時情勢所必有之結局。現存的滿文舊檔和朝鮮人的當時記載亦均可證實這一點。或謂《清太祖武皇帝實錄》所云：「后（大妃）饒豐姿，然心懷嫉妒，每致帝不悅，雖有機智，終為帝之明所制，留之恐為國亂」。與《滿州實錄》所載同，惟漢文刪去「饒豐姿」三字稍異。因此，認為兩書成於一六三六年（清崇德元年），出於編纂者迎合皇太極的政治上需要而作。或者《滿錄》漢文本後經刪改，但滿文本仍作 "banin biyan saikan"，即漢文「饒豐姿」三字之義，是滿文本固未經任何刪改之證明也。

人們知道，滿族先世女真人原有以人殉葬的古老傳統習俗，迄至清初相沿未改。所以，皇太極輩不正好利用本民族歷代相傳下來的這一殉葬陋習，來達

到爭奪汗位的政治目的的一種手段嗎？所以我們說大妃之死並非出於自盡以殉夫，而是被迫身亡，是符合歷史事實的。

王鍾翰

◎ 福克期：〈皇后阿巴亥之死〉，《華裔學誌》，1期（1935–36），頁71–81。

◎ 今西春秋譯：《滿州實錄》（新京：日滿文化協會，1938年），卷3，頁88；卷8，頁358–360。

◎ 唐邦治編：《清皇室四譜》（周駿富輯《清代傳記叢刊》本；台北：明文書局，1985年），卷2，〈后妃〉，頁40。

◎ 鄂爾泰等：《清太祖武皇帝實錄》（《清實錄》本；北京：中華書局，1986年），卷2，頁33；卷4，頁57–58。

◎ 恆慕義（Arthur W. Hummel）主編：《清代名人傳》（西寧：青海人民出版社，1990年），頁151–154。

◎ 李肯翊：《燃藜室記述》（君山文庫本），卷27，頁3上。

◎ 《滿州實錄》（國學文庫本），卷3，頁55；卷8，頁210–211。

◎ 張偉田編：《清列朝后妃傳稿》（周駿富《清代傳記叢刊》本），卷上，頁266–272。

◎ Hummel, Authur W., ed., *Eminent Chinese of the Ch'ing Period*（*1644–1912*）（Washington: U.S. Government Printing Office, 1943），302–4.

▦ 96 納喇 孟古姐姐，太祖（努爾哈赤）孝慈高皇后 Nala Menggu Jiejie

孝慈高皇后納喇氏（1575–1603），名孟古姐姐，是葉赫部貝勒楊吉努（在一些漢文史籍中也有譯作仰加奴、仰加或養汲努的）的幼女。葉赫納喇氏原本是土默特蒙古星根達爾漢的後裔，相傳他們的祖先在東進中消滅了海西女真納喇部，並以之為姓，於是才有納喇氏的稱呼。後來，他們又遷居到附近的葉赫河畔（今吉林伊通河，係遼河支流）定居下來，所以在納喇姓氏上面又冠上了葉赫的名號，以區別於鄰近女真裔的烏拉、輝發、哈達等部的納喇氏。

在楊吉努與其兄掌管葉赫部時期，女真諸部圍繞著與明朝的關係，以及他們的內部分離組合，不斷發生激烈的爭鬥。這時，清太祖努爾哈赤（1559–1626；1616–1626在位）作為建州諸部的年輕領袖，開始登台亮相。儘管早年努爾哈赤在政治和軍事上的勢力，以及在女真各部中的威望都還比較弱小，但他的處事才能已給楊吉努留下了深刻的印象，有意與之結好，遂提議把最小的女兒許配給他。

一五八八年，未來的孝慈高皇后按照中國的習慣，虛歲十四，已是可以出閣的大姑娘了。可惜她的爸爸楊吉努，早在四年前因與鄰族哈達部爭奪權力，受明朝政府忌恨，設計將其殺害了，所以婚事只好由她哥哥納林布祿代為張

羅。這一年秋天，她在納林布祿陪同下，來到努爾哈赤的住地。努爾哈赤很看重此次聯姻活動，親自帶領子弟部屬，出城迎接，擺設大宴，合巹成禮。當時努爾哈赤虛歲正好滿三十，已經娶過兩個正式妻子（原配已故）。在身份上，孝慈高皇后實際上是妾侍。

婚後不久，她的娘家葉赫部在其兄長納林布祿的統領下，走上了與努爾哈赤相對抗的道路，而且愈演愈烈。儘管如此，由於孝慈高皇后性情聰慧，為人厚道寬和，在平日處事中，嚴格遵循聽到讚譽的話不喜形於色，對惡言相加不慍怒；並且不悅諂諛，不信讒佞，不親細務；對於不應該聽的話絕不妄加打探，不應該說的不亂加傳播，對丈夫也能克盡婦道，所以一直深得努爾哈赤的寵愛，同時也使她能在眾多的妻妾姊妹中站住腳跟。一五九二年，她生下了唯一的一個兒子皇太極（1592–1643；1626–1643在位），也就是努爾哈赤的繼任者，後來的大清太宗皇帝。

一六零三年，孝慈高皇后病重，十分渴望見上母親一回，努爾哈赤趕忙派人到葉赫通報。可是她哥哥貝勒納林布祿，卻一直對十年前慘敗於努爾哈赤之手而耿耿於懷，只叫一名僕人前來探視。努爾哈赤對這種不通人情的做法感到無比惱怒，並表示不久必將興師問罪，進行討伐。同年，孝慈高皇后離世，努爾哈赤命令四名侍婢從殉，還宰牛馬各一百致祭，齋戒月餘，並把她的靈柩停放在近傍的院落裡，三年後才下葬於赫圖阿拉（今遼寧新賓縣境）附近的尼雅滿山岡。

一六零四年，努爾哈赤依言興兵進攻葉赫部，毀城佔地，班師而還。一六一六年，努爾哈赤在赫圖阿拉建立大金國，自稱英明汗。一六一九年，努爾哈赤趁著在薩爾滸圍殲明朝遠征大軍勝利的餘威，再次出兵，一舉消滅葉赫部。

一六二四年，努爾哈赤將都城赫圖阿拉遷於遼陽東京城，又在城東北約四華里的楊魯山頂修建寢殿，以便把祖先的靈柩遷葬於此。在動遷時，孝慈高皇后的棺槨也同時被移到新地。

一六二六年，努爾哈赤在離瀋陽不遠的靉雞堡去世，孝慈高皇后的兒子皇太極最終被推舉為新汗。一六三零年，皇太極確認自身的汗位已經穩固，借著父汗山陵落成的機會，把母親的靈柩從東京啟運到瀋陽，與努爾哈赤合葬在一起。這既是要突出孝慈高皇后在父親諸妻妾中的正統地位，同時也是為了顯示皇太極本人的特殊權力。

由於隨後的皇帝均有為孝慈高皇后加諡，她最後的諡號為孝慈昭憲敬順仁徽懿德慶顯承天輔聖高皇后。

郭松義

◇ 趙爾巽等：《清史稿》（北京：中華書局，1977年），卷214，〈太祖孝慈高皇后傳〉，頁8899。
◇ 唐邦治：《清皇室四譜》（周駿富輯《清代傳記叢刊》本；台北：明文書局，1985年），卷2，〈后妃〉，頁39–40。
◇ 張孟劬：《清列朝后妃傳稿》（周駿富輯《清代傳記叢刊》本；台北：明文書局，1985年），傳上，頁256–262。
◇ 鄂爾泰等：《太祖武皇帝實錄》（《清實錄》本；北京：中華書局，1986年）卷1，頁8–9；卷2，頁2；卷4，頁5。
◇ 圖海等：《太宗文皇帝實錄》（《清實錄》本；北京：中華書局，1986年），卷1，頁2；卷5，頁6–7。

▥ 97 那遜蘭保 Naxunlanbao

那遜蘭保（1801–1873），字蓮友，蒙古博爾濟吉特氏人。四歲隨其父阿拉善王離開蒙古草原入京，幼受詩於外祖母英太夫人，後拜師於陳廷芳之女歸真道人。史稱其「七歲入家塾，十二能詩，十五通五經。」十七歲嫁於清宗室副都御史恆恩（?–1860）。一生基本在北京度過。善詩，有詩集《芸香館遺詩》。

那遜蘭保與恆恩夫妻恩愛，感情深摯，那氏曾寫了不少詩作對此作了描寫。同時，宗室家庭為她提拱了優裕的生活條件，使她除了操持家政、教導子女外，大量精力用來進行詩歌寫作。她的詩描寫貴婦人的獨特生活情緻，很有特色。〈春晚〉描寫主人公春晨濃睡不醒，忽報賣花聲機靈醒來，回憶夜來的微雨峭風，聯想花木是否遭受風雨侵襲，愛花惜花之情溢於言表。整首詩清新自然，不假雕飾，與宋女詞人李清照（1084–約1151至1156）的〈如夢令〉等詞有異曲同工之妙。據此有人稱她為蒙古族的「易安居士」。

那遜蘭保雖貴為宗室主婦，但她生活於中國兩次鴉片戰爭時期，受家庭社會影響，具有強烈的愛國主義意識。一八五零年左右，朝廷派其二兄出使外蒙古，家人涕洟徬徨，視為畏途，獨她慷慨陳詞，申明大義，激勵其兄發揚祖先英勇尚武精神，為國建功立業。並恨不得自己也戎裝素裹，躍馬疆場。表現了一個有作為婦女在國家民族危亡時刻，大義凜然，以國家民族利益為重的熱忱。同時她還寫詩把自己的出生地喀爾喀蒙古地區描寫得如詩如畫，勸說其

兄出使外蒙古，猶如榮歸故里，何等悲壯！並表達了對蒙古民族英雄成吉思汗（1162–1227，1206–1227在位）的讚美之情，希望國家統一，各民族間和睦相處。正因為她有這種思想，清光緒中葉曾有人據此奏本，企圖彈劾其子——清代著名學者盛昱（1850–1900）的官職，說是忘了所謂滿清之本。

那遜蘭保是個有思想有作為的婦女，她雖然生活於中國傳統社會，但對舊社會「女子無才便是德」的男尊女卑思想表現了極大憤慨。她曾對其子盛昱說：「苟天假以年，爾輩成立，不以家事累我，我當復舉所學，陶鎔而出，庶幾可與古作者競。」並對古來有作為的女子反覆標榜。

一八六零年恆恩去世，那遜蘭保由於內事摒擋，外御憂患，竟日以困，連詩也不寫了，於一八七六年在默默無聞中死去。

雲峰

◇ 那遜蘭保：《芸香館遺詩》（清同治十三年〔1874〕刻本）。
◇ 單士釐輯：《閨秀正始再續集》（歸安錢氏排印本，1911年），初編之1上，頁40上–44上。
◇ 楊鐘羲：《雪橋詩話》（1919年吳興劉氏求恕齋刻本），卷12，頁58。
◇ 徐珂編：《清稗類鈔》（北京：中華書局，1986年），冊8，〈文學類·博爾濟吉特夫人嫻吟詠〉，頁3956–3957。
◇ 雲峰：〈清代蒙古族女詩人那遜蘭保詩歌述評〉，《中南民族學院學報》，1987年2期（1987年4月），頁41–44。

▥ 98 倪瑞璿 Ni Ruixuan

倪瑞璿（1702–1732），字玉英，江蘇宿遷人，詩人。父倪紹瓚（?–1706），庠生。瑞璿五歲喪父，跟隨母親和兄弟投靠住在睢寧的舅父樊正錫，並在睢寧渡過她的大半生。

瑞璿年幼時非常懂事，舉止端莊。父親死後，她因哀痛而三日不飲食。到睢寧以後，有一次母親病倒，她衣不解帶地服侍母親六個月之久。

其次，她在童年時異常聰穎，讀書過目成誦。六歲便能背誦《易經》，因此而為樊正錫喜愛，並且親自教她讀書。據記載，她七歲學習古文，八歲學詩賦駢文，先後寫了〈九河考〉、〈河源志〉、〈雲龍山賦〉、〈仙掌小銘〉諸作。到了九歲，便閱讀北宋五子的書。

此後，她努力讀書和作詩。及至十二歲，除讀過《五經》、《四書》、《周禮》、《儀禮》、《孝經》、《爾雅》等儒家經典外，亦熟習先秦、兩漢、魏晉六朝及唐宋大家的作品，以及《道德經》、《陰符經》、《關尹子》、《莊

子》、《法華經》、《楞嚴經》、《齊諧記》、《越絕書》、《資治通鑑綱目》、《文獻通考》諸書。此外，她又精通簫管琴棋和刺繡裁剪，可謂多才多藝。

可是，到了十五歲的時候，她忽然感到自己鋒芒過露，於是盡棄平日所習，而且愈長大愈自韜晦，就算她最為人稱道的詩，也很少寫作。

雍正四年（一七二六年），倪瑞璿嫁給宜興徐起泰為繼室，時年二十五。當時徐起泰在睢寧教館，但當她知道翁姑尚在，便催促丈夫返回宜興。回鄉以後，瑞璿侍奉翁姑如父母，撫養前室子如親生。其次，起泰雖然屢試不中，仕途並不順利，但是夫婦琴瑟和諧，二人不但時常唱和，而且瑞璿為丈夫的懷才莫遇，寫詩訴說不平，間中又為丈夫代作酬答之詩。可惜好景不常，瑞璿在雍正九年（一七三一年）秋天患病。明年二月，病逝於宜興，享年三十一。遺下一子，在她死後幾個月亦夭折。

倪瑞璿著作甚豐，除詩之外，有《周易闡微》、《大學精義》、《中庸折衷》、《律呂志》、《治河、備邊、救荒三策》等書。可是，在她病危的時候，乘丈夫外出為她延醫的機會，將平生所作詩賦文章六大本焚毀。當徐起泰責怪她時，她含淚回答道：「妾一生謹慎，計犯天地忌者此耳。曷用留之，以重余罪！」因此，論者推測這是因為她的作品有不少怒斥奸佞、諷刺權貴及議論時政的篇章，因而恐怕身後遭受文字獄而遺禍家人。

倪瑞璿死後，徐起泰為她整理遺物，發現「其遺詩草稿於篋，蠹蝕半，急錄之，共二百餘首」，命名為《篋存詩稿》。此書在道光三十年（一八三零年）由曹嘉重編與刊行，仍名為《篋存詩稿》。曹嘉序中說：「余於其家廢書櫃中，檢得此本，目分九卷，凡四百餘章，多殘失次，而完整者尚二百餘章。余僭為排纂，更定為上中下三卷。上卷孺人未字時作，中卷則贅徐而在睢之作，下卷皆歸宜後作也。」可是，此本似未通行。

光緒（1875–1908）年間，倪瑞璿的遺稿為其宗人倪子座所有。光緒九年（一八八三年），桂中行（1833–1897）為徐州知府，曾命宿遷縣令王為毅謄繕遺稿，選錄在《徐州詩徵》中。約在一九三五年，宿遷縣成立文獻委員會，倪子座的孫兒倪培才將遺稿獻出。於是文獻委員會在同年編輯整理遺稿為《篋存詩集》出版，書中共收古今體詩一百十二首。後來，又有人在宿遷馬陵公園為倪瑞璿建祠。抗戰勝利後，宿遷又建立倪瑞璿圖書館。但是，它們後來都被戰火摧毀了。

倪瑞璿的詩歌，題材多樣，頗能擺脫婦女詩吟風弄月和纖弱的通病，所

以歷來評價極高。沈德潛（1673–1769）《國朝詩別裁集》說：「柔順供職，婦德也。獨能發潛闡幽，誅姦斥佞，巾幗中易有其人耶？每一披讀，悚然起敬。」王豫（1698–1738）《江蘇詩徵》引《荻汀錄》亦說：「巾幗中人多吟風弄月語，不足尚也。宿遷倪瑞璿詩識見英卓，關係倫理。與桐城張蠹窗（即張令儀，參見該傳）、錢塘柴季嫻（即柴靜儀，參見該傳）、朱道珠（即朱柔則，參見該傳）、侯香葉（即侯芝，參見該傳）均為本朝名媛之冠。」

何冠彪

◇ 王豫：《江蘇詩徵》（道光元年〔1821〕焦山海西庵詩徵閣刊本），卷164，頁14下–16上。
◇ 惲珠編：《國朝閨秀正始集》（道光十一年〔1831〕紅香館藏板），卷3，頁20上–22上。
◇ 蔡殿齊編：《國朝閨閣詩鈔》（道光二十四年〔1844〕娜環別館刊本），冊3，卷6，頁27–31。
◇ 黃秩模編：《國朝閨秀詩柳絮集》（咸豐三年〔1853〕蕉陰小幌刊本），卷9，頁21下–24上。
◇ 許夔臣編：《國朝閨秀香咳集》（光緒〔1875–1908〕間申報館倣聚珍板印），卷1，頁11下–13上。
◇ 施惠等：《宜興荊谿縣志》（光緒八年〔1882〕刻《宜興荊谿舊志五種》本），卷8，〈人物·才淑〉，頁59上。
◇ 桂中行：《徐州詩徵》（光緒辛卯十七年〔1891〕刊本），卷8，〈閨秀〉1，頁19上–30下。
◇ 嚴型等：《宿遷縣志》（民國二十四年〔1935〕春月宿遷會文齋印刷局承印本），卷17，〈列女志〉上，頁6下–7上。
◇ 呂一泓：〈論清代女詩人倪瑞璿〉，《江海學刊》，1983年6期（1983年月份缺），頁108–111。
◇ 沈德潛等編：《清詩別裁集》（原名《國朝詩別裁集》，上海：上海古籍出版社，1984年），下冊，卷31，頁1326–1329。
◇ 胡文楷：《歷代婦女著作考》（增訂本；上海：上海古籍出版社，1985年），卷13，〈清代〉7，頁452。
◇ 施淑儀輯：《清代閨閣詩人徵略》（周駿富輯《清代傳記叢刊》本；臺北：明文書局，1985年），卷2，頁125。
◇ 曹文柱：〈倪瑞璿：指奸斥佞的女詩人〉，見英文《中國婦女》編：《古今著名婦女人物》（石家莊：河北人民出版社，1986年），上冊，頁304–309。
◇ ——：〈指奸斥佞的女詩人倪瑞璿〉，《人物》，1986年6期（1986年11月），頁174–179。（按：此文與上文實為一文而二題。）
◇ 錢仲聯主編：《清詩紀事·列女卷》（杭州：江蘇古籍出版社，1989年），頁15705–15707。

▥ 99 鈕祜祿氏，世宗（雍正）孝聖憲皇后
Niuhulu shi, Shizong Xiaoshengxian Huanghou

孝聖憲皇后鈕祜祿氏（1692–1777），雍正皇帝（胤禛，1678–1735；1722–1735在位）的熹貴妃，乾隆皇帝（弘曆，1711–1799；1735–1796在位）生母。父凌柱隸屬滿洲鑲黃旗，曾祖之父薩穆哈圖，為開國功臣額亦都從弟。

雍正十三年（一七三五年），乾隆皇帝登極後追封凌柱一等承恩公，世襲不替，謚曰良榮，同年追封凌柱之父之祖一等承恩公。

據《清列朝后妃傳稿》載，孝聖憲皇后母家在承德城中，家貧。她六、七歲時已懂得到市上採買生活所需雜物。康熙四十四年（一七零五年）十三歲時到京師，正值名門閨秀齊集候選，隨往看熱鬧。守門人以為其在冊，使得以進宮。遴選開始，以十人為列，於時引導官方發覺其非在籍，報與親王，親王令其入末班。最後以容體端頎中選，分入貝勒胤禛府邸，稱格格。

孝聖憲皇后入選藩邸並沒有得寵，除嫡妃孝敬憲皇后（參見該傳）外，尚有李氏、耿氏、年氏先後受寵。特別年氏，漢軍鑲黃旗年遐齡之女，於康熙末年尤得胤禛寵愛，連生三子一女。康熙四十九年（一七一零年）夏，胤禛染疾，侍奉者不太願意近前，孝聖憲皇后則從早到晚謹慎服侍。兩個月後胤禛病癒，感念她的忠心留於身邊。翌年，生皇子弘曆。

康熙六十一年（一七二二年），已封雍親王的胤禛，請康熙帝到自己藩邸圓明園遊玩。於此時，十一歲的弘曆皇子與皇祖相見。康熙帝一見即喜，將其帶回宮中養育。祖孫朝夕相處達半年之久，康熙對弘曆特別鍾愛，其母孝聖憲皇后的地位逐得以提高。康熙帝曾召見她，讚曰「有福之人。」

雍正元年（一七二三年），雍正皇帝登極後冊封孝敬憲皇后為嫡妃，封年氏為貴妃，封李氏為齊妃，封後來的孝聖憲皇后為熹妃，封宋氏、耿氏為懋嬪、裕嬪。孝聖憲皇后後晉為熹貴妃。雍正十三年（一七三五年），其子弘曆繼皇帝位，三個月後尊其為皇太后，上徽號曰「崇慶」。

進住慈寧宮的孝聖憲皇后從此盡享尊榮富貴四十餘年。乾隆帝出巡、登五台山等皆奉母行。凡冊立皇后、貴妃，平定叛亂、壽辰等喜慶之日皆上徽號。每遇其生日，乾隆帝都為之舉辦萬壽大典。乾隆十六年（一七五一年）、二十六年（一七六一年）、三十六年（一七七一年），適逢她六十歲、七十歲、八十歲生日，特列為全國慶典，詔惠全國臣民，官晉階、民免賦、罪囚減刑特赦等。

乾隆四十一年（一七七六年）為慶祝平定金川成功，乾隆帝給皇太后上徽號，欲舉行隆重大典，時孝聖憲皇后已八十五歲高齡，降諭曰：「春秋已高，不宜過勞。令豫陳冊寶於黃案，至時行禮，罷宣讀表文等儀式。」此後成為定例。

孝聖憲皇后以八十六歲高齡辭世。逝前留下遺詔，囑咐兒子天地宗廟社

稷之祭不可久疏，百神群祀亦不可輟故。並令乾隆按照以日易月之禮，將持服二十七個月改為持服二十七日。乾隆帝奉母親遺願，改持服百日。

　　孝聖憲皇后葬於泰東陵，位置在雍正帝孝敬憲皇后合葬的泰陵東部，根據她的諭旨早已建好。早年安葬雍正帝時，本豫留她的份位。她死前諭曰：「憲皇帝奉安地宮之後，以永遠肅靜為是，若將來復行開動，揆以尊卑之義，於心實有未安。泰陵地宮不必豫留份位。」是故，她並非葬於泰陵。

　　乾隆四十二年（一七七七年），乾隆帝為母親恭上尊諡曰：「孝聖慈宣康惠敦和敬天光聖憲皇后。」奉其神牌升祔太廟，次日頒詔天下覃恩有差。一七九七年，嘉慶帝登基，到道光帝（1782–1850；1821–1850在位）繼位，兩人分別上尊諡在原諡「敦和」之後，曰「誠徽」、「仁穆」，尊諡曰「孝聖慈宣康惠敦和誠徽仁穆敬天光聖憲皇后。」

王冬芳

◇ 趙爾巽等：《清史稿》（北京：中華書局，1977年），卷167，〈外戚表〉，頁5319。
◇ 張孟劬：《清列朝后妃傳稿》（周駿富輯《清代傳記叢刊》本；台北：明文書局，1985年），卷上，頁69–71。
◇ 慶桂等：《高宗純皇帝實錄》（《清實錄》本；北京：中華書局，1985–87年），卷8，頁303；卷26，頁573；卷403，頁292–300；卷897，頁1068–1072；卷1025，頁736；卷1026，頁752；卷1031，頁814。
◇ 文慶等：《宣宗成皇帝實錄》（《清實錄》本），卷10，頁207–208。

▥ 100 鈕祜祿氏，文宗（咸豐）孝貞顯皇后
Niuhulu shi, Wenzong Xiaozhenxian Huanghou

　　孝貞顯皇后（1837–1881）為咸豐帝（奕詝，1831–1861；1850–1861在位）之皇后，後尊慈安皇太后，並以此銜最廣為人知。

　　孝貞顯皇后，鈕祜祿氏，滿洲鑲黃旗人，廣西右江道三年承恩公穆揚阿之女，比咸豐帝小六歲。初入宮侍奕 潛邸，咸豐登極後，初封貞嬪。咸豐二年（一八五二年）內閣欽奉諭旨：「貞嬪晉封為貞貴妃」。十三日後，宣佈冊立貞貴妃為皇后。十月，即四個月後，正式冊立貞貴妃為皇后，時年僅十六歲。

　　咸豐十年（一八六零年），英法聯軍進逼北京，皇后隨咸豐帝及群臣逃往熱河行宮，翌年咸豐病重，因皇后無子便將懿貴妃，即日後的慈禧皇太后（孝欽顯皇后，參見該傳）之六歲兒子載淳立為皇太子。咸豐死後，梓宮停在澹泊敬誠正殿。翌日載淳（即同治帝，1856–1875；1861–1875在位）前往母后皇

后（孝貞顯皇后）、聖母（生母懿貴妃）處問安，並諭內閣「朕纘承大統，母后皇后應尊為皇太后，聖母應尊為皇太后。」自此以後，孝貞顯皇后稱東太后，懿貴妃則稱西太后。

　　咸豐十一年九月（一八六一年）孝貞顯皇后及懿貴妃分別被尊為慈安皇太后及慈禧皇太后。慈安、慈禧兩度垂簾聽政，協助同治及其後的光緒兩位小皇帝處理政務，直至他們長大成人。雖然孝貞顯皇后以德優於才見稱，但她比慈禧年長，且曾居皇后之位，故地位較高。她在處理軍國大事上也很果斷，如同治八年（一八六九年），慈禧派心腹太監安德海（?-1869）出京買辦龍衣，安德海乘船南下，沿途搜刮民財，激起民憤。慈安當機立斷，將安德海就地正法，並將此事編入宮中則例。

　　同治帝十八歲登基，因已達足可親政之齡，可惜不到兩年便駕崩。慈禧太后斯時個人權勢已極穩固，遂把自己一位姊妹的兒子載湉（光緒帝，1871-1908；1875-1908在位）立為帝。兩位太后再度垂簾聽政。七年後，慈安太后偶染微痾，年僅十歲的光緒帝，侍藥問安。不意，病勢陡重，翌日去世，卒年四十五歲。因慈安暴亡於鍾粹宮，故有傳為慈禧所害之說，無以考證。

　　光緒七年九月十七日（一八八一年）孝貞顯皇后葬入普祥峪定東陵。光緒三十四年（一九零八年）尊全諡為：孝貞顯慈安裕慶和敬誠靖儀天祚聖顯皇后。

于善浦

◇ 寶鋆等：《穆宗毅皇帝實錄》（《清實錄》本；北京：中華書局，1986年），卷1，頁75、79；卷4，頁122。
◇ 賈楨等：《文宗顯皇帝實錄》（《清實錄》本；北京：中華書局，1986年），卷61，頁828；卷74，頁960。
◇ 王道成：〈慈安太后〉，載《清代人物傳稿》，下編，卷8（北京：中華書局，1993年），頁20–23。
◇ 《內務府本文》，〈禮儀〉，包198。

▥ 101 潘素心 Pan Suxin

　　潘素心，字虛白，浙江山陰人，乾嘉時代的女詩人，是當時以支持婦女寫詩著稱的詩人袁枚（1716–1798）的女弟子。其父潘汝炯曾在福建、雲南等地當官。素心自幼隨父轉官而遷徙各處，途中所見所聞都寫入她的作品中。

　　父母知道她的才華，並且加以栽培。潘氏的一首作品記述了是她母親最先

用樹枝在門前教她寫字。傳記資料說她十歲能寫詩。據《閨秀正始集》所載，當她父親在福建廣昌當官時，就曾叫她掌理文案的工作，這工作雖然佔去了潘素心大部分時間，但她仍能抽空作詩。

據《餘墨偶談》所記，潘父像當時一般人一樣，起初認為寫詩不是婦女的玩意，因而加以阻止。但某日家丁在園裡找到一枚據說是位名叫素蘭的才媛埋下的瓦盆，素心為此事寫下詩句，其父看後，認為是佳作，從此改變了對素心作詩的態度。自此以後，其父不斷鼓勵她作詩。《餘墨偶談》的作者推測她大概在這時起叫自己做「不櫛進士」。進士是學者的意思，說得更準確一點是指科舉考試的最高級階位。當時女子不能考科舉。潘素心使用這個稱號不但反映出一種對儀容整潔的女性本份的反抗，而且是對專用男性官員的社會的一種諷刺。她的首部作品名為《不櫛吟》。

《餘墨偶談》中另一節故事顯示出潘素心的文才和她父親的鼓勵。據說當她十歲的時候，其父閱讀童試考生的試卷。潘素心請求也讓她一看。閱畢，她寫下評語。她的作品包括了一部分有關這件事的情節的記載以及對某些只知模仿著名詩人杜甫（712–770）、李白（699–762），而不能直抒胸臆的作品的批評。她總結說：這不是因為我有能力去批評他們，而是出於幫助父親的緣故。其父對她的成就的讚美見於與袁枚酬唱的詩作中。

她的作品表現出對寫作的認真。其中一首詩提及她父親的友人胡玉堂如何叫她將作品寄給他。她寄出去，而他在讀後也寫上了評語，這使潘氏感到羞愧。她引用古諺說婦人應該多關心衣食，不應讓文才的追求佔去了女紅的時間。她不是叫她的讀者不去寫而是叫他們將寫詩之事藏起來。

潘氏的詩作包括對歷史人物的吟詠，其中最注目的是王守仁（1472–1528），她認為雖然有很多人視王守仁為理學家，但她卻更重視王氏的軍事才華。至於像楊貴妃（716–756）這類悲劇故事和司馬相如（前179–前117）與卓文君的愛情故事等古老傳奇也是她作品的題材。

她的首部詩集《不櫛吟》（三卷）初刻於一八零零年。一八二二年的再刻本附有當時文壇名士如蔣士銓（1725–1785）、袁枚和她父親的序跋。其他序跋包括有她丈夫和金蓉、王韞徽、陳長生、錢孟鈿四位女詩人。陳長生和錢孟鈿明顯是袁枚圈子裡的人物。由是可知，圍繞在袁枚身邊的才媛在袁死後一段長時期仍然凝聚在一起。三卷本的《不櫛吟》很難找到，但一卷本卻見於《國朝閨閣詩鈔》。第二部詩集名為《不櫛吟續刻》，一八零八年初刻，一八二二

年再刻。初刻本有其子汪同懌寫的附識。再刻本有另一兒子汪同懷和女學者何
若瓊的題字。這些序跋文的體式顯示出潘氏如何與當時的文壇有著千絲萬縷的
關係。第三部作品《虛白齋詩集》僅見於胡文楷編的目錄之中,但胡氏沒有提
供更多的資料。她的作品也常被收入選集之中。

也許潘素心真的不刻意梳櫛與打扮,但在其他方面她卻能克盡婦職。她
嫁給錢塘人汪潤之(一八零一年進士),袁枚曾經談到當時的才媛往往不能嫁
得才學雙全的丈夫,但潘、汪二人的婚姻卻是天作之合。他們生了至少五男二
女。兩個兒子(有說為三個)在同年中舉。三兒子汪炳恩娶了崑山人孫玉田為
妻。孫氏是位年輕的詩人,可惜早卒。女兒汪恂(字瑟友)也是詩人,嫁陸憲
曾為妻。她出嫁時,潘素心曾教導她必須克盡婦人之責,持家有道。另一女兒
汪愔(字琴德)也是詩人。

潘素心逝世時年八十餘歲。她得到雙親的鼓勵而從事文學創作,也得到
熱心的老師袁枚和丈夫的支持。她的兒子為她的作品結集,女兒也寫得一手好
詩,而且至少一名媳婦會寫詩。她看來就像是位能將文學與家庭生活結合在一
起,而且能將家庭生活融化到作品中的女性典範。

Ann Waltner

陳志明譯

◇ 惲珠編:《國朝閨秀正始集》(道光十一年〔1831〕紅香館藏板),卷18,頁1上–3下。
◇ 蔡殿齊:《國朝閨閣詩鈔》(道光二十四年〔1844〕嫏環別館刊本),冊6,卷2,頁7上–12上。
◇ 黃秩模編:《國朝閨秀詩柳絮集》(咸豐三年〔1853〕蕉陰小榭刊本),卷14,頁7上–10下。
◇ 袁枚:《隨園詩話》(北京:人民出版社,1960年)。
◇ 胡文楷:《歷代婦女著作考》(增訂本;上海:上海古籍出版社,1985年),卷18,〈清代〉
   12,頁726。
◇ 施淑儀輯:《清代閨閣詩人徵略》(周駿富輯《清人傳記叢刊》本;台北:明文出版社,1985
   年),卷7,頁385–386。

⫿ 102 龐瑪麗 Pang Mali

龐瑪麗(Mary Bong, 1880–1958)亦稱阿拉斯加州錫特卡的中國瑪麗
(China Mary of Sitka, Alaska),生於中國東南部。龐瑪麗是在一艘三舶上出
生的,九歲時她便離開家庭,十三歲那年到達加拿大溫哥華。在溫哥華,認識
了阿龐(Gee Bong),並且嫁了給他。從此,他們便一起搬回阿拉斯加州錫特
卡生活,並且一起經營三好餐館(Sang Wo and Bakery Restaurant)。瑪麗是錫
特卡第一位,亦是唯一的一位中國女子,她接管及打理丈夫的餐館;友善地對

待光顧的礦工，漸漸地那些礦工都成為三好的常客。另外，瑪麗亦懂特里吉特語。在當時錫特卡並無醫生的情況下，她常替特里吉特族印第安婦女（Tlingit Indians）接生。

一九二零年阿麗去世後，瑪麗失去了餐館。為了維持她與兩女的生活，瑪麗轉行為家務助理。五年後，她嫁了給瑞典芬蘭裔的弗雷德‧約翰遜（Fred Johnson）。婚後，他倆繼續住在錫特卡。為了生活及子女的學業，瑪麗和弗雷德嘗試多種不同的行業，包括採礦、乳業、勘探、狩獵、捕魚及狩狐皮等。在他們居住的一帶，瑪麗漸成為首位女性拖釣員。就算在暴風雨之下，她仍能有大量收穫；因此，瑪麗亦以豐盛狩獲而聞名。弗雷德過世後，瑪麗繼續任錫特卡聯邦監獄的舍監。一九五八年她入住了位於阿拉斯加的一所退休護理宿舍（Pioneers Home Hospital）。但不久，瑪麗便去世。雖然沒有人曉得瑪麗的真姓名，但所有認識她的人皆欣然的記得她便是中國瑪麗。

楊碧芳

潘美珠譯

◇ Pearson, Grant H., "My Home, My Country," *The Alaska Sportsman*（May, 1950），12–29.
◇ McCunn, Ruthanne Lum, *Chinese American Portraits*（San Francisco: Chronicle Books, 1988），27–31.

▥ 103 錢鳳綸 Qian Fenglun

錢鳳綸，約生活於乾隆年間，字雲儀，號女史，浙江錢塘人。出身於書香門第，父錢安侯為進士，及字，嫁同鄉貢生黃式序為妻。

錢鳳綸幼承父教，詩文兼工，怡情翰墨，且好以詩言事，寄志於文，曾因其兄報仇之志未遂而死，感奮作〈哭伯兄〉，詩中敘其欲以己身代兄復仇之願，有「尸床目不暝，不繼非人子，尚有娥親在，李壽汝莫喜」之句。讀之今人感其丈夫之氣，錚然有聲，銘心刻骨，其剛烈的個性亦躍然紙上。

錢鳳綸的婚後生活亦多與筆墨為伴，詩文率多閨閣之作，如〈迎燕曲〉、〈美人梳頭歌〉、〈玉津園懷古〉等，均為借景抒情，即發感觸。然錢鳳綸在黃家並不感到寂寞，黃家乃書宦世家，代有才媛，其太安人顧和知夫人（顧若璞）曾以詩文有名於時，錢鳳綸常伴之吟唱和，並為其〈揚子云作二十五箴〉作〈彤管箴〉補之，才氣似不在其下。

錢鳳綸一生著述頗豐，所遺詩文均收入《古香樓集》、《散花灘集》，顧

若璞序其《古香樓集》，稱其詩「如好鳥哢春，如新花映日，雖學力未充，而穎姿逸思，有大過人者。」

劉鳳雲

◈ 錢鳳綸：《古香樓集》（康熙四十二年癸未〔1702〕刻本）。
◈ ——：〈古香樓詞〉，載徐乃昌編：《小檀欒室彙刻閨秀詞》（光緒二十四年〔1898〕刊本），集9。
◈ 惲珠編：《國朝閨秀正始集》（道光十一年〔1831〕紅香館藏板），卷4，頁6上。
◈ 蔡殿齊輯：《國朝閨閣詩鈔》（道光二十四年〔1844〕娜環別館刊本）。
◈ 黃秩模編：《國朝閨秀詩柳絮集》（咸豐三年〔1853〕蕉陰小幌刊本），卷15，頁2上–3下。
◈ 許夔臣編：《國朝閨秀香咳集》（光緒〔1875–1908〕間申報館倣聚珍板印），卷4，頁13。
◈ 沈德潛等輯：《清詩別裁集》（北京：中華書局，1975年），卷31，頁2上、下。
◈ 施淑儀輯：《清代閨閣詩人徵略》（周駿富輯《清代傳記叢刊》本：台北；明文書局，1985年），卷2，頁134–135。

ⅢⅢ 104 錢聚瀛 Qian Juying

錢聚瀛，十九世紀中葉在世。字裴仲，號蘡霞，浙江嘉興秀水人。畫家。曾祖父錢載（1708–1793），乾隆進士，官至禮部左侍郎。陳書（參見該傳）曾姪孫，陳氏嫁入錢家後，收錢載為徒。錢載善水墨畫，尤工蘭竹。著有《籜石齋詩文集》。父錢昌齡，嘉慶四年（一七九九年）進士，官至山西布政使，道光六年（一八二六年）以病免職，善畫，尤工寫蘭。夫戚士之，貢生，工書法。

聚瀛能詩文，又擅小楷書，精於花卉翎毛畫，其畫超逸雅緻，論者以其有南樓老人（陳書，參見該傳）之遺風。性愛貓，圖為一冊，銜蟬聘柳，備盡其態。其題畫多作行書，又復蒼渾，與花卉相映，未見署款，不知其為閨閣中人。錢儀吉（1783–1850），嘉慶進士，任戶科給事中，因言事奪俸，聚瀛畫鷹贈之，以振其志。

陳金陵

◈ 惲珠編：《國朝閨秀正始集》（道光十一年〔1831〕紅香館藏板），卷20，頁17下–18下。
◈ 竇鎮：《國朝書畫家筆錄》（宣統三年〔1911〕文學山房刊本），卷4，頁49上。
◈ 李濬之：《清畫家詩史》（1930年刊本），癸下，頁24上。
◈ 張鳴珂：《寒松閣談藝瑣錄》（金兆蕃輯《檇李叢書》本；嘉興金氏1936年刊本）。
◈ 蔣寶齡：《墨林今話》（周駿富輯《清代傳記叢刊》本；台北：明文書局，1985年），卷9，頁244–245。
◈ Weidner, Marsha, et al., *Views from Jade Terrace: Chinese Women Artists, 1300–1912*（New York: Indianapolis Museum of Art, 1988），145–47, 184, 229–30.

▥ 105 錢宜 Qian Yi

　　錢宜（1617–?），浙江錢塘人，清初文學家吳人的妻子，也是《三婦評牡丹亭》一書的作者之一。錢氏起初不過略懂寫字，不甚通曉文義。嫁吳人後，跟隨崑山李氏妹學習文章之學。經過三年的努力，她不但通讀了《文選》、《古樂苑》、《漢魏六朝詩乘》、《唐詩品彙》、《草堂詩餘》諸書，而且對文學作品略有心得，著有《同夢記》一書。據說在一次偶然的機會下，錢宜讀到陳同（字次令，?–1665）、談則（字守中，?–1675）評點的《牡丹亭》，怡然解會，於是在原書評注的基礎上，參以己意，自出釵資，以三婦之名，把這部書刊行出來。

　　這部書的成書過程頗富傳奇色彩。據說吳人初聘陳同為妻，但未及成婚陳即病逝。由於思念過度，竟至三晚之內都夢見與陳唱和，並得和詩十八篇。吳人後來憶述此事時說，陳同自幼即好讀書，尤愛戲曲之作。後來得病，還手不釋卷，她母親生怕如此下去會影響到病情，遂燒掉陳所藏書，只有用作枕頭的一冊書為女僕匿去，因此得以保存下來。這冊書就是湯顯祖（1550–1617）的《牡丹亭》。陳同在閱讀的時候，把自己的感受寫在書眉上。據陳氏的評點語，可知她在閱讀時，不滿意原本所引唐人詩句不注作者姓名，乃就記憶所及，為之注釋。至於詩句中個別字句出於剌謬而作的改動，則不加指摘。可惜的是，這部評注只剩下上卷。

　　後來，吳人娶了清溪人談則為妻。談氏雅好文章，常置書篋於妝台之側，著有《南樓集》一書。據說談則看到陳同的評注後，立即愛不釋手，甚至能一字不漏的背誦出來。其後，她更倣照陳同的語氣和情感，續補了下卷評語。其相似的語調，使讀者驟看之下分不出何者為同語，何者為則說。書成後，談則由於某些原因，不用陳同和自己的名字刊刻，因此一直被認為是吳人的作品。

　　三婦之書刊行後，毀譽參半。譽之者以為文筆清麗，能使書中文情畢出。毀之者則認為是識陋學膚，妄自矜詡之作。更由於此書的成書過程曲折，評語雖出三人之手，但語調感情卻出奇的一致，因此有不少人懷疑此書並非三婦所作，乃吳人自己的手筆，假借三婦之名刊刻而已。不過，根據李淑的跋語，則陳同的評語早已傳誦於姒娌之間，非必待十數年後始由吳人託名刊出。

陳志明

◇ 陳同、談則、錢宜：《三婦評牡丹亭》（清中葉刊本；北京中國科學院圖書館藏本）。
◇ 吳人：〈三婦評牡丹亭雜記〉，見《筆記小說大觀》（台北：新興書局影印，1974年），篇5，

頁 4197–4216。

◇ 王永健：〈論吳吳山三婦合評《牡丹亭》及其批語〉，《南京大學學報》（哲社版），1980 年 4 期（1980 年 11 月），頁 18–26。

◇ 毛效同：《湯顯祖研究資料彙編》（上海：上海古籍出版社，1986 年）。

◇ 徐扶明編：《牡丹亭研究資料考釋》（上海：上海古籍出版社，1987 年），頁 67–73、91–96。

▥ 106 邱二嫂 Qiu Ersao

邱二嫂（約 1822–1853），廣西貴縣橋墟人。她是一支較大的活躍在廣西的天地會抗清武裝的領導人。

邱二嫂幼年因家貧出為童養媳。及長，夫邱二遊手好閒，吸食鴉片，靠二嫂販賣糖果於市上，維持全家生活。其時，清廷腐敗，貪官污吏，橫行霸道，農民生活在水深火熱之中，邱二嫂遂加入天地會並練成一身武藝。一八四九年秋，廣西抗清義軍四起，邱二嫂乘機率天地會眾起事，聞訊歸附者達千人。

不久，約在一八五零年十一月，邱二嫂與另一女將蘇三娘（參見該傳）聞太平軍起義，各率所部至武宣東鄉墟入夥。洪秀全（1814–1864）、楊秀清（約 1820–1856）接納之，使駐墟外，為外圍防軍。未幾，邱二嫂以拜上帝教教義與天地會規不合，率部離去，仍獨立活動。

一八五一年六月四日，邱二嫂會同另一支天地會武裝劉成康部共萬餘人，北渡鬱江，攻入覃塘墟，大敗清軍。邱二嫂高頭大馬，頭紮兩個紅綢繡球，箭袖衿衫，腰佩長劍，威風凜凜。她雖不通文墨，但口齒伶俐，善於鼓動，歷數清廷無道，貪官罪行，聽眾若忘其為婦人。在覃塘，她殺貪官，誅暴吏，開倉濟民，招兵買馬，高舉「反清救民」大旗。

一八五三年秋，邱二嫂率三千餘人攻武平里，不勝，被團練擊走。不久，進軍至石龍，又遭團練砲擊，邱二嫂不幸受傷落馬而死。有記載云，二嫂逝世時僅三十一歲。

茅家琦

◇ 梁廉夫：〈貴縣歷年群盜事蹟〉，載魏篤修：《潯州府志》（同治十三年〔1874〕刻本），卷 27。

◇ ──：《潛齋見聞隨筆》，載《近代史資料》，1955 年 1 期（1955 年 2 月），頁 1–20。

◇ 歐仰義、梁崇鼎修：《民國貴縣志》（貴縣，1934 年）。

◇ 羅甫瓊：〈邱二娘〉，載《貴縣文史資料》，輯 10（1988 年 5 月），頁 1–3。

▥ 107 秋瑾 Qiu Jin

秋瑾（1875–1907；一作1877–1907），字璿卿，又字競雄，自號鑑湖女俠。筆名甚多，有漢俠女兒和秋千等。浙江山陰（今紹興市）人，生於福建，出身仕宦之家，賦性豪爽，自幼喜讀史書，吟詠詩歌，擅騎馬飲酒，舞刀弄劍，仰慕歷史上的英雄人物，尤其是女英雄。

一八九六年，秋瑾遵父母之命嫁湖南富紳王黻臣之子王廷鈞，生男名沅德（1897–1955），女名燦芝（1901–1967）。王廷鈞捐得京中官職，秋瑾與夫遷居北京，閱讀新學書報，關心國事，對滿清政府不滿，改革思想演變為革命的思想。王廷鈞生活腐化，秋瑾與之志趣不合，遂決定東渡日本留學。一九零四年秋瑾抵東京，先習日文，三個月後入青山實踐女學校就讀。秋瑾熱心參與革命運動，與劉道一（1884–1906）等組織「千人會」之秘密團體，以「反抗清廷，恢復中原」為宗旨，又參加馮自由（1882–1958）、梁慕光等在橫濱組織的三合會分部。

結識陶成章（1878–1912）後，得知浙江會黨活動，曾回國在上海會見主持愛國女學的蔡元培（1868–1940），到紹興聯絡徐錫麟（1873–1907），然後返日。一九零五年孫中山（1866–1925）在日組中國同盟會，邀秋瑾入會，為留學生中最先加入同盟會的一批，又被推為浙江省主盟人。

秋瑾在日時，多方面鼓勵女同胞爭取平等，參加革命。曾聯絡女界中的愛國份子陳擷芬（1883–1923，參見該傳）重組共愛會，並主理會務。該會一貫宗旨在拯救中國婦女，恢復其固有權利，使之具有國家思想，以盡女國民之天職。俄佔東三省，留日學生籌組拒俄義勇隊，秋瑾熱心參與，並翻譯護理書籍。

一九零五年，日本文部頒佈打壓中國留學生規則，留日學生紛紛回國，秋瑾亦回國策劃革命並從事教育工作，鼓吹婦女運動。一度任浙江潯溪女校教員。一九零六年，秋瑾創辦《中國女報》，旨在開通風氣，提倡女學，聯感情，結團體，並為他日創設婦人協會打下基礎。僅出兩期，因經濟短絀而停刊。

秋瑾在紹興主持大通體育學堂，又聯絡會黨在浙江組織光復軍，積極籌備起事，親書〈光復軍起義檄稿〉。因事機不密，徐錫麟提早在安慶起事，謀刺滿人恩銘（?–1907），被捕就義。秋瑾聞訊，在紹興留守大通體育學堂，堅不

走避。浙撫張曾敭（1852–1920）派兵拘捕，秋瑾寫供狀時書「秋雨秋風愁煞人」之句，一九零七年七月十五日，秋瑾在紹興遭斬首處決，慷慨就義於軒亭口。

鮑家麟

◇ 故宮博物院：《文獻叢編》，輯16、17（北平，1933年）。
◇ 于燦芝輯：《秋瑾女俠遺集》（台北：中華書局，1958年）。
◇ 秋瑾：《秋瑾集》（上海：中華書局，1960年）。
◇ 郭延禮：《秋瑾年譜》（濟南：齊魯書社，1983年）。
◇ 鄭雲山：〈秋瑾〉，《清代人物傳稿》（北京：中華書局，1984年），下編卷1，頁238–245。
◇ 萬儀：〈秋瑾：舊民主主義革命婦女的楷模〉，載英文《中國婦女》編：《古今著名婦女人物》（石家莊：河北人民出版社，1986年），上冊，頁390–400。
◇ 郭長海、李亞彬：《秋瑾事跡研究》（長春：東北師範大學出版社，1987年）。
◇ Hummel, Arthur W., ed., *Eminent Chinese of the Ch'ing Period*（1644–1912）（Washington: United States Government Printing Office, 1943），169–71.

ᴗ 108 邱心如 Qiu Xinru

邱心如（約1805–約1873），江蘇淮陰枚里人，工詩，是著名長篇彈詞《筆生花》的作者。父親邱廣業（1771–1834）是一位儒生，在府學執教，但給邱心如教育的，看來是母親秦氏。邱心如有一個妹妹（名字不詳）和兩個兄弟：邱奐（1800–1865）和邱奕（1810–1828），童年過著愉快的生活。她在家時已開始撰寫《筆生花》，嫁給張家後（有關其夫家的資料絕少），在三十年間斷斷續續地寫下去。作品於一八五七年刊行，成書的時間當在這之前不久。

有關邱心如生平的資料，絕大部分從《筆生花》每回開端的自述詩中得來。在第一回的開頭，她描述了年幼時敬愛雙親，和嫂子相處融洽的幸福生活。在第五回的結尾，她指出婚姻生活和夫家對她的種種要求，長期干擾著她的寫作。在其餘的二十七回，她屢次抱怨姻親貧寒，張家的人待她不善。在她眼中，丈夫是個學識讓陋的人。由於丈夫一事無成，她被迫過著十分清苦的生活，且要長期幹著低賤的工作，也因此而經常抱病。

她婆婆看來待她不薄，丈夫也未必對她不好，但她常常提到丈夫的兄弟和他們的妻子對她心懷妒恨，每每出言詆毀，使她苦不堪言。父親死後，母親境況淒涼，接著妹妹守寡，長兄去世，加以骨肉長久分離，令她愁腸百結。她在張家的潦倒生活，和幼年的愉快日子恰成強烈對比。她時常懷念過去在自己家中的溫馨歲月，且為邱家感到自豪，而坎坷的現狀也因此更覺難受。令她略感

寬慰的，是女兒的頗具文才，可惜唯一兒子卻庸碌無能。其後長女死於天花，另一女兒出嫁，使她再無任何指望。很明顯，要把《筆生花》完成付梓的決心，是在婚後的窮愁困頓中一直支持著她的精神力量，而她這個心願也終於實現了。

《筆生花》全書四卷三十二回，共九十六萬字。它描述明朝正德年間（1506–1521）姜德華（一位離鄉別井的傑出女性）和她兩個姊妹的故事。她們生長於權貴之家，而且品貌雙全。在重重的考驗和患難中，她們用勇敢的行動戰勝了一切的不幸，終於獲得了幸福，而品德也毫無虧損。

邱心如受陳端生的《再生緣》影響很大。她在序言中批評《再生緣》的女主角孟麗君有違孝道，指她公然抗拒父母的意願，並且在「完成使命」後還不肯表明身份。邱心如又說由於《再生緣》流行極廣，希望《筆生花》有助抗衡陳端生那種敗壞道德的思想。

和《再生緣》相似，《筆生花》描述一位才高貌美的女子，喬裝男子進京應試，及第後獲授要職，而她這樣做完全是為了向雙親盡孝。在《再生緣》裡，孟麗君曾拒絕承認自己的身份，也不肯下嫁許配了的男人，但《筆生花》裡的姜德華卻在身份揭露後，甘願放棄祿位，做一個順從的妻子。書中許多婦女都有不幸的遭遇，但這種種不幸都有一個相同的原因，那就是儒家禮教的敗壞；而無休止的家庭糾紛，成員之間的勾心鬥角，也往往是虛偽懦弱的男人和工於心計的妻妾造成的。多妻制沒有受到質疑，但當柔懦的男人不能恰當地約束他的妻妾時，他就很容易受到這些不安於位的婦女所擺佈，以致家庭的權力架構也被顛倒過來。在出自女作家之手的著名彈詞中，《筆生花》站在較為正統的立場，維護了傳統的儒家禮教和家庭制度。

《筆生花》的許多人物和故事情節是從《再生緣》、《天雨花》、《玉釧緣》等彈詞作品，以及小說《紅樓夢》、《萬花樓》和雜劇《竇娥冤》等衍生出來的，但邱心如是在困難重重的境況下寫成這部膾炙人口的長篇彈詞，她的成就很久以來一直受到人們的讚賞。《筆生花》在一八五七年首次刊行，一八九四年由上海書局再版，其後在二十世紀再版多次。它和《再生緣》、《天雨花》並列為三部最有名的彈詞作品。

羅洛溥（Paul S. Ropp）
張中光譯

◆ 譚正璧、譚尋：《彈詞敘錄》（上海：上海古籍出版社，1980年），頁250–252。

◈ 丁志安：〈《筆生花》作者邱心如家世考〉，《中華文史論叢》，輯22（1982年5月），頁 299–300。

◈ 胡士瑩：《彈詞寶卷書目》（上海：上海古籍出版社，1984年），頁60。

◈ 江民繁、王瑞芳：《中國歷代才女小傳》（杭州：浙江文藝出版社，1984年），頁386–388。

◈ 胡文楷：《歷代婦女著作考》（增訂本；上海：上海古籍出版社，1985年），頁402–403。

◈ 邱心如：《筆生花》（1857年重刊本；上海：上海書局，1894年；上海：商務印書館，1919年；台北：文化圖書公司，1987年）。

◈ 袁韶瑩、楊槐珍：《中國婦女名人辭典》（吉林：北方婦女兒童出版社，1989年），頁254。

◈ Ch'en, Toyoko Yoshida, "Women in Confucian Society–A Study of Three T'an–tz'u Narratives," （Ph. D. Dissertation, Columbia University, 1974）, esp. 258–327.

ⅢⅢ 109 裘毓芳 Qiu Yufang

　　裘毓芳，字梅侶，別號梅侶女史，江蘇無錫人，活躍於晚清時期。她是中國首位從事報業出版工作的女性，也是晚清改革運動的有力支持者。年輕時，裘毓芳已經在舊學領域裡為人注意，地方上的人更稱她為〈才媛〉。她強調普及白話文學應為改革的急務，於是在一八九五年五月十一日與其叔裘廷梁（1857–1943）創辦了中國最早的白話報紙——《中國白話報》，五天刊行一期。第五期後，改名為《中國官音白話報》。裘毓芳為該報寫了不少文章，例如〈日本變法記〉、〈印度記〉、〈化學啟蒙〉、〈孟子年譜〉、〈女誡注釋〉等。她又譯刊了英國傳教士李提摩太（Timothy Richard, 1845–1919）關於俄國沙皇彼德大帝改革的報導。該報於一八九八年戊戌變法失敗後停刊。

　　一八九八年，裘毓芳積極參與中國最早的婦女報紙——上海《官音女學報》的出版工作，又為該報撰寫一系列文章。一八九八年八月，她又與裘廷梁創立了中國最早的推動白話組織。

Richard W. L. Guisso 及 Jun Fang

陳志明譯

◈ 方漢奇：《中國近代報刊史》（太原：山西人民出版社，1981年），頁558。

◈ 李悒平：〈抗戰前無錫的報紙〉，《無錫文史資料》，6期（1983年11月），頁71–95。

◈ 戈公振：《中國報學史》（北京：三聯書店，1986年），頁130。

ⅢⅢ 110 任霞 Ren Xia

　　任霞（1876?–1920），字雨華。浙江山陰（今紹興）人。畫家。祖父任鶴聲，號淞方，讀書不苟仕宦，設臨街肆，經營米業，且讀且賈。善畫，尤善寫

真術，恥以術炫，鮮有知音。

父任頤（1840–1895），又名潤，字小樓、次遠，後改字伯年，小名任和尚。少年時，曾參加太平軍。後以畫聞名於世，僑居上海。其畫遠承陳洪綬（1598–1652）、曾鯨（1568–1650），華喦（1682–1756）而自成面目，與族兄兼老師任熊及任薰，以及任薰之子任預合稱「四任」。任頤畫長於肖像，功力深厚，並能運用西洋畫法，為近代畫界大師之一。

任霞幼承父教，人物花卉，有父畫風，亦工山水。惟頗矜持，惜罕與人畫。其署父伯年款者，人莫能辨。所畫大幅佛像，用筆古雅，賦色濃厚。一八九九年作〈松下泛舟圖〉，已流傳至日本。父伯年卒後，遺畫概歸霞，賣畫以撫育弟董叔，亦常署父名，售畫。伯年畫流於世者多矣。

人云，霞曾由其父作主，以某氏子為婿。其人美恣容，後留學西邦，別有所屬，霞大失所望。後嫁一寒士，伉儷綦篤。年餘，寒士又病死，至無以為殮，由某戚為其理喪。又云，任霞嫁給浙江湖州吳少卿為繼室，無子。

弟任董叔，原名光觀，字越雋，號嫩源，晚號能嬰。人云，年十三從其姐丈吳續。能畫。曾給人當幕客，後受于右任（1879–1964）聘用。

陳金陵

◇ 鄭逸海：〈有關任伯年的資料〉，《小陽秋》（上海：日新出版社，1947年），頁1–2。
◇ 徐悲鴻：〈任伯年評傳〉，收入陳之初編：《任伯年畫集》（香港：東雅出版社，1950年），頁1。
◇ 沈之瑜：〈關於任伯年的新資料〉，《文匯報》，1961年9月7日，版4。
◇ 郭味渠：《宋元明清畫家年表》（北京：人民美術出版社，1980年）。
◇ 龔產興：《任伯年研究》（天津：天津人民美術出版社，1982年）。
◇ 丁羲元：《任伯年年譜》（上海：上海書畫出版社，1989年）。
◇ Weidner, Marsha, et al., *Views from Jade Terrace: Chinese Women Artists, 1300–1912*（New York: Indianapolis Museum of Art, 1988），167–71, 184, 231.

▥ 111 賽金花 Sai Jinhua

賽金花（1874–1936），自言本姓趙，實則本姓曹，妓名初作傅彩雲，後名曹夢蘭、賽金花，人稱賽二爺，自號魏趙靈飛；祖籍安徽休寧，出生於蘇州城內周家巷。

十三歲時家道敗落，遂上花船開始賣笑，同年結識居蘇州丁母憂的頭名進士洪鈞（1840–1893），十四歲嫁洪為妾。一八八七年四月，洪服滿，攜賽至北京，五月，洪受派出使俄、德、奧、荷四國，攜賽同行，十一月抵達柏林。

在歐三年，賽金花隨洪鈞到過聖彼德堡、海牙、維也納、巴黎、倫敦，而居柏林時最多，她見過德皇威廉二世（William II，1859–1941）及皇后和宰相俾斯麥（Bismarck，1815–1898）。一八九零年她於柏林生一女，取名德官，同年洪任滿返國任兵部左侍郎職且在總理各國事務衙門行走，攜家居北京東城史家胡同，著述《元史譯文證補》。一八九三年洪鈞病卒，賽金花母女於十月伴靈至蘇州，旋即與洪家分手而自謀生路。

一八九四年，她於上海二馬路設「書寓」領二妓營業，初不肯自己出客，以曹夢蘭名作領家，後因求見者多，只限禮拜六和禮拜日待客，因譽為「狀元娘子」，一時名噪上海，此間得識李鴻章（1823–1901）、盛宣懷（1844–1916）等名流。因受諸方壓力，一八九八年賽氏北行天津，於江岔胡同開「金花班」，自名〈賽金花〉，名動津門，得識戶部尚書楊立山和原江西巡撫德馨，受二人慈恩，兩次往北京「走票」。次年舉家遷京，初住李鐵拐斜街，後移居前門內高碑胡同，時逢京中禁內城設娼，故返天津。北京之行，使她成為名傳京都的新聞人物，至車馬盈門，名流蜂至，曾與盧玉舫拜把，因她年次，故人稱「賽二爺」。

一九零零年五月，義和團鬧天津，她逃出津門，轉往於津京間，備嘗艱辛，七月方抵北京。後數日，八國聯軍攻佔北京，清廷出亡。賽氏因會說德語而結識聯軍統帥瓦德西伯爵（Count von Waldersee，1832–1904），趁便進言，救護和保存了許多同胞性命，賽二爺一時名滿京城。次年她就德國公使克林德男爵（Baron von Ketteler）遭義和團殺害事，勸說其夫人請求清政府為克林德立碑，結果清廷答應，與聯軍之間的矛盾稍減，雙方終達成和議，清廷得以返京。這兩年是賽氏一生中最重要的時期。

一九零三年她遷居陝西巷，正式組織南班營業。一九零五年班中妓女鳳鈴服毒自殺，她被捕入刑部獄，經奔走而得結案，以誤殺定徒刑，解歸原籍。此案使她家財蕩盡，居蘇州一年，生活無著，一九零六年被迫至上海再操妓業，牌為「京都賽寓」。一九零八年其女德官病故於蘇州。此次居上海十多年間，生存甚艱，與黃某結過婚，與曹某同居過，幸與原江西民政廳長魏斯炅真誠相愛，一九一八年六月二十日與魏在上海新旅社行結婚典禮，婚後同赴北京，她極著重與魏的結合，號魏趙靈飛以志其情。

一九二二年春，母潘氏死於京，七月魏斯炅病逝，她痛失親人，又因與魏家爭奪家務失敗，深受刺激，開始吸土煙。此後鬱鬱寡居多年，於一九三六年

十月二十一日病故,終年六十二歲。死後,無親人照管,街坊為她辦後事。因報上刊出新聞,陶然亭和尚願捐一方地,使她得歸葬於陶然亭。

賽氏雖為風塵女子,但時處中國最劇烈的大變動時代,她曾具狀元娘子、國使夫人的特殊身份,於外兵入京時以屈辱之身為國為民盡力,這些特殊行為,使她成為傳奇性極強的女中人物。她生時便有以她為素材的小說《孽海花》和詩歌〈彩雲曲〉問世,使她名傳四海,之後不斷有關於她的「本事」、「外傳」、「文集」等紀事性文章問世,後有夏衍(1900–1995)的《賽金花》話劇上演,影響極大。

不論賽金花對中外關係的貢獻有否言過其實,盡管她的經歷和行為備受爭議,單憑她艱辛而又傳奇的一生,實足以為她在中國近代史上爭得一席之地。

萬獻初

◇ 劉半農、商鴻逵:《賽金花本事》(北平:星雲堂書店,1934年)。
◇ 曾繁:《賽金花外傳》(上海:大光書局,1936年)。
◇ 張次溪編:《靈飛集》(天津:天津書局;1939年)。
◇ 藝文誌月刊社、大中華出版社編:《狀元夫人賽金花》(台北:藝文誌月刊社、大中華出版社,1967年)。
◇ 瑜壽:〈賽金花故事編年〉,載岳麓書社編:《賽金花本事》(長沙:岳麓書社;1985年),頁109–150。
◇ 王建元編:《名妓賽金花遺事》(長春:吉林文史出版社,1986年)。
◇ 孫震編:《賽金花其人》(重慶:重慶出版社,1987年)。
◇ 趙淑俠:《賽金花》(北京:十月文藝出版社,1991年)。
◇ 柯興:《清末名妓賽金花傳》(北京:華藝出版社;1992年)。
◇ 佟洵:〈賽金花〉,《清代人物傳稿》(瀋陽:遼寧人民出版社;1992年),下編,冊7,頁339–342。
◇ 張放:〈賽金花二三事〉,《歷史》,84期(1995年1月),頁82–84。
◇ McAleavy, Henry, *That Chinese Woman: The Life of Sai–chin–hua* (London: George Allen & Unwin Ltd., 1959)。

▥ 112 塞西 瑪麗 Saixi Mali

塞西 瑪麗(Saixi Mali),十九世紀中期在世。她是於一八三七年移民到夏威夷及一八四八年到加州最早的中國女子。

據三藩市三一聖公會教堂(Trinity Episcopal Church)記載,於一八五四年英格拉吟姆(Ingraham)主教替塞西 瑪麗洗禮,而她當年正是要逃離在廣東的父母,以免被賣為奴隸。到澳門後,她替葡萄牙人家庭工作,並且接受了他們的服飾和羅馬天主教的信仰。不久,她更嫁了一位叫塞西的葡萄牙籍水手,

可惜他在一次出海後便再沒有返家。因為生活困苦，塞西 瑪麗於是再在一美國人家庭為傭人，並在一八三七年隨這美國家庭遷往Sandwich Island（現夏威夷）。

六年後，她返回香港，並且在一美國商人查爾斯・吉萊斯皮（Charles V. Gillespie）家中工作。一八四八年又隨吉萊斯皮家一齊到三藩市。根據教堂紀錄，塞西 瑪麗漸成為「吉萊斯皮太太的好朋友，並且得到她充分的信任。當時瑪麗亦已對英語有十足的認識，這使她能瞭解及回答懷亞特（Wyatt）先生有關受洗的問題。而懷亞特先生和吉萊斯皮太太皆相信瑪麗對受洗有充分的準備及完全適合的。詢問時間，吉萊斯皮太太一直在瑪麗旁邊，並且同一時間跪下接受禮儀。」不久，他們的兩位華裔男僕人先後離開到金礦工作。而據歷史學家查爾斯・多比（Charles C. Dobie），塞西 瑪麗與吉萊斯皮家庭一起在三藩市華埠附近生活了三十年。

楊碧芳

潘美珠譯

◈ Dobie, Charles Caldwell, *San Francisco's Chinatown*（New York: D. Appleton–Century Company, 1936），25–27.
◈ Smith, Carl T., "The Gillespie Brothers: Early Links between Hong Kong and California," *Chung Chi Bulletin*, 47（December 1969），28.
◈ Char, Tin–Yuke, *The Sandalwood Mountains: Readings and Stories of the Early Chinese in Hawaii*（Honolulu: University Press of Hawaii, 1975），42–44.

▥ 113 單士釐 Shan Shili

單士釐（1856-1943），字受茲，浙江蕭山人。出身於世代書香的家庭，舅父許壬伯著書達十餘種，父親單思溥也有文名。她幼年失母，隨舅父讀書，受到很好的文化薰陶，得以在閨中涉獵子史，玩習文詞。

單士釐二十九歲時，嫁給浙江吳興人錢恂（1853-1927），成為清末著名學者錢玄同（1887-1939）的長嫂。錢恂年青時隨薛福成（1838-1894）等人出使歐洲，是個思想開通的人物。他向妻子介紹國外情況，使單士釐對外面的世界產生了極大興趣。

一八九八年，錢恂被任命為留日學生監督；次年，單士釐隨夫赴日。此後四年，她多次往返於中、日兩國之間，把兩個兒子、一個女婿、一個兒媳和三個孫子都帶到日本，分別進入四所學校自費留學，這是中國第一個送女眷到日

本留學的家庭。單士釐與日本的知識女性有交往，日語學得很好，能會話，也能筆譯。

一九零三年，錢恂被派到清廷駐俄國公使館，單士釐亦同往。一九零七年，錢恂以分省補用知府任出使駐荷蘭大臣，次年改任出使意大利大臣。單士釐亦隨丈夫到意大利，努力學習西方繪畫史、雕刻建築史及宗教史。她對歐洲現代語文和拉丁、希臘古文，也多能通解。一九零九年，錢恂奉調回國，以後一直在國內任職，單士釐也沒有再出國，潛心文史。錢恂曾秘密加入光復會，亦有參與一九一一年爆發的辛亥革命，以後擔任過民初政府顧問。辛亥期間，單士釐積極投入婦解運動，與伍廷芳夫人等發起女界協贊會，為民軍北伐募捐籌餉。

單士釐是清末認識西方文化的先進女性之一，致力向國人介紹西方文化，開中國女性寫旅行記和遊記的先河。她有兩部著作，充分表達了她對世界文化的體會和理解：一是《癸卯旅行記》三卷，這是她一九零三年從日本經朝鮮、中國東北、西伯利亞至歐洲的八十天旅行日記；另一是《歸潛記》十卷，成書於一九一零年，主要記述意大利和古希臘、羅馬的藝術，以及有關中西文化交流的史事。前者有一九零四年日本同文印刷舍排印本，後者則只有一種未完成的家刻毛本存世，一九八一年，這兩部書合併出版，成為《走向世界叢書》其中一冊，是研究近代婦女史及中外交通史不可多得的資料。此外，她自訂的詩集《受茲室詩稿》計有一百八十三題、二百九十九首，海外寫成部分約佔四份之一。

在《癸卯旅行記》中，單士釐對中國不重視女子教育，把婦女禁錮在深閨中，深表異議。她說：「論婦德，究以中國為勝，所恨無學耳。」中國「苟善於教育，開誘其智，以完全其德，當為地球無二之女教國；由女教以衍及子孫，即為地球無二之強國可也。」對於婦女纏足等陋習，也頗不以為然。

一九二七年錢恂逝世後，單士釐曾依次子錢稻孫寓居瀋陽。一九三六年錢稻孫死後，由長子錢稻孫迎至北京奉養。晚年仍筆耕不輟，所著《清閨秀藝文略》，對於研究清代婦女生活和思想很有價值，但因無力刊行，親自手抄數部，分贈國內外圖書館。終年八十七歲，著作凡十一種，除上述幾種外，還有《家政學》、《家之宜‧育兒簡談》等。所編《閨秀正始再續集》乃繼惲珠（參見該傳）《閨秀正始集》及《閨秀正始續集》之後一部重要的清代女作家詩集。

周佳榮

◈ 單士釐輯：《國朝閨秀正始再續集》（歸安錢氏排印本，1911年）。
◈ ——：《清閨秀藝文略》（1944年手鈔本）。
◈ 錢單士釐著，楊堅校點：《癸卯旅行記·歸潛記》（長沙：湖南人民出版社，1981年），頁242。
◈ 朱純：〈早期走向世界的一位中國婦女〉，《中國婦女》，1982年3期（1982年3月），頁38–39。
◈ 張莉紅：〈清末放眼世界的知識婦女——單士釐〉，《歷史知識》，1984年2期（1984年），頁14、23；又載英文《中國婦女》編：《古今著名婦女人物》（石家莊：河北人民出版社，1986年），上冊，頁377–379。
◈ 王曉吟：〈行程萬里的新女性——清末第一個出洋看世界的知識婦女錢單士釐〉，《歷史大觀園》，1987年9期（1987年9月），頁2–3。
◈ 劉巨才：《中國近代婦女運動史》（遼寧：中國婦女出版社，1989年），頁144–146。
◈ 鍾叔河：〈錢單士釐《癸卯旅行記》、《歸潛記》〉，載氏著《從東方到西方——走向世界叢書敘論集》（上海：上海人民出版社，1989年），頁517–535。
◈ 呂美頤、鄭永福：《中國婦女運動：1840–1921年》（鄭州：河南人民出版社，1990年），頁217–221。
◈ 戴東陽：〈驚醒女子魂，鑒彼婞箕姘——論啟蒙女者單士釐〉，《史學月刊》，1996年3期（1996年5月），頁101–105。

114 沈善寶 Shen Shanbao

沈善寶，字湘佩，嘉慶道光（1790–1850）年間人，浙江錢塘人。父親為江西義寧州判沈學琳，夫婿為山西朔平知府武凌雲。

沈善寶的母親吳世仁（字沅素），才藻富麗，為當時才媛，有集行世。沈善寶聰穎絕倫，自幼即秉承母教，雖然父親早歿，宦囊如洗，但是她勤於翰墨，工詩詞，善繪畫，遠近聞名求詩畫的人日益增多，因此，所得潤筆足以奉養母親，教育弟弟，而且還安葬親屬族戚，其孝順賢淑，鄉里皆知。後慕名來求拜師門，執弟子之禮的竟達百餘人。

沈善寶著有《鴻雪樓初集》四卷，所收詩自嘉慶二十四年至道光十五年（1819–1835），又有《鴻雪樓詞》一卷及《名媛詩話》十二卷。

沈善寶與當時閨秀張綰英（參見該傳）、吳藻（參見該傳）、席怡珊，梁德繩（參見該傳）、項紃章（參見該傳）、鮑靚等人皆有往來，談文論藝，酬贈唱和，可以見出閨閣的交遊活動，又閨秀宗康、俞德秀、完顏佛芸保也自稱是受業弟子。沈善寶與閨閣才媛往來，特別有感於女性才學的不受重視，即有佳作，也傳揚不易，於是不辭辛勞，摭拾蒐輯，目的即在為女性才人保有一些文章，這也是她編寫《名媛詩話》的動機。

在詩的創作上，她主張自然真率，最忌矯揉造作，假意而為。因此，以性情流露，沈善寶的詩多真情至性，溫厚和平的風格，而她的詞多是意境高遠，豪邁灑落的筆調，篇中常有身為女性的不平之氣，神韻生動為貴，不必偏執一格。她的理論較傾向於袁枚（1716–1797）的性靈說。

沈善寶身為女兒身，空懷壯志，功名無份，《鏡花緣》中的婦女盡皆巾幗英雄，行止為人津津樂道，情節即屬虛構，也教沈善寶振奮不已。可一旦回到現實，她既為自己抱憾，亦為千古以來有抱負的婦女代訴不平。

鍾慧玲

◇ 惲珠編：《國朝閨秀正始續集》（道光十六年〔1836〕紅香館藏板），〈補遺〉，頁65下–66下。
◇ 黃秩模編：《國朝閨秀詩柳絮集》（咸豐三年〔1853〕蕉陰小榥刊本），卷41，頁15上–24上。
◇ 沈善寶：《鴻雪樓詞》（徐乃昌編《小檀欒室彙刻百家閨秀詞》本；光緒二十一至二十二年〔1895–1896〕南陵徐氏刊本），集1。
◇ 胡文楷：《歷代婦女著作考》（增訂本；上海：上海古籍出版社，1985年），卷10，〈清代〉4，頁366–367。
◇ 施淑儀輯：《清代閨閣詩人徵略》（周駿富輯《清代傳記叢刊》本；台北：明文書局，1985年），卷8，頁459–460。

▥ 115 沈壽 Shen Shou

沈壽（1874–1921），原名沈雲芝，字雪君，江蘇吳縣人，清末民初時以刺繡藝術聞名世界，有「繡聖」之稱。父名沈椿，在清代終身從事官府幕賓工作，曾居浙江鹽運使幕中凡二十年。母宋氏，生三男兩女，沈壽最幼。雲芝在光緒三十年（一九零四年）進獻所鏽佛像於慈禧太后（參見葉赫那拉氏，文宗（咸豐）孝欽顯皇后傳），時得蒙太后激賞，親畫福、壽二字為賜，從此遂改名沈壽，以紀念此一得自太后之非凡殊榮。

蘇州之刺繡業本甚發達，家庭婦女多兼擅此道。沈壽幼年時隨母學習針黹，十二歲時即能刺繡精美花鳥。十六歲時許嫁浙籍秀才余覺，及余覺考中舉人，遂於二十歲時與之結婚，其時沈壽之刺繡藝術已有極高之成就。余覺善畫，沈壽之刺繡圖案多出自余覺畫筆，故結婚後合作良好。

至光緒三十年，沈壽以所繡佛像八幀獻呈慈禧太后賀壽而得慈禧之激賞，聲名益噪。慈禧為發揚中國之刺繡藝術，特命商部在京師設立繡工科，招訓女工傳習刺繡技藝，即由余覺沈壽夫婦分任總理及總教習之職。光緒三十一年（一九零五年），更派二人往日本考察彼邦繡事。沈壽留心觀察日本之刺繡方

法，吸收其長處以改進自己之繡藝，回國以後，刺繡益精，曾以所繡意大利皇后像被意后視為奇寶，而致贈珍貴飾物為謝。

民國鼎新，京師繡工科停辦，沈壽改應張謇（1853–1926）之聘，至江蘇南通擔任南道女子師範學校附設之女工傳習所所長，專教刺繡藝術。民國四年（一九一五年），世界博覽會在巴拿馬舉行，中國參展之工藝品中有沈壽所繡之耶穌像一幀，精美絕倫，獲一等大獎，成為世界最有名之藝術品。

沈壽體質素弱，在南通後更因工作繁劇而患血崩之病。張謇為愛才敬賢計，自動割借謙亭精舍為沈壽養病之用，但亦因阻止余覺同住而招來余覺之攻訐，釀成沈、余、張三人間一場似是而非之三角戀愛糾紛。張謇、余覺互不相讓，彼此均在報端撰文攻訐對方，沈壽深感名譽受損而心情痛苦，其病況更為惡化。延至一九二一年六月八日，終因氣厥、血崩、水腫等病不治身死，年只四十八歲。

沈壽病重時，張謇深恐沈壽之精湛繡藝從此失傳，以三個月之長時間在病榻旁詳細叩詢有關刺繡之鍼法及心得筆之於書，撰成《吳縣沈氏繡譜》一書（一名《雪宧繡譜》）印行傳世。由書中所述，可知沈壽之所以體弱多病，實因自幼耽於刺繡工作而耗損精神及體力太多，結婚後尚須操勞家事，以支應余覺及其兩妾之耗費，卒致健康嚴重受損。

沈壽死後，張謇為其在南通營葬，故其墓在南通城南十餘里之黃泥山麓。

蘇同炳

◇ 錢仸樵：《張謇與沈壽》（台北：暢流雜誌社，1965年）。
◇ 張謇：《吳縣沈氏繡譜》（《喜詠軒叢書》本；台北：廣文書局，1983年影印版）。
◇ 林家治、古平：〈沈壽：蘇繡第一名手〉，載英文《中國婦女》編著：《古今著名婦女人物》（石家莊：河北人民出版社，1986年），上冊，頁386–389。
◇ 莊練：〈繡聖沈壽〉，載氏編：《中國名女人》（台北：國文天地雜誌社，1992年），頁371–394。

ⅲ 116 石美玉 Shi Meiyu

石美玉（1873–1954），九江人。她生於一個基督教家庭，母親是近代最早一批信奉基督教的中國婦女。她出生後，父母就決定不顧一切後果，決不讓她受傳統中國的纏足惡習影響。雖然這在石美玉年幼時帶來不少阻礙，但卻更堅定了小妮子的意志。

八歲那年，石美玉的父親又作出了另一當時來說是破天荒的決定，就是讓

石美玉將來當醫生。他將美玉付託給布士尼醫生（Dr. Kate Bushnell）。自此，在女子寄宿學校校長荷維（Miss Gertrude Howe）小姐的指導下，石美玉接受了當醫生之前的一切教育準備。她在這學校渡過了十年光景。

一八九二年，石美玉和同學康成（參見該傳）一道到美國繼續深造，以極佳成績考進了密芝根大學（University of Michigan）醫學院。入學後，改用洋名Mary Stone。四年後畢業，到芝加哥的醫院實習。在那裡認識了丹福醫生（Dr. I. N. Danforth），一位後來對她的事業有很大幫助的美國人。在丹福醫生指導下，石美玉對新式醫療儀器的認識，大大提高。一八九六年，在芝加哥完成了實習工作後，與康成一同返回九江。

石、康二人回到九江後，建立起一所細小的診所，為當地人提供西洋醫療服務。起初她倆還擔心不容易受到當地人接納，但出乎意料的是，回到九江後不過幾天，她們的診所便其門如市，不消一年光景便醫治了數千人（各資料來源對此數目說法不一，由二千至五千不等）。希望接受治療的人數遠超診所能應付，於是石美玉提出籌建一所正式醫院的構思。她的想法為丹福醫生所知，那時丹福正考慮建立一所醫院以紀念亡妻。於是便把在美國籌得的資金用來在九江興建一所現代化的醫院。那就是仁德醫院（Elizabeth Skelton Danforth Hospital）的由來。可不幸的，正當醫院落成時，卻碰上義和團事件，醫院的病人和工作人員、教會人員不得不暫時離開中國，石、康二人也隨員撤退到日本去。一九零一年，局勢穩定後，她們才回到九江繼續醫院的工作。這所新式醫院很受當地人歡迎，開院半年之內，就應診三千多次，住院病人有數千人。

醫院的工作量極大，康成轉往南昌一醫院任職後，情況更差。石美玉接手處理日常的行政及醫療工作。一九零六年，石美玉終於在多年操勞下患上了病。一九零七年，在病情沒有好轉的情況下，她不得不放下醫院的工作，在九江衛理會的赫絲小姐（Miss Hyghes）陪同下前往美國接受治療。據說當時美國總統羅斯福在得悉她在中國的成就和病情嚴重後，親自下令三藩市海關讓她直接入境。抵美後，石美玉住進了丹福駐診的衛斯理醫院（Wesleyan Hospital）。不到一個月，石的病情便穩定下來，並且到赫絲的故鄉新澤西州休養了數星期。在養病期間，石美玉也沒有一刻停下來。她不是跟赫絲出席各種各樣的會議、結交朋友，就是到各醫院去聽講。另一椿事石美玉在美國療養期間致力的，是籌措為醫院興建新翼和設立護士宿舍。在她努力之下，興建這兩項設施的經費很快便籌募到。回國後不久，一九零九年，醫院的護士宿舍落

成，為全院護士提供住宿。

石美玉的努力，不僅使不少病人得到適當的治療，更重要的是，她的醫院正默默地改變中國人諱疾忌醫的習性和怕動手術的恐懼。這使得更多人的疾病得到醫治而不致失去生命。

除了醫療工作外，石美玉又在醫院裡開設護士訓練班，培養中國婦女從事醫護工作。護士班的課程跟美國的完全一樣，而且她對護士的算術和英文要求很高。在九江行醫的二十年間，石美玉共訓練了超過五百名華人女護士。她又把不少醫學教科書翻譯成中文，令現代醫護知識更廣為流傳。

辛亥革命期間，醫院為革命黨人接管，但石美玉堅持醫療工作必須中立，同時為革命黨和政府軍醫治。革命後，醫院關閉了一段時期。

一九一八至一九年間，石美玉再度赴笈美國，在約翰霍金斯大學（The Johns Hopkins University）的醫學院修讀，直到一九二零年才回國。由於九江醫院的院務得到她妹妹處理，再加上石美玉此時對傳教愈來愈有興趣，於是在一九二零年回國後，她並沒有返回九江，而是轉居到上海，幫助上海衛理會從事佈教工作。一九二零至三七年期間，她曾協助成立伯特利醫院（Bethel Hospital）。該醫院在當時是以訓練一流護士而馳名中國的。由於她對傳教的熱誠，她更成為首位受封為牧師的華籍女教徒。

一九三七年抗日戰爭爆發，伯特利會被迫離開上海，把總部遷到香港。此後，石美玉又離港赴美，在加州的伯特利會總部繼續工作。抗戰勝利後，她曾一度返回上海，但不久便回到美國。一九五四年，在美國逝世，終年八十二歲。

陳志明

◇ 褚季能：〈甲午戰前四位女留學生〉，《東方雜誌》，31卷11期（1934年6月），頁11–14。
◇ 王惠姬：〈清末民初的女子留學教育〉（台北：政治大學歷史研究所碩士論文，1980年），頁216。
◇ Burton, Margaret E., *Notable Women of Modern China*（New York, Chicago, Toronto, London & Edinburgh: Fleming H. Revell Company, 1912），161–230.
◇ Boorman, Howard L., ed., *Biographical Dictionary of Republican China*（New York & London: Columbia University Press, 1967），128–30.

⠿ 117 宋鳴瓊 Song Mingqiong

宋鳴瓊（1750 / 1752–1802），字婉仙，江西省奉新縣北鄉（現今宋埠鄉）

人。出身於官宦家庭，父親宋五仁，曾任（江西）九江教授，兄弟姐妹七人，她排行第五，上邊有二個哥哥，二個姐姐，下邊有二個弟弟。她是父母最為鍾愛，視若掌上明珠的幼女。她的二哥宋鳴珂，曾任（江西）南城兵馬司指揮；三弟宋鳴璜，曾任（江西）鄱陽教諭；四弟宋鳴琦，曾任廣西鹽道。

宋鳴瓊自幼喜愛讀書，沒有專門從師，只受父兄指教和薰陶，由於天賦聰穎，刻苦好學，擅長詩賦，成為中國帝制社會末期一位胸懷大志、博學多才的奇女子。據《奉新縣志》（清・同治版）記載，她五歲始讀書，九歲會解吟詠，十歲能作賦。

宋鳴瓊一生寫作各種詩詞賦曲數以千計，保存下來的僅佔十之一、二。據考證，《詩鈔》收錄她的詩十六首；《柳絮集》錄集其詩四十首；她自己著作《味雪軒詩草》一卷，《別稿》一卷，還有《春秋外傳》一卷。

根據歷史資料考證，宋鳴瓊是我國歷史上第一個為《紅樓夢》作詩，用詩來評價《紅樓夢》的女詩人。現今保留下來的有詩四首，這四首〈題紅〉詩收集在她自己編著的《味雪軒詩草》中，刊刻於清乾隆五十六年（一七九一年），後來又收進了清嘉慶八年（一八零三年）世思堂刊本的宋氏家刻《心鐵石齋集》，還有蔡殿齊編著的《國朝閨閣詩鈔》（第三冊）和近代著名紅學家周汝昌的《紅樓夢新證》都把這四首詩收編在內。據考證，這四首詩寫作於清乾隆五十六年（一七九一年）而曹雪芹（約十八世紀在世）寫作《紅樓夢》輟筆病逝是在乾隆二十八年（一七六三年），相距約三十年。在當時朝廷把《紅樓夢》列為淫穢禁書的歷史條件下，宋鳴瓊敢於衝破樊籬，閱讀此書，並感慨作詩，為男女婚姻自由大聲呼號，夢幻追求，不能不說是對摧殘男女愛情和婚姻自由的禮教和婚姻制度的不滿和叛逆，難能可貴，是一般弱女子難以敢為之舉。

宋鳴瓊一生坎坷，遭遇不幸，她十五歲婚嫁奉新籍人涂建萱，婚後跟隨丈夫前往溫州赴任做官，度過了一段和諧幸福的家庭生活，但好景不長，不到七年，丈夫不幸病逝，年青喪偶守寡，整整度過三十年冷冷清清，淒淒慘慘戚戚的寡居生涯。她生育了一個女兒，帶養了兩個螟蛉義子。活到五十歲（或說五十二歲）辭世。丈夫早逝，接連又歷經父、母、翁、姑四位親人故去。

宋鳴瓊所寫作詩詞，頗似李清照（1084–約1151）晚年詩詞風格。她不甘作俗婦，要以詩成名，為女中人傑。

宋鳴瓊的小叔子涂從軾也稱讚她「筆多渾雄，絕無閨閣中習氣。」同時她

廣泛收集整理歷代文學家的詩賦詞曲，藏之於樓，終日登樓諷誦，吟詠不輟，數十年如一日，且每有詩作出來，便要傳寄諸位兄弟姐妹及子姪輩，由於他們大都在外地做官，多往返京城，結交又廣泛，因而得以傳誦，使她的詩作從鄉里遠播京師，聲名大震。

宋鳴瓊雖有抱負，才華橫溢，但人生遭遇不幸，從年青時代守寡，愁腸種種，甘守寂寞，歸隱書齋，以淚洗面，刻苦攻讀，潛心寫作，打發痛苦的精神生活。她的四弟宋鳴琦寫作〈哭三姐婉仙〉（《心鐵石齋存稿》），慨歎她「卅年長作未亡人。」她在五十歲生辰寫下的自述詩〈五十初度偶成〉，真實地反映了她的人生歷程和精神世界，是她個人生平的高度概括。

宗德生、宗旃旃

◎ 蔡殿齊輯：《國朝閨閣詩鈔》（道光二十四年〔1844〕娜環別館刊本），冊4，卷8，頁33–38。
◎ 黃秩模編：《國朝閨秀詩柳絮集》（咸豐三年〔1853〕蕉陰小榥刊本），卷42，頁11下–17上。
◎ 呂懋先、師方蕙編：《奉新縣志》（同治十年〔1871〕刊本），卷8，〈人物志〉，頁43–44。
◎ 周汝昌：《紅樓夢新證》（北京：人民文學出版社，1976年）。
◎ 謝先模：《奉新歷史人物》（奉新：奉新縣歷史志辦公室，1980年），頁123–128。
◎ 宗德生：〈我國第一個為《紅樓夢》題詩的女詩人宋鳴瓊〉，《學術月刊》，1990年4期（1990年4月），頁51。

▥ 118 蘇三娘 Su Sanniang

蘇三娘（約1830–1854），長江南北誤傳為蕭三娘。

蘇三娘是何方人士，眾說紛紜，難以確定。其父闖蕩江湖，靠教拳賣藝為生。蘇三娘家傳武藝，善使雙刀，臂力過人，當時有人形容她：身材高大，眉宇清秀，英姿颯爽，頗有男兒氣概。

三娘夫蘇三，廣東欽州靈山縣人，出身小康之家，及成年，家道中落，只剩下六十多畝的大魚塘一個，賴以維持生活，後又受當地豪紳欺凌，破產離鄉，流浪到廣西橫州博合墟，依靠友人資助，開一間小當押舖為生。在博合墟，他和三娘結婚。他們都參加了天地會，結交山堂兄弟。一八四九年蘇三夫婦共立廣義堂，聲稱「殺官留民」，嚴禁「私行騷擾」，並公開樹旗，上書「劫富濟貧，回鄉報仇」等字樣。

蘇三長謀略，蘇三娘善武藝，相互配合，廣義堂頗有生氣。不幸的是，一八五零年秋，蘇三遭清軍團練暗算去世。三娘堅持抗清，「為夫復仇」。其

時太平軍勢力大增，以建立「太平世界」為號召，蘇三娘聞訊大喜，對部下說：「這正是我們多年追求的目的，我們要趕快前去參加。」約在一八五零年十一月，她和另一支天地會眾領袖邱二嫂（參見該傳）一道參加了太平軍。邱二嫂不久復離太平軍而去，蘇三娘則堅持下來。

金田起義後，太平軍分為男營女營，天王洪秀全命蘇三娘帶領女營，成為太平天國最著名的一員女將。她率領女兵和男兵並肩作戰，從廣西一直打到南京。

一八五三年三月，太平軍攻克南京後，即派羅大綱和蘇三娘分領男女軍攻取鎮江。蘇三娘率女軍先登，克服了鎮江。蘇三娘又出征揚州，「率眾登城見者矚目。」不久，清軍反攻鎮江，爆發了多年的防守戰，防守鎮江的太平軍以女兵為主力，蘇三娘為守城立下不朽的功績。蘇三娘在一八五四年以後的事蹟，已無從查考。

清朝狀元，廣西臨桂人龍啟瑞寫一首〈蘇三娘行〉，詠嘆她的英勇事蹟，詩篇短小，描寫生動。

茅家琦

◇ 吳家楨：〈金陵紀事雜詠〉，載汪坤：《盾鼻隨聞錄》（光緒元年〔1876〕不懼天悶齋刻本）。
◇ 龍啟瑞：《經德堂集‧浣月山房詩集》（光緒四年〔1879〕刊本）。
◇ 饒任坤：〈蘇三娘〉，《歷史知識》，1981 年 1 期（1981 年 1 月），頁 23。
◇ 鍾文典：《太平天國人物》（南寧：廣西人民版社，1984 年），頁 470–489。
◇ 羅爾綱：《太平天國史》（北京：中華書局；1991 年），卷 70，〈婦女傳〉，頁 2233–2235。

⁝⁝ 119 蘇麻喇姑 Sumala Gu

蘇麻喇姑（約 1616–1705）是蒙古族人，她本來的名字叫蘇墨兒，意思是毛製長口袋。「蘇麻喇」（Sumala）是滿語，意為「半大口袋」，與蒙語「蘇墨兒」（Sumal）意思相似。後人稱她為蘇麻喇姑，則表明人們對她的敬重。蘇麻喇姑家境貧寒，自幼便做了孝莊文皇后（參見博爾濟吉特 本布泰，太宗（皇太極）孝莊文皇后傳）的侍女。

自九歲起的十一年中（1625–1636），蘇麻喇姑在孝莊的指導下，努力學習滿語、滿文，以及宮廷生活中各種必備的禮儀、制度和其它知識，逐步具備了一定文化素養與辦事能力，並以其過人的聰穎，受到主人的欣賞和信賴。因此，當皇太極於「崇德初元」「釐定上下冠服諸制」時，由於孝莊的推薦，蘇

麻喇姑參加了「國初衣冠飾樣」的制定。從此，她在孝莊眾多的滿、蒙侍女中脫穎而出，日漸引起人們的矚目。

孝莊是清初著名政治家，她先後撫育、培養了世祖（愛新覺羅福臨，1638–1661；1643–1661在位）和聖祖（愛新覺羅玄燁，1654–1722；1661–1722在位）兩位幼齡皇帝，在清朝入關後的四十多年中，一直發揮了積極作用。在此期間，蘇麻喇姑作為孝莊的親信，協助她做了不少事情。

多爾袞（1612–1650）攝政期間，世祖年齡很小，與孝莊「分宮而居，每經累月，方得一見，以致皇太后縈懷彌切」，只有派蘇麻喇姑經常去看望愛子，她是孝莊母子處於最困難時期的聯繫人。世祖第一位皇后博爾濟吉特氏，在大婚前曾一度感到身體不適，孝莊讓未來的兒媳隱瞞身份，由「三位滿洲婦女」帶領，向在京的傳教士湯若望（Adam Schall von Bell，1591–1666）求醫。孝莊在未來的兒媳痊癒後，又專門派遣蘇麻喇姑到湯若望處致謝，並贈送禮品。世祖大婚後，孝莊依據清初定制，指派內大臣席納布庫之妻入侍皇后，席納布庫不願，認為是蘇麻喇姑所「唆撥」，將她「捶楚幾死」。此事表明，蘇麻喇姑與孝莊非同一般的主僕關係以及她在宮中的特殊地位，已為人們所熟知。

蘇麻喇姑還曾協助孝莊「訓迪」康熙，並「手教國書」。她是康熙的一位啟蒙老師。康熙六至八年（1667–1669），親政伊始的青年皇帝與飛揚跋扈的鰲拜（?–1669）集團進行了尖銳交鋒，並最終取得勝利。在這場鬥爭中，忠於皇室且為孝莊親信的蘇麻喇姑，是不會不發揮作用的。

康熙二十六年（一六八七年）孝莊去世。聖祖在祖母去世後，對蘇麻喇姑照顧得十分周到。女主人的離去，對於蘇麻喇姑的刺激與打擊是不言而喻的。為排解憂思與寂寞，她撫養了康熙第十二子胤裪。老媽媽與小皇子之間，逐漸產生了深厚感情。

蘇麻喇姑篤信喇嘛教，「性好佛法，暮年持素。」她因「蒙主子（聖祖）厚恩，每日只是在佛像前盡力為主子祈禱，祝願主子萬萬歲」。可見蘇麻喇姑對孝莊的感情與忠誠，在其晚年已轉移到康熙身上，成為她的主要精神寄託。

康熙四十四年（一七零五年）八月末，蘇麻喇姑染患痢疾，病勢沉重。聖祖此時正在外地，聽到這一消息，十分焦急，親自為其選用藥品，並命令在京的胤祉（1677–1732）、胤祺（1680–1732）、胤裪（1686–1763）三位皇子細心照料。九月初七日，蘇麻喇姑以年近九旬的高齡，走完了她那不平凡的人生

之路。蘇麻喇姑去世後，除去陪伴皇太后（孝惠）的三位皇子外，在京皇子全都向她的遺體告別。聖祖返京後，親自為蘇麻喇姑料理後事，「葬以嬪禮，瘞於昭西陵側」。蘇麻喇姑園寢位於清東陵風水牆外，昭西陵正東的新城。她的墓早已被拆毀，享堂現仍保存。

蘇麻喇姑歷經清太祖（努爾哈赤）、太宗（皇太極）、世祖（順治）、聖祖（康熙）四個朝代，從一位陪嫁侍女，成為後來舉朝敬重之人。她將自己的青春與畢生精力，全部獻給了清朝皇室，為清皇朝建國初期的鞏固和發展，作出了特殊貢獻。

楊珍

◇ 魏特（Alfons S. J. Vath）著，楊丙辰譯：《湯若望傳》（上海：商務印書局，1949年）。
◇ 談遷：《北游錄》（北京：中華書局，1960年），〈紀聞〉下，頁363–368。
◇ 昭槤：《嘯亭雜錄》（北京：中華書局，1980年），〈續錄〉，卷4，頁476。
◇ 于善浦：《清東陵大觀》（石家莊：河北人民出版社，1985年）。
◇ 巴泰等：《世祖章皇帝實錄》（《清實錄》本；北京：中華書局，1986年），卷63，〈順治九年三月癸巳〉，頁496–497；卷143，〈順治十七年十二月乙巳〉，頁1103。
◇ 楊珍：〈蘇麻喇姑研究〉，《清史研究通訊》，1990年2期（1990年6月），頁25–30。
◇ 中國第一歷史檔案館藏滿文朱批奏折，康熙四十四年八月三十日、九月初七、初九、十三日（胤祉等奏）。

▥ 120 唐素 Tang Su

唐素（生卒不詳），字素霞，自號二泉女史，無錫人，善畫折枝花卉，甚得北宋人寫生求真的筆法。

唐素家境清貧，又無兄弟，父母無依靠，唐素便矢志不嫁，以賣畫供養父母。她侍奉雙親的孝行，時人稱為「孝女」。

唐素畫花卉，常於花叢之中，對花寫照，有所啟發。她所畫的花卉，筆墨潤筆，色彩清麗。唐素精心創作的一幅〈百花圖卷〉，枝葉分佈自然成趣。唐素寫百花，得百多位名人題詠〈百花圖卷〉，時人稱此為「巨觀」。唐素繪畫的花卉畫，更令閨閣名媛愛不釋手。合肥人趙景淑（生卒不詳）曾在吳門買得唐素所繪的菊花一幀，懸掛閨閣，朝夕觀賞，並以「延秋」為自己的閣名。

乾隆中葉，唐素離開人間，享年七十多歲。

殷偉

區志堅摘錄

◇ 《清朝野史大觀》（上海：上海書店據中華書局1936年版複印，1981年），〈清人逸事〉，卷8，〈錫山孝女〉，頁111。
◇ 潘天壽：《中國繪畫史》（上海：上海人民出版社，1983年），頁263。
◇ 光鐵夫：《安徽名媛詩詞徵略》（合肥：黃山書社，1986年），頁229。
◇ 殷偉：《中華五千年藝苑才女》（鄭州：中州古籍出版社，1992年），頁280–282。

121 陶貞懷 Tao Zhenhuai

　　陶貞懷（十七世紀四十年代在世），梁溪（江蘇無錫）人，工吟詠，所撰《天雨花》，是彈詞史上出自女性手筆的重要早期作品。她父親思想開明，教她讀書，並使她免受纏足之苦。有關她父親的資料極少，只知道他為人正直，對明室忠心，但聲名不顯。陶貞懷嫁了一位軍人，丈夫長期在外，後來為保衛明室捐軀，死時還相當年輕。在《天雨花》簡短的序言裡，陶貞懷哀悼了死去的丈夫和幼子。她形容自己渡過了五年孤苦伶仃，纏綿病榻的生活後，才決定於一六五二年（序成於一六五一年）把作品付梓。她大概在作品面世後幾年間便去世了。

　　明朝覆亡和滿清入主中國，令陶貞懷悲憤填胸。特別使她痛心疾首的，是很多明朝官員在利害關頭變節。她在十七世紀四十年代最後幾年裡寫成《天雨花》彈詞，寄託了對明亡之痛，以及歌頌寧死不肯降清的忠臣烈士。全書三十回，共七十萬字。她待至死前不久才把作品刊行，並冠以一篇含義隱晦的自序，這可能不是時間上的巧合。

　　《天雨花》講述左維明的故事，時間上起萬曆年代（1573–1620），下迄明朝亡國。左維明是智勇兼備的明室忠臣，早年便在朝中擔任要職。他常救助身份低微而無辜受苦的人，又曾領兵出戰，多次告捷。此外，對許多官員的貪污自利行為，他也攻訐不遺餘力。明室傾覆後，他毅然投身保衛家鄉襄陽城。及見大勢已去，明朝復興無望，便和全家自殺殉節，成為對明室盡忠的典範。

　　效忠明室的思想貫串著《天雨花》的整個故事，但作品裡有不少篇幅描述左維明那豪門大族的家庭生活。有點諷刺的是，儘管左維明是大義凜然的精忠之士，但在另一方面，他卻被寫成一個虛偽的，唯我獨尊的丈夫和父親。他十分重視婦女的貞潔，對閨閫防限極嚴，但自己卻常哄著妻子要娶一個年輕閨女為妾。他妻子為此發怒，卻被他斥為妒婦。他的未來女婿是個好色之徒，勾引未婚妻的婢女。左維明怪責婢女放蕩，把這個不幸的女孩殺掉了，而那個身負罪責的少年不過捱了一頓痛打。

《天雨花》裡的其他男性，對女性貞節所抱的態度比左維明更加虛偽。僅僅為了維護男性強加於女性身上的嚴苛規條，幾個無辜的婦女慘被打死。對於這種種行為，《天雨花》不是用輕描淡寫的方法來處理，而是通過故事中的女性人物痛加揭露和抨擊。書中的女性一般是受害者，但她們絕不畏縮柔懦。左維明的女兒被父親的政敵擄走，那人除了要強娶她為妻外，還密謀弒君篡位。但陰謀被這個機警的少女識破。她設計把奸臣灌醉，誘他進入新房，然後斬了他的頭。她果敢利落的行動既挽救了皇帝，也保存了自己的貞操和性命。

當代有些學者懷疑陶貞懷是男子徐致和偽託之名。徐氏撰寫此書的用意，是給他的母親消遣。又有學者認為作者是劉淑英。劉氏是文武全才的奇女子，曾起兵抗清，威名遠播。由於《天雨花》極著重描寫家庭生活，和揭露男人對女性的虛偽面目，大多數學者都同意這部作品出自婦女之手，而陶貞懷仍然是絕大部分人公認的作者。《天雨花》透過戲劇化的情節，用女性的觀點，對明清之際婦女的屈從地位和根深蒂固的貞節觀念作出了深刻的揭露和反映。

在十九世紀和二十世紀，《天雨花》曾多次重印。身兼詩人和批評家的清代官員陳文述（1775–1845）對《天雨花》推崇備至，並引用他指為楊蓉裳所說的「南花北夢江西九種」一語加以讚揚。此語所指的是南方的《天雨花》、北方的《紅樓夢》和江西（蔣清容）的九種曲。不論標榜的是藝術成就還是流傳程度，此語已深入人心，並證明《天雨花》已獲得很高的評價。鄭振鐸稱讚《天雨花》是一部蘊含政治理想的嚴肅作品，有強烈的藝術力量。Toyoko Yoshida Ch'en的研究也有力地指出，《天雨花》更重要的意義，在於從女性的角度，對社會現象提出尖銳的譏諷和批判。

羅洛溥（Paul S. Ropp）

張中光譯

◇ 陶貞懷：《天雨花》（有遺音齋1841年重刊本，缺出版地；文當堂1869年刊本；學庫山房1891年刊本；上海：錦章圖書局，1920年；上海：商務印書館，缺出版年份；台北：文海出版社，1971年；鄭州：中州古籍出版社，1984年）。

◇ 譚正璧：《中國女性的文學生活》（台北：河洛出版社，1977年），頁398–410。

◇ ——、譚尋：《彈詞敘錄》（上海：上海古籍出版社，1980年），頁106–108。

◇ 胡士瑩：《彈詞寶卷書目》（上海：上海古籍出版社，1984年），頁15。

◇ 江民繁、王瑞芳：《中國歷代才女小傳》（杭州：浙江文藝出版社，1984年），頁281–283。

◇ 胡文楷：《歷代婦女著作考》（修訂本；上海：上海古籍出版社，1985年），卷15，〈清代〉9，頁609–610。

◇ 袁韶瑩、楊槐珍：《中國婦女名人辭典》（吉林：北方婦女兒童出版社，1989年），頁505。

◇ Ch'en, Toyoko Yoshida, "Women in Confucian Society – A Study of Three T'an–tz'u Narratives" (Ph.

D. Dissertation, Columbia University, 1974），52–177.

▥ 122 他他拉氏，德宗（光緒）瑾妃 Tatala shi, Dezong Jinfei

瑾妃（1874–1924），即人所共知的溫靖皇貴妃，為光緒帝（載湉，1871–1908；1875–1908在位）之妃子。她姓他他拉氏，滿洲鑲紅旗人；原任主事薩郎阿之曾孫女、原任總督裕泰之孫女、原任侍郎長敘之女、著名的珍妃（參見他他拉氏，德宗（光緒）珍妃傳）之姊。

光緒十四年（一八八八年）選秀女時，三十一名秀女，排成六排，瑾妃站在第四排第二名。兩星期後，瑾妃及其妹珍妃被選中。慈禧太后（參見葉赫那拉氏，文宗（咸豐）孝欽顯皇后傳）懿旨曰：「原任侍郎長敘之十五歲女著封為瑾嬪。」光緒十五年（一八八九年）正式冊封，居住永和宮。光緒二十年（一八九四年）值慈禧太后六十歲壽辰，詔封瑾嬪為瑾妃，冊封禮尚未舉行，瑾妃、珍妃雙雙降為貴人。其罪狀是「近來習尚浮華，屢有乞請之事。」時過兩三天，慈禧太后又下諭旨，恩准瑾貴人、珍貴人上殿當差隨侍，要求她們謹言慎行，改過自新。服飾要按宮內規矩穿帶，不准違例。年節照例為皇帝呈進食物，但不准進新巧稀奇物件及穿戴。由於瑾妃、珍妃能約束自己，所以第二年又加恩，賞還了瑾妃及珍妃之位號。

由於瑾妃、珍妃在宮中有一場降為貴人的風波，從而對她們的評論褒貶不一。論珍妃，則貌美質麗，聰明多藝，精書善畫，尤其協助光緒帝處理政務，備受寵愛。而瑾妃則平平庸庸，心胸狹窄，嫉妒成性，爭風吃醋，並與慈禧太后串通一氣，迫害珍妃。

瑾妃二十七歲時，胞妹珍妃死，三十五歲時，光緒帝崩。自此，她孤獨的居住在深宮高牆之內。有時與太監、宮女消磨時光，有時從事丹青，舞文弄墨。珍妃死後，瑾妃提筆書寫了「懷遠堂」並題了「精衛通誠」匾。一九一三年瑾妃被尊為「端莊皇貴妃」。

瑾妃死於一九二四年，年五十一歲。一九二五年葬入崇陵妃園寢東側寶頂。死後被尊諡為溫靖皇貴妃。

于善浦

◈ 世續等：《德宗景皇帝實錄》（《清實錄》本；北京：中華書局，1986年），卷332，頁260–

261。

◇ 王道成：〈珍妃（附瑾妃）〉，載《清代人物傳稿》（北京：中華書局，1988年），下編，卷4，頁318–321。

◇ 《新整內務府檔》（中國第一歷史檔案館藏），〈禮儀〉，包39。

◇ 《宮中雜件》（中國第一歷史檔案館藏），〈后妃·人事〉，包671、1247、1252。

▥ 123 他他拉氏，德宗(光緒)珍妃
Tatala shi, Dezong Zhenfei

珍妃（1876–1900）為光緒帝（載湉，1871–1908；1875–1908在位）之妃子，封恪順皇貴妃。她姓他他拉氏，滿洲鑲紅旗人；原任主事薩郎阿之曾孫女、原任總督裕泰之孫女、原任侍郎長敘之女。

光緒十四年（一八八八年）選秀女，珍妃位於第三排第六名。年僅十三的珍妃和姊姊瑾妃（參見他他拉氏，德宗（光緒）瑾妃傳）同時入選為嬪，次年正式冊封，珍妃居景仁宮，光緒二十年（一八九四年）慈禧太后（參見葉赫那拉氏，文宗（咸豐）孝欽顯皇后傳）懿旨：「本年六旬慶典，妃嬪平日侍奉謹慎允宜，特晉榮封，珍嬪晉封為珍妃。」

珍妃一直體弱多病，一八九四年時，需由二名御醫診治，其病情為氣鬱血滯，痰火阻遏，中脘氣閉塞之症，以致神昏不語，牙關緊急，四肢抽搐，腦堵痰涎，身肢發熱，症熱沉重，稍後病情好轉。沒多久，珍妃竟然「六脈沉伏不見。」接著抽搐隨作隨止，胸胳堵悶，兩脅串疼，有時惡寒發熱，熱後即覺口渴思涼，谷食不香，周身筋脈痠痛。正當這時，慈禧下了一道懿旨：「本朝家法嚴明，凡在宮闈，從不准干涉朝政。瑾妃、珍妃承侍掖廷，向稱淑慎，是以優加恩眷，洊涉崇封。乃近來習尚浮華，屢有乞請之事。皇帝深慮，漸不可長，據實而陳，若不量予儆戒，恐左右近侍藉以為貪緣。蒙蔽階患有不可勝防者。瑾妃、珍妃均著降為貴人，以示薄懲，而肅內政。」

珍妃及其姊降為貴人不足一年又賞還了封號。珍妃姊妹究竟有什麼過錯？諭旨稱：「瑾貴人、珍貴人著恩准其上殿當差隨侍，謹言慎行，改過自新。平素妝飾衣服俱按宮內規矩穿戴，並一切使用物件不准違例。皇帝前過年節照例准其呈進食物，其餘新巧稀奇物件及穿戴等項，不准私自呈進。如有不遵者，重責不貸。」

光緒帝受到一群主張改革的學者影響，其中包括康有為及梁啟超。據傳珍

妃和光緒擁有相同理想，而在文學作品及電影中，她被描繪成思想開朗、性格倔強，支持光緒皇帝變法的「節烈女子」。在現實中，珍妃是一位體弱多病的女子，所謂珍妃支持變法，無非是出自對光緒感情上的共鳴，盡點為妻的情分而已。

光緒二十六年（一九零零年），八國聯軍進京前，慈禧與群臣逃往西安，珍妃不能從，有說她在宮中殉死，亦有說她被太監推入井中，時年二十五歲。次年，金棺葬恩濟莊。光緒二十七年慈禧太后諭內閣：「欽奉懿旨，上年京師之變，倉猝之中，珍妃扈從不及，即於宮內殉難，洵屬節烈可嘉，加恩著追贈貴妃位號，以示褒卹。」珍貴妃金棺奉移梁格莊行宮東院正殿暫安。兩年後，珍貴妃金棺奉安陵園西寶券。一九二一年，追封珍貴妃為恪順皇貴妃。

于善浦

◇ 孫孝恩：《光緒評傳》（瀋陽：遼寧教育出版社，1985年）。
◇ 董乃強：〈珍妃：支持變法的光緒寵妃〉，載英文《中國婦女》編：《古今著名婦女人物》（石家莊：河北人民出版社，1986年），上冊，頁372–376。
◇ 世續等：《德宗景皇帝實錄》（《清實錄》本；北京：中華書局，1986年），卷332，頁260–261；卷352，頁565；卷379，頁964；卷490，頁484。
◇ 王道成：〈珍妃（附瑾妃）〉，載《清代人物傳稿》（北京：中華書局，1988年），下編，卷4，頁318–321。
◇ 謝景芳、祁冰：〈論珍妃〉，《北方論叢》，1989年5期（1989年9月），頁89–93。
◇ 于善浦：《珍妃》（北京：紫禁城出版社，1989年）。
◇ 林克光：《一代名妃的悲劇》（北京：中國人民大學出版社，1991年）。
◇ 《宮中雜件》（中國第一歷史檔案館藏），〈后妃‧人事〉，包671、1217、1252。
◇ Seagrave, Sterling, *Dragon Lady: The Life and Legend of the Last Empress of China*（London: Papermac, 1993），385–88。

▥ 124 佟佳氏，世祖(順治)孝康章皇后 Tongjia shi

孝康章皇后（1640–1663）為順治帝（1638–1661；1643–1661在位）之妃，康熙帝（玄燁，1654–1722；1661–1722在位）之母。

孝康章皇后，佟佳氏，為都統佟圖賴之女。佟佳氏本是以地為姓，清初隸漢軍。康熙十六年（一六七七年），康熙帝特封其外祖父佟圖賴為公爵，爵位由其子佟圖綱承襲，佟佳氏改隸滿洲鑲黃旗。

孝康章皇后初入宮時為順治帝眾妃之一。順治十一年（一六五四年）春，她往太后（參見博爾濟吉特本布泰，太宗（皇太極）孝莊文皇后傳）宮問安，將出，衣裾有光若龍繞，太后問之，知有妊，謂近侍曰：「朕妊皇帝實有斯

祥，今妃亦有是，生子必膺大福。」康熙「逮降誕之辰，異香盈室，經日不散。」相傳順治帝誕生時，亦有此吉兆。

順治十八年（一六六一年）順治帝病危時，將皇三子（康熙）叫到身邊，親自為他定了漢文名字「玄燁」，並決定其為繼承人。玄燁不是嫡出，又不是皇長子，為何在八位皇子中，順治帝偏選中他呢？有說是因為清初許多人死於天花，而玄燁已出過天花，孝莊文皇后聽信了德國傳教士湯若望（Johann Adam Schall von Bell, 1591/2–1666）的意見，期望有免役力的玄燁會健壯地承襲王位。

康熙登極後，其生母孝康章皇后（參見佟佳氏，世祖（順治）孝康章皇后傳）封為慈和皇太后。兩年後，即康熙二年二月初一日（一六六三年），這位年僅二十四歲皇太后就離開了人世。二月二十一日奉移大行慈和皇太后梓宮安奉壇上享殿。此時玄燁只有九歲，當梓宮啟行時，他親自奠酒行李，哭號不止。由於祖母不准玄燁離開紫禁城，一再降旨勸阻，玄燁沒去送葬。五月二十七日上大行慈和皇太后尊諡：孝康慈和莊懿恭惠崇天育聖皇后。二十八日，奉移孝康皇后寶宮駐孝陵。

于善浦

◈ 趙爾巽等：《清史稿》（北京：中華書局，1977年），卷214，〈后妃〉，頁8908。
◈ 馬齊等：《聖祖仁皇帝實錄》（《清實錄》本；北京：中華書局，1986年），卷8，頁136–137；卷9，頁148–149。
◈〈景陵聖德神功碑文〉。
◈〈孝陵神功聖德碑文〉。

▥ 125 王氏，明末皇太后 Wang shi, Mingmo Huangtaihou

王氏（約1598–1651）為明朝萬曆皇帝（朱翊鈞，1563–1620；1573–1620在位）第七子桂王朱常瀛（?–1644），於一六二七年在湖廣南部衡州就藩時的繼妃。一六四二至四三年，張獻忠（1606–1646）麾下「流寇」部隊攻入湖廣並佔據衡州。桂王被迫挈宮眷南逃至廣西，暫時棲身梧州。然而，幼子永明王朱由榔（1623–1662）在湖廣西南被擒，輾轉至一六四四年才得以脫險，到梧州跟父母團聚。朱由榔抵達梧州僅一年內，父兄相繼去世，他遂成了桂藩的直屬繼任人。

此段時間，明室西北遭到李自成（1605?–1645）「流寇」部隊的攻擊，東北又飽受滿清大軍的侵略，在同時受敵下，其華北政權遂告瓦解。殘明先後在南京及福州建立政權，亦亡於清人向南挺進的鐵蹄。因此，一六四六年秋，遠在南方諸省的明朝忠臣，亟欲另立新君，作為團結復興運動的領袖。巨大的壓力由此而生，企圖迫使二十出頭的朱由榔接任帝位，並要求王氏表示同意。

事實上，王氏本身不育，但作為元妃，禮法上她是丈夫所有庶妃所出子女的嫡母。因為這個緣故，雖然生母是桂王妃嬪馬貴人，朱由榔最為恭順者卻是王氏。他依賴王氏決斷的程度，亦超乎一般孝道。此時，王氏堅拒群臣游說擁立其僅存「兒子」的態度，也許在一班忠臣之間引起鼓譟，但就歷史反思而言，她洞察其子經驗不足而又缺乏領導才能，這種睿智卻為人所稱道。惟當時情勢日益危急，而壓力又不斷增加，她的立場亦軟化下來。一六四六年十一月（陰曆十月），朱由榔即位「監國」。次月，在廣東中部的肇慶繼承帝位，是為永曆帝。王氏隨即被尊為寧聖慈肅皇太后，而馬氏亦晉為皇太后。

史載王皇太后「習文墨，曉事機，剖決諸務，能晰情理。帝即位，無不稟承」。最突出者，尤以她猛烈譴責以所謂「五虎」為首，一班在一六五零年春夏受到迫害而為永曆帝寬宥者的黨爭。一六四七至五一年間，行宮不斷遷移：先從肇慶到梧州，穿過桂林、全州至湖廣西南的武岡，復經柳州及象州回廣西，在再度撤退前又回肇慶，再經梧州至南寧。其間除了一六四七年冬至一六四八年春，宮中女眷遷往南寧，而皇帝返回廣西桂林的幾個月外，王皇太后都一直伴隨其子。通常每次遷徙都發生在可怖的環境中，驚惶受創下逃避的，不單是清兵的追捕，亦同時是表面忠順明室，而實心懷異志之軍閥的侵凌與脅持。

這種情況自然加深了王皇太后本已很強的宗教傾向。在永曆政權的大臣中，護駕最力者為幾位基督徒，特別是廣西巡撫瞿式耜（1590–1651）、總兵焦璉及司禮監龐天壽。透過他們的協助，耶穌會士瞿安德（Andreas Xavier Koffler）於一六四五年得以進入廣西，並也許由此時開始和桂王一家建立起聯繫。隨後於一六四八年四月初（陰曆三月中），在皇室由廣東經廣西到湖廣，復返回廣西，歷盡危難之後，瞿安德先後說服王皇太后（教名烈納，Helena）、馬皇太后及桂王的元妃王皇后改宗天主教。當年八月（陰曆六月），他更替王皇后的新生嬰兒，即永曆太子洗禮。

一六五零年十一月（陰曆十月）初，大概是「烈納」正在梧州焦慮地等待

有關清人第二次圍攻廣州的消息時，她與龐天壽各自修書兩封，致送教宗及羅馬耶穌會會長，虔誠地表達他們的誠信，並祈求聖靈祐明。該等函件最終由瞿安德的耶穌會助于卜彌格（Michael Boym）帶到梵蒂岡及耶穌會總部。然而，可悲的是王皇太后從未有機會看到教宗亞歷山大七世（Alexander VII）安慰人心的回信。一六五八年，卜彌格嘗試傳遞回信予流亡的永曆朝廷，但卻未能成功。王氏大抵在一六五一年仲夏卒於田州，遺體由其孝子在南寧火化。

司徒琳（Lynn A. Struve）

陳永明譯

◈ 箕作元八、田中義成：〈明の王太后より羅馬法王に贈りし諭文〉，《史學雜誌》，3卷37期（1892年），頁885–893。

◈ 桑原騭藏：〈明の龐天壽より羅馬法王に送呈せし文書〉，《史學雜誌》，11卷3期（1900年），頁338–349；11卷5期（1900年），頁617–630。

◈ Pelliot, Paul, "Michael Boym," *T'oung Pao,* ser. 2, nos. 1–2（1934），95–151.（馮承鈞譯：〈卜彌格傳補正〉，見《西域南海史地考證譯叢》〔上海：商務印書館，1934年〕，頁115–195。）

◈ 方豪：《中國天主教史人物傳》（香港：香港公教真理學會，1970年），上冊，頁284–311。

◈ 魯可藻：《嶺表紀年》（杭州：浙江古籍出版社，1985年），特別卷1及4。

◈ 王夫之：《永曆實錄》，載氏著：《船山全書》（長沙：岳麓書社，1992年），卷1。

◈ de Maya, Mathias, *Relacçâo da conversão anossa sancta Fè da Rainha, & Principle da China, and de outras pessoas da casa Real, que se bapitzarão o anno de 1648*（Lisbon: 1650），chaps. 2–3.

◈ Chan, Albert, S.J., introd. and trans., *Suma del Estado del Imperio de la Chine, y Christiandad dèl, por las noticias que dàn los Padres de la Compaña de Jesus, que residen en aquel Reyno, hasta el año de 1649,* in "A European Document on the Fall of the Ming Dynasty（1644–1649），" *Monumenta Serica,* 35（1981–83），75–109.

◈ Struve, Lynn A., *The Southern Ming, 1644–1662*（New Haven: Yale University Press, 1984）.

▥ 126 王聰兒 Wang Cong'er

王聰兒（1777–1798），即齊王氏、齊二寡婦，湖北襄陽人。清代乾嘉年間川楚白蓮教起義領袖。據說她曾為江湖藝人，武藝超群。

王聰兒的丈夫齊林（?–1796）是襄陽縣衙總差役，也是白蓮教三大支派之一西天大乘教的重要首領。齊林在襄陽等地發展西天大乘教，傳授徒弟，並將徒眾分成南北二會。二會中的許多人後來都成為白蓮教的骨幹和起義軍的主要將領。王聰兒積極參與了齊林的傳教活動，與齊林共同授徒姚之富（?–1798）。

一七九五年，白蓮教各派首領商定於第二年春季，即「辰年辰月辰日」發動起義。因機密洩露，清政府大肆搜捕白蓮教，齊林等一百一十二名西天大乘

教教首及骨幹被清軍抓獲，齊林等人慘遭殺害。白蓮教支派各組織全部遭到破壞，主要首領大部分同時死難。

在齊林被捕時，王聰兒藏匿於襄陽郊外青蓮寺而倖免於難。在搜捕白蓮教過程中，清政府的官吏胥役敲詐勒索，「不論習教不習教，但論給錢不給錢」，以致民怨沸騰。於是，各地白蓮教以「官逼民反」為號召，義無反顧地發動了武裝起義。為了替丈夫報仇，她參與領導了襄陽地區的起義，並被群眾推舉為總教師。她與姚之富領導義軍焚燒了呂堰驛，攻打樊城、襄陽。

當時，各路義軍缺乏統籌意識，各自為戰，在戰略上又消極防守，大部分起義很快被清軍擊敗。王聰兒、姚之富率領的襄陽義軍，在湖北白蓮教起義隊伍中力量最強大，堅持的時間也最長。這支隊伍先在襄陽一帶轉戰五個月，又到了鍾祥，隊伍發展到四、五萬人。

往後的一年間，這支襄陽義軍在川、楚、陝邊境一帶，以強而有力的游擊戰與清軍周旋，側重分兵靈活的戰術，不整隊，不迎戰，不走平原，惟數百為群，忽分忽合，忽南忽北，所經之處，白蓮教徒紛紛響應。

一七九七年，襄陽義軍由陝入川與四川義軍會合，經協商決定按青、黃、藍、白重新分號，設掌櫃、元帥、先鋒、總兵等職，確立各路義軍建制。王聰兒、姚之富被推舉為襄陽黃號首領。

這時，清政府徵調大軍，從四面八方圍攻義軍，形成多路夾擊的形勢。王聰兒、姚之富派人向四川義軍提出團結對敵的「合夥」要求。但是，四川義軍拒絕了襄陽義軍的正確建議。王聰兒等只好又率軍返回湖北，後來就在河南、陝西、四川等省邊界的深山老林迂迴流動。

清朝視王聰兒為「首逆」，故派重兵追剿王聰兒。由於王聰兒牽制了清軍的主力，襄陽義軍的其他部隊兩次乘虛進攻西安，義軍雖未攻下西安，但聲勢之大，振動全國。

與此同時，王聰兒、姚之富率領的義軍因為被清軍緊緊盯住，不僅失去按計劃會攻西安的機會，而且日益陷於被動。一七九八年三月，王聰兒、姚之富被清軍追擊，且戰且退，進入湖北鄖西，在山岔河被鄉勇堵在山溝裡，後有清朝追兵，前有鄉勇阻截，兩側高山深谷，王聰兒、姚之富率領八、九千義軍拼死衝擊溝口，但始終未能衝出包圍。清軍偵知王聰兒、姚之富被困在名為卸花坡的左山梁，遂蜂擁而來，全力圍攻。王聰兒、姚之富率義軍滾石放槍，頑強抵抗，因傷亡慘重，便棄馬爬坡，及攀到山頂後發現再無路可退，王聰兒，姚

之富相繼跳崖，壯烈犧牲。當時王聰兒年僅二十二歲。這一仗，王聰兒的部下共七千多人戰死，一千多人被俘。清朝政府認為這一仗是重大勝利，遂將王聰兒、姚之富的首級在陝西、河南、湖北傳觀示眾。

王聰兒、姚之富死後，在陝南活動的襄陽義軍將領李全、高均德（1765–1799）收集王聰兒餘部，提出為王聰兒、姚之富報仇的口號。然而，作為起義軍中最強大的襄陽義軍已蹶而不振，四川的義軍力量仍很強大，白蓮教起義軍的戰場遂轉移至四川。

張小林

◇ 周凱：《內自訟齋文鈔》（道光六年〔1826〕襄陽府署版），卷1，〈紀邪匪齊二寡婦之亂〉。
◇ 昭槤：《嘯亭雜錄》（北京：中華書局，1980年），卷4，〈王文雄〉，頁91–92。
◇ 魏源：《聖武紀》（北京：中華書局，1984年），卷9，〈嘉慶川湖陝靖寇記〉，頁375–393。
◇ 余國綱、張新武：〈王聰兒〉，載吳芳編：《中華女英傑》（武昌大學出版社，1991年），頁160–165。
◇ 梁勇：〈風雲女將王聰兒〉，載劉重日編：《中華驕子農民領袖》（北京：龍門書局，1994年），頁125–131。
◇ 朱翔清：《埋憂集》（《筆記小說大觀》本；上海：進步書局石印本），輯1，卷6，〈段珠〉。
◇ 〈王三槐供祠〉（軍機處錄付奏摺）。

▀ 127 汪端 Wang Duan

汪端（1793–1839），字允莊，一字小韞，浙江錢塘（今杭州）人，學者、詩人及編輯。

汪端生長於典型的書香世家，祖父汪憲，乾隆十年（一七四五年）進士，以藏書豐富見稱，官刑部陝西司員外郎。父為汪瑜，官布政司經歷、候選大理寺寺丞，博學工詩，對女兒也愛護備至，無重男輕女之見；母梁應鋗，共育兩男兩女，汪端最幼。

汪端自幼即聰慧異常，很早就能辨別四聲，七歲作〈春雪〉詩，令父親大感驚奇，認為她的聰明直追東晉女詩人謝道韞（約343–約404），所以她又字「小韞」。她的記憶力奇佳，能過目不忘，曾讀西晉詩人木華的〈海賦〉、庾信（513–581）的〈哀江南賦〉兩遍，即能背誦。平時常獨坐內室，手持唐詩默讀，遇到得意會心之處，則發聲自笑，所以眾人又視她為「書癡」。她讀書涉獵極為廣博，人以僻典考問，她都能對答如流。她又精於星命之學，才華學識於閨閣中實為少見。

汪端八歲喪母，長兄在維西（今四川省）任官時積勞病逝，父汪瑜既遭喪

妻之痛，復傷愛子遽逝，悲慟莫名，無法獨力撫育子女，於是將幼女汪端托撫於姨母梁德繩（參見該傳）。至汪端十六歲，父親又去世，因此她未及成年而父母竟先後離世。汪端在西湖葛林園曾作詩一首記哀。幸而汪端由姨父、姨母悉心撫養成人，愛護備至。

嘉慶十五年（一八一零年），汪端十八歲，嫁與陳文述（1771–1843）之子陳裴之。陳文述是嘉慶五年（一八零零年）舉人，曾任江南縣令，詩詞古文無一不工，對閨閣作家的獎譽不遺餘力，門下有碧城女弟子約三十餘人。陳文述對汪端這個媳婦尤其寵愛，視若嬌女，在詩文方面時加指點。汪端孝順賢淑，陳裴之亦有文才，婚後夫婦拈韻分箋，互為唱和。每有新作，必定奉呈堂上，請求評閱，因而文學造詣大進，時人都不敢以尋常閨閣目之，陳文述更稱許她為一家巨擘。

一八二二年，陳文述病危，汪端立願焚香持齋三年為他祈祝康壽，這段時期需要夫妻異室，為此她特別替陳裴之納妾王紫湘（1803–1824），可是不到二年，紫湘即亡故，汪端傷慟不已，作哀悼詩多首，並令兒子為之執禮。

陳裴之初仕通判，奉旨留江南補用，後被部吏扼阻，改選雲南府通判，道光六年（一八二六年），不幸客死漢皋，年僅三十三歲。汪端有二子，長子陳孝如彌月即夭，次子陳孝先（葆庸）才十四歲，因乍聞父親噩耗，驚悸過度，以致精神失常，無法痊癒。親族中人曾勸汪端為子娶婦或納婢，以期嗣續綿延。然而汪端不忍誤人女子終身幸福，力主待子稍癒再議，終不了了之。

汪端產次子後，調養欠佳，因此身體始終孱弱。健康不佳，也影響了她後來的人生觀，使她較為消極，傾向於出世的思想。然而，主因仍是緣於汪端迭遭家庭變故，打擊沈重，因受陳文述的默化，於是轉而靜心學道，誦經禮懺，傾注心力研究道書，晚年奉道禮佛甚勤，甚至發願來世昌明道教，著有詩作近四十首皆反映其與道有關的出世思想。此外，她更有法名心和、佛名達本、道名心澈等等。

汪端為人淳厚澹泊，幼時曾師事明經高邁庵，後師門衰落，汪端常感歎身非男兒，無法盡弟子之誼，引為平生憾事。又因姊汪紉青、嫂湯湘綠早逝，特為二人整理刊刻遺稿。

汪端有不同類型的作品，她編有：《明三十家詩選》（《明詩選》），是書道光二年（一八二二年）自然好學齋刊本，有梁德繩、曹貞秀序，及汪端凡例及評語，初集共八卷，二集共八卷。

　　汪端長於史學，對史事瞭如指掌，與姨丈論史，姨丈往往辭屈，因此戲呼汪端為「端老虎」。汪端深恨明太祖朱元璋（1328–1398；1368–1398在位）對待文人極為殘虐，於是搜集元明史料及佚事，又參考《明史》，以平話體寫成小說《元明逸史》一書，共八十卷。為張士誠（1321–1367）等前朝人物翻案。此書主題是表彰吳王張士誠（一三五三年起義）等元末群雄之禮賢下士。汪端一反「成者為王、敗者為寇」的傳統思想，描寫張士誠雖然在軍事上並非朱元璋之對手，但張優待文人，頗得民心。全書揚張抑朱，敢於直筆批評帝王，這在舊時代是不易為的事。可惜的是汪端學道以後，自認為：「有限之光陰，不以治吾身心性命，而與古人之陳跡為仇乎？」於是焚毀書稿，不肯再耗費光陰於蒐佚考據，所以此書現今不存。

　　汪端勤於著述，作品包括：《自然好學齋詩鈔》五卷（《清史稿·藝文志》、《杭州府志》著錄）。是書道光十九年（一八三九年）錢塘汪氏振綺堂刊本，從姪汪适孫重編。卷數刻在葉左書耳，書幅闊大，刻印極精。前有許宗彥、梁同書（1723–1815）、蕭掄（?–1818）、石韞玉（1756–1837）、張雲璈（1747–1829）序，胡敬（1768–?）撰〈汪宜人傳〉。又冒俊女史刊入《林下雅音集》為十卷本，首有蘇垣題，胡敬及陳文述撰傳，閨秀曹貞秀（參見該傳）、席慧文、顧蕙、張襄題辭。又同治間浙江書局刊本，十卷，民初時仍有刻本流行。詩計一千一百三十八首，數量豐富。清代閨秀難有出其右者。按照內容和性質，可以分為十四類：一·題畫詩、二·題集詩、三·題壁詩、四·弔輓詩、五·和詩、六·贈答詩、七·同作詩、八·病中留言詩、九·讀書有感詩、十·詠史詩、十一·懷古詩、十二·紀事詩、十三·與道教有關之詩、十四·寄興詩。其中又以七言律詩（五百六十九首）和七言絕句（四百零四首）最多。其中較著名的作品有：〈紫騮馬〉、〈讀史雜詠〉（十二首）、〈哭伯兄問樵〉、〈當窗織〉、〈猛虎行〉、〈明詩選：題詞三十首〉、〈西湖詠古十六首〉、〈張吳紀事詩〉（二十五首）等。汪端交遊甚廣，集中不乏與當時閨秀作家往來的詩篇，例如：歸懋儀、曹貞秀（參見該傳）、吳規臣、吳藻（參見該傳）、張襄等人皆有題畫題集詩。她的作品以詠史懷古為主：詠史詩在以詩作史，篇製龐大，感歎論斷，有史家風範，其氣魄胸襟非常人所能及；懷古詩則縱橫灑落，沈雄古厚，有濃厚的興亡盛衰之感。其他寫景抒懷之作，風格皆婉約明麗，綿渺悱惻。後期的作品，則多呈現道教的色彩。

　　在《明三十家詩選》的凡例，有一段文字可以代表汪端的文學理論。她主

張把詩的風格與作者的境遇結合起來論述，對「無病呻吟」的文風作了有力的抨擊。汪端對於明代詩人的評價，也表現了特立獨行的見解。她特別推崇高啟（1336–1374）、劉基（1311–1375），而貶抑前後七子。因為有見於前後七子互相標榜，相沿成風，許多選本又推揚七子，貶抑高啟，心中憤憤不平，於是編選《明三十家詩選》，以一個女子之身為明代詩歌之優劣翻案，以雪高啟諸人的冤屈，實在是難能可貴。此書內容一掃前後匕了門徑；選詩標準以「清真」為主，重視性情，刪汰偽體，強調作者的個人風格及意境的表現，因此最厭惡台閣體及香奩體。她又善於評騭人物，尤其崇尚名節，斥逐邪僻，議論十分精闢強悍。她強調應以高啟的詩為學習標準，不但列高啟詩為神品，並立祠奉祀，自言前世為高啟弟子張佛保。因此，她對詩人的品評，以及導正謬誤的詩說，與其他學者、文評家大異其趣。她論詩以清蒼雅正為宗，既重詞，亦重意。

汪端同代士人以至後世學者對她都推崇備至。例如清人梁德繩在《明三十家詩選》的序文中，指出讀者不但可以明白三百年詩學的源流，對當時的是非優劣，也可以瞭如指掌，只有高手如汪端才可以達到這個高水平。她又作詩謂汪端論史既持平，也能合乎風雅之趣。梁同書（1723–1815）在《自然好學齋詩鈔》中認為汪端的詩一洗閨閣纖穠之習。石韞玉也特別讚揚她的成就，以為可以企及名作家錢起（七五零年參加進士試）、郎士元（七六二年進士）、溫庭筠（812?–866）、李商隱（813?–858），而不落蘇軾（1037–1101）、黃庭堅（1045–1105）的豪縱之習，上承古人之遺風。許宗彥則說：「女子詩能如是，不獨足自娛，而亦可以傳世矣。」陳文述撰「孝慧汪宜人傳」，讚揚她的品德高尚。王蘊章更推許為「清代第一才婦」。今人譚正璧、曹正文認為汪端是中國通俗小說史上第一位女性作家。陳瑞芬則推崇其品德和文學成就皆為後世婦女、士人所取法。

汪端具有傳統婦女的懿德，又能勤於讀書寫作，更能以獨到的眼光評選前人詩作，她的胸襟氣魄和文學成就，在清代閨閣詩壇上自有其應得的地位。汪端四十六歲以病終。她才慧天授，很早就了悟人世無常，她視死如解脫，寄望託生為男，來世可以繼續修行。

鍾慧玲、馮瑞龍

◎ 惲珠編：《國朝閨秀正始集》（道光十一年〔1831〕紅香館藏板），卷20，頁5下–9上。
◎ 蔡殿齊編：《國朝閨閣詩鈔》（道光二十四年〔1844〕娟環別館刊本），卷8，頁38上–43上。

◈ 黃秩模編：《國朝閨秀詩柳絮集》（咸豐三年〔1853〕蕉陰小榥刊本），卷29，頁25下–29上。

◈ 汪端編：《明三十家詩選》（同治十二年〔1873〕蘊蘭吟館重刊本）。

◈ ——：《自然好學齋詩鈔》（同治十三年〔1874〕重刊本）。

◈ 梁乙真：《清代婦女文學史》（台北：台灣中華書局，1958年），頁199、204。

◈ 譚正璧：《中國女性的文學生活》（台北：河洛出版社，1977年）。

◈ 陳香編：《清代女詩人選集》（台北：台灣商務印書館，1977年），上集，頁91。

◈ 鍾慧玲：〈清代女詩人研究〉（台北：政治大學博士論文，1981年），頁268、363。

◈ 張培仁：《妙香室叢話》（《筆記小說大觀》本；揚州：江蘇廣陵古籍刻印社，1984年），卷6，頁9–12。

◈ 胡敬：〈汪允莊女史傳〉，收入繆荃孫編：《續碑傳集》（周駿富輯《清代傳記叢刊》本；台北：明文書局，1985年），卷85，頁753–755。

◈ 施淑儀輯：《清代閨閣詩人徵略》（周駿富輯《清代傳記叢刊》本；台北：明文書局，1985年），卷8，頁433–442。

◈ 胡文楷：《歷代婦女著作考》（增訂本；上海：上海古籍出版社，1985年）卷10，〈清代〉4，頁357。

◈ 陳瑞芬：〈汪端研究〉（台北：師範大學碩士論文，1986年）；收入《師大國文研究所集刊》，32號（1988年6月），頁667–824。

◈ 《中國大百科全書·中國文學》（北京：中國大百科全書出版社，1986年），頁874。

◈ 錢仲聯等：《清詩紀事》（南京：江蘇古籍出版社，1989年），頁15903–15904。

◈ 徐世昌輯：《晚晴簃詩匯》（北京：中國書店，1989年），卷187，頁670–671。

◈ 國史館：《清史稿校注》（台北：國史館，1990年），卷515，頁11662。

◈ 曹正文：《女性文學與文學女性》（上海：上海書店，1991年），頁150–152。

◈ Hummel, Arthur W., ed., *Eminent Chinese of the Ch'ing Period*（*1644–1912*）（Washington: United States Government Printing Office, 1943），839–40.

▥ 128 王端淑 Wang Duanshu

　　王端淑（1621–1706?），字玉映，號映然子、青蕪子、吟紅主人。浙江山陰人，詩人。父親王思任（1576–1646），官明朝禮部右侍郎。端淑自幼聰穎，父親疼愛有加，曾謂：「吾有八男，不如一女。」四歲觀劇演善財，即能模仿，以母為觀音，叩拜不已。六歲聽父親講古時忠孝賢媛故事，都能記憶不忘。幼時喜作男兒打扮，常剪紙為旗，以母為帥，諸婢為兵將，自行於隊伍中拔幟為戲，父親每見輒笑其何不為女狀元。後與諸兄弟從師就學，讀《四書》、《毛詩》，過目成誦，屬對不凡。由於家學薰陶，王端淑在文學上得以奠定深厚的基礎。

　　王端淑事奉父母極為孝謹，崇禎七年（一六三三年），曾隨父至九江官署，匪寇來襲，情勢危急，父親守城不去，並遣送端淑回鄉，端淑悲泣不肯離去。母親姚氏患頭疾，又常心痛，端淑遍求良方，並取出奩資以為焚香祈禱之用。母病歿，寸步不離母棺，水漿不入口。十六歲丁聖肇入贅，兩年後北行。

姑病，親侍湯藥，衣不解帶；姑死，哀毀不言笑。

崇禎十六年（一六四三年），丁聖肇扶母櫬返回會稽，任衢州知府推官。次年，明亡，端淑隨聖肇顛沛流徙，隱於彭山，生活困窘，不蔽風雨，後聞父親殉節而死，哀哭不止。曾徙居徐渭（1521–1593）故居青藤書屋，布衣蔬食，澹泊自如。後寓居武林吳山。順治年間，清廷慕其名，詔端淑入宮教嬪妃，但皆為她力辭不願往就。

王端淑博覽群書，凡是經史老莊內典陰符稗官之書，無不涉獵，又精通史學，古文詩賦皆工，書法習鍾（繇，151–230）、王（羲之，303–361）小楷，又善繪畫，長於花草，疏落蒼秀。著作豐富，有《吟紅集》三十卷、《留篋》、《恆心》、《無才》、《宜樓》、《玉映堂》諸集。又撰《史愚》及《歷代帝王后妃考》，並編選《名媛詩緯》及《名媛文緯》，惜多已散佚。其中《名媛詩緯》一書，今存康熙間清音堂刊本，共計四十二卷。其中後二卷附刻王端淑詩作。

王端淑於順治十八年（一六六一年）完成《名媛詩緯》，至康熙三年（一六六四年）又陸續輯補。此書選輯明代以來閨秀詩，除附小傳及選詩外，並各繫評語。不僅是保存明清之際婦女文學的珍貴史料，而且更是一部不可多得的婦女文學批評的完整巨著。王端淑上承明末公安派詩論，反對七子及竟陵之說，與錢謙益（1582–1604）諸人相應，主張抒發性情，以氣韻為上，兼重詩的內容與形式，又以「溫柔敦厚」的詩教豎立閨詩批評的標準，重視才學與道德的配合，力斥「女子無才便是德」的謬說，認為真正具有大才者始具有節烈之行，又指出閨閣詩的弱點在易流於側媚輕艷，若能擺脫香奩習性，詩的境界方能提昇。

今存王端淑詩多為酬贈之作，端淑與四方名流相倡和，也時常代丈夫執筆。錢謙益曾為《名媛詩緯》題辭，毛奇齡（1623–1716）選浙江閨秀詩時，因遺漏王端淑，端淑寄詩微諷，後毛奇齡編《越郡詩選》則不敢漏列其詩，毛奇齡曾為端淑詩集命名為《留篋》，並特別推崇端淑詩，認為其詩「已及劉禹錫（772–842）、韓翃」。

端淑生於明清之際，作品雖已零落，然由現存篇章，仍能見其傷亂的情懷。端淑意氣犖落，有男子氣概。於倉皇避禍，窮愁困頓之時，仍能一吐胸中塊壘，感慨淋漓，磊落豪宕，〈青藤為風雨所拔歌〉尤其可見。此外，端淑又能嚴守格律，不作綺語，同時，又善以輕靈的筆觸，烘托清峭淡遠的意境。理

論與作品能相互印證，王端淑可以說是清初閨閣詩壇的翹楚。

鍾慧玲

◈ 王端淑：《名媛詩緯初編》（清康熙清音堂刊本）。
◈ 湯漱玉：《玉台畫史》（《畫史叢書》本；上海：上海人民出版社，1963年），卷1，頁27上。
◈ 鍾慧玲：〈清代女詩人研究〉（台北：政治大學博士論文，1981年），頁252、278。
◈ 胡文楷：《歷代婦女著作考》（增訂本；上海：上海古籍出版社，1985年），卷7，〈清代〉1，頁248。
◈ 施淑儀輯：《清代閨閣詩人徵略》（周駿富輯《清代傳記叢刊》本；台北：明文書局，1985年），卷1，頁37–38。

▥ 129 王蘭修 Wang Lanxiu

王蘭修，字仲蘭，生卒年約在嘉慶道光年間，卒年僅十八歲。江蘇嘉定人，為光祿卿王鳴盛（1722–1797）的孫女。

王蘭修幼承家學，雅好辭章，能文工詩，尤善於繪畫，曾畫白描王母讌瑤池圖，細緻生動，獲得好評。與好友辛絲（參見該傳）合選《國朝詩品》，選清人詩二十餘家，以年代相次，各為題詞，並加論斷，認為有諸家之長，集其大成者，惟陳文述（1771–1843）而已。王蘭修景仰陳文述，然因羸弱多病，未能親自登門請益，曾透過辛絲代為引薦呈錄詩作，以為贄禮，又自鐫紅牙小印，刻「碧城私淑弟子」。不幸早卒，未及與陳文述見面，陳文述有詩悲悼。

王蘭修著有《疊紅閣集筆記》，《碧城仙館女弟子詩》收錄她的詩十八首。

鍾慧玲

◈ 龔凝祚：〈西泠閨詠序〉，載於陳文述：《西泠閨詠》（光緒十三年〔1887〕西泠翠螺閣重刊本）。
◈ 胡文楷：《歷代婦女著作考》（增訂本；上海：上海古籍出版社，1985年），卷7，〈清代〉1，頁259。
◈ 施淑儀輯：《清代閨閣詩人徵略》（周駿富輯《清代傳記叢刊》本；台北：明文書局，1985年），卷8，頁443–446。

▥ 130 王囊仙 Wang Nangxian

王囊仙（1778–1797），名阿從，清貴州省南籠府洞洒寨苗人，布衣族。她於一七九三年嫁與同寨苗人韋阿恨為妻。

一七九五年王囊仙得了瘋癲病，自稱能為人過陰醫病，頗為當地苗人信

服。他們紛紛以雞、豬、酒、米作為酬謝，尊稱她為囊仙。王囊仙的堂兄王化明見有利可圖，於是替她蓋了一間仙樓，聲稱她有仙法，凡是到樓下磕頭、供茶燒香，貢獻財物者，均可消災免難。這更使王囊仙的聲望大增。

當時多處苗民起義，清廷急調軍隊往南籠。王囊仙那時和鄰近的當丈苗寨首領韋朝元關係密切。韋朝元與其徒大王公（又稱王阿祿）見清軍趕至，決定公推王囊仙為首領，尊其為「皇仙娘娘」，午號「仙大」，韋朝元自己也起了一個「天順」的年號，並號召各地苗民舉行反清起義，以反對清地方官吏和漢族大地主對苗民的重利盤剝。

一七九七年一月底，王囊仙、韋朝元和大王公帶領起義苗民圍攻南籠府城，另派李阿方、王抱羊等圍攻南籠府屬之永豐、黃草、捧鮓、新城、冊亨，安順府之永寧、歸化各城。起義軍聲勢大振，清廷地方當局茫然無措，冊亨很快被攻陷，滇黔兩省的交通要道也被堵塞。

清仁宗（愛新覺羅顒琰，1760–1820；1796–1820在位）獲知南籠府苗民起義消息後，深恐他們與湖南苗民起義軍相聯絡，急命正在湖北鎮壓白蓮教起義的雲貴總督勒保（1740–1819）率軍前赴南籠，星速「剿捕」；同時又命清總兵德英額、扎郎阿、袁敏和兩廣、雲南兵丁分堵東、西、南、北四面，使起義軍無法越雷池一步。部署已定，勒保指揮各路清軍收復了冊亨、永寧、歸化和新城，兵鋒直指南籠。

王囊仙、韋朝元等自率起義軍包圍了南籠城之後，為阻攔清朝援兵的到來，佔據了城西北的碧峰山，並在山前的望城坡上豎立兩座木城，又將附近道路挖斷，拆毀石橋。六月底，勒保謀劃攻取碧峰山。他在山下紮下大營，另派一支軍隊秘密潛伏在山腳下。王囊仙得知清軍到來，立即組織數千人下山迎戰。剛至清軍大營，一聲炮響，伏兵驟起，營中清兵也出師夾擊，起義軍大敗，損傷一千餘人，二十餘座苗寨被焚。清軍乘勝前進，馬不停蹄地來到了南籠「總要隘口」的水煙坪，又遭到了王囊仙、韋朝元起義軍的頑強抵抗。清軍採用分股上山、誘敵下山、聚而殲之的戰術。雨夜攻克了水煙坪。不久，清軍又攻克了南籠外圍的另一個據點普坪，大王公戰死。王囊仙、韋朝元見起義軍抵擋不住，被迫撤回洞灑、當丈寨中。清軍解除了長達六個多月的南籠之圍。

與此同時，清軍又分兵數路，先後剿滅了永豐、黃草、捧鮓等地的起義軍。至此，起義軍的大本營洞灑、當丈二寨暴露在清軍的槍口之下。

在這危急時刻，王囊仙和韋朝元等人決心繼續戰鬥下去。他們指揮起義苗

民，在寨外築起堅固的石牆。牆內放置槍和石塊，同時又將附近降清的苗寨盡行焚毀，使清軍得不到內應。十月三日（陰曆八月十五日）勒保分兵八路，同時進攻洞灑、當丈二寨。王囊仙、韋朝元等進行了最後的抵抗。他們據守險要之地，放槍擲石，無奈勢單力薄，抵敵不住。王囊仙見大勢已去，躲進碉樓，放火自焚（此時她的丈夫韋阿恨已壯烈犧牲），寧死不降。不料，清軍都司王宏信也已搶入碉樓，冒著烈焰，將被燒傷的王囊仙拖出擒獲。與此同時，進攻當丈的清軍也進展順利，生擒了韋朝元。在這之前，李阿方、王抱羊也在同清軍的戰鬥中犧牲。王囊仙領導的反清起義，就這樣地被清廷鎮壓下去了。

一七九七年十二月，王囊仙、韋朝元被清廷凌遲處死。

李尚英

◇ 曹振鏞等：《仁宗實錄》（《清實錄》本；北京：中華書局，1986年）。
◇ 《清史列傳》（北京：中華書局，1987年），卷29，〈勒保〉，頁2197–2214。
◇ 武內房司著，古永繼譯：〈清代布依族的社會變化──圍繞嘉慶時王囊仙起義的考察〉，《思想戰線》，1989年增刊（月份缺），頁126–141。
◇ 李尚英：〈嘉慶二年的王囊仙起義〉，《清史研究》，1993年2期（1993年6月），頁86–89。
◇ 〈嘉慶朝剿捕檔〉（中國第一歷史檔案館藏）。

▥ 131 王青翰 Wang Qinghan

王青翰，十八世紀在世，字香隱或香印，藝名三姑，清乾隆（1735–1796在位）年間著名女彈詞藝人。她家境清貧，雙目失明。拜彈詞藝人鄭學孔為師，後學有所成，技藝精湛，其彈唱被時人稱頌為「娓娓入情」。

乾隆時，富商官宦爭相邀請王青翰到府邸表演，名士聚會更以邀請演唱彈詞為榮。青翰善諧謔，於說唱時傷政哀民。王青翰尤善於彈唱「英雄兒女」一類的故事，她先請朋友介紹故事的內容或聽其他藝人的演繹，使自己了解故事內容。進而，王青翰揣摩故事中人物的聲音狀貌，彈唱聲調極為感人，於彈唱時使聽者心情也隨聲調的抑揚頓挫而「忽起、忽怒、忽悲、忽泣」。

王青翰性格重義輕財，樂助貧士。她曾資助孝廉趙考應試；又以釵、釧贈予趙氏，助趙氏娶妻。縱有富豪以財帛相邀表演，王氏若感到不受尊敬，也拒絕金帛所誘，不會彈唱。

日後，王青翰的愛侶因科舉不中式而自殺，她也因此而隱居，不再彈奏，過著孤單的生活。

殷偉

區志堅摘錄

◈ 徐珂：《清稗類鈔》（北京：中華書局，1986年），冊10，〈音樂類‧女彈詞〉，頁4948–4949。

◈ 袁枚：〈贈彈詞盲女王三姑小傳〉，見其《小倉山房詩文集》（上海：上海古籍出版社，1988年），卷28，頁743。

◈ 殷偉：《中華五千年藝苑才女》（鄭州：中州古籍出版社，1992年），頁326–328。

132 王小玉 Wang Xiaoyu

　　王小玉，十九世紀後期在世。藝名白妞，山東聊城人，清代著名的山東大鼓書女藝人。大鼓書是一種民間表演曲藝，源自山東，歌者在小鼓及其他樂器伴奏下，唱出韻文形式的故事。

　　二十世紀學者阿英指出，王小玉的技藝傳自一名叫郭大妮的女子（十九世紀下半葉在世）。郭氏把這門技藝由鄉間帶到城市，且加以改良。郭氏嫁後不復表演，而這門技藝則輾轉傳給了王小玉的姨姐黃大妮，大抵再由黃氏授予王小玉。小玉的妹妹藝名「黑妞」，也是位說唱大鼓書的女藝人，她的演唱藝術全由她的姐姐小玉所教的，她也有百轉迴旋的音調，卻不如王小玉的美妙，然「黑妞」早逝。

　　王小玉於大鼓說書藝術中融化了南方崑腔、小調的特色，使清代說唱藝術發展至新境界，也使說唱藝術由鄉村的民間表演進入了大城市。她能唱賈鳧西鼓詞（即大鼓書的舊稱），據傳曾隨父奏藝於山東臨清市集。清光緒（1875–1908在位）初年，王氏在山東濟南明湖居演唱其時著名的演詞〈黑驢段〉美妙動聽，人們把王氏的說唱技藝比作明末民間說書大師柳敬亭，稱為「紅妝柳敬亭」。清末劉鶚（1857–1909）在《老殘遊記》中描述聽了王小玉說唱後，使人「五臟六腑裡，像熨斗熨過，無一處不伏貼，三萬六千個毛孔，像吃了人參果，無一毛孔不暢快。」王小玉說唱十多句後，漸漸越唱越高音；及後，又迴環轉折，聲音下沉，這樣高高低低，娓娓動聽，使聽者回味無窮。王小玉出嫁後，便不再獻藝。

　　王小玉的技藝由山東大鼓女表演家謝大玉繼承。因謝大玉的父親謝其榮曾為王小玉伴奏多年，漸學習小玉說唱的精妙處，謝大玉便隨父學藝，得繼承王小玉的演唱技藝。後來，謝大玉更被觀眾推為「四大玉」（另外三位為李大玉、趙大玉、孫大玉）的魁首。民國期間，謝大玉在上海為百代公司（Pathe Company）灌錄了一張唱片。

殷偉
區志堅摘錄

◈ 阿英：〈從王小玉說到「梨花大鼓」〉，《阿英文集》（香港．三聯書店，1979），冊2，頁693–696。
◈ 劉鶚：《老殘遊記》（北京：人民文學出版社，1979年），頁15。
◈ 上海藝術研究所編：《中國戲曲曲藝詞典》（上海：上海辭書出版社，1985年），頁761。
◈ 殷偉：《中華五千年藝苑才女》（鄭州：中州古籍出版社，1992年），頁343–346。
◈ Liu E, *The Travels of Lao Can*, trans. Yang Xianyi and Gladys Yang（Beijing: Chinese Literature, 1983），32.

▥ 133 汪嫈 Wang Ying

汪嫈（1784–1842），字雅安，安徽歙縣人。同縣誥贈奉直大夫程鼎調（?–1819）妻。父汪錫維以文學知名於時，汪嫈多秉其教，經傳過目成誦，曾拜宿儒黃秋平為師，兼從師母張靜因學詩，以故，工詩文，通儒家之學。

汪嫈二十一歲嫁程鼎調為繼室。時汪程兩家皆已僑居揚州，以同為鄉里望族，結為姻戚。婚後生子程葆。然好景不長，一八一六年，程鼎調挈家搬回歙縣，卻在再返揚州時，染疾即卒。時汪嫈年三十五歲，聞訃痛不欲生，以程葆年幼，飲泣守節。

平素汪嫈訓子甚嚴，每晚坐燈下課之以讀，為其講解大義。此後，雖家道中落，困阨殊甚，依然勉子勤讀，不准其輟學習賈，而自恃針繡養家餬口。及子稍長，又送其到揚州學校就讀，卒至其科舉成名，中道光癸巳年（一八三三年）進士。程葆任工部主事後，汪嫈被迎養入都，她又以居官之道反覆誡子，令其凡事據理准情，程葆奉教唯謹，官聲卓然清望。

汪嫈性好讀書，尤勤於著述，生平所著不輕以示人。年六十二歲卒於疾。卒後，程葆編其所作為《雅安書屋詩文集》。其詩，五古近體風格沖和澹雅，大抵類於盛唐；七言長句及詠史諸律，則雄豪跌宕。

劉鳳雲

◈ 黃秋模編：《國朝閨秀詩柳絮集》（咸豐三年〔1853〕蕉陰小榭刊本），卷30，頁1上–18下。
◈ 單士釐輯：《閨秀正始再續集》（歸安錢氏排印本，1911年），卷1上，頁9下。
◈ 趙爾巽等：《清史稿》（北京：中華書局，1977年），卷508，〈列女〉1，頁14054。
◈ 劉毓崧：〈程母汪太宜人家傳〉，收入閔爾昌：《碑傳集補》（周駿富輯《清代傳記叢刊》本；台北：明文書局，1985年），卷59，頁689–693。
◈ 錢仲聯主編：《清詩紀事》（南京：江蘇古籍出版社，1989年），冊22，頁15855。

134 王筠 Wang Yun

王筠（約1752–1802後），字松坪，陝西長安人，詩人、戲曲家，為曾任直隸數縣知縣王元常（一七四八年進士）的女兒。與她時代相近的同名男學者王筠（1784–1854），則為山東安丘人，學術著作甚豐，其中包括童蒙書，兩人不應混淆。

年幼時，王筠已經醉心書本。後來，她更毫無掩飾的表達了對生為女兒身而被摒諸學術生涯門外的反感。在她留存下來的詩歌中，不少反映了這種不滿。據知她曾刊行過一些作品，但其中只有零散的留存下來。兩首在她的詩集《槐慶堂集》的詩，收入了惲珠（參見該傳）編的一部收錄了十九世紀婦女詩歌的概要集中。此外，她的詩作也附刊於其父的《西園瓣香集》中。而其中部分詩作，更與其父的作文收錄在晚清出版的山西省志中。

王筠寫過兩個傳奇劇本。在僅存第二卷的兩本傳奇《全福記》中，有著名學者朱珪（1731–1807）的序文。在序文中，朱珪貶抑了王筠的另一部較早期作品《繁華夢》，認為此劇「過於冷寂」，不宜於演出。相反的，他卻推崇《全福記》為「如春光融融」的作品。

不過，《繁華夢》也有其知音者。其中畢沅的母親，女作家張藻（?–1780）就曾於一七七八年出資刊行此劇，並且在卷首的一首親題詩中，宣稱王筠在傳奇上的才華足以與湯顯祖（1550–1616）匹敵。《繁華夢》以一闋詞作開端，慨歎婦女被埋在深閨的命運，既不能仕進，又不可青史留名。歌者心中的女豪傑是女扮男裝出征的木蘭。可能出於諷刺的目的，這首詞記念了班昭的弟弟，帶領漢軍遠征西域的班超，而非作《女誡》的班昭本人。被剝奪了建功立業的機會，她寫道：「玉堂金馬生無分，好把心情付夢詮。」

在一幅〈蘇武牧羊〉的畫的題詞上，她讚揚畫家擅於抓往蘇武的孤忠。她為蘇武吸引，反映了她同情蘇武的孤立和孤獨，以及他對自己理想的深情委身。

王筠的第四個作品《遊仙夢》大概已經失傳。

王筠有一子名百齡，一七九二年舉人，一八零二年中進士。在五十歲那年，王筠寫了一首詩紀念這件事。

曼素恩（Susan Mann）

陳志明譯

177

◇ 惲珠編：《國朝閨秀正始續集》（道光十六年〔1836〕紅香館藏板），卷3，頁14下–15上。

◇ 徐乃昌編：《閨秀詞鈔》（宣統元年〔1909〕小檀欒室刊本），〈補遺〉，卷4，頁6下。

◇ 《續陝西通志稿》（1934年序刊本），卷218，頁25上–27上；卷219，頁15上下；卷222，頁11上下、22上下、24上下。

◇ 《民國咸寧、長安、良縣續志》（1936刊本），卷22，頁34上下；卷11，頁9上–10上；卷15，頁11下。

◇ 吳梅：《中國戲曲概論》（香港：太平書局，1964年），卷下，頁38。

◇ 胡文楷：《歷代婦女著作考》（增訂本；上海：上海古籍出版社，1985年），卷7，〈清代〉1，頁245–246。

◇ 徐世昌輯：《晚晴簃詩匯》（北京：中國書店，1988年），卷79，頁449–450；卷185，頁622–623。

◇ 鄭光義等編：《中國歷代才女詩歌鑑賞詞典》（北京：中華書局，1991年），頁1667–1672。

◇ Ropp, Paul, "Love, Literacy, and Laments: Themes of Women Writers in Late Imperial China," *Women's History Review*, 12, no.1（1993），123–57.

▀ 135 王照圓 Wang Zhaoyuan

王照圓（1763–1851），字瑞玉，號婉佺，山東福山人，著名學者、書法家。其父王錫瑋在她約六歲時逝世，遺下她一個獨女。王照圓的雙親皆出身書香世家，其家人在當地深具名望。王照圓母親為貢生林萱之女。王照圓自幼得到母親教導，據說年僅七歲，已能引用《毛詩》。王照圓所受的教育，還包括《孝經》、〈內則〉，以及傳統女紅如刺繡、紡織等內容。

乾隆五十二年（一七八七年），王照圓和學者郝懿行（1757–1825，1799進士）結婚，成為其續弦妻室。郝懿行，山東棲霞人，其地和王照圓家鄉鄰毗。他的第一任妻子林氏死於乾隆五十一年（一七八六年），大概是因為目睹惟一的兒子和母親相繼去世，積憂而終。根據郝氏自幼相識的摯友牟庭所述，王照圓初次踏足郝家，是受郝氏聘為女兒郝桂（1779–?）及其堂表姐妹的導師。郝氏和王氏共有三個兒子，不過只有第三子雲鵠（1801–?）長大成人。此外，他們育有一女，名文則（1807–?），字順嬰，號幼蘭。王氏和丈夫相處融洽，日與丈夫考訂經史疑義，成就贏得當時學者的讚許，文壇有「高郵王父子，棲霞郝夫婦」之譽。

王照圓個人著有三部作品。其中《列仙傳校正》和《列女傳補注》同在嘉慶十七年（一八一二年）初首次刊行，此外尚有《夢書》一卷。以上作品全部收錄在他們夫婦的《郝氏遺書》。王氏這些著作，都是根據漢初著名目錄學家劉向（前77–6）作品編修而成。王氏對這些作品的研究和校正，應該放入近人稱為「古典經學復興」運動中去探究。這個運動大概發生在乾隆末期的十年

間，是當時一些備受尊敬的學者用來提倡道德禮儀的一個運動。事實上，劉氏有一系列著作已成為了大眾學習傳統操守的典範，對象包括男性、女性、宗教人士、甚至統治者、為政者。《列仙傳》和《列女傳》是其中兩部代表作。此外，《列士傳》雖然已經失傳，但不少唐、宋百科全書都有提及它。

因此，王照圓對學術界的貢獻應該從兩方面來探討。第一，她繼承劉向對這類訓戒作品的興趣，向人們提出了理想的道德禮儀；同時也按照當時十八世紀「漢學」的要求，以訓詁為主要的手段。她對《列女傳》的補注，突顯了她在語言上的長處，並強調了男女正當的操守標準。她明顯運用她個人的才華，闡述了「德行」的正確性。第二，她的作品和興趣，和當代信仰復興者的論調一脈相承。當王氏在嘉慶十年（一八零五年）開始研究《列女傳》時，她已參考過顧廣圻（1776–1835）在嘉慶元年（一七九六年）刊行的《古列女傳附考證》。根據著名學者阮元（1764–1849）的弟子臧庸（1767–1811）和桐城派學者馬瑞辰（一八零五年進士）在王氏《列女傳補注》前的序文中所言，王氏的補注，不但表現了她對禮教的修養，同時本身也為美好婦德作出印證。

王照圓在書法方面亦享有聲望。其筆法深得北派書法雄渾的遺風，亦是十八世紀頗為流行的一種風格。作為丈夫學術上的助手，王照圓贏得尊敬和名譽。她與夫合著《詩問》七卷、《詩說》一卷，都是評論《詩經》作品。另外，還有夫妻唱和的詩集《和鳴集》。除此之外，當她丈夫於嘉慶十八年（一八一三年）至二十年（一八一五年）患病期間，王氏助他完成對《晉書》、《宋書》的評注和劄記。同時，她還與丈夫一起完成《爾雅義疏》、《山海經箋疏》。郝懿行去世後，王氏全力編輯其遺稿，以備刊行。由於郝氏是一位多產的學者，此項工作絕非輕易。

對王照圓一生的評價，不宜將她定為一個完全傳統的女性。毫無疑問，假使她生活在其他環境，成就定會更高。可惜，她是住在山東沿海一個文化較為保守的地方。她不能和著名的江南婦女作家、藝術家、教師一樣有彼此建立聯繫之便。她擁有的優點，只在於她有一個尊敬和愛護她的丈夫，容許她和自己的學人朋友往來。郝懿行於嘉慶四年（一七九九年）中進士。同年的進士不少在十九世紀時都已成為著名學者。考據學名家王念孫（1744–1832）曾是郝氏的主考官之一，對王氏就十分欣賞。他和兒子王引之（1766–1834）〔郝氏的同學〕，以及經史學者胡承珙（1766–1832）和音韻學家王紹蘭（1760–1835）等，均與王照圓有聯繫，亦寫過關於她的文章。這些文章被收入《郝氏遺書》

中，王照圓《列女傳補注》後的〈疏〉部。

　　郝氏夫妻部分著作曾進呈皇帝。光緒八年（一八八二年），順天（棲霞境內）府尹畢道遠（?–1889）上奏皇帝，請求表揚這兩位山東籍的學者。次年（一八八三年）十二月初六（一月十四日），光緒帝發出諭旨，讚揚他倆「博涉經史，疏解精嚴」；同時，光緒帝命令將王照圓一系列著作，其中包括《詩問》、《詩說》和《列女傳補注》，陳列於南書房，以備翰林院官員參考。以上奏折和諭旨，都保存在《詩說》一書中。

宋漢理（Harriet T. Zurndorfer）

黃毓棟譯

◇ 震鈞：《國朝書人輯略》（光緒戊申〔1908〕刊本），卷11，頁11上。
◇ 許繼通：〈郝蘭皋夫婦年譜〉，《清華學報》，10卷1期（1936年1月），頁185–233。
◇ 梁乙真：《清代婦女文學史》（台北：台灣中華書局，1958年），頁205–209。
◇ 施淑儀：《清代閨閣詩人徵略》（台北：鼎文書局，1971年），卷7，頁20上。
◇ 趙爾巽：《清史稿》（北京：中華書局，1977年），卷508，〈列傳〉295，〈列女〉1，頁14051–14056。
◇ 胡文楷：《歷代婦女著作考》（增訂本；上海：上海古籍出版社，1985年），卷9〈清代〉3，頁242–245。
◇ 安作璋、耿天勤：〈郝懿行和他的《曬書堂集》〉，《史學史研究》，1989年2期（1989年夏季），頁73–80。
◇ Hummel, Arthur W., ed., *Eminent Chinese of the Ch'ing Period*（*1644–1912*）（Washington: United States Printing Office, 1943），277–79.
◇ Kaltenmark, Max, *Le Lie–sien Tchouan*（Paris: Collège de France--Institute des Hautes Études Chinoises, 1987 reprint）.
◇ Edgren, Sören, "The 'Ching–ying hsiao–sheng' and Traditional Illustrated Biographies of Women," *The Gest Library Journal*, 5, no.2（1992），161–74.
◇ Zurndorfer, Harriet, "The 'Constant World' of Wang Chao-yüan: Women, Education, and Orthodoxy in 18th Century China--A Preliminary Investigation," in Institute of Modern History, ed., *Family Process and Political Process in Modern Chinese History*, Part I（Taipei: Academia Sinica, 1992），581–619〔reprinted with modifications as "How to be a Good Wife and a Good Scholar at the Same Time: 18th Century Prescriptions on Chinese Female Behaviour--A Preliminary Investigation," in Léon Vandermeersch, ed., *La société civile face à l' État dans la traditions chinoise, japonaise, coréene et vietnamienne*（Paris: École française d'Extrême–Orient, 1994），249–70〕.

▥ 136 王貞儀 Wang Zhenyi

　　王貞儀（1769–1797），字德卿，自號金陵女史。本籍安徽省泗州府天長縣，後其家族落籍江蘇省江寧府（今南京市）。清代著名曆算學家，詩人。貞儀出身書香世家，曆算學之啟蒙老師為其祖父者輔（?–1782），詩則學於祖母董氏。其父錫琛不得志文人，屢試不第，對醫學及地理術數有研究，輯有《醫

方驗鈔》四卷，貞儀亦曾受其父之學。貞儀廿五歲適安徽寧國府宣城縣詹枚。夫家詹氏亦書香門第，因而貞儀畢生浸淫於學問之中。

貞儀於少女時代隨其祖父母遊吉林，學騎射，並結識當地有才學之仕女，十八歲以後到其結婚之年，則在江寧以詩文結交當地之女性文友，同時亦在此時鑽研曆算之學。婚後到宣城而文名越盛，並曾收男性學生。而王貞儀才女之名，除來自詩文外，主要來自她對曆算之研究，由於清代女性曆算學者極少，貞儀在生之年即因而享有極高的名譽。

貞儀曆算之學，除在十四歲以前得祖父者輔指點外，主要乃自學所得，從其遺作《德風亭初集》中，可知她曾參考過之曆算書籍甚廣，除傳統的天文志，算經如《九章算術》、《周髀算經》及清數學大家梅文鼎（1633–1721）的曆算著作等外，還包括如《幾何要法》類的西法書籍，在這方面，她受梅文鼎之影響頗深。

據一八八零年之《續纂江寧府志》所記載王貞儀的曆學著作應共有六種，均佚，所幸其中《象數窺餘》、《籌算易知》、《曆算簡存》三種之自序，尚存於《德風亭初集》中，加上該文集中十篇曆算論文，可算是貞儀有關曆算之僅存著述。從三篇自序中可知貞儀這三種著作主要乃述說前人之學，並非創作性的論著，而十篇論文也主要是讀書心得的記載，其中多處反映梅文鼎對她的深厚影響。

除曆算之外，王貞儀著稱於當時的尚有其詩名。遺著《德風亭初集》主要是詩、詞及賦等著作。加上散見於他處之詩作，貞儀尚存之詩賦共約三百多首。她的詩詞之作以少見脂粉氣著稱於時。

據胡文楷編著之《歷代婦女著作考》及一八八零年之《續纂江寧府志》，王貞儀生平著作共十二種，其中只有《德風亭初集》仍流傳坊間。據嘉興錢儀吉（1783–1850）所序，貞儀將歿之前，託其夫交文稿於友人吳江蒯夫人錢與齡（1763–1827），望與齡彰其名於身後，與齡即儀吉之姑。儀吉於嘉慶八年（一八零三年）於其姑處見其文稿初集十四卷，及其他文稿廿三卷，並為其《術算簡存》五卷作序。今所見之《德風亭初集》有十三卷，初版見於民國初年之《金陵叢書》丁集，由翁長森（1857–1914）及蔣國榜所輯，有序一卷，文七卷，詩三卷，詞一卷，賦一卷。

梁其姿

◇ 惲珠編：《國朝閨秀正始續集》（道光十六年〔1836〕紅香館藏板），卷9，頁7下–8上。

◇ 黃秩模編：《國朝閨秀詩柳絮集》（咸豐三年〔1853〕蕉陰小幌刊本），卷23，頁18下–19上。
◇ 王貞儀：《德風亭詞》，載徐乃昌編：《小檀欒室彙刻閨秀詞》（光緒二十四年〔1898〕刊本），集7。
◇ ——：《德風亭初集》（翁長森、蔣國榜輯《金陵叢書》本；上元；慎修書屋，1914–16年）。
◇ 戚志芬：〈清代女算學家王貞儀〉，《光明日報》，1960年3月9日。
◇ 趙爾巽等：《清史稿》（北京：中華書局，1977年），卷508，〈列女〉1，頁14050–14051。
◇ 徐文緒：〈清代女學者王貞儀和她的《德風亭初集》〉，《文獻》，1980年1期（1980年5月），頁211–214。
◇ 來新夏：〈王貞儀——兼資文武、六藝旁通的女科學家〉，《清史研究集》，輯3（1984年），頁180–186。
◇ 胡文楷：《歷代婦女著作考》（增訂本；上海：上海古籍出版社，1985年），卷7，〈清代〉1，頁236。
◇ 李桓：《國朝耆獻類徵初編》（周駿富輯《清代傳記叢刊》本；台北：明文書局，1985年），卷228，頁889–893。
◇ 閔爾昌：《碑傳集補》（周駿富輯《清代傳記叢刊》本；台北：明文書局，1985年），卷59，頁716–723。
◇ 施淑儀輯：《清代閨閣詩人徵略》（周駿富輯《清代傳記叢刊》本；台北：明文書局：1985年），卷5，頁304。
◇ 諸可寶：《疇人傳三編》（周駿富輯《清代傳記叢刊》本；台北：明文書局，1985年），卷7，頁403–404。
◇ 焦靜宜：〈科學史上一菁英——記清代女科學家王貞儀〉，《歷史知識》，1986年2期（1986年3月），頁38–39。
◇ 管成學、關樹人：〈客居吉林的清代女科學家王貞儀〉，《社會科學戰線》，1988年1期（1988年1月），頁211–214。
◇ 劉天祥：〈乾嘉才媛王貞儀研究〉（清華大學歷史研究所碩士論文，1993年）。

▥ 137 吳阿嬌 Wu Ajiao

吳阿嬌（Ng Akew），又作吳阿姑、吳阿嬌，又稱紅毛嬌，活躍於一八五零至八零年間。

香港開埠初期，外國人由於生活上的需要，不得不借助於當地的華人幫忙。可是，華人大多不願意為外國人提供服務，認為這樣做是自貶身價，只有當時處於賤民地位的蛋家人（居住在船上的人）不避嫌疑，幹起替外國人補給的工作。由此產生了不少外國人與蛋家女子之間發展出不尋常關係的故事，故事的女主角往往被視為「受保護的」婦女（意即在生活上受到外國人照顧和保護）。吳阿嬌正是這類故事的主角之一。

據記載，一八四二年，原籍美國麻省丹佛市的詹姆斯（James B. Endicott, 1815–1870）以美國商船文華號（Mandarin）船長身份來華，途經爪哇時遇風擱淺。詹姆斯繼續前往廣州，並且在那裡出任另一艘商船的船長。在廣州勾留期間，他花錢買了一名蛋家女子，那就是吳阿嬌。

一八四八年，詹姆斯的船依莎貝拉羅拔遜號（Isabella Robertson）遇風沉沒，吳阿嬌向詹姆斯買入八箱船上的鴉片來販賣，但卻被海盜搶去。吳氏仗著與外國人之間的特殊關係，隻身前往賊巢，向海盜討回貨物。經過兩次商討之後，吳阿嬌憑著過人的膽色和勇氣，不但平安回來，還帶回了六艘滿載糧油食品的武裝船隻。不過，回程途中，吳阿嬌卻遇上麻煩事。她的船隻引起了當時一名在香港水域附近經過的英國船長懷疑，並且上船搜查。由於那些棉花和食物來歷不明，因此他通知了香港當局查辦。與此同時，吳阿嬌當機立斷，下令該六艘船隻駛往澳門，並且由詹姆斯負責卸貨。她自己的兩艘船仍留汲水門附近等候調查。翌日，一艘美國雙桅船到達汲水門，並且將吳阿嬌及其隨從帶到澳門。駐澳門的美國官員認為該兩艘船上的貨物是從英國商船上搶回來的，於是將船移交給香港的英國貿易官員處理。可是由於該宗事件發生在香港水域以外，而吳阿嬌又非香港居民，因此，香港政府沒有權處理此事。事件就這樣不了了之。

一八五二年，由於詹姆斯要跟一名英國女士結婚，他與吳阿嬌的關係也因而中止。在結婚前夕，詹姆斯以信託的方式將香港島兩段地段送給吳阿嬌。自此，吳阿嬌就搬到香港居住。居港後，吳阿嬌與當時著名華籍買辦馮阿清合作，一同收購港島的土地。馮氏為香港開埠初期的華人買辦，在港島擁有大量物業。從當時報章上的記載來看，她與馮阿清之間可能是夫婦關係。但這種關係似在一八五六年馮決定離開香港後結束。那時候，馮將在港的物業出售，其中兩個地段的業權轉移到吳阿嬌的名下。

一八七五年，一名澳洲籍青年戴維斯（Philip Davis）冒認為吳阿嬌的兒子，意圖在她身上得到利益。原來在詹姆斯離開吳阿嬌之前，她已有五名子女。詹姆斯帶走了其中兩男一女，而另外一男一女則跟隨阿嬌過活。跟隨詹姆斯的兩名兒子，據說其一在馬尼拉生活，另一名叫阿春（Achun 或 Henry）的，則居於上海。戴維斯來到香港後，向吳阿嬌冒認自己為居於上海的阿春。由於離開詹姆斯時她的兒子年紀尚幼，加上已經十二年沒有見面，因此吳阿嬌也弄不清眼前人是否真的自己親生兒子。不過，吳阿嬌還是給了他幾天豐富的招待，直到她從一位外國朋友口中得悉真的阿春還在上海後，這齣鬧劇便告結束。

十九世紀六十至七十年代，吳阿嬌儼然成為當時一批生活於外國人照顧下的婦女的首領。她們擁有自己的物業。可是，在七十年代末期，由於吳氏過

份投資於地產，使她出現財政危機。一八七八年，一名香港律師入稟法院控告吳阿嬌未能履行承諾，支付他本人放在吳氏處投資的本利。接踵而來的相類索償還有十宗。一連串的訴訟使吳阿嬌陷入經濟困境，不得不宣佈破產。自此之後，她就銷聲匿跡，最後可見有關她的報導，是一八八零年六月出售她餘下物業的新聞。

陳志明

◆ 余繩武、劉存寬主編：《十九世紀的香港》（北京：中華書局，1993年）。
◆ *Friend of China*, 12 October 1849; 6 December 1856.
◆ *Hong Kong Daily Press*, 6 December 1856.
◆ Morris, Jan, *Hong Kong–Epilogue to an Empire*（London: Penguin Group, 1988）.
◆ Smith, Carl T., "Ng Akew, One of Hong Kong's 'Protected' Women," *Chung Chi Bulletin* 46（June 1969）,13–17, 27; also in his *A Sense of History – Studies in the Social and Urban History of Hong Kong*（Hong Kong: Hong Kong Educational Publishing Co., 1995）, 266–75.

▥ 138 吳琪 Wu Qi

吳琪，十七世紀中葉在世，字蕊仙，又字葉仙，號佛眉。江蘇長州（今蘇州）人，畫家兼詩人。祖父吳捷菴，官至布政使。父吳康侯，舉人。夫管勛，字於嘉。從洪承疇（1593–1665）軍，卒於官。

蕊仙以一弱女之身，支撐於豺虎之交，不作兒女態，慕錢塘（今杭州）山水之勝，與女友周瓊（字羽步）前往游覽。蕊仙精繪染，詩詞幽逸，似得源黃庭堅（1045–1105），與周瓊合著《比玉新聲集》、《瑣香詞》。

夫死之後，吳琪設帳授徒，後為揚州女道士，法名上鑒，號輝宗，自是不問世俗之事。又云，琪皈依佛門，剃髮為尼。

吳琪是《女中七才子集》所收編的七位女作家之一，其詩媲美梁朝劉令嫻（502–556）。有說蔡含（參見該傳）仿效其作。

陳金陵

◆ 馮金伯、吳晉：《國朝畫史》（雲間文革堂刊本，1831年），卷16，頁7。
◆ 黃秩模編：《國朝閨秀詩柳絮集》（咸豐三年〔1853〕蕉陰小榥刊本），卷8，頁30上。
◆ 徐乃昌編：《閨秀詞鈔》（宣統元年〔1909〕小檀欒室刊本），卷7，頁19下–20下。
◆ 李濬之：《清畫家詩史》（1930年刊本），癸上，頁8。
◆ 施淑儀輯：《清代閨閣詩人徵略》（周駿富輯《清代傳記叢刊》本；台北：明文書局，1985年），卷1，頁69–70。

▥ 139 吳淑娟 Wu Shujuan

吳淑娟（1853–1930），自署杏芬，晚號杏芬老人。安徽歙縣人，畫家。父鴻勛，字子嘉，號心蘭。曾在曾國藩（1811–1872）幕，善畫蘭竹。夫唐光照，安徽歙縣人，曾任知府等職。

吳淑娟幼時聰慧，承父之教，畫有出藍之意，工山水、花鳥、人物、草蟲，靡不精繪。光緒七年（一八八一年），作〈百花圖〉，一時名公巨卿題詠吟遍。性喜游歷，探遠窮奇，不殫跋涉，既歸概臨摹其真境。所畫〈十八省名勝圖〉、〈西湖圖〉、〈黃山圖〉等，與攝影真跡有靈活板滯之分。功力堪與上海擅寫花卉的知名男畫家吳昌碩匹敵，故時稱「二吳」。

一九一零年，吳淑娟作品參加意大利羅馬博覽會，受到意大利王后的賞識，收入宮廷。一九一五年，曾以珂羅版印吳淑娟作品精品百件。一九一七年歐戰時，淑娟捐作品十幅給協約國紅十字會。一九二零年，湖北義賑會受其捐畫十數幅，榮獲總統頒發的「樂善好施」匾。

一九二二年，淑娟七十壽辰。黎元洪（1864–1928）為她題有「林下風高」四字相贈。上海的僑滬美國婦女會致賀辭，日本友人也前往祝壽。

陳金陵

◈ 吳淑娟：《杏芬老人遺墨》（杭州：西湖有美書畫社，1924 年）。
◈ 李濬之：《清畫家詩史》（1930 年刊本），癸下，頁 406。
◈ Weidner, Marsha, et al., *Views from Jade Terrace: Chinese Women Artists, 1300–1912*（New York: Indianapolis Museum of Art, 1988），172–73, 186, 237.

▥ 140 吳藻 Wu Zao

吳藻（1799–1862），字蘋香，號玉岑子，浙江仁和人。夫家姓黃，其父夫皆為商賈，且兩家俱無讀書之人，然吳藻能讀，會寫，善畫，又精於操琴。愛好詞曲，更以詞家名於世，且曾創作雜劇《飲酒讀騷》（又名《喬影》）。根據《杭州府志》的記載，吳藻傳世之著作有：《花簾詞》（或曰《花簾書屋詞》）、《香南雪北詞》及《香南雪北廬集》。

吳藻的才華，不但使她自己成為有名的詞人，也因此使她能結交一些男女詩人詞客。當時有詩人陳文述者（1771–1848），鼓勵女性寫作詩詞，並廣收女弟子。吳藻乃列身陳氏門下。陳文述序《花簾書屋詞》，盛讚吳藻之詞作優美，詞風可比之宋朝大詞人蘇軾及辛棄疾。多數批評家都認為吳藻之詞作可媲

美宋朝的偉大女詞人李清照（1048–?）。在《古典戲曲存目彙考》一書裡，稱吳藻與納蘭容若為清代二大詞人。

家庭背景不但使吳藻的文學才華得不到家人的賞識，而且使她的創作生涯十分艱苦。想要跳出「女子無才便是德」的傳統世界，她也只能在幻想的世界裡，尋求擺脫禮教對女子的束縛，以得到意念上的滿足。因此她創作了雜劇《飲酒讀騷》，其主角為一名叫謝絮才的女子。

謝絮才嫌棄自己是個女子。一日，改易男裝，畫成小影一幅，題為〈飲酒讀騷圖〉。表演時，劇中人謝絮才面對著畫像，喝著酒讀《離騷》。透過表演，直接了當的吐出一個懷才女子的悲悽與不滿。她同情屈原的懷才不遇，而讀屈著《離騷》；她悲憫自己的才識，而借酒消愁。雖然只是齣獨角雜劇，也談不上什麼結構，但是文詞優美，曲樂悠靈，使得劇本廣為流傳，並為後世學子所研讀。

吳藻是清初少有的雜劇作家之一。其後有女子何佩珠者著《梨花夢》，學者認為是在模擬吳藻的《喬影》。吳藻的散曲，有一些附錄在她的詞集裡，得以保存。她的散曲也是為評論家所稱道的。吳藻到了晚年皈依佛法，絕筆文字，一心向佛。在佛的國度裡，相信終於得到了平靜。

宋秀雯

◇ 惲珠編：《國朝閨秀正始續集》（道光十六年〔1836〕紅香館藏板），卷8，頁16下–18上。
◇ 吳藻：〈花簾詞〉、〈香南雪北詞〉，載徐乃昌編：《小檀欒室彙刻閨秀詞》（光緒二十四年〔1898〕刊本），集5。
◇ 憲融：《填詞門徑》（上海：中央書局，1948年），頁115–116。
◇ 馮沅君：《古劇說彙》（北京：作家出版社，1956年），頁391–400。
◇ 陸侃如、馮沅君：《中國詩史》（北京：作家出版社，1956年）頁772。
◇ 陳文述：《西泠閨詠》，載丁丙輯：《武林掌故叢編》（台北：華文書局，1967年），卷16。
◇ 鄭振鐸：《中國文學研究》（香港：古文書局，1970年），頁1016–1017。
◇ 彭俊彥：〈清代女詞人吳藻〉，《遼寧大學學報》（哲社版），1980年5期（1980年5月），頁79–83。
◇ 傅惜華：《清代雜劇全目》（北京：人民文學出版社，1981年），頁295。
◇ 莊一拂：《古典戲曲存目彙考》（上海：上海古籍出版社，1982年），頁799。
◇ 譚正璧：《中國女性文學史話》（天津：百花文藝出版社，1984年），頁356–362。

▥ 141 吳芝瑛 Wu Zhiying

吳芝瑛（1867–1934），字紫英，號萬柳，安徽桐城人。她是清代著名桐城派古文大家吳汝綸（1840–1903）的姪女，山東知縣兼書法家吳寶三的獨生

女。吳芝瑛自少受到父親薰陶，工書法、詩詞，她的書法師宗明代書法家董其昌（1555–1637）。吳芝瑛書法秀麗，甚為晚清慈禧太后（參見葉赫那拉氏，文宗（咸豐）孝欽顯皇后傳）讚許。

吳芝瑛十九歲時，嫁與江蘇舉人度支部郎中、「無錫才子」廉泉，居杭州西湖小萬柳堂。廉泉家中收藏了很多宣傳變法和鼓吹維新的書報，平日，吳芝瑛也藉家中所藏的書報得以接觸西方思想。一八九八年，隨夫遷居北京，因丈夫與王廷鈞同官，吳芝瑛便得以結識王氏的妻子秋瑾（參見該傳）；後來，吳、秋二人更成為摯友。一九零四年，秋瑾往日本，吳芝瑛書字以相贈。及後，吳芝瑛結交名士劉鶚（1857–1909），但兩人因爭購一碑帖，竟然失和。吳氏後移居上海小萬柳堂。

吳氏居上海期間，曾有歌妓李蘋香（參見該傳）常與交往，吳芝瑛為了救李氏脫離歌妓的生涯，遂賣了私藏的董其昌手書的小楷《史記》為贖金，替李氏從良。一九零六年，秋瑾回國，決定創辦《中國女報》，有些人怕受牽連，不予支持，芝瑛卻賣自己所藏的首飾，以助秋氏辦報。因芝瑛樂於助人，故時人多稱芝瑛為「萬柳夫人」。

一九零七年秋瑾因發起推翻滿清政權的行動就戮於浙江紹興，吳芝瑛十分悲痛，為紀念秋瑾便寫下〈秋女士傳〉、〈記秋女俠遺事〉，並與徐自華（參見該傳）安葬秋瑾的遺骨於杭州西湖，又築「悲秋閣」以紀念秋瑾。徐自華為秋瑾寫墓表，吳氏又為秋瑾寫碑文，還撰有〈西泠吊秋〉七絕詩一首，以悼念秋瑾。及後，清御史常徽奏請毀去秋瑾墓碑，並要嚴治吳芝瑛、徐自華；吳芝瑛得知兩廣總督端方（1861–1911）愛書法，便書《楞嚴經》，並製景泰窰齋匾額，送與端方。又因其時群情不滿清政府的處事方法，端方也因此停下嚴治之令，吳芝瑛也得以不受株連。此後，吳芝瑛又作〈自寫《楞嚴經》十卷題詩二條〉以超渡秋瑾的亡靈，對吳芝瑛營葬秋瑾一事，時人稱讚為「其人、其事、其書，堪稱三絕」。

一九一二年，南京參議院制定約法，有些婦女組織團體，上書請願，要求男女平等，吳芝瑛為請願的代表之一，吳氏等人均主張男女平等、婦女可享有教育的權利，並要求於政府立法時，必訂明男女平等、婦女均有被選權和選舉權。吳芝瑛又參與「神州女界共和協濟會」舉辦的上書總統行動。吳芝瑛等人要求任臨時大總統的孫中山先生創辦女子法政學校，創辦《婦女共和時報》，及在國會設立女界旁聽席，使婦女積極參與政治活動，進而使婦女培養愛國

心。可惜民初的女子參政運動並沒有成功。

一九一三年吳芝瑛因父母病故，欲利用承受的遺產以實現雙親辦學的遺命。遂於家鄉桐城縣，捐錢興建小學堂。此後，吳芝瑛不再積極參與政治活動，過著平淡的生活。

吳芝瑛不獨是一位女詩人，更長於書法，傳世的作品有：《瀟湘館集》、《吳芝瑛夫人詩文集》、《小萬柳堂叢刊》、《小萬柳堂書法帖》、《俗語注解小學古文讀本》。

區志堅

◇ 吳芝瑛：《吳芝瑛夫人詩文集》（1936年排印本）。
◇ ——：〈記秋女俠遺事〉，收入《秋瑾集》（北京：中華書局，1960年），頁185–186。
◇ ——：《吳芝瑛書秋君墓表》（上海：上海書店，出版年份缺）。
◇ ——：《帆影樓舊藏畫目》（手抄影印本）。
◇ ——：《小萬柳堂叢刊》（倣宋排印本，出版時地缺）。
◇ ——：《俗語注解小學古文讀本》（出版時地缺）。
◇ 秋瑾：〈贈盟姊吳芝瑛〉，收入上海編輯所編輯：《秋瑾集》（北京：中華書局，1960年），頁74。
◇ 徐自華：〈鑑湖女俠秋君墓表〉，收入《秋瑾集》，頁183–185。
◇ 《清朝野史大觀》（上海：上海書店據中華書局1936年版複印，1981年），〈清人逸事〉，卷8，〈吳芝瑛之豪俠〉，頁127–128。
◇ 黃季耕選注：《安徽歷代詩詞選》（合肥：安徽人民出版社，1983年），頁245–247。
◇ 嚴復：〈廉夫人吳芝英傳〉，收入王栻主編：《嚴復集》（北京：中華書局，1986年），頁265–267。
◇ 周愛武：〈近代女子參政的吶喊者——吳芝瑛〉，《安徽史學》，1991年2期（1991年4月），頁73。
◇ 殷偉：《中華五千年藝苑才女》（鄭州：中州古籍出版社，1992年），頁336–339。
◇ 張蓮波：〈吳芝瑛〉，載清史編委會編：《清代人物傳稿》（瀋陽：遼寧人民出版社，1994年），下編，卷10，頁204–206。

▪ 142 烏喇那拉氏，高宗(乾隆)皇后 Wulanala shi

烏喇那拉皇后（1718–1766）為乾隆帝（弘曆，1711–1799；1735–1796在位）之皇后。

烏喇那拉皇后，滿州正黃旗人，為佐領那爾布之女，比弘曆小七歲。弘曆未登極之前，雍正皇帝（胤禛，1678–1735；1722–1735在位）親自把她賜給弘曆為藩邸側福晉。弘曆即位為乾隆帝後，在乾隆二年（一七三七年）冊封烏喇那拉皇后為嫻妃，時年二十歲。由於她性情溫順，頗受皇太后喜愛，乾隆十年（一七四五年）晉升為嫻貴妃。乾隆十三年（一七四八年）東巡時，乾隆帝

的第一位皇后孝賢純皇后（參見該傳）淹死之後，皇太后就選中了烏喇那拉皇后接手主持六宮之事。儘管乾隆皇帝口口聲聲反對，可是皇太后的旨意不能回絕，只得冊命烏喇那拉皇后為皇貴妃以攝六宮事。乾隆十五年（一七五零年）冊立為皇后。十七年（一七五二年）生皇十二子、十八年（一七五三年）生皇五女、二十年（一七五五年）生皇十三子。烏喇那拉皇后在宮中備受敬重，經常隨乾隆帝出巡各地。

乾隆三十年（一七六五年），乾隆帝奉皇太后，帶領烏喇那拉皇后、令貴妃、容妃（參見該傳）等人作第四次南巡，同行的還有多位達官貴人。一路上看花燈，燃花炮，聲勢浩大，熱鬧非凡。途中烏喇那拉皇后慶祝生日，雖在行次，早晚兩膳都加菜受到賞賜。這年閏二月來到杭州，在景點「蕉石鳴琴」處進早膳時，皇帝還將膳品賞給烏喇那拉皇后。可是，當天皇帝又突然下了一道諭旨，派額駙福隆安扈從皇后，從水路就先行回京了。四月二十日皇帝一行人才回到京城。乾隆意欲將烏喇那拉皇后廢掉，有位刑部侍郎上疏反對，乾隆大怒召九卿商議，最後擱置廢后之舉。

乾隆帝餘怒未消，下令收回皇后的夾紙冊寶四份，實際上將烏喇那拉皇后進宮三十年所有冊封全行銷毀。而且裁減了皇后手下用人及物資供應，至此烏喇那拉皇后僅徒擁空銜。

乾隆三十一年（一七六六年）皇后病亡，卒年四十九歲。乾隆皇帝正在木蘭行圍，得知皇后病故，不但沒回京，還下了一道諭旨處理皇后之喪事。「據留京辦事王大臣奏，皇后於本月十四日薨逝。皇后自冊立以來，尚無失德，去年春，朕恭奉皇太后巡幸江浙，正承歡洽慶之時，皇后性忽改常，於皇太后前不能恪盡孝道，比至杭州則舉動尤乖正理，迹類瘋迷，因令先程回京，在宮調攝，經今一載餘，病勢日劇，遂爾奄逝。此實皇后福分淺薄，不能仰承聖母慈眷，長受朕恩禮所致。若論其行事乖違，即予以廢黜亦理所當然。朕仍存其名號，已為格外優容，但飾終典禮不便復循孝賢皇后大事辦理，所有喪儀止可照皇貴妃例行，交內務府大臣承辦，著此宣諭中外知之。」

皇后喪儀命以皇貴妃禮葬，這一舉動在宮廷內引起軒然大波。御史李玉鳴婉言上疏，請為烏喇那拉皇后行三年喪。這個進諫不但沒被採納，反而將李玉鳴罷官免職，用九條鐵鍊鎮住，發往新疆伊犁，最後竟老死他鄉。

烏喇那拉皇后在宮中生活了三十多年，盡管生前皇太后曾賞識，皇帝也寵愛過，為皇帝生過兒女，被譽為「性生婉順，質賦柔嘉，端莊惠下，秀毓名

門，祥鍾世德」等美名，最終卻以「性忽改常，迹類瘋迷」結束了一生。死後沒有自己的墓穴，卻葬入純惠皇貴妃地宮中，每逢清明、中元、歲暮、冬至和忌辰均無享祭。

于善浦

◈ 趙爾巽等：《清史稿》（北京：中華書局，1977年），卷214，〈后妃〉，頁8918。
◈ 慶桂等：《高宗純皇帝實錄》（《清實錄》本；北京：中華書局，1986年），卷253，頁269；卷370，頁1086；卷764，頁397。
◈ 《內庭賞賜例》二（宮中檔簿，3605號）。

▥ 143 烏雅氏，聖祖(康熙)孝恭仁皇后 Wuya shi

烏雅氏出身低微，未入宮前是護軍參領威武之女，隸屬滿族正黃旗。因入主中原之故，烏雅氏亦稱為吳雅氏，以漢姓為姓。

烏雅氏選秀入宮後，侍奉康熙皇帝（愛新覺羅玄燁，1654–1722；1661–1722在位），於十七年十月三十日（一六七八年）生皇子胤禛（即雍正皇帝，1678–1735；1723–1735在位）後，第二年封為德嬪。二十年，進德妃。按照清代皇子撫養制度，新皇子誕世，即與生母分宮而居。因此，胤禛的幼年是在懿仁皇后（?–1689）的監護之下。這位皇后出身顯貴，係號稱「佟半朝」的一等公佟國維（?–1719）之女。皇后只生一女且殤，視胤禛為己出，胤禛對她的撫育之恩一直銘感於懷。

此後，烏雅氏又生二子，即允祚（1684–1685）和允禵（1688–1755）（雍正的同父異母兄弟多達三十餘個，本應同在「胤」字輩，但他登基後，令所有兄弟改為「允」，以示避諱）。她還生有三女，二殤，一下嫁舜安顏，是為溫憲公主（1683–1702）。

雍正即位後，擬尊其母烏雅氏為皇太后，但未及冊封，五個月後即病死，年六十四。雍正以其母生前未能被父皇封為皇后為憾事，便在母親死後，上諡號曰「孝恭宣惠溫肅定裕慈純欽穆贊天承聖仁皇后」。

有記載說，烏雅氏對兩個兒子在爭奪皇位的鬥爭焦慮異常，導致瘁死。也有檔案記載，太監何國柱說：「太后要見允禵，皇上大怒，太后於鐵柱上撞死。」而另一太監馬起雲則說：「皇上命塞思黑（允禟，1683–1726）去見活佛，太后說何苦如此用心，皇上不理，跑出來，太后怒甚，就撞死了。」她死後葬在景陵。

總之，烏雅氏之死，成為清初疑案。

張曉虎

◈ 趙爾巽等：《清史稿》（北京：中華書局，1977年），卷214，〈后妃〉，頁8911。
◈ 清世宗：《大義覺迷錄》，收入《清史資料》，輯4（1983年4月），頁1–169。
◈ 鄂爾泰等：《世宗憲皇帝實錄》（《清實錄》本；北京：中華書局，1985年）。
◈ Hummel, Authur W., ed., *Eminent Chinese of the Ch'ing Period*（*1644–1912*）（Washington: U.S. Government Printing Office, 1943），302.

▥ 144 席佩蘭 Xi Peilan

席佩蘭，生卒年約在乾隆至道光年間，字韻芬，道華、浣雲，江蘇昭文人。

由於在家中排行最長，下有二弟二妹，父親早亡，佩蘭事母至孝，常以身非男兒，不能為母親分憂解勞為憾，所以她曾有「痛誰能慰母，恨己不為男」（〈哭父〉）的沉痛詩句。後又因為遠嫁，無法恪盡孝道，深以為憾，因此在詩中時常殷殷叮囑弟妹要承歡盡禮。

席佩蘭愛好吟詠，嫁翰林院庶吉士孫原湘（1760–1829）後，夫婦二人常共案而讀，拈韻唱和，互為師友。席佩蘭的作品中有關孫原湘的詩詠佔了相當的篇幅。孫原湘兩次參加科考都落榜，佩蘭寫詩安慰鼓勵他，並以李白（699–762）、杜甫（712–770）譬比，相信原湘的詩必能傳世，她對原湘的信心並沒有落空，乾隆六十年（一七九五年），原湘中鄉試，嘉慶十年（一八零五年）又中進士，佩蘭欣喜不已，撰詩祝賀。夫妻分別，佩蘭更於詩中屢致思念之情。佩蘭後因罹患肝疾，作品漸少，加以原湘自京師病歸，須親侍湯藥，無心寫作，因此她的作品大多是中年以前所寫。

席佩蘭富於詩才，作品之佳，袁枚（1716–1798）甚至曾懷疑是孫原湘代筆，後經證實，袁枚大為歡賞。佩蘭經常以詩請教袁枚，並自稱弟子。袁枚八十壽辰時，佩蘭除了致書呈詩外，還以一柄黃楊如意作為祝嘏賀禮，師生之間一直保持書札往來。

席佩蘭著有《長真閣集》七卷，詩約有七百首，內容題材除了一般寫景抒情外，大抵為親情詩、閨情詩及酬贈詩，而酬贈詩中又以題畫詩最多。此外，佩蘭又著有《長真閣詩餘》一卷。

席佩蘭育有五子二女，乾隆五十四年（一七八九年），不幸連喪二子，三

日之後,弟又亡故,接二連三的打擊,使佩蘭終日以淚洗面,痛斷肝腸,寫成〈斷腸辭〉,共計十五首。在詩中,她悼念愛子,追憶往事,字字由肺腑中流出,十分真切感人。

在交遊方面,席佩蘭與閨秀屈秉筠、歸懋儀、李餐花、謝翠霞往來最為密切,其詩或代柬、或題畫、題集,都反映了閨閣中的社交活動。其中佩蘭與屈秉筠的關係最為密切,屈秉筠曾經招邀十二位閨秀宴集,後作〈蕊宮花史圖〉,佩蘭也參與了此一盛會,並封為「水仙花史」。

席佩蘭的作品感情洋溢,色澤明麗,能直抒胸臆,而又蘊藉和雅。袁枚特別稱許她的詩:「字字出於性靈,不拾古人牙慧,而能天機清妙,音節琮琤。」推重至此,無怪乎袁枚編《隨園女弟子詩選》,將席佩蘭列居首位。

鍾慧玲

◇ 席佩蘭:《長真閣集》(清乾隆間刊本)。
◇ ──:《長真閣詩餘》(徐乃昌編《小檀欒室彙刻百家閨秀詞》本;光緒南陵徐氏刊本)。
◇ 惲珠編:《國朝閨秀正始集》(道光十一年〔1831〕紅香館藏板),卷15,頁19上–22上。
◇ 蔡殿齊輯:《國朝閨閣詩鈔》(道光二十四年〔1844〕娜環別館刊本),冊7,卷3,頁11–17。
◇ 黃秩模編:《國朝閨秀詩柳絮集》(咸豐三年〔1853〕蕉陰小榥刊本),卷49,頁9下–12下。
◇ 許慶臣編:《國朝閨秀香咳集》(光緒〔1875–1908〕間申報館倣聚珍板印),卷10,頁8下–11下。
◇ 鍾慧玲:〈清代女詩人研究〉(台北:政治大學博士論文,1981年),頁338。
◇ 施淑儀:《清代閨閣詩人徵略》(周駿富輯《清代傳記叢刊》本;台北:明文書局,1985年),卷6,頁313–314。
◇ 王英志:〈隨園「閨中三大知己」論略〉,《文學遺產》,1995年4期(月份缺),頁101–112。

▥ 145 夏伊蘭 Xia Yilan

夏伊蘭(1812–1826),字佩仙,浙江錢塘人。

夏伊蘭的父親夏之盛,愛好吟詠,刻苦為詩,伊蘭自幼頗得父親寵愛,父親親自教她唐人絕句,指導她寫詩。伊蘭天資聰慧,拈筆為小詩,也能具章法情思。稍長,更耽於寫作,父親每賦成一詩,必定要女兒共賞,伊蘭有時還為父親改動一二字,父親也多能欣然首肯。生長在這樣的環境,夏伊蘭的才華可以說得到了充分的陶養和栽培。

夏伊蘭有《吟紅閣詩鈔》五卷,她曾經撰詩駁斥「女子無才便是德」的觀念,她舉出三百篇中婦人的作品,認為婦德也須藉婦言來闡揚。伊蘭年齡雖

幼，但卻有不同流俗的識見。她曾經寫過七言古詩〈小青曲〉，纏綿俳惻，父親看後，認為語氣不祥，非少年人所宜有，其後，伊蘭深自檢點，凡是舊作中有類似的筆調都一概刪除。

　　儘管如此，她父親的擔憂似乎不是沒有道理，十五歲那年，夏伊蘭不幸去世。死前數日，沐浴更衣，向母親拜別，並說謫限已滿，須歸天上。母親哭泣，她反而百般勸慰。不數日即逝，父親痛失愛女，尤其傷心至極。隨園（袁枚，1716–1798）女弟子中，夏伊蘭最欣賞金逸（參見該傳）。金逸才華清贍，可惜不幸早歿，二人皆聰明而年促，前後映照，才女薄命，令人惋歎！

鍾慧玲

◇ 惲珠編：《國朝閨秀正始續集》（道光十六年〔1836〕紅香館藏板），卷9，頁13下–18上。
◇ 蔡殿齊輯：《國朝閨閣詩鈔》（道光二十四年〔1844〕嫏嬛別館刊本），冊9，卷3，頁11–15。
◇ 黃秩模編：《國朝閨秀詩柳絮集》（咸豐三年〔1853〕蕉陰小榥刊本），卷40，頁1下–2下。
◇ 胡文楷：《歷代婦女著作考》（增訂本；上海：上海古籍出版社，1985年），卷13，〈清代〉7，頁457。
◇ 施淑儀輯：《清代閨閣詩人徵略》（周駿富輯《清代傳記叢刊》本；台北：明文書局，1985年），卷7，頁424。
◇ 徐世昌：《晚晴簃詩匯》（北京：中國書店，1988年影印1928年退耕堂版），冊4，頁698。

‴ 146 項絹章 Xiang Jianzhang

　　項絹章，十九世紀上半葉在世，一名紃，字屏山，號絹卿。浙江錢塘（今杭州）人，畫家。父項賦棣；夫許乃普（1787–1866），錢塘人，嘉慶二十五年（一八二零年）一甲二名進士（榜眼），授編修，入值南書房，官吏部尚書，加太子少保銜，後遷兵部尚書，工書，偶作花鳥。

　　絹章善畫，尤工花鳥，愛寫生，以沒骨法繪花。傳說，許乃普入值上書房時，嘉慶皇帝（愛新覺羅顒琰，1760–1820；1796–1820在位）以外國貢紙四張，命繪花卉，絹章畫叢蘭三幅。後因來客，一紙遭污。乃普懼獲譴責，絹章就以污紙作一嶒石，倚敗竹數竿進呈，卻為皇帝褒賞，其機智作畫可見。

　　絹章的著作收錄在《翰墨和鳴館集》，而李濬之一九三零年出版的《清畫家詩史》，亦收入項氏兩首與畫有關的詩。

陳金陵

◇ 李濬之：《清畫家詩史》（1930年刊本），癸下，頁17下。
◇ 施淑儀輯：《清代閨閣詩人徵略》（周駿富輯《清代傳記叢刊》本；台北：明文書局，1985

年），卷8，頁456–457。
◈《清史列傳》（北京：中華書局，1987年），卷47，〈許乃普傳〉，頁3701–3708。
◈ Weidner, Marsha, et al., *Views from Jade Terrace: Chinese Women Artists, 1300–1912*（New York: Indianapolis Museum of Art, 1988），145, 186, 229.

▥ 147 蕭道管 Xiao Daoguan

蕭道管（1855–1907），字君佩，號道安，福建侯官（今福州）人。她是晚清有名而著作豐富的女文學家。丈夫陳衍（1856–1937），為著名的同光體詩人，又是學問大家，民國以後，長期執教大學。兩人婚後生活愉快，育有八名子女。由於陳氏曾到台灣等地任官，蕭道管也跟隨丈夫到處宦遊，到過台灣、武漢、江浙、北京等地。有關他們倆的婚姻生活，陳衍的著作中有詳細記述。

蕭道管在學問和文章上的才華，與丈夫也不遑多讓。她好讀古書，又究心於文字之學，常有所心得，對於詩文，也瞭然於胸。無論詩詞、散文等，都寫得極好。又著有《說文重文管見》一書，解說《說文》中各部重文二百餘字，雖被批評為「未悉《說文》重文之例，出於臆測者居多」（《續修四庫提要》），但從中可見她的治學興趣。徐世昌（1855–1939）又說她的學力見於《列女傳集解》的自敘中。此書側重說明女性的道德操守問題，旨在向婦女宣揚傳統婦德。蕭氏死後，陳衍將她的作品彙集成篇，計有《蕭閑堂札記》、《然脂新語》、《平安室雜記》、《戴花平安室遺詞》、《列女傳集解》等。

蕭氏丈夫為同光體詩人，此派主張摒棄平淡簡易的寫作手法，改而追求艱深典奧的詩風，因此在創作上常常運用典故，故意讓詩旨晦澀。蕭氏在創作上也有受同光體詩風影響的作品，例如〈菩薩蠻〉（代石遺題院芸夫人畫石榴紈扇）一首，短短九句中便用上了五個宋人典故，假如讀者不熟知宋朝故事，便難以明瞭詞意。不過，蕭道管的作品中也有清新可愛，感情深摯之作，例如回憶死於義和團事件中兒子的〈哀漸兒〉。詩中流露出作者對社會景況的控訴和對兒子的懷念之情。其夫甚至說此詩「極為悲痛，向以不忍卒讀」。（《石遺室詩話》）

蕭道管著作之豐，是歷代女作家中不可多見的。更重要者，她不囿於傳統社會對女性的一般規限，跳出純文藝創作的框框，進而涉足文字學、古書評註等範疇。

陳志明

◇ 徐乃昌編：《閨秀詞鈔》（宣統元年〔1909〕小檀欒室刊本），〈續補遺〉4，頁20上–21下。
◇ 單士釐輯：《閨秀正始再續集》（歸安錢氏排印本，1911年），初編之4上，頁72上–73下。
◇ 陳衍：《石遺室詩話》（上海：商務印書館，1929年），卷27，頁5下–6上。
◇ 徐世昌編：《晚晴簃詩匯》（北京：中國書店，1986年），卷192，頁804–806。
◇ 錢仲聯編：《清詩紀事》（南京：江蘇古籍出版社，1989年），〈列女卷〉，頁16005。
◇ 鄭光儀主編：《中國歷代才女詩歌鑑賞辭典》（北京：中國工人出版社，1991年），頁1868–1871。
◇ 沈立東、葛汝相主編：《歷代婦女詩詞鑑賞辭典》（北京：中國婦女出版社，1992年），頁824–825。
◇ 柯紹忞等：《續修四庫全書總目提要・經部》（北京：中華書局，1993年），頁1126。

⁞ 148 辛絲 Xin Si

　　辛絲，活躍於十九世紀前半期，生卒年約在嘉慶道光年間（1796–1850），山西太原人。為陳文述（1771–1843；又作1775–1845）女弟子之一。

　　辛絲家住江蘇梁溪，對陳文述的才學十分敬重，渴望能親自拜謁陳文述，但是由於體弱多病，一直未能如願。她曾寄詩給陳文述，自稱弟子，並製作紫鳳斑管為贈禮，表達她的景仰之心，陳文述也以白描百花詩囊回贈。辛絲後來聽說陳文述將北行，於是抱病支撐前往吳門，在楓橋曹小琴家中得以面見，終於一償宿願，陳文述頗為感動，以珍貴的五椏參送她，並且允諾為她刊行藕葉本《金剛經》，以替她延壽祛病。然而，辛絲病體沉重，不久即歿於來鳳橋吳飛容家宅。臨終時，還不忘將她的作品託付曹小琴轉寄陳文述，陳文述聞訊，傷痛感念，作詩哀悼。

　　辛絲有《瘦雲館詩稿》，陳文述《西泠閨詠》中，以「梅花之神」推許她的風采，認為遺世獨立，罕有其匹。《碧城仙館女弟子詩》收錄她的詩共二十首。此外，辛絲曾與閨中好友王蘭修（參見該傳）合撰《國朝詩品》，評選清人詩二十餘家，而推陳文述為諸家冠冕。

鍾慧玲

◇ 惲珠編：《國朝閨秀正始集》（道光十一年〔1831〕紅香館藏板），卷8，頁10下–11下。
◇ 龔凝祚：〈西泠閨詠序〉，載陳文述：《西泠閨詠》（光緒十三年〔1887〕西泠翠螺閣重刊本）。
◇ 胡文楷：《歷代婦女著作考》（增訂本；上海：上海古籍出版社，1985年），卷10，〈清代〉4，頁375。
◇ 施淑儀輯：《清代閨閣詩人徵略》（周駿富輯《清代傳記叢刊》本；台北：明文書局，1985年），卷8，頁446–447。

▥ 149 杏芬 Xingfen

杏芬（1874-1897），姓巴里客氏，蒙古鑲白旗人。其父延清，是清光緒朝（1875-1908）翰林院侍講學士，著名蒙古族詩人，著述頗豐，是為京都文人，特別是滿蒙漢八旗文人之魁首，其家亦常為文人聚會之場所。其兄彭年亦為知名詩人，有詩集傳世。在這樣的家庭環境薰陶下，杏芬自幼知書達禮，並曾拜武清楊希賢為師，學習中國傳統古籍詩文。

杏芬在家中姊妹弟兄甚多，而其父母獨鍾愛於她。其甫近十齡，母夫人默赫特勒氏持家已得其襄助。年稍長即家事自任，凡針黹烹飪之屬，老幼著裝換季之事皆由其措置，咸得宜。尤其父廣交游，凡上朝理事，或訪友待客，皆由她料理，很少舛誤，頗得戚友讚譽。

杏芬貌豐腴端正，惟不苟言笑，女僕皆敬畏。但接人待物頗合禮儀，至歡洽處亦樂於與之娓娓而談，尤讀書作文至有心得處，屢與家中女眷講解，儼然一女先生。

杏芬在女工家事之餘，頗喜好文學掌故事。但其抒寫性情之詩作，隨作隨棄，大多散佚，惟《京師地名對》兩卷傳世。該詩集為其多年積累而成。她聞京師地名頗多紛歧繁雜，遂勤加蒐集。其父母外出，不管多晚均挑燈等待，一俟回來即詢以所去，當即記下，有時隨父母外出，則身帶紙筆，詳加記載。

甲午（一八九四年）冬中日起戰端，京城戒嚴。其舅遣人欲迎其母等至新平署以避敵鋒，其母欲往，杏芬堅持不可，事遂止。她不願離開京城，離開她父親，中止她對北京地名閭巷的考察。這樣經年得數千條。後杏芬早逝，由其父兄分類歸納為五百餘條，以成是集。

杏芬之《京師地名對》是她短暫的一生留給後人的寶貴精神財富。全書以詩韻編之，共分二十類，頗便檢索。如「天地總類」、「天文時令類」、「地理宮室類」、「人倫類」、「性情人事類」、「身體類」、「古蹟類」……之屬。各類採之口傳，考以史實，遠取吳太元《宸垣識略》，近採陳聖湖《郎潛記聞》，加之配宮諧商，既有一定史學價值，又頗富文學意味，讀來朗朗上口。如「裱背胡同」對「大耳胡同」，「天妃宮」對「地安門」等。各對之下加以簡要注釋又具學術性。如「爛面胡同」下記「作爛眠，一作藍面」，使人明瞭今之北京藍面胡同的歷史沿革。故是集成為今之研究北京地理坊巷者的必讀參考書。

杏芬華年早逝，年僅二十四歲。時人嘆之曰，苟天假以年，成就或可及班昭（約48-約120）。杏芬死前，口中喃喃誦「觀音菩薩甚靈驗」七字。

雲峰

◎ 李恩綬：〈巴里克氏杏芬小姐傳〉，《京師地名對》（光緒二十六年〔1900〕鉛印本），附錄。
◎ 巴魯特恩華：《八旗藝文編目》（民國初鉛印本）。
◎ 趙相壁：《歷代蒙古族著作家述略》（呼和浩特：內蒙古人民出版社，1990年）。

▥ 150 徐燦 Xu Can

徐燦，字湘蘋，又字深明（一作明霞），晚號紫䇾，江蘇吳縣（今蘇州）人，生卒年無可考，約生活於明末清初的時代。為光祿丞徐子懋的次女。

徐燦「幼穎悟，通書史，識大體」（陳元龍〔1652-1736〕〈家傳〉），能詩工詞，嘗與柴靜儀（參見該傳）、朱柔則、林以寧（參見該傳）、錢鳳綸（參見該傳）等相唱和，結蕉園詩社，稱「蕉園五子」。（惲珠〔參見該傳〕《國朝閨秀正始集》）。

徐燦嫁大學士浙江海寧陳之遴（？-1666）為繼室，封一品夫人。《庸閒齋筆記》云：「少保素庵（陳之遴）相國，未第時以喪偶，故薄遊蘇台遇驟雨，入徐氏園中遊之，憑欄觀魚。久而假寐，園主徐翁夜夢一龍，臥欄上。見之，驚與夢合，詢知為中丞（祖苞）之子，且孝廉也，遂以女字之，所謂湘蘋夫人也。」

陳之遴字彥升，明崇禎年間進士，自編修遷中允。明亡，入清，順治（1644-1661）時，授秘書院侍讀學士，累遷禮部侍郎、右都御史、禮部尚書、弘文院大學士。順治十三年（一六五六年）三月，以結黨罪，以原官發盛京（今瀋陽）居住，十月召還。十五年（一六五八年）又以賄結內監吳良輔下獄，奪官籍，流徙尚陽堡（今遼寧），康熙五年（一六六六年）卒於戍所。之遴徙尚陽堡時，徐燦一家隨行。之遴死，諸子亦皆去世。康熙十年（一六七一年），帝東巡，至瀋陽，徐燦跪在路旁，帝問：「豈有冤乎？」徐燦答曰：「先臣惟知思過，豈敢言冤！伏惟聖上覆載之仁，許先臣歸骨。」帝即命還葬。之遴得罪至歸葬的前後十三年，她在尚陽堡過著淒楚的生活。

陳之遴是海寧望族，父祖苞是明萬曆四十一年（一六一三年）進士，官遼東巡撫。蘇州明代正德年間（1506-1521）由御史王獻臣營建的拙政園就是屢易其主之後輾轉而為之遴所有的。徐燦的詩詞集《拙政園集》就是以此定名。

徐燦曾否在拙政園居住過，不可考得，她的集中並無提及。不過，明末她隨著之遴在北京住過幾年是可以考見的。明亡，她隨著之遴在南方居住。入清，然後返回北京。自康熙五年（一六六六年）之遴夫世之後，徐燦不再為詩，布衣茹食，皈依佛法，且號紫筦氏，卜居浙江海寧小桐溪之上。

徐燦除工詩擅詞外，又善屬文。此外，又善畫觀音大士像及宮裝仕女，筆法古秀，衣紋如蒓絲，設色雅淡，得北宋傳染法。晚年又專畫水墨觀音大士，間作花草。

徐燦於文章、詩詞、藝事中，以詞最為知名。陳維崧（1624–1682）說：「才鋒逋麗，生平著小詞絕佳，蓋南宋以來，閨房之秀，一人而已。其詞，娣視淑真，姒蓄清照。」（《婦人集》）又說：「詞是易安人道蘊」（《彊村語葉》）。吳衡照（1771–?）說湘蘋詞「清新獨絕，為閨閣弁冠。」（《蓮子居詞話》）吳騫（1733–1813）《拜經樓詩話》以為她「盡洗鉛華，獨標新韻。」大抵其詞深得五代北宋婉約的遺風，但其中如〈永遇樂〉（無恙桃花）又自充滿著悲壯的情懷；〈踏莎行〉（芳草纔芽）又富有興亡的感慨。清代閨秀詞人以顧太清（參見該傳）、吳蘋香（吳藻，參見該傳）、徐湘蘋並稱，顧、吳實殊未及之也。

徐燦今存詩二百四十餘首，詞九十餘闋，詩集初刊於嘉慶七年（一八零二年），不過自康熙五年以後徐燦似乎已沒有詩作。《拙政園詩餘》三卷為陳之遴所編次，順治十年（一六五三年）由她的兒子堅永、容永、奮永所刻，自然是流徙前的詞作，此後的詞，當已散佚。

黃嫣梨

◇ 周銘：《林下詞選》（吳江周氏寧靜堂康熙七年〔1671〕刻本）。
◇ 惲珠編：《國朝閨秀正始集》（道光十一年〔1831〕紅香館藏板），卷2，頁5上下。
◇ 陳維崧：《婦人集》（潘仕成輯《海山仙館叢書》本；道光二十六年〔1846〕番禺潘氏刊本）。
◇ 陳之遴：〈《拙政園詩餘》序〉，載徐燦：《拙政園詩餘》（吳騫輯《拜經樓叢書》本；光緒二十年〔1894〕吳縣朱氏校經堂刊本）。
◇ 朱祖謀：《彊村語葉》（朱祖謀輯《彊村叢書》本；歸安朱氏1922年刊本）。
◇ 張庚：《清朝畫徵錄》（台北：新興書局，1956年）。
◇ 陳廷焯：《白雨齋詞話》（北京：人民出版社，1959年）。
◇ 吳衡照：《蓮子居詞話》（台北：廣文書局，1967年）。
◇ 施淑儀輯：《清代閨閣詩人徵略》（周駿富輯《清代傳記叢刊》本；台北：明文書局，1985年），卷2，頁85–86。
◇ 吳騫：《拜經樓詩話》（北京：中華書局，1985年）。
◇ 張鳴呵：《寒松閣談藝瑣錄》（上海：上海人民美術出版社，1988年）。

151 徐範 Xu Fan

徐範，十七世紀在世，號蹇媛，浙江嘉興人，清代女書法家。她更將歷代名媛墨跡搜集成冊，傳於後世。

徐範於十三歲時，已能臨摹諸家書體，因身患重病，致身體癱瘓，不良於行，故自號蹇媛，因精通書藝，便以賣字畫為生。徐範精行書，嘉慶縣城的關帝廟修建落成，邀請徐範寫〈關帝廟碑記〉，此舉於重男輕女的傳統社會中尤為少見，也可見當地人對徐範書法的推崇。

徐範更欲替歷代才女樹碑揚名。她留心搜討，百計購求歷代名媛墨跡，終得到衛夫人（衛鑠，272–349）、吳彩鸞（活躍於830-845）、長孫皇后（601–636）、薛濤（768–831）、朱淑真（1138–1180）、胡惠齋、張妙淨、曹妙清、管道昇（1262–1319）及沈清等十大名媛翰墨，合成一卷。徐範在〈跋〉中指出：「前代名跡，世不恒有，沉閨中賢媛乎？後之覽者，幸勿輕視之可也。」徐範不惜傾盡家財，以求名媛墨跡傳往後世。

道光二十年（一八四零年）名士程璋從把徐範所藏的歷代名媛墨跡，以《玉台名翰》為書名，刊行於世。一九二二年，上海文明書局把此書拓印行世，改名為《女子習字帖》，這是中國自古代流傳至今唯一傳世的女子書法專集。

殷偉
區志堅摘錄

◇ 徐範：《玉台名翰》（道光二十年〔1840〕刊本）。
◇ ──編：《女子習字帖》（上海：文明書店，1922年），頁1–3。
◇ 申建國編：《中華古今女傑譜》（北京：中國社會科學出版社，1991年），頁39。
◇ 殷偉：《中華五千年藝苑才女》（鄭州：中州古籍出版社，1992年），頁217–272。

152 徐昭華 Xu Zhaohua

徐昭華，約生於順治年間，字伊璧，號「蘭癡」。浙江上虞人。父親徐咸清，以監生薦博學鴻詞科；母親商景徽，出身會稽世家，與姨母商景蘭都以能詩聞名，有集行世。嫁諸暨諸生駱加采。

徐昭華幼承母教，家學淵源，工楷隸，善繪畫，好吟詠，早有詩名，人稱「徐都講」。因為喜好蒔養蘭花，又自號「蘭癡」。

　　徐昭華曾讀毛奇齡（1623–1716）詩，愛不釋手，父親特地為她延請毛奇齡，昭華於是受業稱弟子。毛奇齡曾於眾人廣座中命徐昭華詠「畫蝶」詩，昭華才思敏捷，立即吟誦，眾人都欣賞不已。昭華陪侍毛奇齡出遊，越中女士聞風而來，有意測試，昭華即席和韻，毫無難色，閨秀諸人都十分心服。毛奇齡曾說：「吾門雖多才，以詩無如徐都講者。」毛奇齡名重當時士林，此言當非虛譽，名師高徒，傳為詩壇佳話。

　　徐昭華師事毛奇齡，每有作品，必定郵寄請益，篇什逐漸增多，經毛奇齡點定後，成《徐都講詩》一卷，附刻於毛奇齡的著作《西河文集》之後，以表示青出於藍的嘉許之意。據《上虞縣志》著錄，徐昭華尚有《花間集》，以及其後人所輯《鳳凰于飛集》一卷，今皆未見。

　　徐昭華的作品中，可以看出她的生活環境頗為單純，也沒有重大的波折，感情的表現多溫婉纏綿。詩集中不少酬贈之作，對象多為族里戚屬。至於記遊詩，頗能呈現山水佳趣，而有閒逸蘊蓄的風采。

　　昭華的修辭，色彩豐富，妍美工緻，有六朝綺麗的風格，在她的詩集中有不少擬六朝詩的作品，顯示出她對六朝詩的喜好和擬作的能力。當時名詩人陳維崧（1625–1682）曾給予她這樣的評語：「雋骨發艷彩，無一處不似齊梁人。」可說是道出了徐昭華詩的風格與成就。

鍾慧玲

◈ 徐昭華：《徐都講詩》，載毛奇齡《西河文集》（《四庫全書珍本十一集》本；台北：台灣商務印書館，1981年）。
◈ 鍾慧玲：〈清代女詩人研究〉（台北：政治大學博士論文，1981年），頁296。
◈ 胡文楷：《歷代婦女著作考》（增訂本；上海：上海古籍出版社，1985年），卷13，〈清代〉7，頁473。
◈ 施淑儀輯：《清代閨閣詩人徵略》（周駿富輯《清代傳記叢刊》本；台北：明文書局，1985年），卷1，頁34–35。

▥ 153 徐自華 Xu Zihua

　　徐自華（1873–1935），字寄塵，號懺慧，浙江石門（今桐鄉縣）人。她出生在一個書香門第之家。祖父徐寶謙（字亞陶），光緒庚辰科（一八八零年）進士，官安徽盧州府知府，著有《亞陶公遺詩》；祖母蔡恭人，亦喜吟詠。父多鏐，風流蘊藉，有名士氣，著有《杏伯公遺詩》。其叔祖福謙、叔父多鈴、多綬、多紳，均工詩詞，並有詩集問世。自華生長在這樣一個有濃厚文

學氣氛的家庭中，自幼受到薰陶，髫齡便喜吟詠，十歲時，師試以五言八韻詩，構思新巧，清麗可誦，人稱有道韞才。自華自幼喜讀書而討厭脂粉。

自華自幼崇敬英雄豪傑和愛國詩人，她十分推崇屈原（約前343-約前277）：「汨羅千古弔忠臣，誰鼓龍舟到海濱」（〈午日碧江競渡〉）。她又賦詩悼念抗金名將岳飛（1103-1142）（〈朱仙鎮〉、〈岳武穆王墳〉），由此不難看出青年時代徐自華的愛國主義思想。

自華年二十一（一八九三年），嫁給湖州南潯鎮梅韻笙，婚後夫妻感情尚好，生一子一女，七年後而夫亡。後自華專志樹人，出任潯溪女學校長，她正是此時與秋瑾（參見該傳）相識並結為莫逆的。

一九零六年（光緒三十二年），秋瑾經褚輔成之薦，來湖州潯溪女學任教，自華與秋瑾一見如故，彼此惟恨相見之晚。此時，自華始感到自己真正找到了知音。自華很敬佩秋瑾，秋瑾對自華也讚譽滿口，稱她為「不櫛進士」，又在〈讀徐寄塵小淑詩稿〉中云：「新詩讀罷齒猶芬，大小徐名久已聞。今日騷壇逢勁敵，願甘百拜作降軍。」正是這種相互間的傾慕和尊重，鑄造了秋徐之間的真誠友誼。

自華在秋瑾的影響與幫助下，思想進步很快。一九零六年初冬，秋瑾創辦《中國女報》，因缺乏經費，《女報》遲遲未能出版，自華和其妹蘊華（字小淑，號雙韻，秋瑾女弟子，南社社員）均大力贊助，曾捐款一千五百元。在浙江起義缺乏軍餉時，她又和蘊華將全部首飾約值黃金三十兩傾盒相助，秋瑾對此異常感激，當即脫下翠釧留念。自華後有〈返釧記〉以記此事。

一九零七年七月十五日（光緒三十三年六月初六），秋瑾殉國。秋瑾犧牲後，家人迫於清廷淫威，不敢安葬，屍體先由大通學校洗衣婦王安友等人用席子裹殮，復由同善堂草草收殮，葬臥龍山麓。後秋譽章密遣人移櫬至常禧門外嚴家潭丙舍暫厝。同年除夕，自華為實踐秋瑾「埋骨西泠」的遺言，風雪渡錢塘江來紹興。她親赴臥龍山，找到秋瑾停厝的棺木，冒著種種危險，遷柩至杭，購買墓地，為秋瑾營葬，於一九零八年二月二十五日將秋瑾葬於西湖西泠橋畔。同時，她還和陳去病（1874-1933）等人組織「秋社」，紀念秋瑾，這早已成為近代革命史上的佳話。

秋瑾的殉國，對徐自華的刺激和影響很大，它使詩人更加清楚地認識到清王朝的殘暴和黑暗，也激發與堅定了她參加革命鬥爭的決心，自華後來參加「同盟會」和二次反袁（世凱，1859-1916）鬥爭，均與此有關。

　　一九零九年（宣統元年）冬，文學組織「南社」在蘇州虎丘成立，不久，自華和其妹蘊華欣然加入，並在《南社叢刻》上發表了許多傳誦一時的詩文。

　　一九一二年（民國元年），孫中山（1866-1925）就任臨時大總統後，「秋社」同人議重營秋瑾墓，自華力贊其成，並任秋瑾營葬事務所主任。一九一三年春，自華赴滬，接辦為紀念秋瑾而設的「競雄女學」，十餘年間，主持教育，兢兢業業，頗有成就。一九二七年夏，自華將「競雄女學」校務交付自美國留學歸國的秋瑾女兒王燦芝接管。此後，自華即由滬移居杭州西湖「秋社」，專管「秋社」事務，直至去世。

　　一九三五年七月十二日，南社女詩人徐自華逝世於杭州西湖「秋社」，享年六十三歲。自華有一子，名馨，供職於國民黨無錫縣政府。遺著有《懺慧詞》、《聽竹樓詩稿》，另有新編之《徐自華詩文集》行世。

　　徐自華是南社著名的女詩人、女詞人，南社領袖柳亞子和陳去病等人對她的作品均評價很高。柳亞子有〈百字令‧題寄塵女士《懺慧詞》用定庵贈歸佩珊夫人韻〉詞，詞內把她的作品推許到可與李清照（約1084–約1151）的詞、朱淑真（約1135–約1180）的詩媲美，並極讚其才：「蛾眉絕世，人間脂粉如土。」秋瑾同鄉、南社著名詩人諸宗元有〈五言二截句奉題寄塵女士詞卷〉，稱自華為「石門有女士，巾幗而丈夫」，對她的作品也很讚賞。自華不僅詩詞寫得好，人品也很高。她的義葬秋瑾、贊助革命、慷慨助人，也傳為美談，在當時女子中實屬鳳毛麟角。柳亞子有詩讚自華云：「一生一死交情在，季布紅妝想見之。風雨年年秋俠墓，有人和淚讀遺碑。」（〈巢南攜寄塵女士《聽竹樓集》見示題此奉寄〉）稱道她重友誼、重然諾，並以女季布譽之。至今人們談起徐自華，仍是盛譽滿口，大約與此不無關係吧！徐自華其人其詩不朽，可以定矣。

郭延禮

◈ 郭延禮：〈南社女詩人徐自華年譜簡編〉，《文教資料》，1989 年 4 期（1989 年 7 月），頁 42–60。
◈ 秋宗章：〈記徐寄塵女士〉，見《徐自華詩文集》（北京：中華書局，1990 年）。
◈ 徐自華：《徐自華詩文集》（北京：中華書局，1990 年）。

ⅲ 154 薛紹徽 Xue Shaohui

　　薛紹徽（1866–1911），字秀玉、如男，福建侯官（今福州）人。父親薛

尚忠，是歲貢生；母邵氏，是位知書識禮的婦人。薛紹徽六歲時便跟母親學習詩畫。長大後，與同邑陳壽彭結婚，陳氏曾遊學歐洲，通英語。

據陳衍《石遺詩室詩話》記載，薛紹徽向來身體不好，容易生病，因此足跡罕出戶外，但卻喜好讀書。嫁陳壽彭後，在夫家操持家務之餘，又不時讀書至夜深，終因操勞過度而患上吐血病。後來，陳氏為生計到處奔波，薛紹徽也跟隨左右，曾旅居上海、寧波、廣東等地。其間薛以譯書賣畫來維持生計，常常入不敷支。旅居江南期間，當地的女學堂欲聘為教習，但被薛拒絕。後來陳壽彭到海軍部供職，又隨夫移居北京。終因劬勞過度，舊病復發，於宣統三年（一九一一年）病逝北京。

薛紹徽對詩詞、駢文、音律都有心得，著作豐富。總計其作品，有《黛韻樓文集》、《黛韻樓詩集》、《黛韻樓詞集》等，又曾選錄歷代才媛詞作為《歷代宮闈詞綜》及《清代閨秀詞綜》二書，使不少女詞人的作品得以流傳。寓居上海時，又編譯過《外國列女傳》、《八十日環遊世界》等書（雖然沒有資料提到她曾在年輕時學過外語）。此外，據錢仲聯《夢苕庵詩話》所說，薛氏尚著有《國朝女文苑小傳》，成百餘篇，可惜未能完成。

薛紹徽的詩作，多記事為主，其中〈老妓行〉一首，講述晚清名妓賽金花（參見該傳）一生的事跡，語言淺白，字裡行間流露出對賽金花生平的不滿，最後更認為賽氏晚年生活潦倒，是其年輕放浪生活的「報應」。薛且說明作詩之意，在於將這個故事傳之於世，以維繫日以淪落的道德倫常。由於這首詩言詞清新，因此常為編錄歷朝才女詩詞作品的選編者所喜愛而收於各類詩選中。

陳志明

◇ 單士釐輯：《閨秀正始再續集》（歸安錢氏排印本，1911 年），初編之一下，頁 38 下–51 下。
◇ 陳衍：《石遺室詩話》（上海：商務印書館，1924 年），卷 15，頁 7 上。
◇ 李盛平主編：《中國近現代人名大辭典》（北京：中國國際廣播出版社，1989 年），〈薛紹徽〉條，頁 744。
◇ 錢仲聯：《清詩紀事》（南京：江蘇古籍出版社，1989 年），〈列女卷〉，頁 16009–16015。
◇ 沈立東、葛汝桐主編：《歷代婦女詩詞鑒賞辭典》（北京：中國婦女出版社，1992 年），頁 827–834。

▥ 155 亞彩 Ya Cai

亞彩（Ah Toy, 1829–1928）是十九世紀美國書籍上最多人認識的一位中國女性。根據記載她是於一八四九年，當她二十歲那年隻身從香港到三藩市的，

目的是要「改善她的生活環境。」早期書籍形容亞彩有高佻的身形，懂英語，而且是纏足的。不久，她便以城中最成功的中國妓女而聞名；當時正值美國西岸只有很少的婦女居住，而賣淫行業又十分盛行。*San Francisco Examiner* 載白種礦工往往都排隊，付一安士金（十六美元）只為「一睹亞彩嬌美、迷人的容貌。」到三藩市一、二年間，亞彩便成為妓院鴇母，在唐人街的 Pike Street 擁有數名妓女。同時，她也是美國法庭的常客，她往往控告客人以銅屑代金碎來欺騙她；又投訴華埠一些僑領以收稅手法來控制中國妓女。一些重要人物也常出席她所開的茶會，傳聞亦稱早在一八三零年亞彩也影響居於加州的中國人參與和慶祝加州加入聯邦政府的活動。當愈來愈多華籍婦女不自願地被帶到美國從事賣淫行業；而排華的種族歧視又日益高漲，地方執法官員開始箝制中國妓院。但在一次自警團（Vigilance Committee）搜查中，亞彩被釋放了，傳聞謂因為妓院自警團其中一位檢察官約翰・克拉克（John A. Clark）是亞彩的情人。

一八五七年亞彩把房子賣掉，收拾行李，返中國退休；並且向記者表明再無意返回美國。不過，一八五九年三月有報導指出亞彩再被捕，控以經營「不法的妓院」。此後再沒有亞彩的任何消息，直至一九二八年美國報章刊出她的死訊。報章稱亞彩一直與丈夫住在聖克嘉蘭縣（Santa Clara county），至一九零九年她丈夫去世，亞彩便與丈夫的兄弟一起居住。亞彩最後一次出現是在愛弗蘭（Alviso）賣蛤肉給遊客。死時九十九歲，還距三個月便是百歲壽辰了。

楊碧芳

潘美珠譯

◈ Duane, Charles P., "Pioneer Days," *San Francisco Examiner*, 23 January 1881, 1.
◈ Bode, William, *Lights and Shadows of Chinatown*（San Francisco: Crocker, 1896）.
◈ "San Jose Buries China Mary, 100, Famed Pioneer," *San Francisco Examiner*, 2 February 1928, 8.
◈ "China Mary, Widely Known Clam Seller, Dies at Age of 99," *San Jose Mercury Herald*, 2 February 1928, 8.
◈ Benard de Russailh, Albert, *Last Adventure, San Francisco in 1851*（San Francisco: Westgate, 1931）, 88–89.
◈ McLeod, Alexander, *Pigtails and Gold Dust*（Caldwell, Idaho: Caxton Printers, 1947）, 175–77.
◈ Gentry, Curt, *The Madams of San Francisco*（New York: Doubleday, 1964）, 50–59.
◈ Barth, Gunther, *Bitter Strength: A History of the Chinese in the United States, 1850–1870*（Cambridge: Harvard University Press, 1964）, 84–85.
◈

▥ 156 燕斌 Yan Bin

　　燕斌（1869-？），筆名煉石、煉，河南人。清末積極鼓吹中國男女平等、婦女解放運動的女士。燕斌於一九零五年留學日本，習醫於日本早稻田同仁醫院，她是「留日中國女學生會」書記和河南女同盟會會員之一；並參與創辦《中國新女界雜誌》、《中國婦女會小雜誌》（半月刊），又為秋瑾（參見該傳）主辦的《中國新女報》撰稿。有關燕斌的言論主要發表在《中國新女界雜誌》。

　　燕斌於〈中國女界發刊詞〉中，認為中國國勢積弱與中國婦女在傳統社會的地位低下，甚有關係；故為政者必須提倡婦女教育，廣設女校，進而可使更多女性參與國家事務，培養婦女愛國思想，培養婦女的「國民精神」。燕斌又指出父母於子女年幼時，應以教育子女為要務，使子女養成良好的品格、豐富的知識，故只重視男子教育，而輕視婦女教育，實為一個不健全的教育制度。創辦《新女界雜誌》的目的是使婦女傳播知識和互相交流，聯絡感情，進而改良社會男尊女卑的風俗。

　　燕斌於〈女權平議〉一文中，以天賦人權為立論基礎，主張男女平等。她認為「上天」創造男女是為滋生萬物，根本沒有尊卑之分，中國歷史的上古時期根本是男女平等。但日後男性中有恃強凌弱、妄加征伐者，強使婦女服從，男尊女卑的地位由是形成，這均是男子私心所致，故燕斌欣賞西方基督教的博愛精神，在這種博愛精神下，男女在婚姻、學術上均可獲自由平等的地位。

　　燕斌反對婦女纏足，又主張女子有婚姻自主權。她在〈中國婚姻五大弊說〉指出中國婚姻的弊點為：媒妁、早嫁、迷信命相卜筮、早娶、浪費饋贈。她認為當男女雙方擁有相當的知識，有固定職業及情投意合，便可通知雙方父母為主婚，丈夫要保護妻子，妻子要支持其丈夫。

　　同時，燕斌更替於日本刊行的《婦女雜誌》定下辦報的宗旨。她在〈本報五大主義演說〉中指出《婦女雜誌》的辦報宗旨一為發明關於女界最新學說，二為輸入各國女界新文明，三為鼓吹婦女教育，四為破除社會的迷信風俗，五為團結婦女，聯絡彼此之間的感情。整體來說，此雜誌的創辦目的仍以提倡婦女教育為主，尤鼓勵留學日本及西方的女學生習西方科技知識。此外，《婦女雜誌》又大量刊載留學生譯自西文或日文的作品，以及他們自己的著述，希望通過這些著作，把西方知識傳入中國，中國婦女便可擴闊知識，地位也得以提高。

燕斌於《新女界雜誌》中發表的文章，尤注意建立「新道德」，以取代源自「奴隸社會」的舊道德。「新道德」曾於世界各地推行，乃歐、美社會繁榮的基礎，燕斌認為政府要使女子培養「新道德」的觀念，婦女也要積極參與「婦女教育」。「新道德」是以「慈惠博愛」為宗旨，婦女應建立高尚的品格，處事謙和；在參與男女社交活動時，男子要保護婦女的人格，女子也要去其身份上卑下的弱點。若社會各人能推行「新道德」，女子便可與男子同享有國民的資格，男女均能培養愛國的思想，社會才有進步。

燕斌於《中國新女界雜誌》所發表的仍未打破傳統婚姻制度的言論，因較為溫和，故被秋瑾（參見該傳）評為「不敢放言之列」。但在燕斌成為《新女界雜誌》的主要撰稿人及編輯後，每期發行量達至五千冊，更流通往中國國內的婦女界，又把歐美及日本的婦女教育的發展情形傳往國內，吸引了不少婦女萌起留學的念頭。該雜誌後來因為刊登〈婦女實行革命應以暗殺為手段〉一文，鼓吹婦女暗殺清朝官員的行動，遂為日本政府干涉而停刊。《中國新女界雜誌》前後共出版了五期。自此以後，燕斌不再積極參與婦女運動。

此外，燕斌又是「留日女學生會」的書記幹事。「留日女學生會」於一八九七年由留日女學生李元和其時一群留學日本的女學生所組成，但成立之初，會員時有紛爭，終致多人退職。至燕斌接任此會的書記後，便整理會務，更改會章，並宣傳婦女留學的益處，藉此鼓勵中國內地的女學生多往日本留學，吸收知識，以啟蒙婦女的智慧，從而提高婦女地位，漸漸很多留學日本的女學生申請成為會員。一八九八年，「留日女學生會」開了第二次大會，燕斌列明成立此會的要旨為幫助會員處理日常事務。此外，又籌募經費以資助貧窮的留學日本的中國婦女。

區志堅

◆ 煉石〔燕斌〕：〈女權平議〉、〈女界與國家之關係〉、〈中國新女界雜誌發刊詞〉、〈本報五大主義演說〉、〈留日女學生會〉、〈可敬哉京師四川女學堂之學生，可敬哉中國婦人會之書記〉，收入張玉法、李又寧編：《近代中國女權運動史料》（台北：傳記文學社，1975年），頁430–433、441–443、773–795、935–936、1274–1277。
◆ 燕斌：〈中國留日女生會成立通告書〉，收入張玉法、李又寧編：《近代中國女權運動史料》，頁936–940。
◆ 鮑家麟：〈辛亥革命時期的婦女思想〉，收入氏編：《中國婦女史論集》（台北：牧童出版社，1979年），頁267–295。
◆ 林維紅：〈同盟會時代革命志士的活動〉，收入鮑家麟編：《中國婦女史論集》，頁297–300。
◆ 中山義弘：《近代中國における女性解放の思想と行動》（北九州：北九州中國書店，1983年），頁91–98。

◇ 劉巨才：《中國近代婦女運動史》（遼寧：中國婦女出版社，1989年），頁185–186。
◇ 呂美頤、鄭永福：《中國婦女運動1840–1921》（鄭州：河南人民出版社，1990年），頁171–175、182–190。

157 姚鳳翽 Yao Fenghui

　　姚鳳翽，十七世紀在世，字季羽、梧閣，安徽桐城人，清末剪紙藝術女藝人。桐城職方主事姚孫棐的女兒，姊姚鳳儀為桐城著名詩人，兄姚文燮、姚文驚均為名畫家。姚鳳翽家學淵源，浸淫書香世家，自幼喜好書畫。

　　姚鳳翽與桐城仕宦方雲旅成婚，從伯母方維儀（1585–1668）進一步學習經史詩賦和繪畫。姚鳳翽聰慧奇悟，善吟詠，夫妻彼此唱和，並著有《梧閣賡噫集》。

　　日後，姚鳳翽家道中落，貧無儲糧，只以所學的剪紙維生，不避寒風雨雪，終日勞苦。正如她在〈剪繪口號並序〉中所形容，「呵凍催成」、「挑燈勤作」，辛酸可以想見。

　　姚鳳翽的剪紙藝術乃日漸閑熟，以她的想像力，抓住動人的形象，輔以簡煉的手法，表現平淡中見神奇。她尤擅長剪花卉，技藝突破傳統的對稱剪紙形式，於圖案的選擇上，她以繪畫的章法佈局題材，善用襯色的剪紙方法，使構圖更見精美，變化多端。她的作品多充滿節日喜慶色彩，達到「指下嬌花香欲生」的藝術境界。

殷偉
區志堅摘錄

◇ 惲珠編：《國朝閨秀正始續集》（道光十六年〔1836〕紅香館藏板），卷9，頁8下。
◇ 徐乃昌：《閨秀詞鈔》（宣統元年〔1909〕小檀欒室刊本），卷2，頁10上–12下。
◇ 徐樹敏、錢岳編：《眾香詞》（毘陵董氏誦芬室景印本，1933年），〈禮集·姚鳳翽〉，頁35上–37上。
◇ 胡文楷：《歷代婦女著作考》（增訂本；上海：上海古籍出版社，1985年），卷12，〈清代〉6，頁421。
◇ 光鐵夫：《安徽名媛詩詞徵略》（合肥：黃山書社，1986年），頁45–46。
◇ 施淑儀輯：《清代閨閣詩人徵略》（上海：上海書店，1987年），卷2，〈姚鳳翽〉，頁119–120。
◇ 殷偉：《中華五千年藝苑才女》（鄭州：中州古籍出版社，1992年），頁273–276。

▥ 158 葉婉儀 Ye Wanyi

葉婉儀，字苕芳，生卒年不詳，江蘇蘇州人，畫家。父葉涵齋，貢生，能畫。婉儀畫得白家傳，能以逸筆寫生，脫出脂粉氣，神似明畫家陳道復（1483–1544）與清代惲壽平（1633–1690）兩家。女工之暇，作畫不輟。夫屈竹田，常熟人，胸有畫癖，鑑賞極精。他的溪山無盡樓，為當地著名藏畫之所。婉儀常與竹田之妹宛仙共研畫藝，宛仙善白描花卉，她倆常合寫蘭菊小幀，人稱閨中勝友。

子頌滿，字廟甫，山水畫宗仿董源、黃公望（1269–1354），人有神童之稱，惜早卒；女苣湘亦能畫。

陳金陵

◈ 盛大士：《谿山臥游錄》（《畫史叢書》本；上海：上海人民美術出版社，1963年）。
◈ 施淑儀輯：《清代閨閣詩人徵略》（周駿富輯《清代傳記叢刊》本；台北：明文書局，1985年），卷6，頁354。

▥ 159 葉赫那拉氏，德宗（光緒）孝定景皇后
Yehenala shi, Dezong Xiaodingjing Huanghou

孝定景皇后（1868–1913）為光緒帝（載湉，1871–1908；1875–1908在位）之皇后。葉赫那拉氏，滿洲鑲黃旗人。光緒十一年（一八八六年）選秀女，滿洲鑲黃旗有六名女子入選，孝定景皇后是其一。可是，據傳這名年青女子其貌不揚、齙牙嚴重、儀表平庸，且瘦骨嶙峋。鑑於皇親貴族，爭奪光緒皇后之位，十分激烈，初選秀女只好作罷。三年後始覆選秀女，總共三十一名秀女入選，二十一歲的孝定景皇后，竟然名列首位。這位超齡貌寢秀女為什麼能中選？從秀女排單中可知其中的奧秘。她是鑲黃旗滿洲副都統桂祥之女、佐領景瑞之曾孫女、慈禧太后（參見葉赫那拉氏，文宗（咸豐）孝欽顯皇后傳）之侄女、光緒帝之表姊。她賦性純孝，淑慎賢明，兼工書法、繪畫。

光緒十四年（一八八九年），慈禧太后諭旨：「皇帝寅紹登基，春秋日富，尤宜擇賢作配，佐理宮闈，以協坤儀而輔君德。茲選得副都統桂祥之女，端莊賢淑，著立為皇后，將諭。」對於這們婚事，慈禧太后可能相當滿意，但新皇后似乎一開始便反對，皇帝也拒絕和她見面、完婚。儘管如此，據載翌年，即光緒十五年「冊立皇后前期，遣官祭天、地、太廟後殿、奉先殿。上

（皇帝）禮服，詣太和殿閱視皇后冊、寶。遣大學士額勒和布、禮部尚書奎潤，持節奉冊、寶，詣皇后邸，冊封葉赫那拉氏為皇后。」

光緒三十四年（一九零八年）光緒帝崩，無後，繼位的宣統帝（溥儀，1906–1967；1909–1912 年在位）尊孝定景皇后為隆裕皇太后。宣統三年（一九一一年）武昌事起，各省相繼獨立，人心惶惶，大局瓦解。皇太后起用軍機大臣袁世凱（1859–1916）為內閣總理大臣，並派重臣前往上海與民軍代表討論大局，公決政體。一九一二年二月一日，孝定景皇后召袁世凱入宮，並簽發了皇帝退位詔書，按優待皇室條件規定，皇帝尊號仍存不廢，帝后仍居宮禁。紫禁城前面三大殿劃歸民國政府，乾清宮以後為溥儀小朝所據，隆裕太后只是教養皇帝，過著清閑的宮廷生活。一九一三年二月二十二日薨逝，卒年四十六歲。

當時由那彥圖等十人恭辦喪事，依然按清代皇后喪儀辦理，並給皇后上謚號：孝定隆裕寬惠慎哲協天保聖景皇后。隆裕皇太后的喪禮在當時辦得十分隆重，袁世凱、趙秉鈞（1859–1914）等民國要員親自去靈堂弔唁，並下令全國下半旗致哀三日，穿孝二十七天，定二十八日為祭奠日。副總統黎元洪（1864–1928）頌隆裕「德至功高，女中堯舜。」民國大員閻錫山（1883–1960）稱隆裕太后「皇太后賢明淑慎，洞達時機」、「主持遜位」、「道高千古」。

政府在太和殿召開了全國國民哀悼大會，「女中堯舜」的白色橫幅懸於靈堂正中，所有樑柱均搭白彩架。隆裕太后照片放靈堂正中，周圍滿佈輓聯，會場裡有清朝遺臣穿著清式喪服，有民國委員穿著入時軍服，還有唪經的喇嘛身著僧袍，到會人惶惶戚戚，兩朝人共悼一位皇太后。

隆裕太后梓宮先停放在長春宮，復移至皇極殿。一九一四年，竟用慈禧太后乘坐過的一輛火車，改製成「梓宮車」將隆裕皇太后梓宮運往梁格莊行宮暫安處暫安。一九一四年十一月，與光緒帝合葬於崇陵地宮。

于善浦

◇ 世續等：《德宗景皇帝實錄》（《清實錄》本；北京：中華書局，1986 年），卷 265，頁 554。
◇ 王道成：〈隆裕太后〉，載《清代人物傳稿》下編，卷 8（北京：中華書局，1988 年），頁 33–36。
◇ 《宮中雜件》（中國第一歷史檔案館藏），〈后妃・人事〉，包 671、1217、1252。
◇ Seagrave, Sterling, *Dragon Lady: The Life and Legend of the Last Empress of China*（London: Papermac, 1993），173–74。

﹏ 160 葉赫那拉氏，文宗(咸豐)孝欽顯皇后
Yehenala shi, Wenzong Xiaoqinxian Huanghou

孝欽顯皇后（1835-1908）為咸豐帝（奕詝，1831-1861；1850-1861在位）之妃子。清末年間，她以慈禧太后之尊，實際上統治全國。中國歷史上，只有三位女性一度獨攬大權，除慈禧太后外，尚有呂后（西漢，公元前三世紀）及武后（唐朝，618-907）。長久以來，在世人眼中，慈禧太后不過是一名心毒手辣、嗜權成性，草菅人命的劊子手。然而，這個看法已受到質疑。

孝欽顯皇后，姓葉赫那拉氏，滿洲鑲藍旗人，安徽備道惠徵之女，後於一八六二年改隸更顯赫的滿洲鑲黃旗。咸豐元年（一八五一年）大選秀女，孝欽顯皇后中選。咸豐二年（一八五二年）入宮，時年十八歲，初封蘭貴人。咸豐四年（一八五四年）內閣奉諭旨晉封為懿嬪。咸豐六年（一八五六年）誕載淳（即日後的同治帝，1856-1875；1861-1875在位）於儲秀宮，第二天晉升為懿妃。八個月後，正式晉封。一個月後，即咸豐七年正月（一八五七年），內閣欽奉諭旨：懿妃晉封為懿貴妃。

咸豐帝於一八五零年即位時，國步艱難，清朝安享了二百年的繁華昌盛，國力已走下坡。西方列強中，英國是第一個要求中國對外開放通商的國家，也是在一八三九至四二年的鴉片戰爭中，令中國蒙羞的國家。此外，華中剛爆發牽連極廣的太平天國之亂（1850-1864），另有兩起大規模叛亂接踵而至。一八六零年，英法聯軍攻北京，迫使中國答允與外通商，皇帝率群臣北走熱河，其後病危。一八六一年八月，懿貴妃在皇帝臨終之際，勸服他頒令冊立她的兒子載淳為皇位承繼人。由此可見她本領非凡，能在壓力下沉著處事。她那時二十七歲。

懿貴妃由於是新皇帝的生母，因而晉升為皇太后，徽號曰慈禧皇太后。剛駕崩的咸豐帝的皇后亦獲晉升，徽號曰慈安皇太后（參見鈕祜祿氏，文宗（咸豐）孝貞顯皇后傳）。在一次實屬政變的行動中，咸豐帝的兄弟恭親王（1833-1898）自封議政王，同時請兩位太后一同攝政，以協助年僅五歲的小皇帝處理政務，並把意欲奪權的八大臣處決或賜令自盡。兩位太后開始攝政時，曾下書曰：「垂簾之舉，本非意所樂為，惟以時事多艱，該王大臣等不能無所稟承，是以姑尤所請，以期措施克當，共濟艱難，一俟皇帝典學有成，即行歸政，王大臣仍當屆時具奏，悉歸舊制。」

慈禧太后第一次攝政歷時十一載（1861-1872）。此段期間，兩位太后全

仗恭親王代為處理內外國事，後稱同治中興，其特色包括重新厲行朝廷典章，復興傳統儒家價值，及一時間推出多項自強措施以對抗西方列強入侵。慈禧太后初入宮時幾近目不識丁，自當太后後，便求教於宮中老師，研讀經書、文學、藝術，以助處理政務。她喜愛書畫，後來隨天才橫溢的女畫家繆嘉蕙（參見該傳）習畫多年。

慈禧太后的兒子同治帝於一八七三午親政，時年十八。同治帝沒有能力治理國事，眾所公認，在位兩年後逝世，正式記載是死於天花，但也有傳死於梅毒，或染有天花菌的手帕。當時慈禧太后亦告患病，此後八年，似未能完全康復。皇帝尚未辭世（他並無子女），諸系人馬已各自連繫，以備爭奪帝位之戰。慈禧太后又再一次果敢行事，不按成規，即使帶病在身，也能把對手擊倒。她宣佈由四歲侄兒載湉（光緒帝，1871–1908；1875–1908在位）繼承皇位。此舉令朝中大臣惶恐不安，原因是載湉與剛駕崩的皇帝同輩，如此安排有違君主世襲的不二定律。

慈禧、慈安兩太后第二次攝政，也是第二次在簾後處理國事。據說慈禧太后在瞬息萬變的世界秩序中，能夠平衡朝廷固有中央勢力及在各處冒起的新勢力，且已掌握互相制衡之道。她可以令各級官員忠心不二，融和保守及先進份子、現代化倡議者及反對者、滿漢族群、南北人士。在改善漢、滿、蒙、藏各民族的關係方面，她也成績斐然。

一八八一年，慈安太后突然辭世，有說她遭謀殺，亦有說她死於流感。由是，慈禧太后成為唯一的攝政者。一八八九年，她迫令皇帝（她的侄兒）立她的侄女（參見葉赫那拉氏，德宗（光緒）孝定景皇后傳）為皇后，不顧兩位年輕當事人的反對。她隨之退下，讓光緒親政。據傳光緒帝主要因壓力緣故，自小已體弱，病情包括語言障礙、射精失控及陽萎。他並無子嗣。

鑑於國際多方壓力加劇，其中野心勃勃的日本正迅速現代化，清廷決定撥款重建海軍。慈禧太后就是挪用了這筆款項建造頤和園。中日戰爭（1894–1895），中國慘敗，此事加快了維新運動的步伐。這個運動主張制定憲法、成立國會，為最終引進民主政體鋪路。光緒帝聽取這些議論後表示贊同，最後付諸行動，在百日維新（一八九八年六月十一日至九月二十一日）期間，頒佈十多份維新詔書，令保守的清廷官員驚惶失措。這時慈禧太后又一次果敢地干預，並在又一次的政變中，下令拘禁光緒身邊謀士，予以處決。然後，她把皇帝軟禁至死。

一八九九年，國內反基督教的組織義和團漸趨活躍。有人竟能把這組織的仇外暴力行動的矛頭，由清廷轉移至西方帝國主義國家，而慈禧太后便是其中一個。一九零零年夏，義和團作亂，為此，慈禧太后及群臣於同年八月初逃往西安，當時八國聯軍正迫近北京以圖解圍。她返抵北京後，著手推行類似一八九八年維新運動所倡議的教育及行政改革，惜為時已晚。全國上下革命派人士已開始鼓吹推翻滿清政府，清朝終於一九一一年覆亡。

光緒三十四年十月二十日（一九零八年）慈禧太后傳召三歲姪孫溥儀（1906–1967；1908–1912在位）入宮，立為光緒帝的繼承人。溥儀是光緒的親姪。溥儀進宮第二天，光緒帝駕崩。次日，慈禧太后亦死於痢疾，卒年七十四歲。慈禧太后梓宮至菩陀峪定東陵隆恩殿暫安。慈禧全諡為：孝欽慈禧端佑康頤昭豫莊誠壽恭欽獻崇熙配天興聖顯皇后，總共用了二十三字來讚美她，有清一代，未有其他皇后有如此多字數的諡號，這堪與皇帝諡號比美。慈禧太后一生豪取巧奪價值連城的珠寶葬於棺中，一九二八年被大軍閥孫殿英洗劫一空。慈禧太后地宮於一九七九年已對外開放。

慈禧太后長久以來為世詬病，罪在篡奪帝位，為求達到目的而殺害多人（包括兒子及姪兒），玷辱清朝名聲。她招人憎恨，明顯地是因為她踰越了婦女不能當家作主而必須三步不出閨門的明文規定。慈禧太后勇闖中外男性世界，屹立不倒之餘，還見證了最少兩位皇帝因經不起考驗而頹然撒手。中國歷史上有一個傳統，當朝代終結而須簽署退位歸降頒令時，這項屈辱差事會由暫署皇帝之職的一名皇后或妃子代行。從多方面看，慈禧太后在了無希望的清末歲月掌管國事，正等同履行這份苦差。

于善浦、Sue Wiles

◇ 寶鋆等：《穆宗毅皇帝實錄》（《清實錄》本；北京：中華書局，1986年），卷13，頁356。
◇ 賈楨等：《文宗顯皇帝實錄》（《清實錄》本），卷194，頁98；卷214，頁360；卷241，頁737。
◇ 王道成：〈西太后垂簾聽政〉，載英文《中國婦女》編著：《古今著名婦女人物》（石家莊：河北人民出版社，1986年），上冊，頁365–371。
◇ ——：〈那拉氏〉，載滿學研究會編：《清代帝皇后妃傳》（北京：中國華僑出版公司，1989年），下冊，頁90–106。
◇ ——：〈慈禧太后〉，見清史編委會編：《清代人物傳稿》，下編，卷8（北京：中華書局，1993年），頁1–19。
◇ 俞丙坤等：《西太后》（北京：紫禁城出版社，1987年）。
◇ 左書諤：《慈禧太后》（吉林：吉林文史出版社，1993年）。
◇ 徐徹：《慈禧紀實叢書》（瀋陽：遼瀋書社，1994年）。
◇ 《孝欽顯皇后大事檔》，包241。

◈ Carl, Katherine A., *With the Empress Dowager*（1905）.
◈ Headland, I. T., *Court Life in China*（1909）.
◈ Hummel, Arthur W., ed., *Eminent Chinese of the Ch'ing Period*（*1644–1912*）（Washington: U.S. Government Printing Office, 1943）,295–300.
◈ Seagrave, Sterling, *Dragon Lady: The Life and Legend of the Last Empress of China*（London: Papermac, 1993）

▥ 161 裕德齡 Yu Deling

裕德齡（1885?–1944?）在西方以德齡郡主（Princess Der Ling）見稱，滿清正白旗人。

德齡出生於書香世家，共有兄弟姊妹五人，她排行第三。德齡的長兄及四弟早死。德齡的父親裕庚（?–1905）是滿清宗室，Millard認為他是「該時代最先進和前衛的中國官員之一」，且一生努力不懈為中國的改革而出力。裕庚在歐洲住過一段日子，在一八九九年出任法國公使，根據德齡的自傳《童年回憶錄》，她當時只有十四歲。因此，德齡六歲前都在歐洲渡過，接受西方教育，先肄業於傳教士開辦的學校，接著在法國就讀於一所由修女主持的書院，獲私人教師教授外語，並且由沙勿略主教（Monseigneur Favier）授洗為天主教徒，領洗時的聖名為伊利莎伯（Elizabeth）。

裕庚被任命為日本公使正值中日戰爭之後。在日本期間德齡除了學習日本舞蹈和插花藝術之外，還學習日文。她很快便說得像個地道的日本人。十二歲那年，她跟隨父母出席在日本皇宮內舉行的櫻花園遊會。會中，她獲得日本天皇和皇后接見，並與皇后握手。一八九九至一九零三年在法國期間，德齡及妹妹容齡（參見該傳）跟隨美國舞蹈家依沙多娜・鄧肯（Isadora Duncan）教授習舞，又由巴黎音樂學院的一位女鋼琴教師教導西方音樂。義和團事變期間，巴黎市民因義和團事件而對中國使館人員產生仇恨，為免波及，裕庚舉家移居日內瓦，期間亦順道在歐洲遊玩。在羅馬時，德齡獲教宗里奧十三世（Pope Leo XIII）接見。回到巴黎後，她還和其他重要人物會面，包括後來登基成為比利時女王的伊利莎伯公主。此外，在一個由當時法國總統盧拔（Loubet）主持的招待會上，德齡又獲瑞典國王奧斯卡（Oscar）接見。

一九零三年，裕庚任滿回國。慈禧太后（參見葉赫那拉氏，文宗（咸豐）孝欽顯皇后傳）聞得裕庚的兩名女兒精通外語和西方舞蹈，遂召見二人，並任命她們為御前女官。德齡在慈禧太后面前否認自己信奉天主教。德齡有二名

兄弟同在宮中任職，其一是二兄勛齡，另一人則是四弟馨齡。勛齡承襲了父親的爵位，他是攝影家，慈禧一生所拍的照片，大部分由他拍攝。德齡被委任為首席御前女官，專責傳譯工作。德齡顯然受到父親前衛思想的影響。當她第一次被慈禧召見時，她相信「自己或會有能力影響慈禧太后作出有利於中國的改革，從而對中國作出貢獻」。後來，她又寫道：「立志竭盡所能及其可能具備的影響力，去推動中國的進步，並為中國謀求幸福。」

一九零四年十二月，因父親患病，德齡離開北京，跟隨父親移居上海。初到上海時，德齡仍望可以早日復職。因此，當父親病況稍有好轉，她便於一九零五年元旦獨自返回北京。但在同年三月，當她收到父親病危的電報，又回到上海。裕庚最後於一九零五年十二月十八日在上海病逝。

德齡於一九零七年五月二十一日與美國駐中國副領使懷特（Thaddeus C. White）先生在上海結婚。直至她在上海定居之後，她才發覺「清宮中生活的吸引力，並不能把她從歐洲生活所習染的影響徹底消除」。她更慨歎「自己在心底裡就是個洋人，在外國受教育。遇到夫婿之後，事情更立刻塵埃落定，自己要成為一個美國公民」。她又為「不能影響慈禧作出有利於中國的改革」而感到懊悔，因為這是她最初入宮時的心願。一九二八年出版《御苑蘭馨記》時，她仍認為這是自己「一生中的一件大憾事」。不過，與慈禧交往中卻有一件令她引以自豪的事情，就是她可能是自慈禧掌權以來第一個膽敢在她面前說「不」的中國人，因為她拒絕了慈禧為她安排的婚事。

婚後，德齡隨夫婿回美國定居。懷特先生當上了新聞記者，而她則踏上作家的生涯。夫婦二人在美國何地定居並無記載，但德齡於一九二八年出版《御苑蘭馨記》時身處加州洛杉機，三十年代初則獨自在紐約生活。

德齡對清宮的野史，以至慈禧的私生活寫了不少文字。

一九一一年以英文第一次出版《清宮二年記》。這書以她在慈禧宮中出任首席女官的個人經歷為藍本，是一本歷史與自傳共冶一爐的著作。這書得以出版是「友儕極力邀請的結果」。此書出版後一紙風行。《清宮二年記》、《御苑蘭馨記》和《御香飄渺錄》對慈禧太后有詳盡而生動的描寫，包括她的心理、為人、嗜好與愛好等。

《御苑蘭馨記》更是慈禧一生的小說版。

《御香飄渺錄》包羅了慈禧時期北京繁華生活千奇百怪的現象。其中令人印象最深刻的章節，包括作者對御花園、御衣房、御膳房，以至紫禁城中各個

宮殿的設計與裝潢等的描寫。書中對宮中的娛樂像御戲班在御舞台的演出亦有記載。此書深為批評家和讀者的接受。容齡為秦瘦鷗的譯本作序說：「捧讀一過，不啻慈禧后之野史」。

秦瘦鷗指出，德齡與夫婿在一九三一至三二年間傳出不和，後來還弄至離婚收場。秦氏同時又說，德齡在一九三五年九月回到中國為撰寫新作品而搜集資料時，她仍以懷特太太之名義在乘坐的輪船和下榻的酒店登記，其後亦有向別人提及夫婿的名字，秦氏因而不敢肯定德齡有否與夫婿離異。德齡有一個兒子，他在一九三二年病逝。為此，她在《御香飄渺錄》的第一頁寫下「為紀念我愛兒撒達斯・雷蒙德・懷特（Thaddeus Raymond White）而作」。大抵她在一九三零年出版《童年回憶錄》時，兒子已頗為病重，因為她這書也是獻給兒子的。

德齡在美國的主要入息來源是稿費。她的收入頗為可觀，而且是按頁數支付的。因此，她能夠負擔在一九三五年回中國時的龐大開支。她住的是一流的華懋飯店，來往上海、北京兩地時則乘坐滬平通車頭等臥車。她的衣著也十分講究。似乎這次回國對德齡的寫作沒有甚麼顯著的幫助，因為她在一九三五年出版了《天子》（*Son of Heaven*）以後，便再沒有新著作面世了。

至於德齡終於何時何地，還有待稽考。一九一一至三五年間，德齡共用英文出版了八部著作。有些還被譯成德文、中文、日文。這些著作顯然十分受歡迎，其中一些更被原出版商或其他出版商再版。目前已知最近的再版書是由美國 UMI 出版社出版的《天子》，這是光緒帝（1875–1908 在位）傳記的小說版。此外，台灣出版了一本慈禧太后傳記的小說版，作者據稱是裕德齡。

何冠驥

◇ 德齡郡主：《清宮秘史》（台北：遠流出版公司，1992年），3冊。
◇ 裕德齡著，秦瘦鷗譯：《慈禧野史》（重印本；瀋陽：遼瀋書社，1994年）。
◇ 裕容齡：《清宮瑣記》，載於王樹卿、徐徹主編：《慈禧紀實叢書：慈禧與我》（瀋陽：遼瀋書社，1994年）。
◇ Der Ling, Princess, *Two Years in the Forbidden City*（New York: Moffat, Yard, 1911, 1912, 1917; Dodd, Mead, 1924, 1931, 1935; London: T. Fisher Unwin, 1912）.
◇ ——, *Zwei Jahre am Hofe von Peking*, trans. Elisabeth Heyne von Deutsch（Dresden und Leipzig: Heinrich Minden, 1915）.
◇ ——, *Old Buddha*（New York: Dodd, Mead, 1928, 1929, 1930, 1934; London: J. Lane, 1929）.
◇ ——, *Kowtow*（New York: Dodd, Mead, 1929; London: Chapman & Hall, 1930）.
◇ ——, *Lotos Petals*（New York: Dodd, Mead, 1930）.
◇ ——, *Golden Phoenix*（New York: Dodd, Mead, 1932）.
◇ ——, *Jades and Dragons*（New York: The Mohawk Press, 1932）.

◈ ——, *Imperial Incense*（New York: Dodd, Mead, 1933; London: S. Paul, 1934）.
◈ ——, *Son of Heaven*（New York & London: D. Appleton–Century, 1935; Ann Arbor: UMI Press, 1994）.

▥ 162 裕容齡 Yu Rongling

裕容齡（1884?–1973），滿洲正白旗人，出生天津，父親裕庚（?–1905）為滿清宗室。裕容齡生長書香之家，幼敏聰慧，喜愛音樂舞蹈，並自編自演各種不同形式的舞蹈。

洋務運動期間，裕庚出任日本公使（1895–1898），容齡隨父到日本，學習日本古典舞蹈，能穿日本和服，進行表演，裕庚見女兒善舞蹈，遂聘請當時東京紅葉館的著名舞蹈教師，專門教授女兒日本舞蹈的技藝。

一八九八年，裕庚奉詔回國，旋於一八九九年出任駐法大臣，裕容齡遂與家人遷往法國。裕容齡在法國學習英、法兩國語言。一九零一年，有一位外交官的夫人往裕庚家作客，建議裕庚聘請巴黎教舞蹈的美籍舞蹈家依沙多娜‧鄧肯（Isadora Duncan）給兩位女兒教授舞蹈。同時，裕庚又購置鋼琴，並先聘請巴黎音樂學院教師，教授女兒西方音律，以培養她們對西方音樂的韻律感。當鄧肯看到裕容齡表演的舞姿能結合西方音律，便收她為學生。

鄧肯依古希臘神話傳說的故事編製了舞劇，選裕容齡為主角。容齡的舞姿表演出飄然自由氣息，甚得西方舞劇家欣賞。自此，裕容齡往其時任教法國國立歌劇院名教授薩那夫尼（Gaston Salvayre, 1847–1916）學習芭蕾舞。不久，她又往巴黎音樂舞蹈院深造。終於，裕容齡在巴黎正式公開表演〈希臘舞〉和〈玫瑰舞〉二齣舞劇，甚得巴黎觀眾的好評。

一九零三年，裕庚任期屆滿回國，慈禧（參見葉赫那拉氏，文宗（咸豐）孝欽顯皇后傳）得悉裕庚的二位女兒通曉外文、西方舞蹈，便召見裕德齡（參見該傳）、裕容齡。又任德齡姊妹二人為太后御前的女官，並賜居萬壽山。容齡獲賜名為山壽郡主，專職研究宮中表演的舞蹈。容齡藉此學習中國舞蹈，又為中國傳統舞蹈所吸引，便以中國傳統戲曲舞蹈為主，吸收民間流行秧歌、舞扇的特色，自編自導創作了〈扇子舞〉，又倣效傳統仕女的舞蹈，創作了〈荷花仙子舞〉。

曾有一次，於端午節前夕，裕容齡更在頤和園為慈禧太后表演「西班牙舞」。她又依中國傳統戲曲舞蹈和國畫中仕女舞，創作出〈如意舞〉，舞姿古

雅。最後，容齡又表演了在巴黎學習的希臘舞，甚得慈禧稱許。又有一次，於慈禧進餐時，容齡、德齡從慈禧專用的唱片中，選了奧地利華爾茲舞曲，表演舞蹈。慈禧與她們二人多了接觸，漸漸對西方舞蹈藝術產生興趣。

一九零五年，因裕庚生病，裕容齡等便舉家遷往上海。裕容齡與廣東唐寶潮將軍成婚。後來，她曾出任北平總統府女禮官及冀察政務委員會交際員。一九三六年，上海《申報》報館出版裕德齡所著的《御香縹渺錄》（*Imperial Incense*），應譯者秦瘦鷗之邀，裕容齡撰寫了序文。容齡於三十年代，還用英文寫了歷史小說《香妃》。一九四九年後，裕容齡在中國中央文史館工作，並著述了不少有關清代宮廷生活的文章，這些文章後來結集成為《清宮瑣記》。裕容齡於一九七三年逝世，享年八十八歲。

殷偉

區志堅、何冠驥摘錄

◇ 裕容齡：《清宮瑣記》（北京：北京出版社，1957年）。
◇ ——：《清宮瑣記》（王樹卿、徐徹主編《慈禧紀實叢書・慈禧與我》本；瀋陽：遼瀋書社，1994年），冊3，頁5–43。
◇ 申建國編：《中華古今女傑譜》（北京：中國社會科學出版社，1991年），頁401。
◇ 殷偉：《中華五千年藝苑才女》（鄭州：中州古籍出版社，1992年），頁359–362。
◇ 裕德齡：《清宮生活回憶錄》（長沙：三環出版社，1992年），頁26–34。
◇ ——：《慈禧太后私生活實錄》（海南：海南出版社，1993年）。
◇ ——著，李葆真譯：《御苑蘭馨記》（《慈禧紀實叢書・慈禧與我》本），冊3，頁45–192。
◇ ——著，顧秋心譯：《清宮二年記》（《慈禧紀實叢書・慈禧與我》本），冊3，頁193–363。
◇ ——著，秦瘦鷗譯：《御香縹紗錄》（《慈禧紀實叢書・慈禧野史》本），冊4。
◇ Der Ling, Princess, *Two Years in the Forbidden City*（New York: Dodd, Mead, 1911）。
◇ ——, *Jades & Dragons*（New York: Mohawk Press, 1932）。
◇ ——, *Imperial Incense*（New York: Mohawk Press, 1933）。
◇ ——, *Son of Heaven*（New York: Appleton–Century, 1935）。

▥ 163 袁機 Yuan Ji

袁機（1720–1759），字素文，浙江錢塘人，袁枚（1716–1798）第三妹，小袁枚四歲。

她自幼長得又高又白，是姐妹中最俊麗的，且又最好讀書，許多詩文都能背誦。又愛聽古人節義事，受「三從四德」影響過深。幼許字如皋高八之子。及長成，高八因子行為不端，希圖退婚，袁機不理，遂適高。高長得矮小且眼斜，狂暴無人理，屢藉機毆打之，或以火灼之，甚至被打得牙齒脫落，她仍千依百順，處處忍讓。甚至有一次高某因賭博大輸，想鬻妻以償。袁機在忍無

可忍之下,乃告其父。其父大怒,告了官而絕婚,遂歸袁家。她侍母亦克盡孝道,有時母身體不適,她就徹夜侍立不眠。後高氏子死,她亦哭泣盡哀。後一年,她亦患病,於一七五九年十一月去世,享年四十歲。

她學問很好,凡詩書、稗官野史,乃至有關國家治亂之名臣言行,無不知曉;諸如神仙鬼怪故事,亦無所不知。自回歸袁家後,不僅長齋不葷,且衣髮亦不加整理,面無笑容,得病也不醫治,對高家則每有懷念之情。有《素文女子遺稿》傳世。

袁枚曾作〈女弟素文傳〉、〈祭妹文〉、〈哭三妹五十韻〉,以及〈隨園老人遺囑〉等,以寄哀思。

鄭克晟

◈ 惲珠:《國朝閨秀正始集》(道光十一年〔1831〕紅香館藏板),卷9,頁16上–17下。
◈ 黃秩模編:《國朝閨秀詩柳絮集》(咸豐三年〔1853〕蕉陰小幌刊本),卷13,頁5上–8上。
◈ 許嬪臣編:《國朝閨秀香咳集》(光緒〔1875–1908〕間申報館倣聚珍板印),卷8,頁2上。
◈ 袁機:《素文女子遺稿》(《隨園全集》本;上海:文明書局,1918年)。
◈ 袁枚:〈女弟素文傳〉,載氏著:《小倉山房文集》(《隨園全集》本),卷7,頁4–5。
◈ ──:〈哭三妹五十韻〉,載氏著:《小倉山房文集》(《隨園全集》本),卷15,頁9–10。
◈ ──:〈祭妹文〉,載氏著:《小倉山房文集》(《隨園全集》本),卷14,頁2–4。
◈ 姜漢林:〈《祭妹文》試析〉,《北京師範大學學報》(社會科學版),1984年2期(1984年2月),頁95–96。
◈ 劉伯涵:〈袁枚和他的三妹素文〉,《歷史知識》,1984年4期(1984年7月),頁36。
◈ 施淑儀輯:《清代閨閣詩人徵略》(周駿富輯《清代傳記叢刊》本;台北:明文書局,1985年),卷4,頁234–235。
◈ 王英志:〈字字是血,聲聲是淚──讀袁枚《祭妹文》〉,《名作欣賞》,1993年1期(1993年1月),頁113–116。
◈ ──:〈性靈派女詩人「袁家三妹」〉,《復旦學報》(社會科學版),1995年5期(1995年9月),頁75–80、89。

▥ 164 袁嘉 Yuan Jia

袁嘉(1793?–1853),字柔吉,浙江錢塘(今杭州)人,袁枚(1716–1798)長孫女,父袁遲,母沈氏。袁枚為詩壇魁楚,致力扶掖年青詩人,門下有數十名女弟子。

她自幼聰慧,好詩書,尤精於填詞,很得父親的寵愛。後嫁天長崇一穎為妻,崇氏家中富有,且頗具才學,夫妻經常唱和,感情甚篤。惜崇氏早卒,留二子一女。後二子亦殤,只有母女倆相依為命,形影不離。不久因貧困無著落,遂回歸娘家,與父母共處,並與弟輩理家政,相處自如。不久,她父

母、二弟、三弟夫婦皆死，遺留下三個幼子，遂一併撫養。每督責他們讀書至深夜，撫如己子。後其孤女亦死，她經受著巨大的悲痛。三個孩子後皆撫育成人。

合肥梁氏欽慕其才，請她教授其女公子。後又被南河觀察於相山延入官署中，教其女及愛妻，遂名噪一時。一八五三年，太平軍攻佔南京，遂自殺。

所著有《湘痕閣詩稿》二卷，《湘痕閣詞稿》一卷傳世。兩部作品均有清代男女文人作序及題詞。

鄭克晟

◇ 惲珠編：《國朝閨秀正始續集》（道光十六年〔1836〕紅香館藏板），〈補遺〉，頁61下。
◇ 黃秩模編：《國朝閨秀詩柳絮集》（咸豐三年〔1853〕蕉陰小幌刊本），卷13，頁15。
◇ 徐乃昌編：《閨秀詞鈔》（宣統元年〔1909〕小檀欒室刊本），卷10，頁24下–28上。
◇ 袁嘉：《湘痕閣詩稿》（《隨園全集》本；上海：文明書局，1918年）。
◇ 施淑儀輯：《清代閨閣詩人徵略》（周駿富輯《清代傳記叢刊》本；台北：明文書局，1985年），卷475–476。

▥ 165 袁綏 Yuan Shou

袁綏（1795–?），字紫卿，浙江錢塘（今杭州）人，袁枚（1716–1798）孫女，袁通之女。袁枚為詩壇翹楚，致力扶掖年青詩人，門下有數十名女弟子。

她十九歲嫁上元吳國俊為妻，溫柔賢淑。自幼異常聰穎，小時候讀她祖父的詩即怡然自得，深悟其中道理，對於音韻學及填詞等亦頗精通。她的詩多懷古感時之作，氣勢慷慨，毫無閨閣氣息，即使尋常贈答之詩，亦多仔細推敲，務求工整精練。

存世詩詞集有《瑤華閣詩草》（又名《簪雲閣詩詞集》）、《瑤華閣詞鈔》、《閩南雜詠》等。其中《瑤華閣詩草》由其子吳師祁於同治六年（一八六七年）付刻。吳師祁在卷首並引錄亡父對母親作品的評論，說「胎息《騷》《選》，出入經史，不愧女宗。」同時吳師祁又指出刻印母親作品，乃出於父親遺訓，用意在「以傳家乘，兼誌汝母慧且賢。」

鄭克晟

◇ 黃秩模編：《國朝閨秀詩柳絮集》（咸豐三年〔1853〕蕉陰小幌刊本），卷13，頁15下–16下。
◇ 袁綏：《瑤華閣詞・補遺》，載徐乃昌編：《小檀欒室彙刻閨秀詞》（光緒二十四年〔1898〕刊本），集6。

◆ ——：《閩南雜詠》（《隨園全集》本；上海：文明書局，1918年）。
◆ ——：《瑤華閣詩草》（《隨園全集》本；上海：文明書局，1918年）。
◆ ——：《瑤華閣詞鈔》（《隨園全集》本；上海：文明書局，1918年）。
◆ 單士釐輯：《閨秀正始再續集》（歸安錢氏排印本，1911年），初編之4上，頁14下–23下。
◆ 施淑儀輯：《清代閨閣詩人徵略》（周駿富輯《清代傳記叢刊》本；台北：明文書局，1985年），卷8，頁476–477。

▦ 166 袁棠 Yuan Tang

　　袁棠（1734–1771），字秋卿，又字雲扶。浙江錢塘（今杭州市）人。有記載謂其為仁和人，實誤。其父袁健磐，作幕廣西，袁棠生於此。有兄弟姊妹數人，她在姊妹中排行第四，二兄袁樹（1731–約1810）讀書，中秀才，在外幕游。父故世，由堂兄、著名學者及詩人袁枚（1716–1798）將其全家接回故鄉。袁枚致力扶掖年青詩人，門下有數十名女弟子。

　　袁棠好學，有才氣，喜吟詩，袁枚讀到她的〈中秋〉、〈七夕〉等詩，大加讚揚，贈送金釵以鼓勵，袁棠更加苦吟，在閨中寫出《繡餘吟稿》的大部分詩作。其時她繡、吟兼作，黑白不輟，正如袁枚在《繡餘吟稿序》中所說：「韻語與機聲相續，燈花共線影齊清。」袁樹在袁棠死後重讀該書，說：「心傷能繡凝思處，斷腸挑燈問學時。」描繪出袁棠當年苦吟的情景。

　　袁家經濟拮据，袁棠二十五歲（一七五八年）與諸生汪孟翊（1712–1773）在袁枚的江寧隨園結婚，婚後到揚州夫家理家。她丈夫的家庭比較富有，又是個大家族，可是孟翊已經四十七歲，比袁棠大二十二歲，原來娶過妻子，遺留有兒子庭萱和女兒。袁棠嫁給老丈夫，又是填房，這在當時人的觀念裡並不是幸福的婚姻。但是她勤勞理家，任勞任怨，妥善處理家庭和家族內的各種人際關係，獲得好感，公婆稱她孝順，前房子女尊重她是慈母，族人和她研討詩歌。

　　袁棠夫妻恩愛，汪孟翊經常外出辦事，有時臘月中旬還沒有趕回家，袁棠對他非常思念，以〈寄懷夫子〉為題的詩就作了三首，有一首寫道：「有恨經年常作別，無能枉自號多才；布衣願效鹿車輓，何日園林共舉杯。」寧肯丈夫不要事業，也願廝守在一起。孟翊對妻子感情深厚，尊重她的為人和詩歌創作，婚後二年，給她梓刻《繡餘吟稿》。該書收有一百三十多首詩，以「繡餘」為詩集命名，不只袁棠一人，閨閣詩人多愛用之。社會要求女子德言容功的「四德」，不喜歡女子有才，所以袁棠婦功之餘來作詩，並以此命名，免招

世人譏訕。

　　袁棠三十八歲時難產亡故，孟翊悲哀不已，反復閱讀她在揚州的詩作，以回憶舊日的恩愛生活。為紀念她，把那些詩匯集成《盈書閣遺稿》刊刻流傳。他由於悲痛過度，在袁棠逝世二年後離開人世。袁棠撫養大的兒子庭萱善於作詩，因為家庭經濟衰落，忙於生活，未能發展他的詩才。

　　袁棠以能詩出名，在閨閣時代就以工詩為人稱道，她的堂姊袁杼（參見該傳）稱她為女才子，磯岩老人以她的詩為楷模與其他女詩人作比較。袁枚說她的詩淵雅志潔而情深，汪孟翊說乃婦的詩發於至精至情，無香奩氣。袁棠詩的內容多是關於家庭成員的，相互關懷，以詩致意。大姊遠嫁，隨夫宦游蜀、魯，三兄先後送大姊和她完婚，客死外鄉，五弟原和她芸窗聚首，卻早亡，她均作詩寄懷。

　　袁棠的詩引起後人的注意，徐世昌（1855–1939）編輯《晚晴簃詩匯》，以其為一家，選載其詩九首。光緒《杭州府志》、《清史稿·藝文志》、胡文楷編《歷代婦女著作考》均著錄其兩種詩集，袁韶瑩等編《中國婦女名人辭典》為其立傳。

馮爾康

◎ 惲珠編：《國朝閨秀正始集》（道光十一年〔1831〕紅香館藏板），卷9，頁18上–19上。
◎ 蔡殿齊編：《國朝閨閣詩鈔》（道光二十四年〔1844〕娜環別館刊本），冊5，卷4，頁11–15。
◎ 黃秩模編：《國朝閨秀詩柳絮集》（咸豐三年〔1853〕蕉陰小榥刊本），卷13，頁10上–14上。
◎ 許夔臣編：《國朝閨秀香咳集》（光緒〔1875–1908〕間申報館倣聚珍板印），卷8，頁3上。
◎ 汪孟翊：〈繡餘吟稿序〉、〈盈書閣遺稿跋〉（《隨園全集》本；上海：文明書局，1915年）。
◎ 袁枚：〈繡餘吟稿序〉、〈盈書閣遺稿序〉（《隨園全集》本）。
◎ ——：《隨園詩話及補遺》（北京：中華書局，1960年），上冊，頁344。
◎ 袁棠：《盈書閣遺稿》，見《袁家三妹合稿》（《隨園全集》本）。
◎ ——：《繡餘吟稿》，見《袁家三妹合稿》（《隨園全集》本）。
◎ 袁樹：《紅豆村人詩稿》（《隨園全集》本），卷10，頁2上。

ⅲ 167 袁雲仙 Yuan Yunxian

　　袁雲仙（生卒不詳），彈詞藝人。清末上海女彈詞藝人，每年一次雲集上海書場，登台獻藝。有一年，女藝人集於金林軒南面的山林園樓，各自獻藝。至袁雲仙表演時，卻近傍晚，沒有時間彈唱，袁雲仙只好匆匆唸幾句對白，但這已使聽眾驚歎，並推為會書第一。日後，人們更爭相邀她表演。袁雲仙尤長

於表演說白（於唱說時加之入獨白），被時人評為：「此時聲價重連城，此時風華一座傾；贏得五陵年少子，無人不願認卿卿。」

袁雲仙與上海的一位地方官結婚。婚後，這位地方官揮霍無度，致債台高築，不久便死去，雲仙只好再以賣藝為生，改名鄭素琴，但仍極受聽眾歡迎，聲價極高，時人也推崇復出後的袁雲仙為「滬上翹楚」。

殷偉
區志堅摘錄

◇ 阿英（錢杏邨）：〈女彈詞小志〉，收入氏著：《小說三談》（上海：上海古籍出版社，1979年），頁77–82。
◇ 黃協塤：《淞南夢影錄》，（《筆記小說大觀》本；揚州：廣陵古籍刻印社，1984年），卷2，〈女彈詞藝人袁雲仙〉，頁381下。
◇ 殷偉：《中華五千年藝苑才女》（鄭州：中州古籍出版社，1992年），頁326–328。
◇ 王韜：《瀛環雜誌》（《近代中國史叢刊》本；台北：文海出版社，年份缺），輯39，卷5，頁226。

▥ 168 袁杼 Yuan Zhu

袁杼，字綺文，又字靜宜。浙江錢塘（今杭州市）人，有記載云為仁和人，實非。生在讀書人家，在姊妹中排行第四。其父雲游在外作幕客，兄袁枚（1716–1798）曾任江寧縣令，退職後定居當地隨園，是十八世紀詩壇領袖之一，致力於獎掖後進，接受數十名女性為弟子。

關於袁杼的生卒年份，她病危時自云「未了三生事，公然五十春，」可知享年五十。一七七四年母章太夫人（1685–1778）九十大壽，袁杼正在病中。次年袁枚以袁通為繼嗣，袁杼寫有賀詩。

出嫁諸生韓思永，生有一子一女。其夫遠游他鄉，五年後客死異地，消息傳來，袁杼悲痛地寫出〈悼亡〉詩。從此開始寡居撫育子女的生活。仍然懷念丈夫不已，作〈夢先夫子言別〉，希冀白日變成黑夜，以便與丈夫夢中相聚。

袁杼著力教導兒子執玉（1746–1760）。執玉人才出眾，五歲開始字習《離騷》，九歲會寫詩，十二歲中秀才，十五歲參加舉人考試。出場後得疾病，袁杼在此時期的作品流露了渴望兒子病好和中舉的心情。但是兒子病勢日重，終告不治。這對袁杼打擊沉重，因為她把人生希望全寄託在兒子身上，不想那樣年少有才的兒子竟永遠地離去，她作了一首叫〈哭兒〉的詩哀悼之。

兒子死後，袁杼帶著女兒離開故土杭州，到袁枚的隨園，依附於母親兄

嫂。隨園是南京名園，袁枚又將它向世人開放，春、秋天遊人如織，高朋滿座。袁杼卻僻居樓上，連吃飯也懶得下樓，一心求靜，怕見人。她說：「自知天命愁如許，願向靈山禮佛前。」實即在樓上清修，做女居士。

袁杼不斷創作詩歌，題材多在自身、親友生活範圍，諸如悼念親人、贈送親友、生活感受之類。其詩淺近，但有形象、有情理。她的五十多首詩集為《樓居小草》，取名之意大約是表示樓居生活的產物。由袁枚把它刻印，同其三妹袁機（參見該傳）的《素文女子遺稿》、堂妹袁棠（參見該傳）的《繡餘吟稿》和《盈書閣遺稿》合為一冊，稱《袁家三妹合稿》，收入《小倉山房全集》的，有一八九一年版，又收入《隨園全集》，有一九一八年上海文明書局版。

袁杼晚年有兩件事不放心，就是她在〈除夕十二韻〉所寫的：「射屏愁弱女，戲綵慰高堂。」老母尚有兄嫂侍養，小女最讓她掛心。為給女兒謀求生路，把她送給袁枚為女，由袁姜方聰娘（1724–1772）撫養，讓女兒稱自己為姑媽，稱袁、方為爹、娘，其苦心孤詣為常人難於做到。

袁杼以詩作而留名後世，光緒《杭州府志‧藝文志》、《清史稿‧藝文志》、胡文楷編《歷代婦女著作考》等書皆著錄她的《樓居小草》。徐世昌（1855–1939）編選清代詩人作品，收閨秀詩人四百八十六家，袁杼為其一，有三首詩選進《晚晴簃詩匯》。

馮爾康

◇ 袁枚：《小倉山房文集》（1769 年版），卷 14，頁 15 上。
◇ ──：《小倉山房詩集》（1769 年版），卷 14，頁 1 下。
◇ ──：《隨園詩話》（北京：中華書局，1960 年），上冊，頁 343–345。
◇ 惲珠編：《國朝閨秀正始集》（道光十一年〔1831〕紅香館藏板），卷 9，頁 17 下 –18 上。
◇ 黃秩模編：《國朝閨秀詩柳絮集》（咸豐三年〔1853〕蕉陰小幌刊本），卷 13，頁 8 上 –10 上。
◇ 許夔臣編：《國朝閨秀香咳集》（光緒〔1875–1908〕間申報館倣聚珍板印），卷 8，頁 2。
◇ 袁樹：《紅豆村人詩稿》（《隨園全集》本；上海：文明書局，1915 年），頁 6 下。
◇ 王英志：〈性靈派女詩人「袁家三妹」〉，《復旦學報》（社會科學版），1995 年 5 期（1995 年 9 月），頁 75–80、89。

169 惲冰 Yun Bing

惲冰，十八世紀在世，字浩如、清於。江蘇常州人，可算是清代最有名的女畫家。為惲壽平（1633–1690）後人（一說曾孫女）。壽平是優秀畫家，工花卉昆蟲，也是書法家。父惲鍾隆，為諸生。惲冰家族中有多位才藝出眾的

223

女眷，包括妹妹惲玉、姪女惲珠（參見該傳）、孫女毛周（字榴林）、惲懷英（參見該傳）。丈夫毛鴻調，不應舉，築小樓夫婦居之，吟詩作畫，直至垂暮之年。子鳳朝、鳳梧、鳳儀皆能畫。

惲冰十三歲便以畫名，與姐究心六法，尤工花卉翎毛，賦色運筆之畫風，能傳南田翁（即惲壽平）「沒骨法」的家學。「沒骨法」是繪畫方法，即指畫家並不先行勾出輪廓。和惲冰兩相輝映的馬荃（參見該傳）則以勾染名（即以或粗或瘦、黑色居多的線條勾出輪廓），當時江南人謂之雙絕。

乾隆（1735–1796在位）初，兩江總督尹繼善（1694–1770）曾將惲冰作品獻給皇太后（參見鈕祜祿氏，世宗（雍正）孝聖憲皇后傳），皇帝題詩嘉獎，聲譽大起。傳世作品有無錫市博物館藏的〈東籬佳色圖〉軸、〈紫藤虞美人圖〉軸，河南省博物館的〈國香春霽圖〉軸，日本東京國立博物館的〈雙家鴨〉扇面，〈花卉圖〉扇面等。惲冰有部分作品流傳西方，包括一些扇面、以及繪於紙和絹上的水墨和彩色畫。Weidner 形容她的〈花葉草蟲圖冊〉為她最引人入勝的傳世作品之一，並稱畫中筆觸優美，沒骨著色行雲流水、濃淡有緻，配上細緻線條，直把一個南方亭園稍縱即逝的美態，那片刻的色彩、那閃爍的微光，活現眼前。Weidner 又指出，該畫冊每一頁均附短詩，似是惲冰慣常做法。

陳金陵

◇ 惲珠編：《國朝閨秀正始集》（道光十一年〔1831〕紅香館藏板），卷1，頁2。
◇ 馮金伯、吳晉：《國朝畫識》（雲間文革堂刊本，1831年），卷16，頁18上。
◇ 李兆洛編：《武進陽湖縣志》（1843年刊本），卷31，頁24–25。
◇ 葛金烺：《愛日吟廬書畫錄》〔續錄〕（光緒七年〔1881〕刊本）。
◇ 竇鎮：《國朝書畫家筆錄》（宣統三年〔1911〕文學山房本），卷4，頁45下。
◇ 李濬之：《清畫家詩史》（1930年刊本），癸上，頁18上。
◇ 國學圖書館編：《陶風樓藏書畫目》（北京：國學圖書館，1932年）。
◇ 湯漱玉：《玉台畫史》（《畫史叢書》本；上海：上海人民出版社，1963年），卷3，頁56。
◇ 鈴木敬：《中國繪畫綜合圖錄》（東京：東京大學出版會，1982年）。
◇ 中國古代書畫鑑定組編：《中國書畫圖目》（北京：文物出版社，1984年），冊6、8。
◇ 施淑儀輯：《清代閨閣詩人徵略》（周駿富輯《清代傳記叢刊》本；台北：明文書局，1985年），卷3，頁185。
◇ Weidner, Marsha, et al., *Views from Jade Terrace: Chinese Women Artists, 1300–1912* (New York: Indianapolis Museum of Art, 1988), 24, 28, 122–29, 187, 228.

▥ 170 惲懷英 Yun Huaiying

惲懷英（生卒不詳），清代著名女花鳥畫家。她是清代「沒骨寫生派」代

表人惲壽平（南田，1633–1690）的後人。這派繪畫的方法專以側鋒粗筆和墨色的深淺變化來塑造事物的形體結構。惲懷英「沒骨花鳥」的畫法深受惲南田所影響。

惲南田畫花卉善寫其神，有蓄筆，有逸筆，又有明麗秀潤的特色，更有「不用筆墨，全以五彩染成」的畫風。日後，他的後人惲冰（參見該傳）、惲挺生、惲馨生等，也效其筆法，漸成「沒骨寫生派」。惲懷英自幼學習南田筆法，探求「沒骨法」的技巧，效法物件的神髓，善畫花鳥。故懷英寫花鳥不用墨筆勾勒，直接用墨或顏色進行描繪，又放棄了歷來以線條為描繪的主要方式，而以濃淡的水墨及色彩不多的幾筆，描繪形象，達到傳情達意、「形神兼備」的特色。惲懷英尤長於繪畫菊花的苞蒂、枝幹的神貌，她的「沒骨菊花」，只求表達菊花代表隱逸的美意，不求形似。

後來，惲懷英與同鄉呂光亨成婚，呂氏登進士後，任戶部員外郎，為官清廉，家境清寒。呂氏去世後，懷英因家貧，只好與幼子居長安委巷，以賣惲氏所繪的「沒骨花鳥」畫，維持生計。時人云，京城雖是文化薈萃之處，真正懂得藝術的人屈指可數，她的畫作因而只落得賤價而沽。

殷偉

區志堅摘錄

◇ 儲祥：《中國畫家人名辭典》（台北：台灣東方書店，1965 年），頁 512。
◇ 施淑儀輯：《清代閨閣詩人徵略》（上海：上海書店，1982 年），卷 3，〈惲懷英〉，頁 181–182。
◇ 潘天壽：《中國繪畫史》（上海：上海人民出版社，1983 年），頁 264。
◇ 俞蛟：《夢廠雜著》（北京：中華書局，1988 年），卷 5，頁 128–129。
◇ 殷偉：《中華五千年藝苑才女》（鄭州：中州古籍出版社，1992 年），頁 295–297。

▥ 171 惲珠 Yun Zhu

惲珠（1771–1833），字珍浦、星聯，號蓉湖，學者、詩人、畫家。惲氏是江蘇陽湖（或稱武進）的一個世家，族中人才輩出，天下知名，其中的惲壽平（1633–1690）便是清代最優秀的書畫家之一，他志行高尚，效忠明室。惲珠的高祖名華，曾任內閣中書。她的祖父去世很早，她的祖母姓唐，以節孝稱於鄉，她的父親名毓秀，曾任直隸（今河北）肥鄉縣典史，她的母親姓莊。族姑惲冰（參見該傳）可算是清代最有名的女畫家。

據說惲珠將誕生之前，她的祖母忽得一夢：一個老婦人給她一顆光采奪人

的大珠子，因此她生後即命名為珠。惲珠自幼聰穎明慧，她的父親為她講授儒家經典。十歲時，她學做詩，十三歲時，已工於刺繡，並能繪畫。她的族姑惲冰早以繪畫知名，看了惲珠的畫，頗以為奇。

惲珠之父任職肥鄉典史時，完顏岱是該縣縣長，兩家眷屬有所往來。惲珠的才學和人品，為縣長夫人所喜愛。一天，縣長夫人讓惲珠做一首以〈錦雞〉為題的詩。惲珠拿起筆就寫，「閒對清波照彩衣，遍身金錦世應稀；一朝脫卻樊籠去，好向朝陽學鳳飛。」縣長夫人非常欣賞。

十八歲，惲珠與完顏廷璐成婚。四年後，她生下完顏麟慶（1791–1846）。一年後，她生了麟昌；又二年生麟書；再過一年產一女，其名不見於史。

惲珠是一個典型的賢妻良母。侍奉翁姑，她竭誠盡勞。公婆有病時，她衣裳齊整地日夜煎藥奉湯，不露一點倦意。在完顏家族中，她有賢孝的名聲。

惲珠志識高遠，學問很博，與平常人說話，卻不自矜，也不及風雅。她平常寫的詩，她的兒子私自拿去付印，她知道後說：「這那值得傳世呢！以後別再印了。」她的集子是《紅香館詩詞草》二卷，凡詩七十八首，詩餘六首，有嘉慶十九年（一八一四年）刊本、同治五年（一八六六年）重刊本及民國十七年（一九二八年）影印本。

惲珠很注重兒女的教育。她令三個兒子從她的哥哥惲秉怡讀書。每天晚上，挑著燈，她親自為他們溫習日間讀的功課，並講一個歷史的故事，用以勉勵。她的三個兒子中，長子麟慶最是優秀。嘉慶十四年（一八零九年），完顏麟慶中進士，她自浙中寄予詩箋，有這樣的句子：「科名雖并春風發，心性須如秋水平；處世勿忘修德業，立身慎莫墜家聲。」其後，麟慶任官，惲珠勉勵他「夙夜勿怠」。惲珠常常寫信策勵他，例如：「汝習勤知儉，深得予心，但聰明忌露盡，好事忌占盡。」「擇善人而交，擇善書而讀，擇善言而聽，擇善行而從。」「無受人憐，無奪人好。」「至於興利除弊，必當精求其故，毋欲速，毋好名，毋規目前之效，要在與民相安爾。」惲珠經常策勉長子愛民卹民，旌善舉賢，可見她的胸襟寬闊，關心民眾。完顏麟慶說：「太夫人於經術治體無不通達，而尤明心學，重孝德，嘗慕二曲先生，以孝子為醇儒，重刊其集，製序行世。」二曲是李顒（1627–1705）的號，他是明清之際哲學家。

在思想和氣質上，影響惲珠最大的是儒家，其次是佛教。因此，她非常注重教育，不僅是家庭教育，且有志於社會教育。著書立說，是推行社會教育的

一種方式，惲珠編著《蘭閨寶錄》，為的是借歷史來體現她的家庭和社會教育思想，旨在推行傳統的倫理道德。惲珠是綱常禮教的實踐者，也是提倡者。她對陸象山（1139–1192）及王陽明（1472–1529）的哲學思想深感興趣。她仿劉向（前77?–前6?）《列女傳》，博采史志，纂編《蘭閨寶錄》六卷，先以孝行、賢德、慈範、節烈，而以智略才華附之。她認為，穩定的家庭是治國安邦的基礎。

惲珠用數年的功夫編輯《閨秀正始集》，共二十卷。道光九年（一八二九年），她為此集自序，略述經過：「余年在齠齔，先大人以為嘗讀書明理，遂命與二兄同學家塾，授四子、《孝經》、《毛詩》、《爾雅》諸書。少長，先大人親授古今體詩，諄諄以正始為教，余始稍學吟詠。因閨中傳作較鮮，針黹之餘，偶得名媛各集，輒手錄一二，以誌心儀。……丙戌冬，大兒麟慶防河偶暇，檢余舊篋所存，及閨秀諸同調投贈之作，並近日所得各集，鈔錄成帙，計得《國朝閨秀詩》三千餘首，請付諸築氏，以廣流傳。余結習不忘，披讀一過，翻病其繁，……凡篆刻風月，而義不合於雅教者，雖美弗錄。是卷所存，僅得其半，定集名口《正始》，體裁不　，性情各正，雪艷冰清，琴和玉潤，庶無慚女史之箴，有合風人之旨爾。」

《閨秀正始集》收錄了九百三十三人的詩作，計有詩一千七百餘首。作者來自各地，漢、滿之外，還有蒙古命婦、哈密才媛、土司女士、海濱漁婦，末卷又附載朝鮮國四人。絕大多數的作者是清朝人，只有少數生於明末而活到清初。惲珠強調，她選擇的標準是：作者性情貞淑，作品音律和雅。尼姑、道士、妓女等，不算閨秀，概置不錄。但有少數的青樓女子，具有「晚節」，選入附錄。

惲珠不贊成「女子無才便是德」。她不反對女性從事辭章，她遺憾的是：「大雅不作」，而「浮艷之詞」有違詩教的「敦厚溫柔之旨」。換言之，她認為當代的女性學詩，學的不對，她編此集，是提供雅正的範本。

《閨秀正始集》於一八三一年刊成後，很多婦女將自己的詩作寄給惲珠，她都一一收集，暇時頻加刪訂，道光十三年四月十四日（一八三三年），惲珠病重，她將所編的續集交給孫女妙蓮保，說：「吾續編正始集未竟，汝能繼成之，則吾死無憾。」惲珠去世後，知者寄詩弔輓，不知者仍錄詩就正。妙蓮保用了三年的時間編輯成十卷，又附錄一卷，計四百五十九人，詩九百一十九首。妙蓮保的母親輯補遺一卷，得一百三十四人，詩三百一十首，末附輓詩一

冊，以誌雅誼。《閨秀正始續集》，於道光十六年（一八三六年）由紅香館刊行。

惲珠性甘淡泊，喜蔬食，除祭祀宴客外，戒無故不得殺生。讀佛經，刻佛經是她所喜。她愛行功德事，如：修橋、舖路、整修廟宇。她喜考訂古今藥方書，尤好集仙傳，並散發藥方及藥丸給需要的人們。惲珠曾自夢，她的前身是妙蓮菩薩侍女，護書紅香島中，因繪〈紅島侍書圖〉。她的居處和集子也因此得名。

綜觀惲珠的一生，她是傳統下一個很幸運、很成功的人物。處於太平盛世，她的生活舒適安定。出自文化之鄉的名門，知識和修養給她精神的空間及人生的目標。老天給她一個聰明的腦袋，使她有學習的喜悅；給她一個仁愛的心，使她為人所敬愛。她想做的事，她做了；想寫的，寫了；想印的，印了。她的賢德和才學，社會給予肯定，奉她為女子教育的師鐸、女界詩壇的盟主。在傳統下，這是知識女性至高的尊榮。

麟慶的祖先及後人中，有好幾個有功名和官爵。惲珠的丈夫官至知府，兒子都入仕途，麟慶歷任翰林、總督、河督。隨著他們職位的更遷，她有許多旅行遊覽的機會。因為他們的官職，她多次得朝廷的誥封，最後以麟慶受封為「一品太夫人」。

惲珠晚年，有三個兒子、四個孫子承歡；她的唯一的女兒早去世。她有十個孫女，都是她親自調教，《閨秀正始集》的校對，由十個孫女分擔，媳婦們監督。

李又寧

◈ 惲珠編：《國朝閨秀正始集》（道光十一年〔1831〕紅香館藏板）。
◈ 惲珠、妙蓮保輯：《國朝閨秀正始續集》（道光十六年〔1836〕紅香館藏板）。
◈ 黃秩模編：《國朝閨秀詩柳絮集》（咸豐三年〔1853〕蕉陰小榥刊本），卷38，頁13上–14上。
◈ 徐乃昌編：《閨秀詞鈔》（宣統元年〔1909〕小檀欒室刊本），卷11，頁1上–2下。
◈ 單士釐輯：《閨秀正始再續集》（歸安錢氏排印本，1911年），初編之1上，頁1上–2上。
◈ 胡文楷：《歷代婦女著作考》（增訂本；上海：上海古籍出版社，1985年），卷16，〈清代〉10，頁630–636。
◈ 徐珂：《清稗類鈔》（北京：中華書局，1986年），冊8，〈文學類‧惲珠錦雞詩〉，頁3942。
◈ 施淑儀輯：《清代閨閣詩人徵略》（上海：上海書店，1987年）。
◈ 錢仲聯輯：《清詩紀事》（南京：江蘇古籍出版社，1989年）。
◈ 曹虹：〈清代常州女學與陽湖文派〉，《學人》，第7輯（1995年5月），頁395–417。
◈ 《中國畫家人名大辭典》（重印本；台北：台灣東方書店，年份缺）。
◈ 嵩申輯：《長白完顏氏舊德錄》（出版年份缺）。

◈ Hummel, Arthur W., ed., *Eminent Chinese of the Ch'ing Period*（*1644–1912*）（Washington: United States Government Printing Office, 1943）.

◈ Chang, Kang-i Sun, "A Guide to Ming-Ch'ing Anthologies of Female Poetry and their Selection Strategies," *The Gest Library Journal*, 5, 2（Winter 1992）, 119–60.

◈ Ho, Clara Wing–chung, "Coventionality versus Dissent: Designation of the Titles of Women's Collected Works in Qing China," *Ming Qing Yanjiu*, 3（1994）, 46–90.

◈ ——, "The Cultivation of Female Talent: Views on Women's Education in China during the Early and High Qing Periods," *Journal of Economic and Social History of the Orient*, 38, no.2（1995）, 191 223.

▥ 172 曾紀芬 Zeng Jifen

　　曾紀芬（1852–1942），號崇德老人，湖南湘鄉人，但出生於北京。她是清末湘軍首領曾國藩（1811–1872）季女，高官兼資本家聶緝槼（1855–1911）之妻。曾紀芬與聶緝槼有兩位能操流利英語的兒子，他們大力經營恆豐紗廠而成為大資本家。這數名人物與他們的交遊從鴉片戰爭時期到第二次世界大戰期間，在中國現代化的過程中曾佔有重要的地位。

　　曾紀芬過繼給叔父，十一歲後才育於父母親家中。曾國藩對三子六女均施以儒家家訓，治家修身皆舉廉儉為首，男則耕女則織。無論童年或婚後，曾紀芬也守著「中學為體，西學為用」的原則。換言之，外國的語言風俗與習慣（包括她守寡後信奉的基督教）都不能完全取代中國與儒家的傳統。她二十四歲嫁入聶家，此後之二十年間她生了十三位兒女。她容許丈夫納了三個姜侍，第一個在婚後三年便入門。她與丈夫沒有把握機會出遊西方國家，但數位子孫曾到日本或美國留學。

　　一九一一年，曾紀芬受到嚴重的打擊。聶緝槼與他的母親和弟弟在一個半月內相繼而卒。能操英語的兒子繼承了聶緝槼的紗廠和實業，積了一筆頗大的家產。曾紀芬在一九一八年將家產分配給子孫，只留十份一作為慈善經費，十份二作為已用。

　　曾紀芬經歷了很大的變化，但她對教育、家庭及婚姻的觀念卻相當保守。一九三一年，八十歲的她用口述方式自訂年譜，又錄了一篇〈廉儉救國說〉文章，由兒子和女婿筆錄。這兩份著作便成為了研究這位生活在十九、二十世紀湖南兩大特出家庭中的女性生平的原始資料。兩年後作品再版，加了八幅照片，十六幅畫像，均為曾紀芬生活的寫照。她自訂年譜的主要動機是把家庭資料留示子孫，所以記載了父母、兄姊和子孫的生卒和婚期。年譜也在多處討論

她一生所見的時代變化，如髮型、時裝、通貨膨脹、現代化交通，這些變化都直接地影響到她與其他中產階級婦女。其自訂年譜雖然沒有為現代政治史提供重要資料，但曾紀芬的親身經歷卻有助於我們深入地了解，由傳統進入現代社會的中國家庭和婦女。

謝慧賢

◇ 聶其杰編：《崇德老人紀念冊》（《近代中國史料叢刊》本；上海：文海出版社，1924年）。
◇ 曾國藩等：《湘鄉曾氏文獻》（《中國史學叢書》本；台北：學生書局，1965年），卷10。
◇ 曾紀芬口述，聶其杰編：《崇德老人自訂年譜》（台北：廣文書局，1971年）。
◇ McDermott, Joseph P., "The Chinese Domestic Bursar," *Asian Cultural Studies*, Supp. 2 (1990), 15–32.
◇ Kennedy, Thomas L., ed. and annot., *Testimony of a Confucian Woman: The Autobiography of Mrs. Nie Zeng Jifen, 1852–1942* (Athens and London: University of Georgia Press, 1993).

▥ 173 曾彥 Zeng Yan

曾彥（1857–1890），字季碩，四川華陽人。吉安知府曾詠女。適漢州人張祥齡（1853–1903），祥齡字子馥，光緒十八年（一八九二年）進士，選庶吉士。光緒二十一年（一八九五年）散館，任陝西懷遠知縣，歷署長安、褒城，補大荔知縣，卒於任所。所著有《經支》九卷、《六箴》一卷、《受經堂全集》等行世。

曾彥父曾詠，字吟村，曾任江西吉安府知府，後被曾國藩（1811–1872）檄調至安慶軍營，以勞瘁卒於軍；母左錫嘉（參見該傳），工詩善畫，處夫死孤幼，時事不靖條件下，獨力支撐，扶櫬西還，卜居成都杜甫（712–770）草堂之側，以鬻書畫謀生，教養子女成立。

曾彥幼承母教，嫻於文史，能詩畫篆隸，於彈絲剪綵，無不精妙。曾歷考各代婦女禮儀，撰《婦禮通考》一書，惜英年早逝而未成。別有《桐鳳集》一卷、《虞其室詞稿》一卷及《媿林漫錄箋》等傳世。

曾彥曾學詩於晚清詩人王闓運（1832–1916），為湘綺女弟子。又崇敬經學大師俞樾（1821–1907），時以未列門牆為憾，病中猶有句云：「伏生（伏勝）老去傳經卷，願作來生立雪人」，表示對俞樾學術成就的嚮往。

來新夏

◇ 單士釐輯：《閨秀正始再續集》（歸安錢氏排印本，1911年），初編之1上，頁57上–58下。
◇ 廖平：〈清誥封朝議大夫張君曾恭人墓誌銘〉，見《四益館文集》（《六譯館叢書》本；四川

古書局1921年刊本），頁28–30。
◈ 施淑儀輯：《清代閨閣詩人徵略》（周駿富輯《清代傳記叢刊》本；台北：明文書局，1985年），卷10，頁581–583。

174 曾懿 Zeng Yi

曾懿，十九世紀後期在世，字伯淵，號朗秋，四川華陽人。清江西吉安府知府曾詠及左錫嘉（參見該傳）之女，與曾彥（參見該傳）為姊妹。適江蘇常州人袁學昌，字幼安。學昌父績懋（?–1858），曾任福建延建邵道，咸豐八年（一八五八年），因抗拒太平軍死於福建順昌。學昌母左錫璇（參見該傳）與曾懿母左錫嘉（參見該傳）為姊妹。

曾懿幼承母教，奉母居蜀時，隨侍筆硯，精通繪事，並以畫法入刺繡，所作山水、花卉、翎毛無不酷肖。工篆隸，嫻詩詞。其夫袁學昌好搜集金石碑版，曾懿親為校勘文字，得宋人趙明誠（1029–1181）、李清照夫婦之閨趣。

曾懿所著詩文有《古歡室詩集》三卷及《浣月詞》一卷，集為《古歡室全集》行世。

曾懿又精醫學，所著有《寒溫指南》、《雜證秘笈》、《外科纂要》、《婦科良方》、《幼科指迷》、《診病要訣》均收錄於《曾女士醫學全書》中。

來新夏

◈ 單士釐輯：《閨秀正始再續集》（歸安錢氏排印本，1911年），初編之1上，頁51下–57上。
◈ 趙爾巽等：《清史稿》（北京：中華書局，1977年），卷509，〈列女〉2，頁14081。
◈ 楚南：〈曾懿：博學多才的女教育家〉，載英文《中國婦女》編：《古今著名婦女人物》（石家莊：河北人民出版社，1986年），上冊，頁380–385。

175 張漢英 Zhang Hanying

張漢英（1872–1915），字蕙芬、慧芬，號惠風，湖南省醴陵縣人，為附貢生張雲齊之獨女。少聰敏雄辯，有「神童」之稱，長沙女子中學堂畢業，後嫁其父摯友同鄉李青蕃之子發群（1873–1913）。

一九零四年，湖南巡撫端方（1861–1911）遴選女學生送往日本留學，張漢英與王昌國（1880–1949）同獲選為醴陵代表。張翌年夏渡日，其夫李發群後亦自費留學日本。七月入著名日本青山實踐女學校附屬師範班。一九零六年十二月，轉讀成女學校，成為該校第一名中國留學生。同時，張漢英更籌款

在成女學校開辦女子速成師範班，請田烈當翻譯，招生十餘人，於十二月十六日開課，甚受歡迎。而該校的支那女學生部亦隨之成立。課餘，張漢英常與同鄉唐群英（字希陶，1871-1937；參見《二十世紀婦女傳記辭典‧唐群英》歷遊日本名勝隴川、夫婦岩、靖國神社等地，曾賦日本紀勝絕句四首。張體格魁岸，個性剛張，與唐群英相交甚深，彼此志同道合，其後在革命活動，爭取女子參政權，興辦女子教育等路途上，均共同進退，並肩作戰。

　　一九零五年八月，孫中山（1866-1925）、黃興（1874-1916）、章太炎（1869-1936）等在東京合併興中會、華興會、光復會為中國同盟會。翌年八月二日，張漢英與其夫李發群在同鄉曠若谷的介紹下加入同盟會，獻身革命事業。一九零六年十二月，萍瀏醴起義，受同盟會東京總部派遣，寧調元（1883-1913）、陳其美（1878-1916）、楊卓林（?-1907）、秋瑾（參見該傳）、李發群等密謀運動長江一帶會黨，相機響應。及抵長沙，知已事敗。李發群與楊卓林，胡瑛（1884-1933）等乃企圖炸死江督端方，不幸失敗，或被捕殺，或被監禁。端方前為湖南巡撫，張漢英渡日由其遣送，與之有門生之誼。張漢英聞夫被捕，乃於一九零七年春急遽歸國向端方涕泣，乞代夫死。端方感其誠，乃移發群他獄，並促張漢英完成學業，卒免發群於難。一九零八年溥儀（愛新覺羅溥儀，1906-1967；1909-1911在位）即位，大赦天下，獨革命黨人不放。張漢英急從日回國，求赦其夫，得有力人士之助，終於翌年八月救出發群。

　　一九一一年十月辛亥革命爆發，時任河南師範堂監督的張漢英隨即參加革命運動。十一月，張漢英與唐群英、沈警音等組織上海女子北伐敢死隊，參加攻佔南京之役。十二月，赴上海與唐群英、張昭漢（1884-1965）成立女子後援會，派人到各省積極為北伐軍籌備軍餉（此會在南北議和後解散）。此外，又成立北伐軍救濟隊，以白色蘭花為徽，隨赴戰地，調護受傷兵士。

　　革命成功後，張漢英繼續為籌措國家經費而努力。一九一二年初，南京政府發生財政危機，孫中山被迫向外國借款，然六國銀行乘機要脅，提出以監督中國財政為條件，激起全國公憤。上海革命婦女紛紛起來，捐款救國。此時，張漢英與沈欽苓等創辦中央女子工藝廠、女子振興公司。一方面，培養婦女自營生計之能力，使之能從經濟上之獨立，而達致政治上之自主；一方面發展民族資本商業，振興國家經濟，堅決抵制外國的經濟侵略。此外，張漢英又辦女子手工、實業兩高校，提倡國貨儲金救國諸事，到處演說。

　　一九一二年一月二十八日，南京臨時參議院成立。二月，南北議和，陸軍部以女子體弱，男女各有天職，女子不宜從軍，應從事醫學為由，下令解散女子北伐隊。此後，張漢英即開始其女子參政權活動，並成為領袖之一。其時南京參議院審議臨時約法，張漢英帶頭與唐群英、王昌國、吳芝瑛（參見該傳）、沈佩貞等二十餘人上〈中華民國女界代表致參議院書〉請願，陳述女子參政之志願。三月三日，又與伍廷芳夫人、唐露園夫人、吳芝瑛、張昭漢、唐群英、陳佩貞、陳擷芬（參見該傳）等一百餘人以神州女界共和協濟社名義上書孫中山大總統，提出女子參政之要求，聲勢浩大。孫中山對此甚為重視，除允撥五千元補助其辦理女子法政學校及《共和日報》外，並特優書嘉勉。三月八日，與唐群英、王昌國等在南京發起改女子北伐隊為神州女界參政同盟會。該會以實行男女平等，普及教育，改良家庭習慣，禁止買賣奴妾，實行一夫一妻制度等為宗旨。除在南京設立本部外，又在各省成立支部。

　　由於南京政府在三月十一日公佈之中華民國臨時約法中，拒絕寫上「無論男女，一律平等，均有選舉權與被選舉權」之規定，使女界大感失望，因而不得不起來抗爭。三月十九日、二十日及二十一日，張漢英與唐群英等率二十餘名女將三闖參議院，要求女子參政權，將女子與男子權利一律平等條文，明白規定於約法中。特別是三月二十日，張漢英隨唐群英趁參議院開會之機，率領眾女衝進會場，打碎參議院玻璃，踢倒警衛，造成轟動全國的「大鬧參議院事件」。幾經衝突，參議院已從同情變為反對女子參政，參政一事，遂陷僵局。

　　綜觀當時女子參政運動，在主張女子參政的大前提下，就實行這一目標的時機及手段等各方面不無分歧。約而言之，可分為急進及穩健兩派。前者主張爭取參政及教育生產同時並進，女子參政應即付諸實行，對婦女衝擊參議院等舉動大加讚揚，並受當時英國婦女參政權運動影響不少。此派可以張漢英、唐群英、林宗素等為代表人物。後者主張採取漸進手段，先培養女子參政能力，普及女子教育，研究法政，提倡實業，為實行女子參政作準備。此派可以神州女界共和協濟社的張昭漢、伍廷芳夫人等名門閨秀為代表。

　　一九一二年四月一日，孫中山辭去臨時大總統職務。二日及四日，參議院先後決議政府與該院遷往北京，標誌著南京臨時政府的夭折，袁世凱（1859–1916）倒行逆施惡夢的開始，但爭取女子參政權的運動並未終止。四月八日，由上海女子參政同盟會、女子後援會、尚武會、金陵女子同盟會及湖南女國民會在南京聯合組成女子參政同盟會。大會中，張漢英宣佈政綱為實行男女平

權、普及教育、改良家庭習慣、禁止買賣妾媵、實行一夫一妻制度等。該會本部設南京，各省設支部。以「普及女子之政治學識，養成女子之政治能力，期得國民完全參政權」為宗旨，正式掀起女子參政權運動的序幕。張漢英任總務部負責人，一九一二年十月本部遷往北京後，改任南京支部長，同時發起女子工藝工廠。

一九一三年，南京參政權運動接連失敗，女子參政同盟會決定改變策略，到地方謀求發展。二月初，張漢英離南京返長沙，原擬集資開辦女子法政學校，後因痛感婦女必須創辦報紙，乃移此款項作為《女權日報》籌備費。又協助唐群英於二月二日成立女子參政同盟會湖南支部，繼續展開女權運動；會員達八百餘人。二月十六日，與唐群英、丁步蘭等創辦機關報《女權日報》，日出兩大張，可惜出版僅兩個多月，即因經費困難被迫停刊。此外，又與唐群英合力創建女子美術學校和自強職業學校，振興中國女子教育，普及知識，以爭取男女同權為己任。四月，張漢英赴上海與萬國女子參政會中國部會員創辦《萬國女子參政會旬報》。

在長沙期間，張漢英與唐群英除自辦學校外，又為長沙常遭受丈夫蹂躪、被人侮辱的婦女出頭，深受婦女愛戴。此外，二人更積極要求政府派遣留學生赴日本留學。一九一三年春，要求獲批。第一場初試時，唐張二人更到試場監考。

一九一三年七月，孫中山、黃興領導討伐袁世凱的二次革命失敗，張漢英夫李發群為張勳（1854-1923）所執，被害於南京，年僅四十。十一月，袁世凱政府內務部以「法律無允許明文」為由，敕令解散女子參政同盟會。翌年三月，袁世凱政府頒佈「治安警察條例」。其中規定，女子「不得加入政治結社」，「不得加入政談集會」。其時，唐群英亦被袁世凱通緝，避難故鄉衡山。在此形勢下，張漢英只好回鄉。返湖南後，張漢英立志從教育入手，造就人材，積極從事婦女解放運動。曾借西山史家老屋為校舍，首創醴陵女子學堂，自任校長與教員，第一期有女生十餘人，第二年增至四十餘人，並遷校至城內南華宮。由於教導有方，學生成績斐然，由一班增至四班，再遷至農壇。

張漢英一生致力於男女同權、提倡女學、開創中國女權運動的先聲，對中國近代婦女運動史影響深遠。然一九一五年五月終因積勞成疾，更兼憂國憂民，病情惡化，咯血而逝，年僅四十三。庶子一。又張漢英曾加入柳亞子的南社為會員。張死後，唐群英及同鄉傅熊湘（1883-1930）為之作奠文，刊於

《南社叢刻》第十五集及十九集文錄。

林學忠

◇〈各省游學彙志・湖南〉，《東方雜誌》，2卷8期（1905年9月），頁282。

◇煉石：〈留日女學界近事記〉，《中國新女界雜誌》，1期（1907年2月），頁1–6；2期（1907年3月），頁1–4；3期（1907年4月），頁1–7。

◇《時報》，1912年2月27日，頁3；3月23日，頁2；4月10日，頁4。

◇《萬國女子參政會旬報》，創刊號（1913年4月）。

◇唐群英：〈祭張惠風文〉，《南社叢刻》（南社編），集15（1916年1月），頁29、4。

◇傅專（熊湘）：〈張漢英傳〉，《南社叢刻》（南社編），集19文錄（1916年11月），頁5。

◇傅熊湘輯：《醴陵縣志》（台北：成文出版社，1975年），章7，〈列女〉，頁109。

◇鄭逸梅（鄭願宗）：〈南社社友事略：張漢英〉，載氏著：《南社叢談》（上海：上海人民出版社，1981年），頁144。

◇傅文鬱：〈民初爭取女權和反袁鬥爭〉，收入中國人民政治協商會議委員會、文史資料研究委員會編：《辛亥革命回憶錄》（北京：中華書局，1982年），集8，頁454–464。

◇吳劍、段韞暉：〈湖南婦女運動中的幾件事〉，收入中國人民政治協商會議委員會、文史資料研究委員會編：《辛亥革命回憶錄》，集8，頁465–468。

◇華夏婦女名人詞典編委會編：《華夏婦女名人詞典》（北京：華夏出版社，1988年），〈張漢英〉條，頁539。

◇復旦大學歷史系史料室編：《辛亥革命以來人物傳記資料索引》（上海：上海辭書出版社，1990年），〈張漢英〉條，頁1095。

◇陸承裕：〈同盟會女志士張漢英傳略〉，《湖南文史》，輯43（1991年），頁167–172。

▥ 176 張靜蓉 Zhang Jingrong

何張靜蓉（Ho Tung Clara, 1875–1938），又名何張蓮覺（法名），佛教慈善家。她在香港出生，在家中居長，有弟妹三人。父親張德輝、母親張楊氏都是第一代歐亞混血兒。她在父親供職中國海關的地方（上海、九江）成長。其父逝世後，母親帶同當時十八歲的她和她的弟弟扶柩返回香港定居。張靜蓉於一八九五年二月嫁給任職怡和公司買辦，後來在一九一五年獲得爵士封銜的大資本家和慈善家何東（啟東，1862–1956）爵士。

早在一八八一年，何東已娶了張靜蓉的大表姐麥秀英（參見該傳），但麥氏和何東的姜侍周綺文（?–1900）一樣，多年來膝下猶虛。張靜蓉嫁入何家後成為何東的平妻，這是一種很不尋常的安排，意即在日常生活上與何東的法妻平等，雖然在次序上麥秀英仍居先。張靜蓉生了十個孩子，七女三男。在兩次婚姻中，何東收繼了其姪世榮，而周綺文後來又生了一名女兒。由是，麥秀英和張靜蓉實際上成為何東十二個兒女共同的母親。一九一五年何東獲得爵士封號後，麥秀英被稱為何東夫人（麥女士），而漸漸的非官式的，張靜蓉也同樣被稱為何東夫人（張女士）。何張靜蓉女士的一生可分為五個階段：為人女兒

時期、為人妻及人母時期、虔誠的佛教徒、慈善家、愛國華僑。

何東一家是以中國人血統自居的歐亞混血兒，他們遵循中國的習俗和關心中國的福祉。不過，因為他們富有，且居於香港，得以接觸廣闊的世界，因而過著都市式的生活，包括定期往來歐洲、美國和中國之間。

在婚姻生活上，張靜蓉十分熱衷於傳統中國婦女的理想：「相夫教子」。她認為相夫教子是她主要的責任。一八九七年，她生了第一個孩子錦姿。接著出生的是世勤（1898–1900）、慧姿（1899–）、世儉（1902–1958）、嫻姿（綺華，1903–）、奇姿（艾齡，1904–）、世禮（1906–1998）、文姿（1908–）、堯姿（1910–）和孝姿（1915–）。在教養孩子尊敬麥秀英，遵循佛教教義、儒家和道家的行事、儀節和戒律上，張靜蓉跟隨中國的習俗。可是在其他方面，特別是教育上，西方的影響卻佔盡上風。

本世紀之初，中國人仍不習慣教育女兒，香港也一樣。「女子無才便是德」是傳統的價值觀。張靜蓉並不接受這種觀念來看待女兒。她本人的教育很零散。雖然九歲的時候曾在中國上過學，但她並不喜歡學校生活，而且得到允許可以輟學。可是，在守孝期間，她自學讀寫。自此以後，有需要的時候她會寫字。實際上，兒女的家庭教師住在她家裡，充當她的秘書，後來則由她的女兒來為她寫信。事實上，大女兒錦姿所做的比這些還要多，她往往要肩負其母的責任和為她分憂。

她的女兒起初由華籍和英籍的老師教導。其後，她們都到拔萃女書院上學。這決定純粹為教育，因為她是一個虔誠的佛教徒，而該書院卻有基督教背景。張靜蓉曾經考慮送女兒到外國上大學，這是一個史無前例的舉動；不過，一九二一年，成立於一九一二年的香港大學開始接受女本科生。艾齡是首位香港出生的女畢業生，而綺華更是首位醫學院的女生。

西方影響同樣見於張靜蓉女兒日常生活中。根據一九零四年通過的一條法例，香港殖民地的山頂區——一處在濕熱的夏天裡溫度比山下低幾度的地方——實際上保留了給非華籍人士。張靜蓉知道清新空氣對孩子的健康很重要，所以一直為此耿耿於懷，直至何東獲得條例豁免，並在一九零六年把她和孩子搬往山頂居住，她才安心。在家裡，孩子過著簡單甚至可說是克儉的生活。張靜蓉不想孩子習慣過富裕的日子，以免將來環境改變時應付不來。

後來成為醫生和終身不嫁的綺華那種獨立和專業精神，可能是西方的影響。然而，她這種使命感多半顯示了她家裡的中國色彩。正如艾齡所說：「媽

媽為我們樹立很偉大的模範。她既希望我們全心全意的將生命獻給人類，同時又生活在她深信的中國的美德之中。」

張靜蓉生長於一佛教家庭，而她本人也愈來愈虔誠信佛。同時，她又關心在葬禮中能否達到儒家的禮儀。在她唯一的弟弟離開香港之後，張靜蓉負責起張家祖先的供奉，將祖先的神主移奉於家中，這對於女孩子來說是不尋常的舉動。正如艾齡所說，她體現了「中國宗教那種包容的面貌。」張靜蓉在接納儒家的「八德」的同時，直至她去世為止，也達到了佛教所說的「五誓願」。

早於一八九六年，即張靜蓉婚後一年，婆婆去世，她隨麥秀英到廣東鼎湖山去為死者作福。一九一零年到一三年間丈夫病重、一九一二年母親去世，凡此諸事更增強了她的信念和深入研究佛法的決心。她從那時開始持素。又到中國境內佛教五座聖山遊歷。遊歷的經過和宗教思想的發展過程，詳載於一九三五年出版的《名山遊記》。

她在中國的禮佛活動（和一九二九年到印度和緬甸）以及她個人的發展僅表現了她佛教信仰的一端。由於得到周壽臣爵士的幫助，她向政府取得香港首次公開佛學演講的准許。二十世紀二十年代，香港人對佛教重新感到興趣，她確實功不可沒。一九二二年，有「活佛」之稱的鎮江金山寺住持到訪大嶼山寶蓮寺。張靜蓉邀請該高僧到紅屋居住。結果後來大量的僧侶訪港常住宿於何東其中一所大宅。

張靜蓉篤信佛教，熱心公益，加上當時教育，尤其是婦女教育所抱主張，在三十年代初，造就了她功德事業上進一步的發展。一如既往，有關發展是中西文化的結晶。一九二七年，在她與丈夫和女兒嫻姿、奇姿一道前往英國的旅行中，她拜訪了白蘭度孤兒院。由是，在一九三零年，她建立兩所給女孩子就讀的寶覺小學，一所在澳門、另一所在香港。一九三二年，她在新界成立了給婦女的寶覺佛學社。一九三一年，她用何東給兩位妻子的各十萬港元在跑馬地購買土地興建廟宇。她雇了一位建築師，內部設計採中國式，神像須具寬舒之相而非凶猛之像。

東蓮覺苑是一所由寶覺小學、寶覺佛學院和一所佛教圖書館結合而成的佛教寺院，一九三五年五月十日正式開放，由張靜蓉出任校監。她又在大部分的周末到澳門的寶覺學校，而她又布施金錢給那裡最大的佛寺功德林，以及其他佛教或非佛教的慈善團體。在上述歲月裡其他慈善興趣包括出任香港防止虐畜會委員，和興建一所由該會負責日常運作的狗屋。醫院和學校請求幫忙通常都

237

獲得同情的回應。事實上,張靜蓉對醫學的興趣是很深厚的。

除了張靜蓉在二十年代對佛教全心全意奉獻之外,何東夫婦還在其他地方涉足中國的事情。早在一八九八年,改革家康有為(1858–1927)就曾在紅屋避難。一九二三年,何東爵士建議各派軍閥舉行一次圓桌會議,這個計劃佔去了何東倆二十年代大量的時間。例如一九二三年他倆到上海試圖遊說吳佩孚將軍參加,又於一九二九年到中國進行類似的遊說活動,拜訪在東三省的張學良(1898–2001)將軍和山西省的閻錫山(1883–1960)將軍。

一九三七年初,由於日本對華作戰的危急,何東夫婦對中國福祉的貢獻更進一步加深。在一次造訪當時國民政府根據地南京時,他們獲得蔣介石(1887–1975)接待。其後戰爭爆發,宋美齡(1897–2003)成立了婦女愛國組織,不久之後在香港成立了分會。張靜蓉獲選為香港中國婦女慰勞會的副總裁。(孫科夫人為總裁,宋靄齡為主席。)其後,廣東省主席吳鐵城夫人到香港,組織了新生活運動促進會,張靜蓉任副主席。張曾建議佛學院停課,好讓學生能夠為前線的士兵縫軍服,她更參與其事。她與吳鐵城夫人更向華人社團的愛國份子籌募資金。一九三七年年底,五十名傷兵由上海的救援組織送到香港,由香港的姊妹機構協助送回鄰近的廣東省。張靜蓉走到最前線探望他們並為他們籌措經費。她在一九三八年一月一日最後一次公開露面就是為此;四日後她便與世長辭。

她死於氣喘引起的併發症是意想不到的,雖然她負擔了不少的工作,包括定期前往澳門監督那裡的寶覺學校。她一生的健康狀況受到當時流行於中國婦女間的纏足和深居簡出所帶來的不良於行的痛苦支配。在一九零零年雅麗詩(Alicia Little)來港訪問,以及由白克夫人(Lady Blake)安排在港督府與天足會的會晤之前,何東兩位夫人都有纏足的習慣。後來,何東的兩位夫人都積極參與天足運動。是麥秀英,她四十三年的平妻,精通傳統禮儀的人,安排那精細的中國式葬禮。

在準備她的遺願時,張靜蓉首先想到的是東蓮覺苑,她遺留下產業作為該院的永久收益,又要求額外成立一委員會領導其對外事務。

該委員會現在仍包括張靜蓉的兩位兒女奇姿和世禮,以及錦姿的兩個孩子,錦姿(後為羅文錦夫人)為這個計劃奉獻了一生。委員會的目的是要確保張靜蓉所創立的佛苑能夠與時並進。三十年代東蓮覺苑一帶的土地除了今日跑馬地馬場外,全部都是未城市化的耕地。寶覺學校是香港第一所佛教學校,今

天，香港已經有五十至六十所佛教教育機構。那時候沒有給貧苦女童就學的機會，今天教育已經普及到每一個層面。

佛學院已經結束了，因為這種教育的需求已經不存在，而一所讓學生有另一個接受考試機會的學院也沒有他的功用了。不過，那所經過張靜蓉的後繼者林楞真而得以在二次大戰中免受損毀的寺院，則仍沒有變質。每年何張靜蓉女士的生忌（農曆十一月廿二日）佛堂都為她舉行法事，以喚起各人對她的懷念和紀念她給佛教和中國文化留下的偉績。

Susanna Hoe

陳志明譯

◈ 張靜蓉：《名山遊記》（香港：東蓮覺苑，1934 年）。
◈ 《東蓮覺苑暨寶覺女子職業中學》（香港：東蓮覺苑，1958 年）。
◈ Ho Shai–lai, *Supplementary Notes on the Good Deeds in the Life of Senior Madame Ho Chang Lien Chiao*（Hong Kong: 1964）.
◈ Gittins, Jean, *Eastern Windows–Western Skies*（Hong Kong: South China Morning Post, 1969）.
◈ Cheng, Irene, *Clara Ho Tung: A Hong Kong Lady, Her Family and Her Times*（Hong Kong: Chinese University of Hong Kong Press, 1976）.
◈ Hoe, Susanna, "Clara Ho Tung, 1875–1938," in her *Chinese Footprints*（Hong Kong: Roundhouse Publications, 1997）.
◈ 其他資料來自何奇姿博士（Dr Irene Cheng）、何文姿（Jean Gittins）、Peter Hall、何世禮將軍（General Ho Shai–lai, Robbie）、許羅佩堅（Vera Hui, 錦姿女兒）、羅德承（錦姿兒子）、Carl T. Smith（施其樂）及東蓮覺苑寶覺女子中學校長 Yip Shuk–ping。

▥ 177 張令儀 Zhang Lingyi

張令儀，約生於十七世紀六十年代末（康熙初〔1662–1722〕年），卒年不詳。字柔佳，或作柔嘉，自號蠹窗主人。安徽桐城人。大學士文端公張英（1637–1708）之女。張家一門顯赫，令儀長兄張廷瓚官詹事府少詹事，二弟張廷玉（1672–1755）拜大學士，為雍正朝（1723–1735）宰輔大臣，其餘張廷璐、張廷瑑（1681–1764）兩弟亦分別為禮部、工部侍郎。然由於其母姚氏持家儉樸，教子甚嚴，故張令儀雖生於華胄之家，性情志趣甘於淡泊。及笄，嫁同鄉姚鉉為妻。

張令儀好學、勤讀，工古文，擅繪畫，所畫花鳥尤稱秀雄。中年喪偶後，便靜居一室賦詩作畫。所居自成風格，名曰蠹窗。晚年繪制南園別業池榭亭館圖式，家人依樣建成。所生二子皆登仕籍。

據胡文楷《歷代婦女著作考》所錄，著述包括《蠹窗詩集》十四卷、《蠹

窗二集》六卷、《錦囊冰鑑》二卷及《乾坤圈》、《夢覺關》兩劇。其中《乾坤圈》一劇自題，見於《蠹窗文集》，謂該劇演黃崇嘏女狀元故事，並慨歎「崇嘏具如此聰明才智，終未竟其業，卒返初服。寧復調朱弄粉，重執巾櫛，向人乞憐乎？」作者又復指出該劇撰旨說：「故託以神仙作間雲高鳥，不受乾坤之拘縛，乃演成一劇，名曰《乾坤圈》，使雅俗共賞，亦足為蛾眉生色，豈不快哉？」由此可見，《乾坤圈》的作者張令儀，是抱有弘揚閨才的心志的。

劉鳳雲

◈ 惲珠編：《國朝閨秀正始集》（道光十一年〔1831〕紅香館藏板），卷6，頁18下–20上。
◈ 蔡殿齊輯：《國朝閨閣詩鈔》（道光二十四年〔1844〕娜環別館刊本），冊2，卷8，頁37–41。
◈ 黃秩模編：《國朝閨秀詩柳絮集》（咸豐三年〔1853〕蕉陰小榥刊本），卷20，頁3下–6上。
◈ 許夒臣編：《國朝閨秀香咳集》（光緒〔1875–1908〕間申報館倣聚珍板印），卷4，頁7下–9上。
◈ 張令儀：《蠹窗詩餘》，載於徐乃昌編：《小檀欒室彙刻閨秀詞》（光緒二十四年〔1898〕刊本），集3。
◈ 洪業輯校：《清畫傳輯佚三種》（周駿富輯《清代傳記叢刊》本；台北：明文書局，1985年），頁308。
◈ 胡文楷：《歷代婦女著作考》（增訂本；上海：上海古籍出版社，1985年），卷14，〈清代〉8，頁508–510。
◈ 施淑儀輯：《清代閨閣詩人徵略》（周駿富輯《清代傳記叢刊》本；台北：明文書局，1985年），卷3，頁179–180。

▥ 178 張綸英 Zhang Lunying

　　張綸英（1798–1868後），字婉紃，江蘇陽湖人，清代著名女書法家。她是陽湖士大夫張琦（1765–1833）和詩人湯瑤卿（1763–1831）的三女。張氏四姊妹皆有詩名，大姊緺英（參見該傳），二姊綱英（參見張綱英傳）。其叔為張惠言（1761–1802）。母親湯瑤卿為湯修業之女，她的作品《蓬室喁吟》，有張綸英幼弟張曜孫（1806–1863）的跋。

　　張綸英丈夫孫劼，陽湖監生。根據張曜孫的傳記所載，張綸英性格開朗，然而體格柔弱。她身裁纖瘦，常衣不稱身。然而揮筆之際，卻筆力勁健，筆畫厚重自如，端嚴遒麗。

　　張綸英喜書清代一流書法家愛好的北朝體，模寫六朝石碑上的字，而不臨摹南朝常見的帖。她的作品得到包世臣（1775–1855）的好評。包氏的女兒嫁給張曜孫而與張氏結為姻親。包氏又品評過張家四姊妹的特性，特別指出綸英

「婉紃排羃」。其他著名的書法家為她的才華而喝采。她名氣之大,用其弟的話來說是「乞書者無虛日」。連日本和朝鮮的貢使都想獲得她的作品帶回國。

張綸英緊湊的藝術生活幾近神話。她弟弟記載道,每天早上剛梳洗過後,她便倚桌習字數百。無論是妝扮好等候訪客,還是黃昏謝客之後,都可以發現她仍在寫字。夜半難眠之際,她會起床繼續揮毫。家人責備她忽略休息,她反而駁斥道:「吾一日不作書,若有所失,欲罷不能。」

她持續不斷的讀書,據其弟所記,她往往能有所啟發,可是中年之前,卻未嘗作詩。其弟將她的五言作品比之陶潛(372–427)和謝靈運(385–433)。張詩作多以人為主題:家庭關係、愛情與友情、同情和憐憫。

婚後,因為夫家氣氛侷促,張綸英過著有節制的生活。在那裡,她的書和手稿零散地放在她幹活的工具如賬簿、織器旁。而據其弟所言,她在寫作之餘並沒有遺忘自己作為妻子的責任,她更以善持家著稱。

張綸英收養了王采藍(參見張紈英傳),王後改名孫嗣徽,字少婉。王采藍是見稱於世的晚清女書法家,而這兩姑侄亦師亦友的事蹟得到當時名人如曾國藩(1811–1872)、胡林翼(1812–1861)等承認。王采藍的詩作收入《春暉草堂詩》中。張綸英也將書法傳授給她弟妹的女兒。她的五卷本詩集《綠槐書屋詩稿》曾多次翻刻,最完整的版本有七卷。張氏四姊妹的詩作後由張曜孫合刻為《毗陵四女集》,此書的手稿現仍留在上海市圖書館。

曼素恩(Susan Mann)

陳志明譯

◇ 惲珠編:《國朝閨秀正始續集》(道光十六年〔1836〕紅香館藏板),〈補遺〉,頁60。
◇ 黃秩模編:《國朝閨秀詩柳絮集》(咸豐三年〔1853〕蕉陰小榾刊本),卷22,頁1上–1下。
◇ 徐乃昌編:《閨秀詞鈔》(宣統元年〔1909〕小檀欒室刊本),卷10,頁21下–22上。
◇ 梁乙真:《清代婦女文學史》(台北:台灣中華書局,1958年),頁229–233。
◇ 姜亮夫編:《歷代名人年里碑傳綜表》(台北:台灣商務印書館,1965年)。
◇ 胡文楷:《歷代婦女著作考》(增訂本;上海:上海古籍出版社,1985年),卷7,〈清代〉1,頁234–235;卷14,〈清代〉8,頁526及卷16,〈清代〉10,頁641。
◇ 施淑儀輯:《清代閨閣詩人傳略》(周駿富輯《清代傳記叢刊》;台北:明文書局,1985年),卷9,頁518–519。
◇ 張維驤:《清代毗陵名人小傳稿》(周駿富輯《清代傳記叢刊》;台北:明文書局,1985年),卷11,頁367。
◇ 張中行:〈張綸英〉,載其《關於婦女》(北京:國際文化出版公司,1995年),頁24–26。
◇ Hummel, A. W., ed., *Eminent Chinese of the Ch'ing Period*(*1644–1912*)(Washington: United States Government Printing Office, 1943),25–26.

▦ 179 張緯英 Zhang Qieying

張緯英（1792–?），字孟緹，江蘇常州人、詩人、畫家。父張琦（1765–1833），字翰風，號宛鄰，道光（1820–1850在位）舉人，歷任章丘、館陶等地知縣，有政聲。工詩文及分隸，有《宛鄰文集》。母湯瑤卿（1763–1831），陽湖詩人，湯修業之女。叔張惠言（1761–1802），進士，翰林院編修，工篆書。張緯英有三妹，計為張紃英、張綸英（參見該傳）及張紈英（參見該傳）。夫吳建珍，又名贊，字偉卿，道光進士，官刑部員外郎。

緯英為張琦長女，自幼家貧，未能讀書，後私取唐詩宋詞，讀之，不能識其字，粗知其意。酷愛文學，即使操持家務，旁皆有書，邊作邊讀，其勤奮可見。英著有《澹菊軒初稿》（道光刻本），北京圖書館古籍部收藏，有包世臣（1775–1855）、周儀暐（1777–1846）、李兆洛（1769–1841）等人題跋，其詞秀逸。此外，因有見於《擷芳集》收閨秀詩太濫，而《閨秀正始集》收閨秀詩又太簡，故另行編選，而成《國朝列女詩錄》。

緯英關心時政，對列強侵華行徑，表示憤慨，主張抵抗，以為不能養癰成患。

張緯英妹張紃英（1795–1824），字緯青，亦工詩詞。她的《緯青遺稿》在道光年間印行，有父親張琦的序。

陳金陵

◇ 惲珠編：《國朝閨秀正始續集》（道光十六年〔1836〕紅香館藏板），〈補遺〉，頁59上–60上。
◇ 蔡殿齊輯：《國朝閨閣詩鈔》（道光二十四年〔1844〕嫏嬛別館刊本），冊9，卷2，頁6–10。
◇ 張緯英：《澹菊軒初稿》（道光刻本）。
◇ ——：《澹菊軒詞》，載徐乃昌編：《小檀欒室彙刻閨秀詞》（光緒二十四年〔1898〕刊本），集4。
◇ 黃秩模編：《國朝閨秀詩柳絮集》（咸豐三年〔1853〕蕉陰小榥刊本），卷21，頁20下–25下。
◇ 張紃英：《緯青詞》，載徐乃昌編：《小檀欒室彙刻閨秀詞》（光緒二十四年〔1898〕刊本），集4。
◇ 趙爾巽等：《清史稿》（北京：中華書局，1977年），卷508，〈列女〉1，頁14054。
◇ 施淑儀輯：《清代閨閣詩人徵略》（周駿富輯《清代傳記叢刊》本；台北：明文書局，1985年），卷9，頁516–517。

▦ 180 張書玉 Zhang Shuyu

張書玉，十九世紀晚期在世，江蘇揚州人。清末上海名妓，與林黛玉（參見該傳）、金小寶（參見該傳）、陸蘭芬（參見該傳）並列為四大金剛。其父

為沙船舵工，早亡。其母嗜吸鴉片，於是將她押進上海寶善街百花里妓院，取名王月仙。不久，由一巨富梳攏，得巨款贖身，嫁一綢莊程姓老板，因經營不善，綢莊倒閉，只得再操舊業，下堂賣笑。

書玉貌屬中姿，然擅長修飾，講究豪奢翻新，更以善於床笫操縱而名揚四方。曾得李眉孫專寵，李離開滬北上為官時，廣為宣揚將為張脫籍納為妾，使張生意清淡。但李北去後便杳無音訊，其後書玉北上尋訪李，卻無法近其身。一九零八年，書玉在北京嫁李三，一九一零年隨夫游美國，回國後定居北京。

孫國群

◇ 汪了翁：《上海六十年花界史》（上海：時新書局，1922年）。
◇ 徐珂：《清稗類鈔》（北京：中華書局，1986年），冊11，〈娼妓類‧金小寶有吳娘本色〉，頁5227。
◇ 孫國群：《舊上海娼妓秘史》（鄭州：河南人民出版社，1988年）。

ᴵᴵᴵ 181 張紈英 Zhang Wanying

張紈英（1799或1805生），活躍於十九世紀五十年代，字若綺，詩文名家，為江蘇陽湖士大夫張琦（1765–1833）和湯瑤卿（1763–1831）四個女兒中最小的一個。她愉快的嫁給了著名山水畫家王原祁（1642–1715）的四世孫王曦，生了四個詩才出眾的女兒。張紈英的大姊張緗英（參見該傳）在一首壽紈英四十歲生辰的詩中，憶述其幼妹乃張四姊妹中最早熟的一個。早年喪夫後，紈英舉家依於其幼弟張曜孫（1806–1863）。曜孫後來更保存和印了她們四姊妹的作品。

張紈英的著作有二種。《餐楓館文集》三卷，收錄了她的散文作品。她的詩歌收入四卷本的《鄰雲友月之居詩集》，一如其他姊妹的作品，集內詩作洋溢著姊妹間親昵的感情和問學的情懷。

紈英長女王采蘋（?–1893，字潤香）在一八四零年至九三年間寫的二百九十首詩，收入一八九四年出版的十卷本《讀選樓詩稿》中。王采蘋與其母一樣，早年喪夫，靠替富貴人家女兒為塾師度日。

張紈英的二女兒王采藻（字鎬香）出版了詩集《儀宋齋詩存》。采藻嫁呂懋榮為繼室，三女采藍過繼給姨母張綸英，幼女采蘩（字筥香）有《慕伏師班之室詩集》存世。

曼素恩（Susan Mann）

陳志明譯

◇ 惲珠編：《國朝閨秀正始續集》（道光十六年〔1836〕紅香館藏板），〈補遺〉，頁60下–61上。
◇ 黃秋模編：《國朝閨秀詩柳絮集》（咸豐三年〔1853〕蕉陰小幌刊本），卷22，頁7下–17下。
◇ 徐乃昌編：《閨秀詞鈔》（宣統元年〔1909〕小檀欒室刊本），卷10，頁22上–23上。
◇ 梁乙真：《清代婦女文學史》（台北：中華書局，1958年），頁229–233。
◇ 姜亮夫編：《歷代名人年里碑傳綜表》（台北：台灣商務印書館，1965年）。
◇ 胡文楷：《歷代婦女著作考》（增訂本；上海：上海古籍出版社，1985年），卷14，〈清代〉8，頁234–235、517、608。
◇ 張維驤：《清代毗陵名人小傳稿》（周駿富輯《清代傳記叢刊》本；台北：明文書局，1985年），卷11，頁367–368。
◇ 徐世昌編：《晚晴簃詩匯》（北京：中國書店，1988年），卷187，頁683、685。
◇ Hummel, Arthur W., ed., *Eminent Chinese of the Ch'ing Period*（*1644–1912*）（Washington: United States Government Printing Office, 1943），25–26.

182 張宛玉 Zhang Wanyu

張宛玉（生卒年不詳），乾隆年間（1736–1795）江蘇松江人，自稱為康雍間名臣文敏公張照（1691–1745）之族人。

據記載，張宛玉後來嫁與淮西一程姓商人，因相處不協，私自脫逃，為山陽縣縣令馮某所捕。時值袁枚（1716–1798）任江寧知縣，山陽令將此案有關文件送往袁枚處，袁枚決定召審張宛玉。張宛玉在堂上即席賦詩明志，詩云：

五湖深處素馨花，誤入淮西估客家。
得遇江州白司馬，敢將幽怨訴琵琶。

高潔的素馨花乃自況，而淮西估客則明顯指她誤嫁的商人。她希望袁枚可以好像唐代詩人白居易（772–846）同情〈琵琶行〉所述商人婦一樣，憐憫她的處境。所以暗示如果對方有白居易的心腸，自己也願意盡訴幽怨之情。

袁枚懷疑該詩是否張宛玉本人所作，於是張宛玉要求即席面試，袁枚指庭前枯樹為題，張宛玉不卑不亢，以「詩人無跪禮」為理由，請求供應紙筆以作賦詩之用。詩成，曰：

獨立空庭久，朝朝向太陽。
何人能手植，移作後庭芳。

詩中以枯樹自喻，並希望有心人將它移往後庭栽種，改變它的命運。實際上是表達了對袁枚公正處理此案的希冀。

袁枚並沒有立即對此案作一了結。後來,他和山陽令馮某見面,便詢問對方打算如何處理此案。原來馮令已將張宛玉釋放,理由是「才女嫁俗商,不稱」,故其「背逃之罪」可以原宥。袁枚再問馮令如何得知其才,馮令回答說張宛玉亦曾獻詩給他,詩云:

> 泣請神明宰,容奴返故鄉。
> 他時化蜀鳥,銜結到君旁。

「銜結」即「銜環結草」,乃引用《續齊諧記》所載黃雀化作黃衣童子銜白環四枚贈與恩人楊寶,使其後代為貴卿以及《左傳》所載魏顆嫁亡父妾,不令其殉,妾亡父雖死猶報,結草以亢魏顆之敵人杜回這兩個故事,作為他日感恩圖報之承諾。馮令是四川人,所以張宛玉在乞求馮令放她返回故鄉之際,誓願來生化作蜀鳥,以報馮令之恩德。按「馮令」是否確姓馮,頗成疑問。袁枚之記載並沒有具體交代「馮某」之名字,只提及他是四川人。袁枚由乾隆十年(一七四五年)至乾隆十四年(一七四九年)知江寧。根據《山陽縣志·職官》所列知縣名單,在袁枚知江寧期間出任的山陽縣令並沒有姓馮的,而只有一個四川人,名徐學聖。《隨園詩話》所載,或出於記憶之誤。

張宛玉被釋後,寓居江寧尼庵,以度餘生。

張宛玉生平的記載主要見於袁枚《隨園詩話》卷四所錄。上引三詩也被收入黃秩模輯《國朝閨秀詩柳絮集》中,似乎是存世的僅有作品。現代出版有關古代婦女作品的選集大多只收錄張宛玉〈堂上獻詩〉及〈枯樹〉而已,而對張氏生平之交代亦主要依據《隨園詩話》的紀錄。唯劉凱編選《歷代巾幗詩詞選》稱張氏「名季琬,清代閩縣婦女,金陵名士朱豹章之妻。」又稱張氏「工詩善畫,著有詩集」(合肥:安徽文藝出版社,1986年,頁358)。此說不知何據,恐有誤。

張宛玉的形象也曾出現在文學作品中。吳敬梓(1701–1754)《儒林外史》第四十及四十一回寫了一個很特別的女性沈瓊枝,她被鹽商宋為富強佔為妾,後來私自逃脫,靠賣詩文過日,招牌上寫著「毗陵女士沈瓊枝,精工顧繡,寫扇作詩。」杜少卿和武書去看她,杜少卿對她的遭遇很同情,對她的才華也很讚歎。她後來被邀至杜家,並向杜夫人傾訴身世。然而沈氏逃脫之罪鬧上公堂,知縣欲試沈氏文才,令其即席賦詩,並指堂下槐樹為題。沈瓊枝遂「不慌不忙,吟出一首七言八句來」。後來該知縣託一位與他同年相好的江都

縣「開釋此女，斷還伊父，另行擇婿」，事件圓滿解決。

　　據後人考證，沈瓊枝似為張宛玉之化身。平步青（1832–1896）《霞外屑》就直接指出：「沈瓊枝即《隨園詩話》（卷四）所稱松江張宛玉。」沈瓊枝的經歷和張宛玉的遭遇確實相當近似，尤其是背家而逃以及堂前賦詩等環節，似乎是《儒林外史》作者刻意影射。其實，《儒林外史》寫沈氏「不帶淫氣」、「不帶賤氣」、「有許多豪俠光景」，清楚地顯示出作者對這一角色的認許和讚歎。案程廷祚（1691–1767）〈與吳敏軒〔敬梓〕書〉嘗提及一「葺城女士之事」（案李漢秋《儒林外史研究資料》稱葺城為「茸」城之誤，茸城即松江古稱）。其中指該女士「居可疑之地，為無名之舉，衣冠巾幗，淆然雜處，竊資以逃，追者在戶」，同時亦勸「有矜奇好異之心，而抱義懷仁」的吳敬梓「引女士以當道，令其翻然改悔」。從這些資料顯示，吳敬梓對張宛玉沈瓊枝這類人物的同情，也為當時一些保守之士所不取。杜少卿因招惹沈瓊枝回家而弄得很尷尬，這當中很可能就有吳敬梓的感觸和寄託。然而，沈瓊枝的形象是正面而特出的，作者對她的才華和勇氣的讚許，在第四十、四十一回的敘事中，已是表露無遺。

劉詠聰

◇ 黃秩模編：《國朝閨秀詩柳絮集》（咸豐三年〔1853〕蕉陰小榥刊本），卷20，頁20上。
◇ 王蘊章：《然脂餘韻》（上海：商務印書館，1919年再版），卷2，頁27下。
◇ 雷瑨：《閨秀詩話》（上海：掃葉山房，1922年），卷2，頁6上。
◇ 程廷祚：〈與吳敏軒書〉，見其《青溪文集續編》（北平：北京大學，1936年據道光丁酉〔1837〕年東山草堂版重印），卷6，頁15上–16上。
◇ 平步青：《霞外攟屑》（上海：中華書局，1959年），卷9，〈儒林外史〉，頁671。
◇ 袁枚：《隨園詩話》（北京：人民文學出版社，1960年），卷4，頁115。
◇ 杜預注，孔穎達疏：《春秋左傳正義》（《十三經注疏》本；北京：中華書局，1980年），卷24，〈宣公十五年〉，頁186。
◇ 胡金望：〈吳敬梓筆下的婦女形象〉，《藝譚》，1981年1期（月份缺），頁57–59。
◇ 吳士余：〈張才女吟詩辨理〉，見《古今談》〔第一輯〕（上海：上海人民出版社，1982年6月），頁74–76。
◇ 李漢秋：《儒林外史研究資料》（上海：上海古籍出版社，1984年），頁18–19，221–223。
◇ 吳敬梓著、李漢秋輯校：《儒林外史會校會評本》（上海：上海古籍出版社，1984年）。
◇ 何澤翰：《儒林外史人物本事考略》（上海：上海古籍出版社，1985年），頁68–72。
◇ 黃漢清、周作秋、何邦泰：《女詩人詩選》（南寧：廣西人民出版社，1986年），頁564–565。
◇ 劉凱編選：《歷代巾幗詩詞選》（合肥：安徽文藝出版社，1986年），頁358。
◇ 譚紹鵬、雷猛發編：《歷代女詩人傳奇》（南寧：廣西人民出版社，1988年），〈天才詩囚爭取了自由〉，頁176–177。
◇ 陳定玉、陳節：《歷代女子詩詞賞析》（香港：學林書店，1989年），頁141–142。
◇ 張兆棟、孫雲修，何紹基、丁晏等纂：《同治重修山陽縣志》（《中國地方志集成》本；南京：江蘇古籍出版社，1991年），卷6，〈職官〉2，頁16下–19下。

◈ 陳惠蘭：〈婦女的希望之光──淺談《儒林外史》中沈瓊枝的形象〉，《中國婦女管理幹部學院學報》，1995年3期（1995年秋季），頁61–63。
◈ 吳均：《續齊諧記》，載顧元慶編：《顧氏文房小說》（陽山顧氏文房），冊7，頁2上下。
◈ Yang Hsien–yi and Gladys Yang, trans., *The Scholars*（3rd ed.; Peking: Foreign Languages Press, 1973）.
◈ Ropp, Paul S., *Dissent in Early Modern China, Ju-lin wai-shih and Ch'ing Social Criticism*（Ann Arbor: The University of Michigan Press, 1981）, 120–51.
◈ Cheng Gek Nai, "The Position of Women in the World of The Scholars," *Papers on Chinese Studies*, 2（December 1983）, 143–59.

183 張秀容 Zhang Xiurong

　　張秀容，籍貫台灣，生卒年不詳。十九世紀末中日甲午戰爭中國戰敗之後，清廷不得已割讓台灣予日本，台灣同胞聞訊咸感憤怒，因不甘接受日本人統治，公舉駐紮台灣的劉永福（1837–1917）將軍領導拒敵，掀起抗暴運動，此起彼伏，前仆後繼。張秀容的愛國英勇事蹟就是在這背景下發生的。

　　劉永福部下孫庚堂素以忠義著稱，與其子同時參與抗暴戰爭。孫庚堂之子不幸在三貂嶺一役殉難。孫庚堂兒媳婦張秀容聞惡耗痛不欲生，自忖徒死無益，遂化悲憤為力量，繼續其夫遺志抗日，以所有家財招募兵士及其夫舊部，慷慨誓師，為夫報仇。又顧及兒女即將無靠，遂遣老僕楊明六，乳娘周張氏，攜託孤書，率其二子赴蘇託於其姊張美容。

　　張秀容駐軍於猛甲，後參與桃仔園之戰，運籌帷幄，頗有貢獻。因有婦人不許獨將一軍的規定，故劉永福女公子亦加入張秀容陣營，合力領導奮戰。

　　然台灣終為日人佔據，張秀容壯志未酬，但她不僅是忠勇節烈的女英雄，也是中國歷史上女子從軍的典範。

鮑家麟

◈ 佚名：〈劉大將軍平倭戰記〉（《近代中國史料叢刊續編》本；台北：文海出版社，1975年），輯23。
◈ 枕流齋主人著，孟吾居士修訂：《劉大將軍台戰實紀》（台北：廣文書局，1976年）。
◈ 鮑家麟：〈抗日保台的女英雄張秀容〉，《歷史月刊》，15期（1989年4月），頁32–33。

184 張月桂 Zhang Yuegui

　　張月桂（約1821–約1860），字玉枝，道光（1820–1850）、咸豐（1850–1861）年間的女詩人。父張永清宦湖北知縣，但由於過早亡故，張月桂並未得

其蔭庇，生活的無靠使其自幼即隨母親寄養於姐夫家。未幾，姐夫亦卒，她再隨母親流離輾轉於襄、鄖之間，幾經遭逢。

張月桂自幼喜讀書，稍長即能賦詩鼓琴，兼習擊劍。所以，雖容貌儀態端秀，貴如大家，卻能自挽強石，而飄泊艱難的生活，更使其性情剛強。時有尼姑尼氏，以事誣告襄陽大姓某，累及月桂之弟。於是，張月桂扶母申訴於襄陽知府，並以辭理有據勝訴。訟解之後，大姓感其恩，出資為之建房於樊城，張月桂與母始得安居。

一八四一年（道光二十一年），河南鄭州新野人馬三山游湖北，聞張月桂工詩，慕其才，以千金家業為聘。時張月桂雖說芳齡早過，但因奉養老母，向未許人。見馬三山學識淵雅，為人誠篤，遂不以其年長為嫌，欣然應允成婚。

張月桂著有詩集數卷，卻多毀於洪水之禍，被泛濫的江水所吞噬。所存《張月桂詩集》，載於《中州先哲傳》。

劉鳳雲

◈ 胡文楷：《歷代婦女著作考》（增訂本；上海：上海古籍出版社，1985年），卷14，〈清代〉8，頁507。

▥ 185 張玉喬 Zhang Yuqiao

張玉喬（約1625–1648），揚州府江都（江蘇揚州）人。有的記載說她名青鏤，這是青樓（妓院）的衍化，由她出身娼優所致，並不是她的本名。

她是高貴門第的後裔，後家道中落。母親擅長演唱，淪為「吳倡」，被轉賣到廣州，生二女，長喬，字二喬，次即玉喬。姊妹二人工詩喜畫，能歌善舞。張喬長成後，與母親一樣以演戲為業，成為廣州「歌者」中的佼佼者。一六三零、三一年間，翰林院編修、廣東南海（廣州）人陳子壯（?–1647）服喪期滿，經常參加一些文酒活動，並召張喬侍酒。子壯對她情有獨鍾，發展到一度同居。喬善畫蘭，作詩也清嬌有風緻，每侍子壯弄筆賦詩。不久，子壯以詹事府少詹事兼翰林院侍讀學士起用。一六三三年，喬在廣州病死。其遺詩輯為《蓮香集》四卷行世。

張玉喬進入少年時代，不僅嬌美絕倫，而且機警穎慧，但悲慘的命運是與生俱來的。她沒有人身自由，只能仍操母姊舊業，以歌舞獨步一時著名。

那時候，陳子壯在京師做官也不順利，曾因上疏言事觸怒朝廷被捕入獄。

一六三六年夏，他得到同僚救護，免罪釋放，整旅南旋。這件事給玉喬的命運帶來某種轉機。子壯的家人為安慰他因無辜罷官而受創的心，在得知玉喬意願的情況下，決定為他重續張喬的舊好。當子壯還在旅途的時候，陳家已把玉喬贖身出來，準備做他的侍妾。玉喬「瓦盎寧移碧玉欄」，高興地脫離娼優生涯。子壯對她眷戀疼愛，並教她讀書明理，向她解說《詩經》的主旨，以及古今治亂的因果。當時，廣東社會開始動盪，但因遠離中原戰火，也就顯得相對安定、寧謐。與陳子壯十年多的共同生活，是玉喬脫離火坑後所能獲得的滿足、幸福。

但是，這種生活沒有可能長期維持。一六四六年冬，明肇慶永曆政權（1647–1661）、廣州紹武政權（一六四六年）爭立，清兩廣總督佟養甲、署廣東提督李成棟（?–1649）揮軍進取廣東，廣東從此兵連禍結。一六四七年一月，李成棟率軍襲破廣州，消滅紹武政權，收繳文武印信五十餘顆，單把總督印藏匿起來。然後他繼續攻取廣東其他各地，這時玉喬陪陳子壯匿居南海九江村。

一六四七年春，明巡撫張家玉（?–1647）、舉人韓如璜、兵科給事中陳邦彥（1603–1647）以及林舉賢、陳耀等在各地紛紛舉義抗清。秋，陳子壯在九江村起兵，在聯絡陳邦彥共攻廣州的計劃失敗後退屯三水。隨後子壯與邦彥合謀再取廣州，又在珠江口內遭清軍順風還擊，全軍覆沒。子壯捨舟登岸，走還九江村，接著入守高明，玉喬偕往。在子壯高舉抗清義旗持續奮戰的日子裡，她始終陪伴丈夫，出生入死，同艱苦共危難。冬，高明城破，子壯被俘，遭寸磔慘死。玉喬當丈夫在世時似設過死誓，所以子壯殉節前堅信她能臨難不苟。

事實上，她捨棄了個人小節，而走了擔負民族大義更複雜更困難更崇高的路。子壯犧牲後，她沒有從死。李成棟在查抄陳子壯家產時，見玉喬美貌，就把她娶回家中。玉喬有更大的志向，要實現子壯的未竟遺願，決心忍辱偷生相從。她這樣做時內心深感痛苦，幾個月中沒有綻出過一絲笑容。經過默默觀察，她從發現李成棟私藏明兩廣總督印，看出成棟強烈的總督欲和他對清朝的怨恨，便不時下說詞策動成棟反正，去廣西迎接永曆（朱由榔，1623–1662；1646–1661 在位）車駕。

一六四八年四月二十一日，玉喬在陪成棟看戲時，見到劇中人的漢族服飾，就會心地笑了。成棟第一次見她笑，問她為什麼，她回答說是因見到舞台上的衣冠表現出的威儀，發生了感想。於是成棟就改服明朝衣冠取悅她。她又

乘機進言，分析利害，指出當時長江以南廣大地區人心不約而同，懷念明朝，時局如有變動，成棟是清朝大帥，就會成為眾矢之的。次日，她又擺設酒宴，跪下來繼續請求倡義。成棟假意叱責婦人干預軍事，將凌遲處死。但接著他就喟然長歎，坦露內心深處顧慮連累留在松江的家屬。玉喬聽說後，慨然表示：自己敢獨享富貴嗎？願意先死在他的面前，成全他的大志，說完就慷慨決絕，抽刀自盡。成棟搶救不及，撫屍大慟道：「我竟不如一個女人！」他受此激勵，毅然反正，先平定廣東，迎接永曆駐蹕肇慶，然後進軍江西。這次反正雖不到一年就歸於失敗，但與江西金聲桓（?-1649）反正同時發動，震動大江南北，發生了重大影響，玉喬功績不可磨滅。

玉喬詩作已佚。幸張喬《蓮香集》卷二末附她的七絕一首，吉光片羽，是玉喬僅存天壤的遺作。

何齡修

◇ 梁紹獻等：《續修南海縣志》（同治十一年〔1872〕刊本），卷24，〈雜錄〉。
◇ 簡又文：〈南明民族女英雄張玉喬考證〉，《大陸雜誌》，41卷6期（1970年9月），頁1–19。亦收入《明清史研究論集》（《大陸雜誌史學叢書》，輯4冊5；台北：大陸雜誌社，1967年），頁15–33。
◇ 陳子壯：〈秋痕〉、〈詩〉、〈後對菊十絕句〉，載氏著：《陳文忠公遺集》（香港：何氏至樂樓，1976年影印本），卷8，頁26上–28上。
◇ 何齡修：〈張玉喬〉，見《清代人物傳稿》（北京：中華書局，1994年），上編，卷7，頁176–181。

▥ 186 張玉珍 Zhang Yuzhen

張玉珍（1759–1796後），字藍生、韞山、清河，江蘇華亭人。張玉珍自幼即工於寫詩，碩儒前輩如王昶（1724–1806）、錢大昕（1728–1804）等都十分推許她。嫁太倉金瑚，婚後生一子，名熙泰。乾隆五十二年（一七八七年），舅翁金垣歿於京邸，夫婿隨侍在側，未料，竟因哀傷過度，相繼而亡。玉珍聞訊後，痛不欲生，原有意殉死，後因上有嬬姑，下有孤子，家庭責任重大，不敢輕生。於是將嫁時衣飾取出典賣，安葬舅翁及夫婿。張玉珍親自督課兒子熙泰，熙泰也十分聰敏勤奮，稍長，娶妻，未幾竟又亡故，僅留下遺腹子。玉珍再遭打擊，哀慟欲絕，命侍婢將平素所寫詩稿詞稿，一併焚毀，幸好被她的兄長暗中收藏起來，才得免於付之一炬。

張玉珍為隨園（袁枚，1716–1798）女弟子之一。乾隆五十九年（一七九四年），袁枚往遊華亭，玉珍的父親張夢喈邀袁枚飲酒，玉珍拜見袁

枚，行弟子禮。袁枚八十壽辰時，玉珍製朱履獻壽，並作詩祝煦。

張玉珍著有《得樹樓集》、《晚香居詩鈔》四卷、《晚香居詞》二卷。《隨園女弟子詞選》收錄她的詩共計三十三首，詞十一闋。

玉珍的作品大多婉約蘊藉，情思綿遠，至於後期作品因憶往傷逝，而多哀婉淒楚的音調。

鍾慧玲

◇ 惲珠編：《國朝閨秀正始集》（道光十一年〔1831〕紅香館藏板），卷15，頁11下。
◇ 黃秩模編：《國朝閨秀詩柳絮集》（咸豐三年〔1853〕蕉陰小榭刊本），卷20。
◇ 許慶臣編：《國朝閨秀香咳集》（光緒〔1875–1908〕間申報館倣聚珍板印），卷5，頁16下–17下。
◇ 張玉珍：《晚香居詞》（徐乃昌編《小檀欒室彙刻百家閨秀詞》本；光緒二十一至二十二年〔1895–1896〕南陵徐氏刊本）。
◇ 袁枚：《隨園女弟子詩選》（香港：廣智書局，1980年）。
◇ 施淑儀輯：《清代閨閣詩人徵略》（周駿富輯《清代傳記叢刊》本；台北：明文書局，1985年），卷6，頁333–334。

▥ 187 張竹君 Zhang Zhujun

張竹君（1879–?），廣東番禺人，她是中國首批女西醫，晚清時更義助革命人士。

張竹君幼時體弱多病，後得博濟醫院美籍醫生嘉約翰（John Glasgow Kerr, 1824–1901）治理。康復後漸對西方醫學產生興趣，張竹君的父親極重視子女教育，准許張竹君就讀於博濟醫院附設的，也是其時嘉約翰醫生任教的南華醫學堂，學習西方醫術。

張竹君於就讀期間取得優良成績，精通西醫內外全科的醫術，並考獲開業執照。一九零零至零一年間，張氏在好友徐佩萱（1876–1944；日後改名為徐宗漢，參見《二十世紀婦女傳記辭典・徐宗漢》的資金支持下在廣州荔枝灣創立禔福醫院，繼而在柳波橋創辦南福醫院，贈醫施藥，救濟貧民。清末時，她打破傳統，喜穿洋裝，作西洋婦女的打扮；她出外時，又喜與洋人為伍。竹君坐轎時，不坐以兩旁木門及布簾遮蔽的轎，改乘無門無頂無簾的，只以四名轎夫抬起的藤製沙發，打破傳統婦女坐密封牙式轎子的規範。

張竹君行醫之餘，更於兩所廣州醫院內設立福音堂，於星期六和星期日，在堂內設演講會。她除了藉聚會傳播基督教思想外，更藉此議論時政，提倡西學，宣傳女子要藉學習西方科學知識，以提高女權。「福音堂」遂成為廣州城

裡的青年學生、知識份子議事論政的聚會所,時為《嶺海日報》編輯的胡漢民(1879–1936)、學生馬君武(1883–1952)、程子儀等更經常聚會於福音堂。

一九零一年前後,張竹君於廣州創辦「育賢女學」,此學校成為嶺南第一所由中國人自辦的女子學校。及後,又創辦女子學保險會、女子手工傳習所,以傳播女子學習西方知識和傳授專門知識為己任。平日,又喜在珠江江畔長期租用一艘花舫,與好友胡漢民、盧少岐、程子儀、馬君武等陳詞國事,閒話家常。

張竹君與日後成為國民政府實業部次長代理部長的馬君武曾發生一段戀情。馬君武常往福音堂聽張氏演講,極欣賞張氏痛斥時政的言論,並日生男女愛慕之情。張氏也欣賞馬君武好學不倦,但張氏只以朋友相交的態度待馬君武,又使馬君武得知自己與盧少岐早有婚約,以拒絕馬君武的愛意。此時,盧少岐欲往日本留學,但被盧家反對,張竹君借錢供少岐出國,馬君武知盧少岐已出國,又以一封用法文寫的求婚信,再向張竹君求婚。張氏以既有婚約和欲抱獨身的思想,再一次拒絕馬君武。同時,盧家怪責竹君借錢供少岐出國,竹君遂不與盧家聯絡,又不與盧少岐通信,婚約也無形中解除。

一九零四年,張竹君離開廣州。此年,張竹君因一時憤怒,體罰了學生伍朝暮、黃素波,引起學生公憤,發生了風潮。後得胡漢民及其他紳商調停,風潮平息,張竹君因而心靈受創,便離開廣州,暫居上海徐佩萱的家中。一九零八年,《美城日報》記者莫任偉針對女權,發表〈駁女權論〉與張竹君和支持張氏的胡漢民展開筆戰。

張竹君居上海後,得上海首紳巨富李平書、廣州巨紳伍庭芳(1842–1922)及猶太富商哈同夫人羅迦陵資助,於上海興建了南市醫院和衛生講習會,宣傳國民注意個人衛生。日後,張竹君又成為上海「紅十字會」的負責人之一。張竹君於革命時,曾幫助不少革命黨人士。徐佩萱得知「紅十字會」於敵我雙方的交戰中,可自由活動於戰區內拯救傷者,遂要求張竹君護送於黃花崗事件失敗後,被清軍緝捕的黃興、宋教仁(1882–1913)和一名同盟會會員萱野長知。張竹君藉紅十字會的名義,把他們運往清軍與革命軍交戰之地武漢。張竹君便把黃、宋等人偽裝為紅十字救傷隊隊員,避開清朝官方軍隊緝捕。因張竹君的幫助,革命黨人終到達漢口。

張竹君在前往漢口軍政分府途中,救了三十多名受傷者。在交戰時,張竹君更組織、訓練民眾,往武漢等地救受傷者。其間,清軍為了防止停泊在漢口

的船隻運革命軍往武漢，下令槍擊每艘過江的船隻，但張氏每天仍划小船來往武昌及漢口，運傷者和取藥救人。更有一次，張竹君自漢口渡江，清軍向張氏所乘的船開了七鎗，幸無命中。終於，張竹君乘的轎，雖持「紅十字會」的旗幟，卻再被清軍炮火所擊，幸好張竹君避過炮彈，只受輕傷。

一九一一年九月，革命軍在漢陽與清軍展開激戰，很多護理員已逃離漢陽，獨張竹君等仍堅持停留此地救治傷兵，並把受傷的百多名革命軍運往漢口治理。她又請基督教內地會的醫生前往漢口救治傷兵，以徐佩萱處理漢口紅十字會事務，張竹君則奔走武漢三鎮，治理傷者。

及後，張竹君因交戰區的藥物不夠應用，便返上海取藥。到達上海後，張竹君受到全城婦女歡迎，她報告了紅十字會在武漢救傷的情形，並宣告脫離紅十字會，轉向支持革命，推翻滿清政權，又積極鼓勵民眾參與抗清的活動。張竹君返上海後，革命軍控制南京，南北政府又達成和議，張氏便不赴武漢了。

民國建立後，張竹君繼續從事提高女權的活動，鼓吹男女平等，力倡青年要學習西方自然科學知識，宣揚「各求實學，立己立人」的思想。她雖為基督徒，卻認為《聖經》中〈創世紀〉和〈啟示錄〉均「荒誕無據」，以為基督教的精神是眾生平等，她也反對絕對自由，認為自由應有紀律，以不破壞公眾利益為標準。張竹君晚年任上海市新加坡路南市醫院校長，仍未婚，只收養了二十餘名孤兒，命義子、義女稱她作「爸爸」。因張竹君曾提倡男女平等，故被時人稱作「婦女界的梁啟超」，又因張竹君於戰爭中拯救傷者，故她又被時人稱她為「女中豪傑」。

區志堅

◇ 陳東原：《中國婦女生活史》（上海：上海商務印書館，1928年），頁358。
◇ 馮自由：〈女士張竹君傳〉，《革命逸史》（上海：商務印書館，1946年），集2，頁40–44。
◇ ──：〈徐宗漢女士事略〉，《革命逸史》，集3，頁334–337。
◇ 趙衡：〈一代女傑張竹君〉，《暢流》，29卷10期（1969年7月），頁14–15。
◇ 鈕先銘：〈辛亥女傑張竹君〉，《廣東文獻》，3卷4期（1973年12月），頁71–89。
◇ 余振邦：〈為眾傾倒的張竹君〉，載氏著：《中國歷代名女列傳》（台北：聯經出版事業公司，1978年），頁80–82。
◇ 林維紅：〈同盟會時代女革命志士的活動〉，收入鮑家麟編：《中國婦女史論集》（台北：牧童出版社，1979年），頁296–345。
◇ 陳新華：〈中國第一位女西醫張竹君〉，《歷史知識》，1986年2期（1986年3月），頁13–14。
◇ 陸丹林：〈廣東女志士張竹君醫師〉，《廣東文史資料》，輯34（1986），頁163–165。
◇ 呂美頤、鄭永福著：《中國婦女運動史1840–1921》（鄭州：河南人民出版社，1990年），頁207。

◇ 馬君武：〈女士張竹君傳〉，《馬君武集》（武漢：華中師範大學出版社，1991年），頁1–3。
◇ 年楊珠、楊鴻台編：《中華婦女之最》（上海：上海人民出版社，1993年），頁253–254。
◇ 戚宜君：〈張竹君的情感與志事〉，載氏著：《中國歷代名女人評傳》（台北：黎明文化事業股份有限公司，1993年），頁253–257。
◇ 張蓮波：〈張竹君〉，載清史編委曾編：《清代人物傳稿》（瀋陽：遼寧人民出版社，1994年），下編，卷10，頁211–215。

ⅢⅢ 188 趙我佩 Zhao Wopei

　　趙我佩（?–1867），字君蘭，浙江仁和人，父趙慶（?–1847），進士及第，授陝西延川令，但因病不能任，後當婺州教授，乃名詞家；母許氏，乃慶熺世交錢塘許乃安之妹。夫為同里張水部（礦軒）。君蘭自幼受其父之薰陶，少時已頗具文名。體弱多病，但酒後豪言磊磊，有不可一世之概。人謂其五言律詩有唐風。除詩詞之外，君蘭之山水畫亦為時人所稱善。著有《碧桃仙館詞》一卷，按胡文楷《歷代婦女著作考》，此詞集乃道光（1821–1850）間刊本，後乃錄入一八九六年徐乃昌編之《小檀欒室彙刻閨秀詞》第四集中。然同治九年（一八六九年）程秉釗序之手稿本，則是於同治壬戌（一八六二年）從海陵錄得，與徐乃昌所收本內容不一。

梁其姿

◇ 趙我佩：《碧桃仙館詞》（清程庚釗清寫底稿本，1869年序刊本）。
◇ ——：《碧桃仙館詞》（徐乃昌編《小檀欒室彙刻閨秀詞》本；光緒二十一年至二十二年〔1895–96〕南陵徐氏刊本）。
◇ 趙慶熺：《香鎖酒醒曲》（許善長輯《碧聲吟館叢書》本；光緒十一年〔1885〕仁和許氏刊本）。
◇ ——：《香鎖酒醒詞》（許善長輯《碧聲吟館叢書》本）。
◇ 梁乙真：《清代婦女文學史》（台北：台灣中華書局，1978年），卷4，頁262–265。
◇ 胡文楷：《歷代婦女著作考》（增訂本；上海：上海古籍出版社，1985年），卷17，〈清代〉11，頁704。

ⅢⅢ 189 趙洽夫人 Zhaoqia Furen

　　趙洽夫人（Mary Tape，1857–1928）在上海孤兒院長大，十一歲那年趙洽夫人隨著傳教士移民到美國；並且在三藩市華埠的婦女拯救會（Ladies' Relief Society）住了五年。在拯救會裡她學習英語，衣著及生活方式也日漸西化。

　　經過半年的戀愛，她嫁給了任中國領事館送遞員兼翻譯的約瑟夫·趙洽（Joseph Tape）。一報章記者曾經形容趙洽夫人是位自學的攝影師、藝術家、

電報員，以及四位於音樂很有成就的兒童的母親。一八八四年他們的女兒瑪米‧趙洽（Mamie Tape）被拒入讀華埠以外的學校，皆因當時一般認為中國與白種兒童混合一起會逐漸敗壞白種兒童的心理與道德。為此趙洽夫婦便控訴教育部（Tape vs. Hurley）。初級法庭裁定所有兒童不論是何種族皆有權接受公立學校教育，各省及聯邦法庭也確認這條法例。但在劃分學校區的制度下，在華埠建立學校與居於該區的華裔兒童便可免受這法例的約束。在極度憤怒之下，趙洽夫人寄了封嚴厲的投訴信給教育部。

趙洽夫人性格直率，又能用英語充分表現她的思想，實是十九世紀三藩市少有的中國女性。幸運地能夠接受教育，在自由的環境下成長，有經濟能力和一位支持她的丈夫，趙洽夫人便成為早期居於美國、自由自主的華裔婦女的典範。

楊碧芳
潘美珠譯

◇ Gamble, Leland, "What a Chinese Girl Did," *The Morning Call*, 3 November 1892, 12.
◇ Low, Victor, *The Unimpressible Race: A Century of Educational Struggle by the Chinese in San Francisco*（San Francisco: East/West Publishing Company, 1982）, 59–73,199.
◇ McCunn, Ruthanne Lum, *Chinese American Portraits*（San Francisco: Chronicle Books, 1988）, 40–5.

▥ 190 鄭淑卿 Zheng Shuqing

鄭淑卿（1789–1848），福建侯官（今福州市）人，是乾隆五十五年（一七九零年）庚戌科進士、曾任河南省永城及泌陽等縣縣令的鄭大謨的長女。林則徐（1785–1850）於十四歲（嘉慶三年，一七九八年）中秀才時，鄭氏以女兒淑卿（時年十歲）許與訂婚，及則徐於二十歲（嘉慶九年，一八零四年）中舉人後，便正式迎娶淑卿為妻。

淑卿淑德賢慧，從富裕的官宦之家嫁到窮儒林氏之門，起初不免感到生活上有些不習慣，但不久就適應了艱苦的生活環境，親自操持家務，侍奉翁姑，相夫教子，家庭之內，融洽和睦，而夫妻之間，伉儷之情尤篤。

則徐一生重要的功業在於推動禁煙運動，他任職欽差大臣和兩廣總督期間，常有家書寄返福建家鄉，與淑卿談論禁煙事，讓淑卿深知其禁煙工作所遭受內外壓力之大，而淑卿多給予有力的支持，認同則徐的主張和措施。則徐在

致淑卿的書函中亦有云：「鴉片來自外洋，毒流中國，誠如夫人〔指淑卿〕所云，煙毒等於砒霜，⋯⋯用砒霜殺人，定例當死。⋯⋯砒霜祇殺一二人已，罪犯不赦，煙毒能死千萬人，其罪當寸磔矣！此言洵是確論。」（林則徐：〈致鄭夫人〉〔告知奸夷呈繳鴉片〕，載《清代四名人家書》，頁19。）有時亦因愛夫情深，力勸則徐須慎重從事，切勿躁急。這在則徐給淑卿的信中亦曾提到云：「余抱此志〔指禁煙之志〕，百折不回，來書諄囑見可而進，知難而退，此雖保身保家之善謀，然非人臣事君致身之道也。況余服官已久，亦稍有閱歷，決不至鹵莽滅裂，貼身家以憂，⋯⋯此堪請夫人放懷者也。」（〈覆鄭夫人〉〔報告禁煙〕，載《清代四名人家書》，頁9。）

則徐禁煙雖有成就，但卻引起了鴉片戰爭（1839–1840），由於清廷戰敗，則徐被迫要負上最後的責任，遭貶戍新疆伊犁。則徐的同僚、知交與門生均為此深感不平，向則徐表示，要聯名上書為其鳴冤，則徐則喜笑自若，絕無懊喪怨憤之意，反認為道光帝的安排，別有用心，如父母慈愛子女般保護自己，使免受他人進一步的中傷打擊，並嚴詞申斥各人勿輕舉妄動。（見〈致鄭夫人〉〔告知獲譴謫戍伊犁〕，載《清代四名人家書》，頁36。）則徐的門生趙雲汀（己卯〔一八一九年〕會試門生）為此事拜會寓居西安的淑卿，尋求她的諒解與支持，淑卿也以同樣的語氣，開解雲汀。淑卿當時這樣說：「子勿然。朝廷以汝師能，舉天下大局付之，今決裂至此，得保首領，天恩厚矣！臣子自負國耳，敢憚行乎？」（《閩侯縣志》，卷94，〈列女〉2，頁4。）則徐在致淑卿的函中曾表示：「爾之答語，深愜予心！」

則徐謫戍新疆期間，淑卿不辭辛勞，一路陪行送則徐到陝西西安，才由次子聰彝（1824–?）、三子拱樞（1827–?）隨父出關，自己則率同長子汝舟（1814–?）與女兒媳婦等寓居西安，以便與則徐時常通信，互相鼓勵支持，並理好家務。這時她自號絳紅樓老人，每日教授女兒和媳婦讀書寫字，課讀之餘，就和家人下棋消遣，一門之中，自得其樂。她還時常寄詩與則徐唱和，《閩侯縣志》中記淑卿著有〈述懷紀事七古二章〉，當是此時之作，中有「他日歸來事農圃」之句，可見患難夫妻相互慰勉之情。淑卿的精神支持，使遭貶戍的則徐能夠得到極大的慰藉，即使在罷官期間，仍能對新疆的水利事業，作出貢獻，淑卿的功勞，實不可沒。

道光二十五年（一八四五年），則徐獲授雲貴總督。一八四八年，特加贈太子太保，並賞戴花翎，則徐的仕途又再進一步，淑卿亦隨夫婿到雲貴任所，

對則徐的言行功業，不但從旁襄助，還時加提點則徐的疏失。

則徐歷官十數省，位列封疆大吏，淑卿得誥封一品夫人，但仍布衣如故，非慶弔不衣帛，平素亦不嗜美食，對兒女悉心撫育教導，故皆能成材。長子汝舟，官至翰林院庶吉士、編修、侍講；次子聰彝，官至浙江衢州府知府及按察使；三子拱樞，官至山西汾州府知府；次女普晴（參見該傳）為兩江總督沈葆楨（1820-1879）夫人。

淑卿於道光二十八年（一八四八年）病逝。她的死，使則徐如痛失知己良伴，受打擊甚大。兩年後，則徐亦去世。

林啟彥

◇ 歐陽英修，陳衍纂：《閩侯縣志》（1933 年刻本），卷 94，〈列女〉2，頁 4。
◇ 周維立校：《清代四名人家書：林則徐・彭玉麟・張之洞・李鴻章》（台北：文海出版社，1971 年）。
◇ 林崇墉：《林則徐傳》（台北：台灣商務印書館，1976 年）。
◇ 林岷：〈林則徐的賢內助鄭淑卿〉，《歷史知識》，1986 年 2 期（1986 年 3 月），頁 16。

▥ 191 鄭一嫂 Zheng Yi Sao

鄭一嫂（1775-1844），又名石香姑，也叫石陽。她原是廣東妓女，一八零一年嫁給海盜頭目鄭一，幫助他整合並壯大了一個海盜集團，使其在一八零四年之前發展到擁有帆船四百艘，成員達七萬名。她和鄭一結婚後有兩個兒子：一個叫鄭英石，生於一八零三年；一個叫鄭雄石，生於一八零七年。

鄭氏夫婦一夥海盜的行徑曾得到越南西山王朝的資助。由於西山王朝的資助，中國南方沿海一帶海盜盛行，結幫成夥，動輒成員數百，船隻數十。

一八零二年是鄭氏夫婦事業的轉捩點。是年六月西山王朝垮台，中國海盜在越南得到的庇護也因此告終。正是這個時候，鄭一及其妻成了海盜頭目中的老大。在鄭氏夫婦的率領下，他們在中國境內重建基地，將原來分散，並常勾心鬥角的幫派組合成一個大集團。該集團擁有六隻船隊，分別以紅、黑、白、綠、藍、黃各色旗幟為號。

鄭一在一八零七年十一月突然死去，使得鄭妻不得不處心積慮地爭權奪利以鞏固自己在海盜領導層中的領袖地位。她利用自己的權力任命紅旗船隊的首領張保為自己的副手。張保原是被鄭一抓來的漁家子弟，後被鄭氏夫婦認作義子，鄭妻和張保後來成了情人，最終並結為夫婦。

　　鄭妻製定了一套法則，把一系列人事關係轉變成更正式的權力結構。這套法則包括懲罰制度，以及詳盡的分贓條例。她所經營的已不止在海上進行零星打劫，而是一種規範化的保鏢行當，如把所謂的「安全通行證」賣給漁民和船家，護送鹽商船隊到廣東（廣州），以及在沿海設點收費等。

　　到了一八零八年，這夥海盜在整個廣東沿海已取得軍事上的主動權，他們能量之大，竟然可以將因公務乘船到廣東的浙江提督李長庚（1750–1808）殺死。在那一年，這夥海盜還擊沉了廣東海軍一百三十五艘船隻中的六十三艘。到了一八零九年，他們已威脅要進攻廣東本土了。

　　鄭一嫂的海盜集團勢力之大，迫使廣東的中國官員同英國人多次談判關於使用「水星號」戰艦一事。這艘英國戰艦配備有二十門大炮，船上有五十名美國志願兵。中國官員還同葡萄牙人談判，租賃六艘軍艦來加強廣東海軍，這些軍艦使用六個月直到一八零九年年底。

　　當這些鎮壓海盜的措施都失敗了之後，官府便利用鄭妻，提出對海盜頗為有利的條件，來拆散這個海盜聯盟。一八一零年二月二十一日，由張保安排召開了一次會議，參加者包括兩廣總督百齡（1748–1816）和澳門的二號官員——法官阿瑞加・布魯姆・德・西爾維拉。這次會上官府招降沒有成功，於是，鄭一嫂採取主動，於一八一零年四月八日，在其他海盜的妻子和孩子們的陪同下，不帶武裝，來到了廣東總督衙門。兩天後，海盜們跟著投降，並獲得大量賞賜。凡自願來降者，不僅獲准保留當海盜得到的財產，而且還給予軍職。張保獲把總一職，不但獲准保留自己約二十到三十艘船隻的艦隊，據說還得了一大筆錢在陸上安頓他的手下。

　　一八一零年十一月，鄭一嫂隨張保到福建任職，這時張保已陞任閩安協副將。一八二二年張保死後，鄭一嫂又回到廣東。一八四零年，她在廣東告官員伍耀南侵吞了張保三十年前託付他買房產的二萬八千兩銀子。該訟案被兩廣總督林則徐（1785–1850）駁回。自這次與官府上層發生矛盾後，鄭一嫂在廣州悄悄度過餘生，死於一八四四年，時年六十九歲。

穆黛安（Dian Murray）

◇ 袁永綸：《靖海氛記》（廣州：1830 年刊本），卷 1，頁 5 上下。
◇ 鄭夢玉輯：《南海縣志》（1872 年刊本），卷 14，頁 20 下；卷 25，頁 20 下。
◇〈林則徐奏疏〉，TK 20/5/15，收入葉林豐（葉靈鳳）：《張保仔的傳說和真相》（香港：上海書局，1970 年），頁 69。
◇ 盧坤、陳鴻墀：《廣東海防彙覽》（缺出版時地），卷 42，頁 26 下、32 下。

◈ Canton Consultations, "Consultations and Transactions of the Select Committee of Resident Supercargoes Appointed by the Honourable Court of Directors of the United East India Company to Manage Their Affairs in China Together with the Letters Written and Occurrences," *Factory Records*, G/12/100–G/12/174, March 1791 to January 1811.

◈ "Chinese Pirates: Ching Chelung; His Son Ching Ching–kung; Combination of Gangs in 1806; Narratives of J. Turner and Mr. Glasspoole; Chinese and Portuguese Join Their Forces Against the Pirates; Divisions among Them, and Their Submission to the Government," *Chinese Repository*, 3 （June 1834）, 62–83.

◈ Murray, Dian, "One Woman's Rise to Power: Cheng I's Wife and the Pirates," in Richard W. Guisso and Stanley Johannesen, eds., *Women in China: Current Directions in Historical Scholarship*（New York: Philo Press, 1981）, 147–62.

▥ 192 周秀英 Zhou Xiuying

　　周秀英（?–1855），江蘇省青浦縣黃渡鎮塘灣人（今屬上海市）。她是青浦一帶天地會首領周立春（1814–1853）的女兒，家世務農，勤事耕耘。周立春還有一養女周飛霞，同拜名師學武藝，秀英善用大刀，飛霞喜用長槍，她們都學得一身好本領。

　　一八五二年七月六日，青浦知縣余龍光追繳已豁免的清道光三十年（一八五零年）的舊糧，派催糧船到塘灣勒索，農民怒打公差，焚燒催糧船。周立春、周秀英當機立斷，率領抗糧的農民三百人左右湧進縣城，衝入衙門，痛毆知縣，促成青浦農民抗糧起義。接著，她率領農民用小釘鈀打敗了官府派來追捕的盾牌兵，有民謠唱道：「松江盾牌兵，不如塘灣蕩鈀柄。」

　　周秀英深知清朝地方當局不會就此罷休，她號召群眾齊集塘灣，打製大刀長矛，抗糧拒捕。遠近農民都向塘灣匯聚，因這裡已募集了糧草，人人都可來吃咸菜飯。是年秋，蘇州知縣鍾殿選帶領一千多兵勇在青浦白鶴江一帶紮下營盤，勦捕抗糧農民。周秀英在塘灣橋堍揮刀迎敵，使出著名的開四門的刀法，率領農民用大刀長矛打敗了官府的盾牌兵，從此大刀秀姑娘威名遠播，至今青浦還流傳一首民歌，傳頌秀英這一役的英雄事蹟：「女中英雄周秀英，大紅褲子小緊身；手拿大刀佰廿斤，塘灣橋上開四門。」

　　一八五三年九月五日，周立春聯合嘉定縣南翔鎮徐耀的羅漢黨徒，又取得上海小刀會的協助，舉行嘉定起義，佔領縣城。在嘉定起義中，周秀英是一員衝鋒陷陣的猛將。九月七日，上海小刀會在劉麗川（1820–1855）領導下起義，嘉定、上海兩地呼應作戰，在十二天內連續攻克了寶山、青浦等地。清廷大為震動，急調大軍，組織各縣地主武裝前往鎮壓。起義軍英勇抵抗，但眾寡

懸殊，周立春被俘犧牲，周飛霞也英勇戰死。周秀英和徐耀率部分起義軍由嘉定退入上海縣城，和劉麗川部會合，繼續與敵軍作戰，屢建奇功，被推為女將軍。

上海守城戰中，周秀英發動上海婦女參與軍事行動，她們中間有幾位帶領五十個男人，負責一段城防，還經常出城迎戰，多次殲滅敵人。一八五四年，在城西大境之戰中，她置鐵蒺藜散佈城下，由小刀會名將潘起亮（小鏡子）佯敗誘敵，清兵追來，中者輒仆。她率義軍二百餘人，從上海縣城門衝擊，出其不意，大敗清軍。周秀英部下還使用一種名叫「巴山虎」的有火鉤的兵器及小撓鉤等，橫衝直撞，凡被鉤住的清兵均無法脫身，多被活捉。北門大敗法國侵略軍之役，她和女將們也立了大功。當時觀戰的人說她「辟易千人」，外國記者也報導她和女將們說：「她們真的和古希臘亞馬孫族女將一樣地勇猛和果敢。」在起義軍糧食恐慌的情況下，她帶領女兵採集樹皮草根，捕捉鼠雀，權為充飢，表現出寧死不屈的英雄氣概。一八五五年二月十七日（乙卯五月初一），起義軍彈盡糧絕，乘夜撤退，敵軍追來，秀英立馬橫刀，力戰追兵，不幸馬躓被執，在上海壯烈犧牲。

馬洪林

◇ 中國社會科學院上海歷史研究所籌備委員會編：《上海小刀會起義史料匯編》（上海：上海人民出版社，1958年），頁104、229、803、949。
◇ 惠陸：〈周秀英——青浦農民起義軍女領袖〉，《解放日報》，1959年4月23日，版6。
◇ 羅爾綱：〈周秀英〉，見《清代人物傳稿》（北京：中華書局，1984年），下編，卷1，頁200–202。
◇ ——：《太平天國史》（北京：中華書局，1991年），卷70，〈婦女傳〉，頁2241–2245。

▥ 193 朱美瑤 Zhu Meiyao

朱美瑤，字伯姬，生卒年不詳，廣東南海人，書畫家。

祖父朱成發，父朱次琦（1807–1881），字浩虔，又字子襄，號雅圭。次琦生而俊異，尤同情窮苦之人。補縣學生，受到兩廣總督阮元（1764–1849）、廣東巡撫朱珪（1731–1806）的器重。道光十九年（一八三九年）與兄士琦同時中舉。二十七年（一八四七年）三甲第一百一十四名進士，以知縣引見，分發山西任用，知襄陵縣，為政有績，民懷之。後被賞給五品卿銜，年七十五歲而卒。著有《論史口說》、《大雅堂詩集》，人稱九江先生。善書法，人得其寸紙隻字，珍以為貴。

美瑤受父教，書法秀逸，能詩，畫工山水。與張氏子訂婚，張病歿，美瑤未再嫁，守貞數十年，撫育嗣子建鑾成人，鄉人讚之。其自題畫詩，有云：「曳杖過平橋，幽閑稱自了；更有絕塵人，扁舟獨垂釣。」反映她的「絕塵」與「獨垂釣」的心緒。

陳金陵

◇ 鄭藻等：《續修南海縣志》（1910 年刊本），卷 14，〈列傳〉1，〈朱次琦〉，頁 4 下–12 上。
◇ 汪兆鏞：《嶺南畫徵錄》（周駿富輯《清代傳記叢刊》本；台北：明文書局，1985 年），卷 12，頁 322。
◇ Weidner, Marsha, et al., *Views from Jade Terrace: Chinese Women Artists, 1300–1912*（New York: Indianapolis Museum of Art, 1988），152–53, 187, 230.

ⅢⅠ 194 朱素蘭 Zhu Sulan

朱素蘭，十九世紀後期在世，清咸豐、同治年間（1850–1875）上海有名的彈詞女藝人。為上海書寓創始人，人稱先生、詞史。

《滬上竹枝詞》曰：「老輩開場是素蘭，一時裙屐盡驚看」。所說書都為《三笑姻緣》、《白蛇傳》、《玉蜻蜓》、《倭袍傳》等。其奏技時，修容莊重專注，頗有感染力。同治初年，已五十許，還易姓沈，時作筵間堂唱。後不知所終。

孫國群

◇ 裴錫彬：《繪圖游歷上海雜記》（出版地缺：文寶書局，1905 年）。
◇ 徐珂：《清稗類鈔》（上海：商務印書館，1917 年），冊 11，〈戲劇類〉。
◇ 王韜：《淞濱瑣話》（濟南：齊魯書社，1986 年）。
◇ 孫國群：《舊上海娼妓秘史》（鄭州：河南人民出版社，1988 年）。
◇ 《滬上竹枝詞》。

ⅢⅠ 195 莊盤珠 Zhuang Panzhu

莊盤珠，字蓮佩，江蘇常州陽湖人，清代常州派閨閣詞家之代表。父關和（1750–1818），母蔣氏，亦同邑人，為湖南巡撫蔣炳（?–1764）之孫女。盤珠為常州世家莊家之後，祖叔存與（1719–1788）乃著名常州公羊學學者。祖父（1718–1801）、兄穎曾（1771–1833），皆常州名士，並皆精於詩詞。適同邑舉人吳軾。盤珠體弱多病，嘉慶間患瘵疾（肺癆）卒，年方二十五。

盤珠自少從其父兄學詩，偏好漢魏六朝唐人詩，其詩多幽怨淒麗之作。及

笄之年，詩詞已成集，古今體凡百首，傳誦於當時。婚後因其翁遠宦，其姑早喪，仍依母家，育子女操家務，吟詩稍輟，改以填詞。晚清徐乃昌編清代閨秀詞人百餘家，盤珠被列常州派之代表。

傳世之作有《秋水軒集》二卷，初刊於一八七六年，有盛宣懷（1844-1916）識，凡古今體詩五十七首，詩餘八十八首。此書另有一八八四年刊本，如皋冒俊女史列入《林下雅音集》內，詩詞各一卷，及補遺各一；《秋水軒詞》一卷，一八九六年刊本，南陵徐乃昌列入《小檀欒室彙刻閨秀詞》第四集第七冊。另有《紫薇軒集（詞）》、《蓮佩詩草（鈔）》等，已不復見。

梁其姿

◇ 趙懷玉：〈莊關和家傳〉，載於《亦有生齋文集》（1821年刊本），卷14，頁12下–15上。
◇ 莊怡孫等：《毗陵莊氏族譜》（光緒元年〔1875〕刊本）。
◇ 董似穀等修，湯成烈總纂：《武進陽湖合志》（1886年重刊本），卷26，頁21上下；卷31，頁67下–68上。
◇ 莊盤珠：《秋水軒詞》（徐乃昌編《小檀欒室彙刻閨秀詞》本；光緒二十一至二十二年〔1895-1896〕南陵徐氏刊本）。
◇ ──：《盤珠詞》（虫天子輯《香艷叢書》集六本；宣統二年〔1910〕國學扶輪社排印本）。
◇ 李兆洛：《養一齋文集》（《四部備要》本；上海：中華書局，1936年），卷13，頁20–21上。
◇ 梁乙真：《清代婦女文學史》（台北：台灣中華書局，1978年），卷4，頁262–265。
◇ 胡文楷：《歷代婦女著作考》（增訂本；上海：上海古籍出版社，1985年），卷15，〈清代〉9，頁555–556。
◇ 施淑儀輯：《清代閨閣詩人徵略》（周駿富輯《清代傳記叢刊》本；台北：明文書局，1985年），卷6，頁370–372。
◇ 張維驤：《清代毗陵名人小傳稿》（周駿富輯《清代傳記叢刊》本；台北：明文書局，1985年），卷11，頁6下。

▥ 196 左錫嘉 Zuo Xijia

左錫嘉（1830–1894），字韻卿，一字小雲，號浣芬，孀居後易署冰如。江蘇陽湖人。祖湖南巡撫左輔，父安徽鳳陽知府左昂。左氏生性淑婉，而聰穎過人，既工女紅，又喜詩書。以幼年喪母，而父作宦京師，乃與姐左錫蕙、左錫璇（參見該傳）入都侍奉，竭盡孝養，時有左家孝女之稱。工詩詞繪畫，有《冷吟仙館詩稿》八卷、《冷吟仙館詩餘》一卷及《冷吟仙館文存》一卷，家刻行世。

《小檀欒室彙刻閨秀詞》第七集亦收集其詩詞。

左錫嘉適四川華陽人曾詠為繼室。左氏隨夫曾詠出任江西吉安知府時，於政事多所襄贊，如協助辦理賑災救民，參與募組團練抗拒太平軍的活動。不

久，曾詠奉調至曾國藩（1811–1872）安慶軍營，以積勞卒於軍中。冒世事紛亂之危難，扶櫬攜孤，歸還成都，親繪〈孤舟入蜀圖〉以紀難辛，時人多所題詠，以讚譽其事。左氏於夫死之後，獨任艱巨，支撐家事。左氏為教養子女成立，卜居於杜甫（712–770）草堂之側，以鬻書畫謀生，並利用畫草花染刮成片，剪為綵花販賣以補貼家用。

左氏畫師清代著名工筆畫家武進惲壽平（1633–1690）的沒骨畫法，但設色鮮麗，筆力遒勁，超脫於時人而自成一家，為時所重。

左氏詩作古樸自然，得魏晉遺意，其閨中所作多富情趣。婚後因夫游宦，不獲團聚，詩多纏綿悱惻。寡居後，又多寓幽憤愁苦之情。

左氏次女曾懿（參見該傳），適袁學昌；五女曾彥（參見該傳）適張祥齡（1853–1903）。二女皆工詩文，精繪事。

來新夏

◈ 左錫嘉：《冷吟仙館詩稿》（清刊本，1891年）。
◈ ——：〈冷吟仙館詩餘〉，載徐乃昌編：《小檀欒室彙刻閨秀詞》（光緒二十四年〔1898〕刊本），集7。
◈ 單士釐輯：《閨秀正始再續集》（歸安錢氏排印本，1911年），初編之1上，頁44下–51下。
◈ 施淑儀輯：《清代閨閣詩人徵略》（周駿富輯《清代傳記叢刊》本；台北：明文書局，1985年），卷10，頁579–582。

▥ 197 左錫璇 Zuo Xixuan

左錫璇，字小桐，號芙江，江蘇陽湖人。著名女詩人，亦工書畫，活躍於清代道光咸豐時期（十九世紀）。

左錫璇的父親是左昂，姊妹中如：四姊左錫蕙（字畹香）、六妹左錫嘉（參見該傳），皆工詩畫，大姊名左婉洵。陽湖左家的詩禮文藝傳家，遠近聞名，甚至著錄於國史，成為士人之佳話。

左錫璇生長於書香世家，父母亦寵愛有加，童年生活應該是很愉快的。她幼年時的老師是張孟緹，教授經史詩文，左錫璇的學習態度認真而勤奮，因此也很得老師的讚賞。在成長過程中，她的姊妹戚友等皆重詩文，互相切磋，日後驕人的才學表現，其實在此時已打下堅實的基礎。左錫璇嫁給宛平袁績懋（一八四七年進士）為繼室。袁官至武進觀察，也是一位有真才實學的士人，不過，丈夫的年齡較她為長。左錫璇的婚姻生活可以說是愉快的，夫婦二人均有才情，可以日夕相對，共享琴瑟之樂。不過丈夫既然為官，因此也有遠道上

任的情況。

然而好景不常，她和丈夫結婚不足十年，丈夫某次觀察閩之延平，督師剿賊時殉職。那時她才三十歲，故鄉又經賊燬，於是留在閩中而不回故鄉。據說她的家庭經濟情況很困難，但左錫璇仍然努力創作及教養子女，可以說不論是作家或是賢母的本份都兼顧了。

《小檀欒室閨秀詞小傳》特別推許她為「教子有賢母風。」

左錫璇是清代著名的女詩人、詞人，著有：《碧梧紅蕉館詩》三卷、《碧梧紅蕉館詞》一卷。後者有光緒二十二年丙申（一八九六年）南陵徐乃昌刊本，列入《小檀欒室彙刻閨秀詞》第七集，詞作超過五十首。代表作有：詩〈微雪野望〉、〈潤州行〉、〈曉發〉；詞〈燭影搖紅〉、〈小重山〉、〈水調歌頭·小除夕〉、〈解佩環〉等。敘事之細密，頗有傳統詩史、詞史之遺風。其他寫景抒情詩如〈虞美人·元夜〉、〈南樓令〉等，文詞清麗，情景交融，流暢可誦。從她的作品中，也可窺見唱和應對及交遊的情況，比較多的是寫給丈夫的詩詞，例如：〈賀新郎〉、〈滿江紅：聞外子復有邵武之行作此寄慨〉、〈西江月：感懷寄外子〉等，也有與閨中朋友呂擷芬、葉淑嬈等之唱和之作。夫妻之義、朋友之情，於此可見一斑。

除詩詞外，左錫璇亦工書法、畫宗南田（惲壽平），亦秀潤有法，可算是一位多面發展的才女。

左錫璇以及左家姊妹均受同代以至後世的文人所推重，例如她的作品分別被選入《晚晴簃詩匯》、《全清詞鈔》、《清代女詩人選集》等等，可見其重要性。

馮瑞龍

◆ 左錫璇：《碧梧紅蕉館詞》，收入徐乃昌編：《小檀欒室彙刻閨秀詞》（光緒二十二年〔1896〕刊本），集7，頁1–13。
◆ 單士釐輯：《閨秀正始再續集》（歸安錢氏排印本，1911年），初編之4上，頁52上–53下。
◆ 梁乙真：《清代婦女文學史》（台北：台灣中華書局，1958年），頁236–237。
◆ 董似穀修，湯成烈等纂：《武進陽湖縣志》（光緒五年〔1879〕重修，三十二年〔1906〕重印本；台北：台灣學生書局，1968年）。
◆ 葉恭綽輯：《全清詞鈔》（香港：中華書局，1975年），卷33，頁1717–1718。
◆ 陳香編：《清代女詩人選集》（台北：台灣商務印書館，1977年），上集，頁35。
◆ 譚正璧：《中國女詞人故事》（台北：莊嚴出版社，1983年），頁52–55。
◆ 胡文楷：《歷代婦女著作考》（增訂本；上海：上海古籍出版社，1985年），卷8，〈清代〉2，頁266–267。
◆ 施淑儀輯：《清代閨閣詩人徵略》（周駿富輯《清代傳記叢刊》本；台北：明文書局，1985年），卷10，頁579。

◇ 張維驤：《清代毗陵名人小傳稿》（周駿富輯《清代傳記叢刊》本；台北：明文書局，1985年），卷11，頁373。

◇ 黃漢清、周作秋、何邦泰評注：《女詩人選注》（南寧：廣西人民出版社，1986年），頁622–623。

◇ 錢仲聯等編：《清詩紀事》（南京：江蘇古籍出版社，1989年），頁15898–15900。

◇ 徐世昌編：《晚晴簃詩匯》（北京：中國書店，1989年），卷188，頁720–721。

人名筆畫索引

　　本索引內單字的筆畫數目與字詞的排序，概以《漢語大詞典：附錄‧索引》（海外版）（香港：三聯書店（香港）有限公司、漢語大詞典出版社聯合出版，1995年）為依據（「淨」字除外）。為方便查閱，中文名字旁列漢語拼音。凡本辭典未有採用的傳主名字，均以較小字體顯示。

傳主異名錄

　　本名錄羅列者，乃傳主為人所熟知的異名，按首字拼音排序，若首字相同，則以次字為準，如此類推。為方便查閱，中文名字旁列漢語拼音。

慈安太后：見鈕祜祿氏，文宗（咸豐）孝貞顯皇后
　　Niuhulu shi, Wenzong Xiaozhenxian Huanghou

慈禧太后：見葉赫那拉氏，文宗（咸豐）孝欽顯皇后
　　Yehenala shi, Wenzong Xiaoqinxian Huanghou

德齡郡主：見裕德齡 Yu Deling

董白：見董小宛 Dong Xianwan

傅彩雲：見賽金花 Sai Jinhua

何張靜蓉：見張靜蓉 Zhang Jingrong

何張蓮覺：見張靜蓉 Zhang Jingrong

惠馨：見惠興 Huixing

柳如是：見柳是 Liu Shi

馬青霞：見劉青霞 Liu Qingxia

小白菜：見畢秀姑 Bi Xiugu

西林春：見顧太清 Gu Taiqing

張蓮覺：見張靜蓉 Zhang Jingrong

編者簡歷

英文版

　　總主編蕭虹生於中國江西，1949年以後曾在香港、英屬馬來亞、新加坡及美國生活，自1971年起定居澳洲。早年投身圖書館工作，取得博士學位後，便在悉尼大學亞洲研究學院（即今語言文化學院）任教，至2003年退休。現為該學院的榮譽研究員，繼續從事研究並發表著作。所出版的六部專著，中英各佔一半，包括英文的 *The Virtue of Yin: Studies on Chinese Women*，*Women of the Long March* 和 *Oral Histories of Tibetan Women: Whispers from the Roof of the World*；與中文的《陰之德——中國婦女研究論文集》、《世說新語整體研究》和《探索世說新語——史證與文跡》。曾在中國婦女及魏晉文學兩個領域，為多部學術論文集及學術期刊撰寫多篇研究論文。近年更將研究範疇擴及絲綢之路。

　　總主編A.D. Stefanowska生前在悉尼大學任高級講師，教授中國古典文學，並專注於宋代文學的研究，凡三十餘年，退休後成為該大學的榮譽研究員。自1984年起，擔任澳大利亞東方學會會刊編輯；自1988年起，參與悉尼大學東亞叢書的編輯工作。2008年病逝悉尼。

清代卷

　　主編劉詠聰生於香港，香港浸會大學歷史系教授。她的研究範圍是中國古代女性及兒童史。

中文版

總主編蕭虹，見上。

副總主編陳玉冰，香港中文大學文學士、翻譯碩士，悉尼大學哲學碩士，參與《中國婦女傳記辭典》中英文版編撰工作多年。

清代卷

主編劉詠聰，見上。

國家圖書館出版品預行編目資料

清代婦女傳記辭典／蕭虹 總編纂, 陳玉冰 副總主編, 劉
　詠聰 主編. --初版. --臺北市：蘭臺出版社, 2024.08
　　面；　公分. --（婦女研究；3）
　ISBN：978-626-98677-1-4（平裝）

1.CST: 女性傳記 2.CST: 名錄 3.CST: 詞典
4.CST: 中國

婦女研究 3

清代婦女傳記辭典

編　　者：總編纂蕭虹、副總主編陳玉冰、主編劉詠聰
編　　輯：盧瑞容
美　　編：凌玉琳
校　　對：楊容容、沈彥伶、古佳雯
封面設計：塗宇樵
出　　版：蘭臺出版社
地　　址：台北市中正區重慶南路1段121號8樓之14
電　　話：（02）2331-1675或（02）2331-1691
傳　　真：（02）2382-6225
E—MAIL：books5w@gmail.com或books5w@yahoo.com.tw
網路書店：http://bookstv.com.tw/
　　　　　https://www.pcstore.com.tw/yesbooks/
　　　　　https://shopee.tw/books5w
　　　　　博客來網路書店、博客思網路書店
　　　　　三民書局、金石堂書店
經　　銷：聯合發行股份有限公司
電　　話：（02）2917-8022　　傳真：（02）2915-7212
劃撥戶名：蘭臺出版社 帳號：18995335
香港代理：香港聯合零售有限公司
電　　話：（852）2150-2100　　傳真：（852）2356-0735
出版日期：2024年 8 月初版
定　　價：新臺幣 1800 元整（平裝）
ISBN：978-626-98677-1-4